高等职业教育财经类"十二五"系列规划教材·市场营销专业

消费心理学
——"理论·案例·实训"一体化教程
（第2版）

臧良运　主　编
田淑波　周晓菊　杜焕香　副主编
　　　　曲世卓　曲　岚　参　编
　　　　　　　曹彩杰　主　审

XIAOFEI　XINLIXUE

电子工业出版社
Publishing House of Electronics Industry
北京·BEIJING

内 容 简 介

本教材共十二个模块，内容主要包括认识消费心理学，走进消费者的内心世界，探知消费者的个性心理，揭示消费者购买过程中的复杂心理活动，把握文化、习俗、时尚对消费心理的影响，区分不同群体的消费心理，摸准商品价格脉搏实现利益最大化，追求卓越产品赢得顾客之心，做好商业广告实现双赢，改善消费环境让顾客满意，巧妙沟通消除消费障碍和消费心理学的发展方兴未艾。

为了便于师生教学，每个模块和单元都结合工作和生活热点案例对理论进行阐述，在正文中增加了相关链接，拓展了读者的视野。"与相关课程的联系"说明了对后续课程和工作的作用，增加了基础课的实用性。模块后的实训内容贴近实际工作，是对理论知识掌握情况的检验。

本教材既可作为应用本科、高职高专、成人高校市场营销等相关专业的教材，也可供企业营销人员培训或自学使用，对于普通的消费者也是值得一读的一本书。

未经许可，不得以任何方式复制或抄袭本书之部分或全部内容。
版权所有，侵权必究。

图书在版编目（CIP）数据

消费心理学："理论·案例·实训"一体化教程 / 臧良运主编. —2 版. —北京：电子工业出版社，2015.4
ISBN 978-7-121-25692-9

Ⅰ．①消… Ⅱ．①臧… Ⅲ．①消费心理学－高等学校－教材 Ⅳ．①F713.55

中国版本图书馆 CIP 数据核字（2015）第 049923 号

策划编辑：张云怡
责任编辑：张　慧
印　　刷：涿州市般润文化传播有限公司
装　　订：涿州市般润文化传播有限公司
出版发行：电子工业出版社
　　　　　北京市海淀区万寿路 173 信箱　邮编　100036
开　　本：787×1 092　1/16　印张：19.5　字数：502.4 千字
版　　次：2007 年 6 月第 1 版
　　　　　2015 年 4 月第 2 版
印　　次：2023 年 8 月第 16 次印刷
定　　价：39.00 元

凡所购买电子工业出版社图书有缺损问题，请向购买书店调换。若书店售缺，请与本社发行部联系，联系及邮购电话：(010) 88254888，88258888。
质量投诉请发邮件至 zlts@phei.com.cn，盗版侵权举报请发邮件至 dbqq@phei.com.cn。
本书咨询联系方式：(010) 88254573，zyy@phei.com.cn。

前 言

随着我国经济的高速发展，消费者的经济收入大幅度提高、个性化需求越来越强，在经历了量的消费时代和质的消费时代后，人们的消费心理和消费行为发生了很大的变化。对于企业而言，在大多数产品供大于求、市场竞争激烈的情况下，要让消费者能够接受其产品，就必须了解消费者的消费心理和消费行为，对产品有哪些个性化需求，要有针对性地生产、传递产品的信息，提高消费者满意度。当然在此过程中还要结合消费者的决策，以及消费者所处的环境等因素，这样才能制定出切实可行的市场营销策略，适时适地适当地将自己的产品推向市场。对于消费者来说，面对丰富的商品和企业的各种营销策略，如何健康、理性、科学地消费，以提高自己的消费效用，同样具有重要的现实意义。

《消费心理学》第1版于2007年6月出版，其优点是知识技能先后有序、知识积累循序渐进、教学体系严谨，较符合当时的职教形势和生源特点。目前，消费者的心理和消费行为正在发生巨大的变化，高等职业教育人才培养方案也在变革，课程改革对教材提出了更高的要求。为了适应新形势下市场营销等相关专业的发展要求，《消费心理学（第2版）》进行了较大的修改。与第1版和其他同类教材相比，具有以下几个特点。

1. 内容符合高职人才培养方案

内容力求体现"以就业为导向，以能力为本位"的精神，注重专业基础课的应用性，关注学生技能的培养，整合理论知识，合理安排知识点、技能点，注重实训教学，突出对学生实际操作能力和解决问题能力的培养，强化实际工作任务培训，与学生考证相结合。

2. 知识新，实用

教材根据当前消费心理学和消费行为学的发展，结合市场营销实际工作需要，增加了"消费者消费心理与行为的变化"等新知识，对案例进行了大调整，突出与实际工作和生活热点的联系。

3. 贯彻理论、案例、实训一体化的教学思想

内容安排上将"任务"贯穿始终，通过案例和实际工作任务的分析阐述理论，穿插相关链接以拓展学生的视野，利用课后的自我测试、案例分析和实训练习提高对消费心理学的应用能力。

4．体例新颖

每个模块构建了内容提要、教学重点和难点、学习目标、导入案例、正文、相关链接、与相关课程的联系、资料库、小实验、模块小结、主要名词、自测试题、案例分析和实训练习等板块，符合"工学结合"和任务驱动的教学理念。

教材运用了大量的图表说明任务的解决方案和流程，减少了文字叙述，具有很强的直观性和可读性。教材的排式、版面、插图等新颖生动，具有良好的视觉效果。

5．配套资源丰富

本教材提供了丰富的教学配套资源。为更好地发挥教材的作用，体现以人为本的教育理念，提高学生的学习兴趣，调动学生学习的积极性和主动性，本教材提供了系列配套教学辅助资源（可到华信教育资源网下载）。

（1）提供课程手册，包括教学大纲及教学活动设计，可供教师备课时使用。

（2）制作精致的多媒体电子教案，可在教学时直接使用，也可供教师根据具体需要加以修改，满足多媒体教学的需要。

（3）提供课后练习测试题的参考答案，以及模拟试卷与参考答案，方便教师选用。

本教材共十二个模块，内容主要包括认识消费心理学，走进消费者的内心世界，探知消费者的个性心理，揭示消费者购买过程中的复杂心理活动，把握文化、习俗、时尚对消费心理的影响，区分不同群体的消费心理，摸准商品价格脉搏实现利益最大化，追求卓越产品赢得顾客之心，做好商业广告实现双赢，改善消费环境让顾客满意，巧妙沟通消除消费障碍和消费心理学的发展方兴未艾。

本教材既可作为应用本科、高职高专、成人高校市场营销等相关专业的教材，也可供企业营销人员培训或自学使用，对于普通的消费者也是值得一读的一本书。

消费心理学是一门综合性的学科，本书是集体劳动的成果，由多所高校研究与讲授市场营销相关课程的教师共同编写。本书由臧良运教授担任主编，并负责拟订编写提纲、统稿和定稿；田淑波、周晓菊和杜焕香老师担任副主编。模块一、模块二、模块七和模块十二由齐齐哈尔大学臧良运老师编写；模块三、模块四由黑龙江农业工程职业学院田淑波老师编写；模块五、模块九由山西财贸职业技术学院杜焕香老师编写；模块六、模块十由山西经济管理干部学院周晓菊老师编写；模块八由齐齐哈尔高等师范专科学校曲岚编写；模块十一由齐齐哈尔大学曲世卓老师编写。本书第1版的其他作者陈景生、孙国燕、甄小虎老师也对本教材的编写提出了富有建设性的意见和建议，并提供了宝贵的资料，做出了重要贡献。本书由黑龙江省广播电视大学曹彩杰教授主审。

本教材在编写过程中参考了大量相关领域的文献，已在书后参考文献中列出，但仍可能有遗漏。在此谨向已标注和未标注的参考文献的作者们表示诚挚的谢意和由衷的歉意！

由于编者水平所限，书中难免出现疏漏和不妥之处，敬请广大读者和专家批评指正，以期不断改进。

臧良运
2014年11月于鹤城劳动湖畔

目 录

模块一　认识消费心理学……………（1）
　单元一　了解消费行为与消费心理………（2）
　　一、心理学的内涵……………………（3）
　　二、消费者行为与消费心理学
　　　　的内涵……………………………（4）
　　三、消费心理学的产生与发展………（8）
　单元二　掌握消费心理学的研究对象、
　　　　　内容与方法……………………（10）
　　一、消费心理学的研究对象…………（10）
　　二、消费心理学的研究内容…………（11）
　　三、消费心理学的研究方法…………（12）
　单元三　消费心理学的研究现状和
　　　　　意义……………………………（16）
　　一、国外的消费心理学研究…………（17）
　　二、我国的消费心理学研究…………（18）
　　三、研究消费心理学的意义…………（20）
　模块小结…………………………………（22）
　主要名词…………………………………（23）
　自测试题…………………………………（23）
　案例分析…………………………………（24）
　实训练习…………………………………（25）

模块二　走进消费者的内心世界………（26）
　单元一　消费者的认知过程……………（27）
　　一、消费活动中的感觉………………（28）
　　二、消费活动中的知觉………………（34）
　　三、消费活动中的记忆………………（39）
　　四、消费活动中的思维………………（42）
　　五、消费活动中的想象………………（44）
　　六、消费活动中的注意………………（45）
　单元二　消费者的情感过程……………（47）

　　一、情绪与情感………………………（48）
　　二、情绪与情感的类型………………（49）
　　三、情绪与情感的表现………………（50）
　　四、情绪与情感对消费行为的
　　　　影响………………………………（51）
　单元三　消费者的意志过程……………（52）
　　一、意志的内涵………………………（52）
　　二、消费者意志过程的实现…………（53）
　　三、消费者意志品质与消费
　　　　行为………………………………（54）
　模块小结…………………………………（56）
　主要名词…………………………………（56）
　自测试题…………………………………（56）
　案例分析…………………………………（58）
　实训练习…………………………………（58）

模块三　探知消费者的个性心理………（59）
　单元一　消费者的个性心理……………（60）
　　一、个性的概念和结构………………（60）
　　二、个性的特征………………………（61）
　　三、个性在消费中的作用……………（62）
　单元二　消费者的兴趣、气质与购买
　　　　　行为……………………………（63）
　　一、消费者的兴趣……………………（63）
　　二、兴趣与购买行为…………………（65）
　　三、消费者的气质……………………（66）
　　四、气质与购买行为…………………（68）
　单元三　消费者的性格、能力与购买
　　　　　行为……………………………（69）
　　一、消费者的性格……………………（69）
　　二、性格与购买行为…………………（70）

三、消费者的能力⋯⋯⋯⋯⋯⋯（72）
　　　四、能力与购买行为⋯⋯⋯⋯（74）
　　模块小结⋯⋯⋯⋯⋯⋯⋯⋯⋯⋯（75）
　　主要名词⋯⋯⋯⋯⋯⋯⋯⋯⋯⋯（76）
　　自测试题⋯⋯⋯⋯⋯⋯⋯⋯⋯⋯（76）
　　案例分析⋯⋯⋯⋯⋯⋯⋯⋯⋯⋯（77）
　　实训练习⋯⋯⋯⋯⋯⋯⋯⋯⋯⋯（77）

模块四　揭示消费者购买过程中的复杂心理活动⋯⋯⋯⋯⋯⋯⋯⋯（83）
　　单元一　消费者需求理论⋯⋯⋯（85）
　　　一、消费者的需要⋯⋯⋯⋯⋯（85）
　　　二、消费者的购买动机⋯⋯⋯（89）
　　单元二　消费者购买决策⋯⋯⋯（92）
　　　一、消费者购买决策与准备⋯（92）
　　　二、消费者决策过程⋯⋯⋯⋯（95）
　　　三、知觉风险与消费决策⋯⋯（96）
　　单元三　消费者购买行为⋯⋯⋯（98）
　　　一、消费者对信息的处理⋯⋯（99）
　　　二、消费者的购买活动⋯⋯（100）
　　　三、购买后的评价⋯⋯⋯⋯（102）
　　模块小结⋯⋯⋯⋯⋯⋯⋯⋯⋯（105）
　　主要名词⋯⋯⋯⋯⋯⋯⋯⋯⋯（105）
　　自测试题⋯⋯⋯⋯⋯⋯⋯⋯⋯（106）
　　案例分析⋯⋯⋯⋯⋯⋯⋯⋯⋯（107）
　　实训练习⋯⋯⋯⋯⋯⋯⋯⋯⋯（107）

模块五　把握文化、习俗、时尚对消费心理的影响⋯⋯⋯⋯⋯⋯⋯⋯（108）
　　单元一　社会文化与消费心理⋯（109）
　　　一、社会文化概述⋯⋯⋯⋯（109）
　　　二、中华民族文化对消费者心理与行为的影响⋯⋯⋯⋯⋯（110）
　　　三、亚文化对消费行为的影响⋯（112）
　　单元二　消费习俗与消费心理⋯（113）
　　　一、消费习俗概述⋯⋯⋯⋯（114）
　　　二、模仿与从众⋯⋯⋯⋯⋯（116）
　　　三、消费习俗的影响力⋯⋯（118）
　　单元三　消费流行与消费心理⋯（119）
　　　一、消费流行概述⋯⋯⋯⋯（120）
　　　二、消费流行的分类⋯⋯⋯（121）
　　　三、消费流行的周期⋯⋯⋯（125）
　　　四、消费流行的影响力⋯⋯（127）
　　模块小结⋯⋯⋯⋯⋯⋯⋯⋯⋯（128）
　　主要名词⋯⋯⋯⋯⋯⋯⋯⋯⋯（129）
　　自测试题⋯⋯⋯⋯⋯⋯⋯⋯⋯（129）
　　案例分析⋯⋯⋯⋯⋯⋯⋯⋯⋯（130）
　　实训练习⋯⋯⋯⋯⋯⋯⋯⋯⋯（130）

模块六　区分不同群体的消费心理⋯（131）
　　单元一　消费群体概述⋯⋯⋯（133）
　　　一、消费者群体的概念与分类⋯（133）
　　　二、消费者群体对消费心理的影响⋯⋯⋯⋯⋯⋯⋯⋯⋯（134）
　　　三、决定消费者群体影响力的因素⋯⋯⋯⋯⋯⋯⋯⋯⋯（135）
　　单元二　不同消费群体的心理分析⋯（136）
　　　一、家庭消费的心理特点⋯（136）
　　　二、少年儿童群体的消费心理特点⋯⋯⋯⋯⋯⋯⋯⋯⋯（141）
　　　三、青年群体的消费心理特点⋯（143）
　　　四、女性的消费心理与消费行为⋯⋯⋯⋯⋯⋯⋯⋯⋯（144）
　　　五、中年消费群体的消费心理⋯⋯⋯⋯⋯⋯⋯⋯⋯⋯（146）
　　　六、老年消费群体的消费心理⋯⋯⋯⋯⋯⋯⋯⋯⋯⋯（146）
　　单元三　相关团体对消费心理的影响分析⋯⋯⋯⋯⋯⋯⋯⋯（148）
　　　一、消费者群体规范与消费行为⋯⋯⋯⋯⋯⋯⋯⋯⋯（149）
　　　二、影响相关团体消费的因素⋯（150）
　　　三、相关团体在市场营销中的作用⋯⋯⋯⋯⋯⋯⋯⋯⋯（151）
　　模块小结⋯⋯⋯⋯⋯⋯⋯⋯⋯（152）
　　主要名词⋯⋯⋯⋯⋯⋯⋯⋯⋯（152）
　　自测试题⋯⋯⋯⋯⋯⋯⋯⋯⋯（153）
　　案例分析⋯⋯⋯⋯⋯⋯⋯⋯⋯（154）
　　实训练习⋯⋯⋯⋯⋯⋯⋯⋯⋯（154）

目 录

模块七 摸准商品价格脉搏实现利益最大化 …………………………………… (155)
  单元一　商品价格 ………………… (156)
    一、商品价格的概念 …………… (156)
    二、需求价格弹性 ……………… (156)
    三、商品价格的功能 …………… (157)
  单元二　消费者的价格心理 ……… (159)
    一、消费者的价格心理特征 …… (160)
    二、价格变动与消费者的心理反应 ……………………………… (162)
  单元三　商品定价的心理策略 …… (165)
    一、定价的方法 ………………… (166)
    二、定价的心理技巧 …………… (170)
    三、影响定价的因素 …………… (176)
  模块小结 …………………………… (178)
  主要名词 …………………………… (179)
  自测试题 …………………………… (179)
  案例分析 …………………………… (180)
  实训练习 …………………………… (181)

模块八 追求卓越产品赢得顾客之心 ……… (182)
  单元一　商品名称与消费心理 …… (183)
    一、商品命名 …………………… (183)
    二、商品名称的消费心理效应 ……………………………… (186)
  单元二　品牌与消费心理 ………… (188)
    一、品牌的内涵 ………………… (188)
    二、品牌的消费心理效应 ……… (190)
    三、品牌对消费的重要作用 …… (191)
    四、品牌策略 …………………… (192)
  单元三　包装与消费心理 ………… (195)
    一、包装内涵 …………………… (196)
    二、包装对消费心理的影响 …… (198)
    三、包装设计的心理策略 ……… (199)
  模块小结 …………………………… (203)
  主要名词 …………………………… (204)
  自测试题 …………………………… (204)
  案例分析 …………………………… (205)
  实训练习 …………………………… (206)

模块九 做好商业广告实现双赢 ………… (207)
  单元一　广告概述 ………………… (208)
    一、广告的含义、特点和构成要素 ……………………………… (208)
    二、广告的功能 ………………… (209)
    三、广告发布遵循的原则 ……… (211)
  单元二　广告的传播策略 ………… (212)
    一、广告媒体选择的心理特征 … (213)
    二、增强广告效应的方法 ……… (217)
    三、广告心理效果的测定方法 … (218)
  单元三　广告心理策略 …………… (221)
    一、注意在广告中的心理策略 … (222)
    二、联想在广告中的心理策略 … (223)
    三、情感在广告中的心理策略 … (224)
    四、记忆在广告中的心理策略 … (225)
    五、广告诉求的心理策略 ……… (226)
  模块小结 …………………………… (228)
  主要名词 …………………………… (228)
  自测试题 …………………………… (228)
  案例分析 …………………………… (229)
  实训练习 …………………………… (230)

模块十 改善消费环境让顾客满意 ……… (231)
  单元一　生活方式与商店选址 …… (232)
    一、生活方式与消费选择 ……… (232)
    二、商店的选址 ………………… (236)
  单元二　店容店貌与消费心理 …… (237)
    一、商店名称与消费心理 ……… (238)
    二、商店店门设计 ……………… (240)
    三、橱窗设计心理 ……………… (241)
  单元三　商店内部陈设与消费心理 … (243)
    一、商品陈列与消费心理 ……… (243)
    二、辅助设施与消费心理 ……… (245)
    三、内部消费环境的发展 ……… (247)
  模块小结 …………………………… (249)
  主要名词 …………………………… (249)
  自测试题 …………………………… (249)
  案例分析 …………………………… (251)
  实训练习 …………………………… (251)

模块十一　巧妙沟通消除消费障碍……（252）
　单元一　营销服务……………………（253）
　　一、售前服务的心理策略…………（254）
　　二、售中服务的心理策略…………（256）
　　三、售后服务的心理策略…………（258）
　单元二　营销关系与消费心理………（260）
　　一、公共关系心理…………………（260）
　　二、营业员与消费者的冲突………（264）
　　三、营业员与消费者的相互
　　　　沟通………………………………（266）
　　四、营业员接待消费者的技巧……（268）
　单元三　拒绝购买态度的分析与
　　　　　转化……………………………（271）
　　一、拒绝购买态度的形成…………（272）
　　二、拒绝购买态度的类型…………（273）
　　三、拒绝购买态度的转化…………（274）
　模块小结………………………………（275）
　主要名词………………………………（275）
　自测试题………………………………（275）
　案例分析………………………………（277）
　实训练习………………………………（277）

模块十二　消费心理学的发展方兴未艾（278）
　单元一　消费者消费心理与行为
　　　　　的变化…………………………（279）
　　一、消费观念的改变………………（279）
　　二、支付方式的改变………………（281）
　单元二　电子商务与消费者心理……（282）
　　一、电子商务中消费心理的变化
　　　　趋势和特征……………………（283）
　　二、制约电子商务发展的心理
　　　　因素分析………………………（285）
　　三、电子商务中消费心理的
　　　　策略……………………………（286）
　单元三　绿色消费与消费者心理……（288）
　　一、绿色消费中消费心理的变化
　　　　趋势和特征……………………（288）
　　二、绿色消费行为的影响因素……（292）
　　三、绿色消费的心理策略…………（294）
　单元四　消费者权益保护……………（295）
　　一、消费者权益及责任……………（296）
　　二、消费者心理保护………………（298）
　模块小结………………………………（300）
　主要名词………………………………（301）
　自测试题………………………………（301）
　案例分析………………………………（302）
　实训练习………………………………（303）

参考文献………………………………（304）

模 块 一
认识消费心理学

 内容提要

模块一主要介绍消费者行为与消费心理的基本常识，通过对心理学内涵的介绍，使大家了解和掌握消费行为和消费心理活动的内涵，消费心理学的研究对象、内容和方法，从而激发学习消费心理学的兴趣。

 教学重点和难点

心理学的基本理论、消费者行为、消费心理学的含义、消费心理学的研究方法。

学习消费心理学的重要意义。

 学习目标

知识点：了解心理学的基本理论，掌握消费者行为、消费心理学的含义、消费心理学的研究方法。

能力点：掌握消费心理学的研究内容和方法，并能运用。

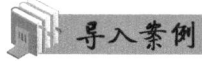 　　　　　　　冰激凌实验

芝加哥大学商学院有一个著名的冰激凌实验：有两杯哈根达斯冰激凌（如图1.1所示），A杯有7盎司，但装在5盎司的杯子里面，看上去要溢出来了；另一杯冰激凌B是8盎司，但是装在10盎司的杯子里，所以看上去还没装满。作为消费者更愿意为哪一杯冰激凌付更多的钱呢？

按照传统经济学的理论，如果说人们喜欢冰激凌，那么8盎司的冰激凌比7盎司的多，如果人们喜欢杯子，那么10盎司的杯子比5盎司的杯子大，所以不管从哪个角度来说，传统理论都认为人们愿意为冰激凌B支付更多的钱。但是实验表明，在分别判断的情况下（也就是人们不能把这两杯冰激凌放在一起比较），人们反而愿意为冰激凌A多付钱。

平均来讲，人们愿意花 2.26 美元买冰激凌 A，却只愿意用 1.66 美元买冰激凌 B。这就是说，如果这两杯冰激凌都标价 2 美元，那么人们情愿选择冰激凌 A。这是为什么呢？原因在于，人们在进行决策时，通常不是像传统经济学那样判断一个物品的真正价值，而是根据一些比较容易评价的线索来判断。在这个实验中，人们就是根据冰激凌到底是满还是不满来决定给不同的冰激凌支付多少钱。这种行为导致的一个结果就是人们有可能在一个差的物品上花费更多的钱。

上述冰激凌实验表明，消费者并不都是理性的。为什么会出现这种情况呢？消费者的心理感受为什么如此重要，对我们有什么启示？

作为企业的营销人员，除了注重产品、价格、渠道、促销等因素外，还有什么主要因素会影响消费者的购买决策？我们应该怎样提高我们的业绩？

站在消费者立场，您怎么看待冰激凌实验的结果？怎样消费才是理性的？等等。

如果您对上述问题感兴趣，请您认真学习以下的消费心理学的知识，它将帮助您解决上述问题。

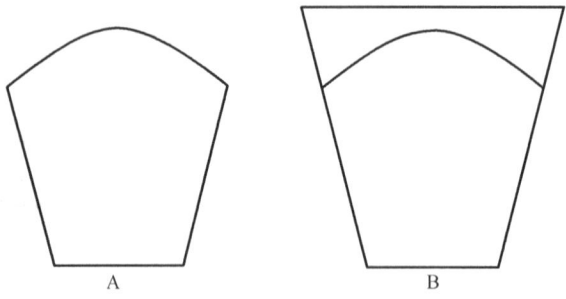

图 1.1　冰激凌实验

资料来源：http://www.ceibs.edu/forum/2002/1226_hsee_a_c.html

中国是有着悠久茶文化历史的国度，中国人喜欢喝茶、品茶，在人们通常的意识里都知道冷茶、隔夜茶是不能喝的，年长的人总是教育年轻人不要喝冷茶或隔夜茶，这样对身体不好。但有人大胆创新，把茶当饮料来卖，改变了人们的消费观念。"康师傅"、"统一"、"娃哈哈"等茶饮料一下子红遍了中国内地。

20 世纪 80 年代早期对草药茶和水果茶概念的调查研究表明：英国的茶类消费人群绝对不会接受并喜欢这些"古怪可笑的茶"。但是事实上，当这些新产品推向市场时很快就得到消费者认可并被接受。

消费者表述的消费理念与实际消费行为相背离，使得企业精心制定的商品或服务的整

体决策出现严重偏差,消费者言行不一的真正根源是什么?消费者的行为为什么难以琢磨?他们有什么样的消费心理?发生了哪些变化?

消费者行为和消费心理学的研究构成了营销决策的基础,它与企业市场的营销活动是密不可分的,它对于提高营销决策水平,增强营销策略的有效性有着极其重要的意义,对于消费者来说,如何提高自己的消费效用,同样具有重要的意义。

消费心理学(Consumer Psychology)是心理学的一个重要分支,它研究消费者在消费活动中的心理现象和行为规律,是心理学在市场营销领域的具体运用。为了更好地掌握消费心理学的知识,下面我们先学习心理学的相关内容。

一、心理学的内涵

随着心理学知识的日益普及和现代人们认识观念的逐步提高,"心理学"一词已经不再像过去那样是一个陌生而神秘的字眼了。

1. 心理学的定义

心理学的产生源远流长,不同时期对"心理学"有不同的界定。在哲学心理学时代,心理学被认为是阐释心灵的学问。古希腊语中心理学包括"灵魂"与"学问"两个方面的含义,后来解释为"关于灵魂的学问"。

现代心理学认为,心理学是研究人的心理现象的产生、本质、作用及变化发展规律的科学,是一门自然科学与社会科学交叉的边缘学科,它从人的心理过程和个性心理两个方面来研究人的心理现象,如图1.2所示。

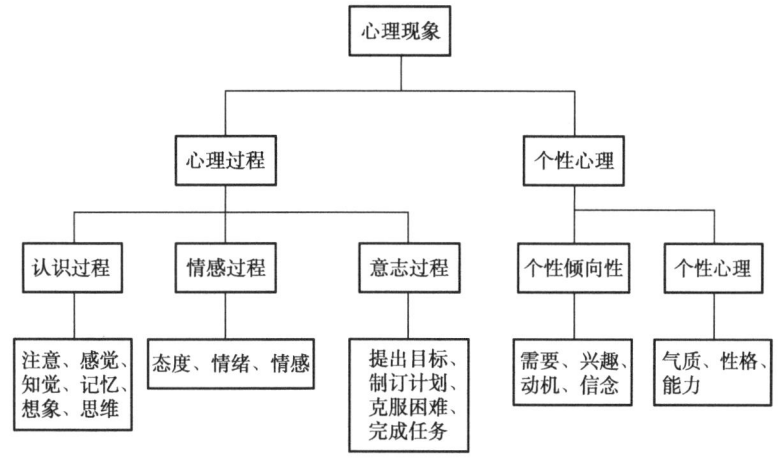

图 1.2 心理学的研究对象

2. 心理学的产生和发展

从原始社会人们关于灵魂与肉体的关系之争,到后来关于精神活动的物质器官是心还是脑的争论,人们对心理现象的认识逐渐趋于科学。在一个比较长的时间里,心理学像一个胚胎，蕴涵在哲学这一母体之中，它日渐成熟，脱胎而出，逐渐成长壮大。

1874年德国心理学家冯特出版了《生理心理学原理》，在这部书中他详述了他的一个重要发明，该发明利用一个系统性的心理学来研究人的感知：感觉、体验、意志、知觉和灵感，使心理学从哲学中解放出来，成为一门独立的学科。1879年冯特在莱比锡大学创建了世界上第一个心理实验室，这是心理学发展史上的新纪元，标志着科学心理学的诞生。

一百多年来，随着社会实践发展的需要，心理学也在不断地发展和完善，科学技术的进步，不断提出新的课题并为解决这些课题提供了手段。现在，心理学已经发展成为一棵枝繁叶茂的科学大树。哲学是孕育其成长的沃土，普通心理学是其主干，其他学科是其甘露，应用心理学是其分支。教育心理学、军事心理学、管理心理学、旅游心理学、营销心理学、消费心理学等得以迅速发展。

3．心理学研究的主要内容

人在生活实践中与周围事物相互作用，必然有这样或那样的主观活动和行为表现，这就是人的心理活动，简称心理。具体地说，外界事物或体内的变化作用于人的机体或感官，经过神经系统和大脑的信息加工，就产生了对事物的感觉和知觉、记忆和表象，进而进行分析和思考，得出对客观事物认识的结论。另外，人们在同客观事物打交道时，总会对它们产生某种态度，形成各种情绪。人们还要通过行动去处理和变革周围的事物，这就表现为意志活动。

以上所说的感觉、知觉、思维、情绪、意志等都是人的心理活动。心理活动是人们在生活实践中由客观事物引起、在头脑中产生的主观活动，任何心理活动都是一种不断变化的动态心理过程。

人在认识和改造客观世界的过程中，各自都具有不同于他人的特点，各人的心理过程都表现出或大或小的差异。这种差异与各人的先天素质、生活经验、后天学习和知识积累有关，这就是所说的人的个性，也称为人格。

心理过程和人格都是心理学研究的重要对象。心理学还研究人的个体的和社会的、正常的和异常的行为表现。

> 心理的实质：（1）心理是脑的机能；（2）脑是心理活动的器官；（3）心理是客观现实的反映。

二、消费者行为与消费心理学的内涵

营销的真正基础是理解消费者，赢得市场的"金钥匙"就是要准确抓住顾客的心。所以，在营销管理的专业修炼中，消费者行为学是核心修炼课程；在营销实战中，只有能摸准市场脉搏并理解消费者心理的人才是真正的高手。我们相信，"解读消费者行为"是当前引领营销深入发展的新的驱动力，是创新营销的基本功。

模块一 认识消费心理学

1. 消费、消费者

人类的消费行为与人类的生产相伴而来,是人类赖以生存和发展的最古老的社会活动和社会行为,是社会进步与发展的基本前提。从广义上讲,可以把人类的消费行为划分为生产消费和个人消费两大类。

生产消费是指生产过程中对原材料、工具、人力等生产资料和活劳动的消耗。在生产过程中,劳动者与其他生产要素结合创造出新的使用价值的活动,是生产行为的反映,而生产行为本身,就它的一切要素来说,也是消费行为。因此,在生产过程中,对劳动力及其他生产要素的使用、消耗及磨损称为生产过程中的消费。它包含在生产过程之中,是维持生产过程连续进行的基本条件。

个人消费是指人们为满足自身需要而对各种生活资料、劳务和精神产品的消耗。它是人们维持生存和发展,进行劳动力再生产的必要条件,也是人类社会最大量、最普遍的经济现象和行为活动。从社会再生产过程来看,它是社会再生产过程中"生产、分配、交换、消费"四个环节中的消费环节。个人消费是一种最终消费,所以消费一词狭义上是指个人消费。

所谓的消费者,狭义上指的是购买、使用各种消费用品(包括服务)的个人、居民户,也包括企业、学校、政府机关和其他社会组织;广义上指的是在不同时间和空间范围内所有参与消费活动的个人或集团,泛指现实生活中的所有人。在现实生活中,同一消费用品的购买发起者、决策者、购买者和使用者既可能是同一个人,也可能是不同的人,例如,长期以来,在中国保健品市场上就存在一种"买的不喝,喝的不买"的现象,但无论是买的人还是喝的人,他们都是广义上的消费者。

法律意义上的消费者,是指为生活消费需要而购买、使用商品或者接受服务的个人和单位。消费者的法律特征有这样几点:①消费者的消费性质属于生活消费;②消费的客体是商品和服务;③消费者的消费方式包括购买、使用(商品)和接受(服务);④消费者的主体范围包括公民个人和进行生活消费的单位。

2. 消费者行为

消费者对于我们每一个人来说,往往是既熟悉又陌生。熟悉的是,我们每一个人都是消费者,每时每刻都在消费,而且每一次的消费行为看上去似乎都是那么简单、平淡;陌生的是,消费者的心理和行为又非常复杂,有时一种心理或行为反应发生之后,连我们自己都无法弄懂自己。这就是消费者或消费者行为研究的魅力所在。它引起了无数的社会学、心理学、人类学、经济学、营销学等学科领域甚至一些公共部门的专家和实际工作者的研究兴趣。

关于什么是消费者行为,目前国内外还没有一个统一的、被普遍接受的定义。

美国市场营销协会(AMA)的定义:消费者行为是感情、认知、行为及环境因素之间的动态互动过程,是人类履行生活中交换职能的行为基础。在这一定义中,至少有以下四层重要含义:①消费者行为是感情、认知、行为及环境因素之间交互作用的过程;②消费者行为是感情、认知、行为和环境因素之间交互作用的结果;③消费者行为是动态变化的；④消费者行为涉及交换。

我们认为消费者行为是指：消费者为了满足其需求和欲望而进行产品与服务的选择、采购、使用与处置，因而所发生的心理、情绪及实体的活动。消费者行为的基本范畴主要包括与购买决策相关的心理和实体的活动。心理活动包括评估不同品牌的属性、对信息进行归纳分析及形成内心决策等。实体活动则包括消费者搜集产品相关信息、到购买地点和销售人员进行沟通和交流，以及产品的实际消费和处置等活动。

相关链接　　对不同来源的1 000元的消费行为

张明是市场营销专业大学二年级的学生，人很勤奋，假期打工挣到了1 000元钱，他把这1 000元钱存了起来，准备作为上学的生活费和购买学习资料用。开学后，由于成绩优秀，张明获得了1 000元的奖学金，结果请同学吃饭花掉200元，买夹克衫花掉360元，买了一双运动鞋花掉380元……。1 000元的奖学金很快就消费光了。

如果你是一个理性的人，不管是挣来的钱还是一笔意外之财，对你来说应该没有什么区别。但是，一般来说，你会把自己辛辛苦苦挣来的钱存起来不舍得花，而如果是一笔意外之财，你就很快地花掉了。这其实说明人们在头脑里分别为这两类不同来源的钱建立了两个不同的账户，挣来的钱和意外之财是不一样的。一笔金额相同的收入，其消费的行为、结果却大相径庭，在你身上有没有这种现象？

3. 消费者行为的特点

消费者行为虽然复杂多变，但并非不可捉摸。事实上，通过精心设计的调查，消费者的行为是可以被理解和把握的，这也是企业和学术界致力于分析消费者行为的根本出发点。消费者行为虽然多种多样，但在这些千差万别的行为背后，存在一些共同的特点或特征。

（1）消费者行为是受动机驱使的。在现代社会经济生活中，由于购买动机、消费方式与习惯的差异，各个消费者的消费行为表现得形形色色，各不相同。所有消费者行为都是因某种刺激而激发产生的，这种刺激既来自外界环境，也来自消费者内部的生理或心理因素。在各种刺激因素的作用下，消费者经过复杂的心理活动过程，产生购买动机。在动机的驱使下，消费者进行购买决策，采取购买行动，并进行购买后评价，由此完成了一次完整的购买行为。消费者行为的一般模式如图1.3所示。

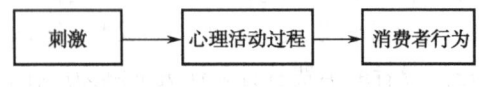

图1.3　消费者行为的一般模式

例如，我们购买某一品牌服装的行为，除了生理上的需要以外，还受品牌、他人的评价等因素的影响和刺激，最后才决定购买。

（2）购买者的广泛性。一项消费行为的参与者往往包括提议者、影响者、决策者、购买者和使用者。例如，儿子过生日时，爸爸提议买一把玩具枪，妈妈建议买一辆电动遥控车，在这一过程中，爸爸是提议者，妈妈是影响者，最后决定买什么，爸爸、妈妈、儿子都要参与决策，购买者可能是父母或他们中的一人，使用者只有孩子。因此，分析不同购

买决策参与者所扮演的不同角色，搞清谁是购买决策的参与者，对于企业选择促销方式和手段，具有非常重要的意义。

（3）需求的差异性。当今的市场结构已由卖方市场转为买方市场，消费者的需求更趋于多样化和个性化，消费者的需求不尽相同，他们的需求存在着明显的差异，企业不可能通过一种产品或服务来满足所有的消费者，也不可能只凭自己的人力、物力和财力来满足整个市场的所有需求。因此，企业要想在市场竞争中求得生存和发展，应当也只能满足全体消费者中的一类或几类特定需求。例如，美国著名的宝洁公司在20世纪80年代进入我国市场，当时，我国消费者头皮屑患者较多，针对这一细分市场推出具有去头皮屑功能的"海飞丝"洗发水获得成功。随后，该公司又针对不同细分市场推出了"玉兰油"系列护肤品、"飘柔"二合一洗发水、"潘婷"洗发液等产品，为宝洁公司的发展壮大起到了决定性的作用。

（4）消费者行为具有可诱导性。消费者有时对自己的需要并不能清楚地意识到。此时，企业既可以通过提供合适的产品来激发消费者的需要，也可以通过有效的广告宣传、营业推广等促销手段来刺激消费者的购买欲望，甚至影响他们的消费需求，使他们改变消费习惯、更新消费观念。例如，开篇案例冰激凌的故事，说明消费者的行为是能够被影响的。应当指出的是，企业影响消费者行为是以其产品或活动能够满足消费者某种现实或潜在的需要，能够给消费者带来某种利益为前提的，有一些新产品虽然伴有大规模的广告及促销活动，但最终还是失败了的事实，从反面说明了产品适合消费者需要的重要性。

相关链接　　　　满足和发现顾客的需求

一个乡下来的小伙子去应聘城里"世界最大"的"应有尽有"百货公司的售货员。

老板问他："你以前做过售货员吗？"

他回答说："我以前是村里挨家挨户推销的小贩。"老板喜欢他的机灵："你明天可以来上班了。等下班时，我会来看一下。"

下班了，老板真的来了，问他说："你今天做了几单买卖？"

"一单。"年轻人回答说。

"只有一单？"老板很吃惊地说："我们这儿的售货员一天基本上可以完成20到30单生意呢。你卖了多少钱？"

"300 000美元。"年轻人回答道。

"你怎么卖到那么多钱的？"目瞪口呆，半晌才回过神来的老板问道。

"是这样的，"乡下来的年轻人说，"一个男士进来买东西，我先卖给他一个小号的鱼钩，然后中号的鱼钩，最后大号的鱼钩。接着，我卖给他小号的鱼线，中号的鱼线，最后是大号的鱼线。我问他上哪儿钓鱼，他说海边。我建议他买条船，所以我带他到卖船的专柜，卖给他长20米有两个发动机的纵帆船。然后他说他的大众牌汽车可能拖不动这么大的船。我于是带他去汽车销售区，卖给他一辆丰田新款豪华型'巡洋舰'。"

老板后退两步，几乎难以置信地问道："一个顾客仅仅来买个鱼钩，你就能卖给他这么多东西？""不是的，"乡下来的年轻售货员回答道，"他是来给他妻子买发卡的。我就告诉他'你的周末算是毁了,干吗不去钓鱼呢?'"这虽然是一个故事,但是它告诉我们,消费者的需求是具有可诱导性的。

4. 消费心理学的内涵

消费心理学主要是研究消费过程中消费者心理与行为的产生、发展及其规律的一门学科,并探讨在市场营销活动中各种心理现象之间的相互关系。消费者心理与行为作为一种客观存在的社会现象和经济现象,同其他事物一样,有其特有的活动方式和内在运行规律。对这一现象进行专门研究,其目的在于发现和掌握消费者在消费活动中的心理与行为特点以及规律性,以便适应、引导、改善和优化消费行为。

心理活动是人脑对客观事物或外部刺激的反映活动,是人脑所具有的特殊功能和复杂的活动方式。它处于内在的隐蔽状态,只具有可以观察的现象形态,因而无法从外部直接了解。但是心理活动可以支配人的行为,决定人们做什么及怎样做。因此,通过对一个人的行为表现的观察,可间接地了解其心理活动状态。

同样,人作为消费者在消费活动中的各种行为,也无一不受到心理活动的支配。例如,是否购买某种商品,购买什么品牌的商品,什么时候购买,如何购买等,其中的每一个环节都需要消费者做出相应的心理反应,并进行分析、比较、选择和判断。因此,消费者的消费行为都是在一定心理活动支配下进行的,并通过消费行为加以外化。

【与相关课程的联系】

《消费心理学》是学习其他市场营销专业课程的基础,无论是产品的设计、价格的制定、促销政策还是实施等,都要针对消费者的消费心理有的放矢地开展。

三、消费心理学的产生与发展

从发达国家的情况看,消费心理学从理论体系和框架的形成到逐步完善并形成一门独立的学科,大体上经历了以下三个阶段。

1. 萌芽阶段

1901年12月20日,美国心理学家W·D·斯科特在西北大学做报告,提出了广告应作为一门科学进行研究,心理学在广告中可以而且应该发挥重要作用。这被人们认为是第一次提出了消费心理学的问题。1903年,斯科特汇编了十几篇广告心理学问题的论文,出版了名为《广告论》一书。一般认为,这本书的出版标志着消费心理学这门学科的诞生。

1912年,德国心理学家闵斯特伯格出版了《工业心理学》,书中阐述了在商品销售过程中,广告和橱窗陈列对消费者心理的影响。同时,还有一些学者在市场学、管理学等著作中研究消费心理与行为的关系。比较有影响的是"行为主义"心理学之父约翰·华生的"刺激-反应"理论,即"S-R"理论。这一理论揭示了消费者接受广告刺激物与其行为反应的关系,被广泛运用于消费者行为的研究之中。

由于此时消费心理与行为的研究刚刚开始，研究的重点是企业如何促进商品销售，而不是如何满足消费者需要，加上这种研究基本上局限于理论阐述，并没有具体应用到市场营销活动中来，因此，消费心理学尚未引起社会的广泛重视。

2．显著发展阶段

从20世纪30年代到60年代，消费者行为研究被广泛应用于市场营销活动中，并迅速得到发展。

20世纪30年代的经济大萧条时期，许多发达国家出现了生产过剩、产品积压问题，这使得刺激消费成了渡过危机的重要措施。了解消费者需求、提高消费者对商品的认识、促使消费者对商品产生兴趣、诱发消费者的购买动机等，已成为政府制定经济政策和企业生产经营活动的重要课题。这时，无论是政府的货币政策还是企业的经营措施，都是从消费者的心理与行为入手来刺激消费和引导市场行为，从而大大促进了对消费者心理和行为研究的发展和深入。

第二次世界大战以后，1951年，美国心理学家马斯洛提出需要层次理论；1953年，美国心理学家布朗开始研究消费者对商标的倾向性；1957年，社会心理学家鲍恩开始研究参照群体对消费者购买行为的影响。1960年，美国正式成立"消费者心理学会"。1969年成立"顾客协会"。与此同时，消费心理学的学科体系也基本形成。消费心理学从此进入发展和应用时期，它对市场营销活动的参与、影响日益明显。

3．成熟阶段

20世纪70年代以来，有关消费者心理与行为的研究进入全面发展和成熟阶段。前人的研究成果经过归纳、综合，逐步趋于系统化，一个独立的消费心理学学科体系开始形成，相关的研究机构和学术刊物不断增多。除了大学和学术团体外，美国等西方国家的一些大公司纷纷附设专门的研究机构，从事消费者心理研究。有关消费者心理与行为的理论和知识的传播范围日益广泛，并且越来越受到社会各界的高度重视。综观近年来消费者心理与行为的研究现状，可以发现以下几个新的发展趋势。

（1）理论进一步得到发展。许多学者把研究重点放在理论研究上，如对消费者决策程序的理论研究。

（2）重视宏观方面的研究。研究者们能够从整个社会经济系统的高度去研究消费者的心理与行为，如消费者行为与经济心理学的研究。

（3）转向对因果关系的研究，即由过去单纯性的确认描述变量关系，转向解释性的研究和对因果关系的探讨，如对消费者需求变化的影响因素的研究。

（4）与相关学科结合交织，即对本学科的研究进行跨学科的融合、渗透，如对消费流行时尚的研究就与社会学密切相关。

（5）引入现代研究方法，即对心理学的基本范畴（如动机、人格等）用现代方法进行研究，如对消费者认识过程中的记忆就用信息论的观点进行研究。

单元二 掌握消费心理学的研究对象、内容与方法

消费心理学属于应用心理学的范畴,是一门研究消费者心理和行为的学科,具有很强的实践性,和其他学科一样,消费心理学也有其独特的研究对象、研究内容和研究方法。

一、消费心理学的研究对象

消费心理学是研究消费者心理现象的产生、发展及变化规律,并探讨在市场营销活动中各种心理现象之间相互关系的一门学科。消费者心理是看不见摸不着的内心活动,我们只能依靠由它支配的消费者行为,即根据消费者的"所作所为"去探究消费者的"所思所想"。

影响消费者行为的因素很多,比较简明的是如图 1.4 所示的"三因素"论。

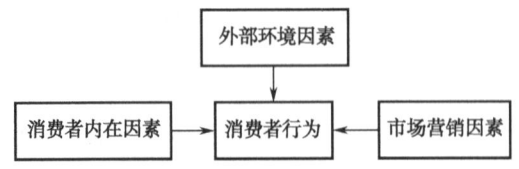

图 1.4 消费者行为的三大影响因素

营销大师菲利普·科特勒又提出了影响消费者行为的四个因素:文化、社会、个人和心理,如图 1.5 所示。

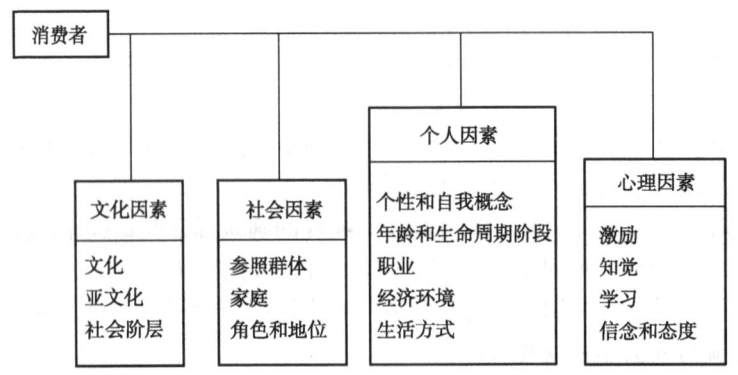

图 1.5 影响消费者行为因素的四个因素

资料来源:菲利普·科特勒. 梅清豪译. 营销管理(原第 11 版). 上海:上海人民出版社,2003.

影响消费者行为的因素和理论还有其他观点，消费心理学的研究对象是复杂和多变的，它包括了与消费者心理现象和消费行为相关的一切因素。

二、消费心理学的研究内容

研究对象决定研究内容，因此，作为一门独立的应用学科，消费心理学的研究内容主要包括如下内容。

1. 对消费者购买行为的心理过程和心理状态的研究

消费者购买行为的心理过程，是从消费者对商品的认识过程开始的，进而发展到情绪过程和意志过程，这个心理过程是每个消费者所共有的。心理学有关感觉、知觉、学习、记忆、需要、动机、情绪、情感的研究成果和相关理论，必能为解释人的消费行为提供帮助。心理过程和心理状态的作用是激活消费者的购买目标导向，使他们采取某些行为或回避某些行为。因而，消费者购买活动的心理过程和心理状态必然影响购买行为的发生和进行。例如，一些消费者面对琳琅满目的商品，能够果断地做出购买决策，而有的犹豫不决，有的浏览观望，有的拒绝购买，这些行为表现出消费者心理过程和心理状态的差异。消费者心理活动的普遍倾向，如追求物美价廉、求实从众、求名争胜、求新趋时、求美立异等，都会对消费者对商品的感觉、知觉、想象、记忆、思维、情感和意志等心理过程产生直接的影响。那么，如何控制和调节消费者购买的心理过程和心理状态，激发他们的购买行为，对于企业至关重要。因此，研究消费者的心理过程和心理状态，必然成为消费心理学的基本内容。

2. 对影响和制约消费者购买行为的个性心理特征的研究

消费者的心理过程和心理状态，是消费者购买行为中以特殊形式表现出来的一般心理规律。消费者购买的心理现象又是消费者个人的心理表现，这就必然被消费者个性心理特征所左右，消费者购买行为中所产生的心理过程，表现出人的心理活动的一般规律，但个性心理特征又反过来影响和制约消费者的购买行为。例如，有的消费者对商品的认识比较全面，可能购物能力较强，有的则比较肤浅，可能购物能力较差；有的对商品的情感体验比较热情积极，有的则比较冷淡消极等。这些现象都说明，消费者的心理现象存在明显的差异，这些差异都是消费者购买活动中个性心理特征的表现。

消费者的个性心理特征，还受到消费者个人的知识、经验、成长的社会环境，以及心理需求、兴趣等因素的影响，并在购买行为中表现出来。消费心理学研究消费者的个性心理特征，它可以帮助我们揭示不同消费行为的心理特点，以采取相应的心理营销策略，促进消费者的购买行为。因此，消费者的个性心理特征是消费心理学研究的重要内容之一。

3. 对消费者的购买决策的研究

在由一系列环节和要素构成的消费者购买行为过程中，居于核心地位的是购买方案的选择、判断和决定，即消费者的购买决策。购买决策对购买行为的发生及其效果具有决定性的作用。影响消费者购买决策的因素很多,如消费者本身特征引起的内部因素,消费者生活、工作、学习等条件的差异形成的外部因素。此外,商品的效用、购买后的评价也是一个影响购买决策的重要的决定性因素。

4. 对消费者心理与市场营销的双向关系的研究

不同的消费品市场以不同的消费者群为对象,不同的消费者群对消费品市场也有不同的心理需求。企业的营销策略,会影响消费者心理的产生和发展;反之,不同消费者的心理特点,又会对市场营销提出特定的要求。因而,消费者心理与市场营销存在着双向关系。成功的市场营销活动,应该是能够适应消费者心理要求和购买动机的营销,也是能够适应消费者心理变化而行之有效的营销方法。因此,消费心理学的研究既包括影响消费者的各种个体因素和社会、政治经济因素的研究,又包括商品生产设计、定价、广告、商店橱窗设计和服务营销等如何适应消费者心理需求的研究。

三、消费心理学的研究方法

消费心理学是研究人的心理活动的学科,是与社会科学、自然科学和哲学密切联系的学科。因此,研究消费心理学离不开社会实践、自然科学原理和哲学的原则和方法。

1. 消费心理学的研究原则

(1)客观性原则。人的心理是客观事物的反映,一切心理活动都是由外部刺激所引起,并通过社会实践活动表现出来的。消费心理是由客观存在引起的,对任何心理现象,必须按它们本来的面貌加以考察,不能脱离实际去主观臆断。心理学本身具有非常抽象的特点,但心理现象却是具体的、可以观察到的。对消费心理,只能在消费者的生活和活动的外部条件中进行研究。例如,在价格体制改革中,每项物价调整政策出台后,消费者产生一些变异心理是客观存在的。正确的方法是实事求是地加以宣传,引导消费者逐步适应物价变动,增强心理承受能力。为了遵循这一原则,则要求在消费者的消费行为过程中去研究其心理活动。只有根据消费者的所想所说、所作所为,才能正确判断其心理特点。

(2)理论联系实际的原则。基于心理学和经济学的理论基础,又要与市场营销和消费实践活动相联系。既要考虑引起某一种心理现象的原因、条件,同时还要考虑与之相联系的相关因素的影响。不能孤立地研究,必须是全面地、联系地进行分析,这就是联系性原则。例如,消费者在购买现场的心理活动,受购物现场的环境、商品的造型、色彩、包装、价格、质量、广告宣传、服务方式和服务质量,以及消费者本身的心境等许多因素的影响,而且这些因素在不同时间对同一消费者的影响也会有所差别。只有将各种影响因素利用联系的观点,同时遵守客观性的原则加以分析,才能比较准确地把握消费者的心理状态。

(3)全面性原则。市场营销活动是社会实践活动的一部分,参加市场活动的部门、人员多,影响消费者购买行为的因素也多。消费者在多次的购买活动中,无论实际的购买对象怎样,每个消费者总是保持他个人独有的心理特质。例如,青年消费者购物带有浓厚的情绪色彩,冲动性购买行为较多;中年消费者购物时独立意识、判断意识较强;老年消费

者购物更稳重、动作慢、询问多等。通过分析、研究可以认识个别消费者在不同的生活、活动条件下的心理活动,通过全面综合的研究有助于弄清大量个别心理表现之间的相互联系,从而找出表明消费者特征的那些稳定的东西,有的放矢地进行市场营销服务。

（4）发展性原则。一切事物都是运动变化的,市场风云变幻莫测,营销活动千变万化。作为客观事物的反映,人的心理活动也必然有所变化和发展。坚持用发展性原则研究消费心理学,就是要用运动和发展的观点去认识问题。营销活动中人的心理活动是伴随着客观事物的变化而变化的,决不能用静止的、千篇一律的眼光去认识心理现象。例如,进入21世纪,我国消费者的家庭生活方式正朝着物质更丰富、精神更愉快、生活质量更高的方向发展。因此,我们要在发展变化中研究营销活动中的电子商务、绿色消费的心理现象。遵循发展性原则,不仅要求阐明营销活动中已经形成的心理现象,还要阐明那些潜在的或初露端倪的心理现象;同时,还要预测消费心理活动的发展趋向,这样才能真正把握消费心理活动的发展变化的客观规律。

2. 消费心理学的研究方法

目前,国内外心理学家和市场学家常用来研究消费者心理活动规律的基本方法有观察法、访谈法、问卷法、综合调查法、试验法、投射测验法等。

（1）观察法。观察法是指观察者在自然条件下有目的、有计划地观察消费者的语言、行为、表情等,分析其内在原因,进而发现消费者心理现象的规律的研究方法。随着现代技术的发展,观察法可借助视听器、摄像机、录音机、照相机等工具来增强观察效果。观察法可分为自然观察法和实验观察法两种形式：自然观察法是指完全自然的,在被观察者并不知情的条件下进行的观察；实验观察法是指在人为控制条件下进行的观察,被观察者可能知情,也可能不知情。

观察法大多是在消费者并不知晓的环境下进行观察,由于消费者没有心理负担,所以其行为是一种心理的自然流露。通过观察所获得的资料比较直观、真实、可靠。此外,观察法在操作上比较简便,花费也比较少,所以无论是大型企业或是小型店铺都可以采用。观察法的不足之处在于其具有一定的被动性、片面性和局限性。首先,调查者在进行观察时只能消极被动地等待所要观察事情的发生；其次,调查者对观察对象的了解只能从其外部动作去考察,难以了解他们的内心活动；最后,要求观察对象数量大、涉及面广,因而为取得大量的资料所投入的人力和时间必然较多。观察所得到的材料本身还不能区分哪些是偶然现象,哪些是规律性的反映。例如,漫步商场观察消费者的步态和目光时,发现大致有三种表现：①脚步紧凑,目光集中,直奔某个柜台；②步履缓慢,犹豫不决,看着商品若有所思；③步态自然,神色自若,随意浏览。上述三种表现说明进店消费者大致有三类：①买者；②可能买者；③逛客。仅从这些观察中还不能推算出进店消费者真正购物的概率,因为在消费者的行为举止中,还有很多偶然因素。

观察法既可用于观察别人,也可用于观察自己,形成自我观察法。这种方法是把自己摆在消费者的位置上,根据自身的日常消费生活体验,去揣摩、感受消费者的心理。应用自我观察法研究消费心理有独到之处,对价格心理、偏好转变及情感变换等较复杂的心理现象的研究,通常能收到满意的效果。

观察法在研究商品价格、销售方式、商标、广告、包装、商品陈列、柜台设置、品牌及新产品的被接纳程度等方面，均可取得较好的效果。

（2）访谈法。访谈法是通过一个经过训练的访问者与受访者交谈，以口头信息传递和沟通的方式来了解消费者的动机、态度、个性和价值观念等内容的一种研究方法。它可以在被访问者家中或一个集中的访问地点进行，还可以利用电话等通信手段与被访问者沟通。例如，在林荫绿地等宜人环境中，可以对被访问者进行较长时间的深入面谈，目的是获得不受限制的评论或意见并进行提问，以便帮助研究人员更好地理解这些想法的不同方面及其原因。深度访谈在理解个人是如何做出决定的，产品被如何使用，以及消费者生活中的情绪和个人倾向时尤其有用。新的概念、设计、广告和促销信息往往利用这种方法形成。

按交谈过程结构模式的差异划分，访谈法可以分为结构式访谈和无结构式访谈两种形式。结构式访谈又称为控制式访谈，访谈者根据预定目标事先拟定谈话提纲，访谈时按已拟定的提纲向被访问者提出问题，被访问者逐一予以回答。这种方法类似于问卷法，只是不让被访问者笔答，只用口答而已。其优点是运用这种方法，访谈者能控制访谈的中心，条理清晰，比较节省时间；缺点是这种方式容易使访谈者感到拘束，产生顾虑，也容易使被访问者处于被动的地位，使访谈者只能得到"是"与"否"的回答，而不能了解到被访问者内心的真实情况。因而访谈的结果往往深度不够，也不容易全面。无结构式访谈又称为深度访谈，它不拘形式，不限时间，尊重被访问者谈话的兴趣，使访谈者与被访问者以自由交谈的方式进行。其优点是被访问者不存在戒心，不受拘束，便于交流，被访问者能在不知不觉中吐露真实情感；缺点是采用这种访谈方法要求调查者有较高的访谈技巧和丰富的访谈经验，否则就难以控制谈话过程，不仅耗费时间较长，而且可能影响访谈目标的实现。

按访谈者与访谈对象的接触方式可以分为个人访谈和小组座谈两种形式。个人访谈又称为一对一的访谈，由调查者对单个被访问者进行访问，可以采取结构式访谈，即询问一些预定的问题，也可以采取无结构式自由访谈的形式。一对一的访谈中，访问者不应有意识地影响被访问者的回答。换而言之，不能给被访问者任何压力或暗示，要使被访问者轻松自由地回答各种问题。一对一访谈适合运用于以下四种情境：①要求对个体行为、态度或需要进行深入探究；②讨论的主题可能具有高度私人或保密性（如个人投资）；③讨论的主题带有情感性或具有某种使人窘迫的性质；④存在某种非常强烈的社会规范，采用群体讨论会对个体反应产生重要影响。小组座谈也称为集体访谈，调查访谈人员以召开座谈会的方式向一组消费者进行访谈。标准的集体访谈涉及8～12名被访问者。一般来说，小组成员构成应反映特定细分市场的特性。被访问者要根据相关的样本计划挑选出来，并在有录音、录像等设备的场所接受访问。集中小组访谈可以运用于以下情境：①激发产品创意时的顾客基本需要研究；②新产品想法或概念探究；③产品定位研究；④广告和传播研究；⑤消费者参照群体的背景研究；⑥在问卷设计的初始阶段需要了解消费者所使用的语言与词汇；⑦态度和行为的决定。

（3）问卷法。问卷法是根据研究者事先设计的调查问卷，向被调查者提出问题，并要求被调查的消费者书面回答问题的方式，也可以变通为根据预先编制的调查表请消费者口头回答，由调查者记录的方式进行调查，从中了解被调查者心理的方法，这是研究消费者心理常用的方法。根据操作方式，问卷法可以分为邮寄问卷法、网络问卷法、入户问卷法、

拦截问卷法和集体问卷法等。按内容可以分为封闭式和开放式调查问卷两种。封闭式调查问卷就是让被调查者从所列出的答案中进行选择，类似选择题、是非题等；开放式调查问卷是指被调查者根据调查者所列问题任意填写答案，不进行限制，类似填空题和简答题。

一个正式的调查问卷主要包括三个部分：指导语、正文和附录。①指导语。它主要说明调查主题、目的、意义，以及向被调查者致意等。这里最好要强调一下调查与被调查者的利害关系，以取得被调查的信任和支持。②正文。它是问卷的主体部分。依照调查主题，设计若干问题，要求被调查者回答。这是问卷的核心部分，一般要在有经验的专家指导下完成设计。③附录。它主要询问被调查者的个人情况，如性别、年龄、婚姻、职业、学历、收入等，也可以对某些问题附带说明，还可以再次向消费者致意。附录可随调查主题不同而增加内容。但要注意的是，结构上要合理，正文应占整个问卷的四分之三或五分之四，指导语和附录只占很少部分。

问卷法的优点是同一问卷可以同时调查很多人，主动性强，信息量大，经济省时，简便易行，结果易于统计分析。其缺点是回收率低（一般为 50%～60%），问卷的回答受被调查者的文化水平等条件的限制，并且不容易对这些材料重复验证。

（4）综合调查法。综合调查法是指在市场营销活动中采取多种手段取得有关材料，从而间接地了解消费者的心理状态、活动特点和一般规律的调查方法。根据不同的目标和条件可以采用邀请各种类型的消费者座谈、举办新产品展销会、产品商标广告的设计征集、设置征询意见箱、销售时附带消费者信息征询卡、特邀消费者对产品进行点评、优秀营业员总结经验等手段和方法，在此不再一一叙述。

（5）试验法。试验法是指在严格控制下有目的地对应试者给予一定的刺激，从而引发应试者的某种反映，进而加以研究，找出有关心理活动规律的调查方法。试验法包括以下两种。①实验室试验。实验室试验在专门的实验室内进行，可借助各种仪器设备以取得精确的数据。例如，研究人员可以给消费者提供两种味道稍微不同的食品，让他们品尝并进行挑选。这里，产品的不同味道是自变量，可以由研究者控制，而挑选结果则是因变量，至于其他能够影响挑选的因素如价格、包装、烹调的难易程度等，可以设计成完全相同。这样，经过试验后得出的消费者的挑选结果就仅仅取决于味道的差别，而与其他因素无关了。在消费者行为的试验研究中，应该注重使试验环境尽可能与相关的现实环境接近，也就是说要尽可能排除不寻常或偶发条件下才出现的外部因素对试验结果的扭曲，此时，现场试验是一种比较好的选择。②现场试验。现场试验在实际消费活动中进行。例如，测定广告宣传的促销效果，可以选择两个条件相近的商店或商场，一个做广告，一个不做。记录各自的销售量，然后进行比较和统计检验，以确定广告宣传效果的大小。而不是在实验室中播放两个广告，让消费者评价。由于营销活动现场的具体条件比较复杂，许多变量难以控制，因而会影响研究结果的准确性。

（6）投射测验法。投射测验又称为深层法，是一种通过无结构性的测验，引出被测试者的反应，从中考察被测试者所投射的人格特征的心理测验方法。具体来说，就是给被测试者意义不清、模糊而不准确的刺激，让他进行想象、加以解释，使他的动机、情绪、焦虑、冲突、价值观和愿望在不知不觉中投射出来，而后从他的解释中推断其人格特征。

最著名的投射测验是罗夏赫墨迹测验和主题统觉测验，但这两种测验在实际的消费者研究领域并不适用，在该领域中比较常用的是角色扮演法、词汇联想法和造句法。例如，由大学生分别充当囚徒和监狱警察，观察其不同角色的情绪变化特点，就是角色扮演法。

相关链接　　　　　　　　速溶咖啡的角色扮演法测验

著名的角色扮演法测试是美国关于速溶咖啡的购买动机研究。一开始，速溶咖啡的上市并没有被消费者接受，大家对这种省时、省事的产品并不感兴趣。美国心理学家海尔曾用问卷法直接调查，结论是消费者不喜欢这种咖啡味道，然而，这个结论是没有依据的，因为速溶咖啡与新鲜咖啡的味道是一样的。后来，心理学家通过角色扮演法，编制了两种购物单，见表1.1。其中只有一项是不同内容，一张上写的是速溶咖啡，另一张上写的是咖啡豆。把这两种购物清单分别发给两组妇女，请她们描写采用不同购物单的家庭主妇的特征。测验发现，两组妇女对家庭主妇的评价截然不同。

表 1.1　海尔编制的两张购物清单

购物清单 A	购物清单 B
1 听朗福特发酵粉	1 听朗福特发酵粉
2 只油煎饼面包	2 只油煎饼面包
1 捆胡萝卜	1 捆胡萝卜
1 听内斯速咖啡	1 磅咖啡豆
1 磅半汉堡牛排	1 磅半汉堡牛排
1 听德尔盟特桃子罐头	1 听德尔盟特桃子罐头
5 磅土豆	5 磅土豆

购买速溶咖啡的主妇被大家看作贪图方便、省事、懒惰的人，生活无计划，会花钱，不是个好妻子；而购买咖啡豆的主妇则被大家评价为勤快的、有经验的、会持家的主妇。从而，不喜欢速溶咖啡的真正原因找到了，它不在于味道，而是一种传统观念的问题。在当时的社会背景下，美国妇女认为担负繁重的家务是一种天职，而逃避劳动则是偷懒的行为。大家不接受速溶咖啡正是基于这种深层的购买动机。这样，厂家要改进的就不是产品味道，而是如何进行广告宣传。后来，公司改变宣传策略，打消顾客省力的心理压力，产品随即成为畅销货。今天，速溶咖啡不仅是西方国家的通用饮料，也逐渐成为我国人民的家庭食品。

投射测验一般都具有转移被测试者注意力和解除其心理防卫的优点，因而在消费心理学的研究中常被用作探寻消费者深层动机的有效手段。

单元三　消费心理学的研究现状和意义

消费心理学是属于应用心理学范畴的一门学科，美国20世纪40年代70%的心理学博

士从事实验心理学工作,而从 20 世纪 80 年代开始,心理学专家大多在诊所、学校和企业中工作,国外有关消费者心理与行为的研究进入了全面发展和成熟的阶段。

一、国外的消费心理学研究

消费心理学是从广告心理学发展而来的。早期的消费研究主要是从消费者处收集信息,以便制作更有效的广告。后来,研究重点转向产品设计前后消费者的意见和态度。随着社会的进步和技术的发展,与此相关的研究理论层出不穷,如营销心理学、消费者行为学等都是研究消费者心理现象和行为的学科。到目前为止,国外心理学的应用学科已发展到包括教育心理学、社会心理学、政治心理学、临床与咨询心理学、工业组织心理学、运动心理学及消费心理学等超过 25 个心理学分支学科。

1960 年,美国心理学会正式组建了消费者心理学分支。近年来,随着商品经济的发展,市场竞争的日益激烈化,以及市场营销观念由生产者为中心向消费者为中心转变,对消费者行为的研究越来越受到市场营销研究者和心理学家的重视,美国的许多商业机构都开展消费者行为尤其是消费者购买动机这一涉及消费心理学领域的研究。

1. 研究角度多元化

长期以来,人们主要从商品生产者和经营者的单一角度对消费者的心理与行为进行研究,其关注的焦点集中在如何帮助企业通过满足顾客的需求来有效地扩大销售,并以此来增加盈利。

1969 年创立的美国消费者研究会的会员由心理学、农业经济学、建筑学、法学、医学、市场学、数理统计学、工程学等各个领域的专家组成,彼此间起到相互促进的作用。1974 年创刊的《消费者研究》杂志就是由 10 个不同组织支援的,这种学术风气很快流传到了日、英、德等发达国家。探讨范围逐渐扩大,以美国主要学术杂志为例,《应用心理学》、《市场》、《广告研究》、《市场调查》、《消费者研究》等权威刊物发表消费心理学的论文、报告和调查资料不断增多,探讨范围除了消费生态问题、文化消费问题、决策模式问题之外,还有消费者保护问题、消费政策问题、消费信息处理问题(程序研究)、消费心理内在结构问题、消费信用问题、消费法学问题、消费心理控制问题等,许多研究人员开始把消费者心理与行为同更广泛的社会问题联系在一起,从宏观经济、自然资源、环境保护、消费者利益、生活方式、绿色消费、网络消费等多种角度进行相关的研究。

2. 研究领域越来越广泛

在最初的研究中,主要利用社会学、经济学的有关概念作为基础,根据年龄、性别、职业、家庭、收入等因素来解释各种消费心理与行为的差异。随着研究的深入,与心理因素和社会因素有关的内容被大量引入,如需要、动机、个性、群体、社会规范、人际沟通等。从目前的情况来看,由于社会环境的变化和消费者自身素质的提高,消费者心理与行为比以往任何时期都更为复杂,已有的研究内容已经很难对某些现象做出全面的解释。例如,为什么像日本这样富裕国家的国民仍崇尚节俭,储蓄率居高不下,而相对应的美国的国民却热衷于借债消费。对这样的问题进行研究，应引入历史、文化、地理、民族、道德传统、价值观念、信息化程度等一系列新的内容，这也为消费者心理与行为的研究拓宽了新的视野。

3. 研究方法、手段越来越多，越来越先进

消费心理学在美国诞生后很快引起日、苏、法、英、德及印度学者的重视。例如，日本一些社会心理学家、市场学家、临床心理学家就发表过有关消费心理学方面的译文、研究报告、论文等，代表人物有小岛外弘、吉田正昭、马场房子等。他们分别以《消费心理研究》、《产业心理学》、《消费者行为心理学》、《消费者心理学》等著作的问世而名扬海外。在此基础上，消费心理学的研究内容也更加全面，理论分析上更加深入，学科体系也更加完善，研究成果在实践中得到越来越广泛的应用。

在新的社会经济环境下，单纯对某一消费现象进行事实性记述和定性分析，显然是不够的，为此，现代的研究方法越来越多地倾向于定量分析方法，运用统计分析技术、信息技术，以及运筹学、动态分析等现代科学的研究成果，从因果关系、相关关系及数量上来揭示各变量之间的内在联系。这样研究的结果可以建立更加精确的消费者心理与行为模式的模型。分析模型的建立又进一步推动了对消费现象质的分析，从而把消费心理学的研究提升到一个新的高度。例如，克鲁格曼等人利用眼动记录仪研究青少年对香烟上警语的反应。此外，随着计算机技术和统计学的发展，研究数据结果的分析水平也有了明显的提高，一些高级的统计分析方法纷纷出现在已发表的研究报告之中。

相关链接　　获得诺贝尔经济学奖的心理学家

普林斯顿大学心理学教授卡尼曼获得了2002年诺贝尔经济学奖，在他之前，已有4位科学家因为从事心理学研究而获诺贝尔奖。但是，卡尼曼教授是第一位长期完全从事心理学研究而获得诺贝尔经济学奖的科学家。卡尼曼得奖意味着其将心理学研究的成果带进经济学领域，尤其是关于在经济不明朗的情况下，人类如何做出判断和决定。另外，他对于可能性理论的研究，证明现时理论在解释金融市场大波动时有局限性。他的获奖也展示了心理学在应用中的广阔前景和其日益重要的地位。

二、我国的消费心理学研究

心理学是一个形成比较晚的学科，但相对世界各国而言，我国的心理学又起步较早。我国著名的现代科学的先驱者蔡元培先生留学德国时，就直接师从冯特教授学习心理学。他回国后，于1917年指导在北京大学成立了我国第一个心理学实验室。到了20世纪初，我国已经有了相当一批从国外学成回国的心理学学者，遂于1921年8月成立了中国心理学会。此后，孙科、吴应图、潘菽等人也分别发表了消费心理学方面的论文、译著等。但是，将消费心理学发展成一门学科，系统地对消费者的心理与行为进行研究是在20世纪80年代。于光远、尹世杰、林白鹏等著名经济学家相继深入开展消费研究，先后提出并创建了消费经济学，尤其是1984年以来的中国消费经济学与消费心理学研究有了长足的

发展。

在此之前，我国在该领域的研究非常薄弱，很少有人从心理学的角度研究消费和消费者，甚至有一些基本的术语在当时也是鲜为人知的，这种现象是由于历史原因造成的。一方面，长期以来人们受极左思想的束缚，把个人消费与资产阶级生活方式等同起来，在理论上也被视为禁区，造成了研究人员的匮乏；另一方面，在高度集中的计划经济体制下，企业没有直接面对市场和消费者，也没有关注和研究消费者心理与行为，加之商品短缺、消费水平低下、消费结构畸形、消费观念陈旧、消费方式单一等因素，使得消费心理与行为发育的成熟度明显不足。这在客观上阻碍了我国相关理论的研究和实际应用。

20世纪80年代中期，我国开始系统地、大量地从国外引进有关消费者心理与行为的研究成果，这些都对提高我国研究消费者心理与行为的质量和研究水平有着很大的促进作用。随着研究工作的深入，在引进国外研究方法和经验的同时，还应针对我国市场的特点，创新出适合我国实际情况的消费心理与行为的研究模式和方法。例如，由于我国的城乡差别较大，在选择研究样本时应该结合国情；我国实行独生子女政策，并由此形成了一个特殊的消费群体，同时我国又提前进入老龄化社会，这两个群体不仅形成了自身的消费风格，也影响了相关人群的消费心理和行为等。因此，在适应新的环境过程中，还需要不断建立和完善该学科的基本理论，并完善对经济发展有指导价值的内容。

目前，我国的消费心理与行为研究的特点是，企业的重视程度越来越高，企业经营管理决策对消费者信息的依赖性越来越强，有些行业的研究费用支出趋于稳定，研究机构日渐成熟。另外，由于我国对消费者心理与行为的系统的研究起步较晚，企业之间及研究机构之间的研究手段和研究质量存在着很大的差异，对于多数企业来说还处于起步阶段，还存在着模糊的、不科学的，甚至是错误的观念和态度。

误解或不理解已经成为消费心理学继续发展的障碍。这类误解主要有三种表现。一是以偏概全。因为消费心理学的涵盖面很广，和其他学科如认知科学、行为科学、神经科学、管理科学等有很多交叉，使得一般人很难看清消费心理学的全貌和主流。二是随意夸大消费心理学的范围和作用。将一些不好解决的问题推到消费心理学中去找原因，试图用某种"法宝"解决之。经济原因导致的市场不能启动，又归结于消费者的消费心理。消费心理学和其他各门学科一样，只能解决它能够解决的问题，绝不可能是万能的。三是将常识混同于科学。消费心理现象每个人都能有所体验，这就使得消费心理学处于一种尴尬的地位，一般消费者都能讲几句与消费心理学有关的道理，有知识的人更是似乎都懂消费心理学。一些人以为消费心理学很简单，只要认识字，看几本书，而不需要经过系统的训练，就懂得消费心理学了。

总地来说，这一研究领域在我国已由介绍、传播期，进入了普及和应用期。我国高等院校的相关专业纷纷开设《消费心理学》课程，作为学生必修的专业课，从事消费心理学的专门研究人员和机构日益增多。各种调研机构和企业纷纷开展消费者态度、居民生计、消费趋势等的调查和预测方面的研究工作，及时地跟踪和分析消费者心理和行为的变化动态，并将有关理论和方法运用到市场营销活动中，以指导和改进产品的设计、广告宣传和销售服务等。

三、研究消费心理学的意义

消费心理学是 20 世纪 80 年代中期从西方引入我国的，经过三十多年的发展和实践证明，在我国发展社会主义市场经济的过程中，深入开展消费心理与行为的研究具有极其重要的现实意义。

1. 研究消费心理学可以指导设计新产品和改进现有产品

任何科学的企业管理，在开发新产品或在生产周期的起始阶段，务必明确该产品将服务于什么对象，即满足哪些消费者的哪些方面的需求。新产品的开发源于产品创意，而许多好的创意都来源于对消费者需要和欲望的分析。企业通过研究消费者对当前产品的态度，确定消费者所需的特殊的产品特征。如果确认现有产品不具备消费者想要的特征，就可能找到开发一种新产品的机会。例如，高露洁公司认识到消费者需要更容易挤出的牙膏，于是就开发出了一种经济实惠且易于使用的抽吸式牙膏，结果在市场上大获成功。

2. 研究消费心理学可以有效地制定市场策略

研究消费行为可以有效地制定市场策略，包括市场细分、广告、包装、商标、价格、零售渠道等。"顾客至上"的原则是营销建立的核心。依据这一观点，消费者应成为营销工作的中心，即从消费者的角度看，营销就是全部交易。由于社会的运转越来越依赖于信息技术，对有关消费者需求信息的关注越来越重要。企业只有按市场的需求来生产适销对路、符合消费潮流、适应消费者消费水平的商品，提高市场营销活动效果，才能在激烈的市场竞争中占据优势，取得良好的经济效益。

这一部分内容将在以后有关章节进一步论述。

相关链接　　　　脑白金的市场策略

一提到脑白金，大家都会记起那句"今年过年不收礼，收礼只收脑白金"的广告词。那么，脑白金究竟是什么产品，它的主要功能是什么，你能说出来吗？

脑白金在功能诉求上开始时强调"可以调整人体生物节律"、"改善睡眠"、"调整肠道"、"减少有害物质的吸收"等。脑白金全国统一零售价是每瓶 68 元，十天消费一瓶，平均每天要花 6.8 元，脑白金在改善睡眠上的功效是最突出的，而为了改善睡眠每天花费 6.8 元就显得非常贵了，尤其是要自己掏腰包的普通消费者，脑白金的价格偏高成为一个问题。

节日送礼从来就是保健品的一个重要的销售方向，脑白金销售人员发现"送礼篇"广告效果是最好的，在市场销售和广告投放选择的互动下，"送礼篇"成了脑白金的广告主流，脑白金成了礼品。市场策略的改变，使脑白金在保健品市场上站稳了脚跟。

3. 研究消费心理学可以为政府部门依法行政提供科学依据

消费者在购买、使用商品和接受服务时，享有人身和财产安全不受侵害、知悉真实情况、自主选择和公平交易等多项权利。而保护消费者的这些权利，则是政府的一项重要职能。政府对消费者权益的保护，离不开对消费者行为的深入理解。建立在消费者行为分析基础之上的法律和政策措施，能够更加有效地实现保护消费者权益的目的。

研究消费心理学还可以帮助政府加强与提高宏观经济决策水平，改善宏观调控效果，促进国民经济协调发展。例如，制定工矿企业和交通运输中的噪声容许值标准、合理包装和标记的条例，设计适合顾客需要与愿望的交通网、文化中心、娱乐设施等。

相关链接   "三鹿"毒奶粉事件

2008年6月28日，位于甘肃省兰州市的中国人民解放军第一医院泌尿科收到第一例婴儿患有"双肾多发性结石"和"输尿管结石"的病例。随后湖北等地也陆续报告多例婴幼儿泌尿系统结石病例，甚至出现婴幼儿死亡的恶性事件。经相关部门调查，病因是患儿食用受到三聚氰胺污染的石家庄三鹿集团股份有限公司生产的三鹿牌婴幼儿配方奶粉所致。

此次事件后，国家质量监督检验部门对奶粉、液态奶也进行了逐一检测，都不同程度地检测出了三聚氰胺，致使消费者对奶制品的安全失去信心。

鉴于此次危机的特殊严重性，政府在迅速启动问责程序、惩戒相关责任人之外，国务院已于2008年9月18日决定废止已实行九年的食品质量免检制度。

4．研究消费心理学可以促进对外贸易服务的发展

研究消费心理学有助于推动我国尽快融入国际经济体系，不断开拓国际市场，增强企业和产品的竞争力。每个国家和民族都有其各自不同的经济发展水平、文化传统、生活方式和风俗习惯，出口产品只有体现上述特性才可能占领国际市场。例如，红色包装在我国和日本是喜庆的象征，可是在瑞典和德国则被视为不祥之兆；八卦与阴阳图对西方人完全是个无关的刺激，可是东方人却很容易把它跟道教联系起来，韩国人则把它视为喜爱的标志；熊猫图案在阿拉伯国家不受欢迎等。这样的"跨文化"研究已经被包含在消费者行为的知识体系中。因此，加强对消费者心理和行为的研究，对我国进一步开拓国际市场、增强国际竞争力具有十分重要的意义。

5．研究消费心理学可以有助于消费者科学地进行个人消费决策

消费是以消费者为主体的经济活动，懂得消费心理学可以使消费者提高自身素质，科学地进行个人消费决策，改善消费行为，实现科学、文明消费。消费者的个性特点、兴趣爱好、认知方法、价值观念等，都会在不同程度上对消费决策的内容和行为方式产生影响，进而影响消费活动的效果及消费者的生活质量。在现实生活中，消费者由于商品知识的不足、认知水平的偏差、消费观念的陈旧、信息筛选能力低下等原因，很容易造成决策失误。此外，了解消费者行为的知识，还有助于识别一些容易使人上当受骗的销售手段。例如，一些贩卖者惯用"甩卖"、"便宜"的叫卖来引诱消费者以达到推销次货、陈货的目的。还有一些摊贩雇佣"托儿"，造成一种从众的气氛，引诱一些消费者上当受骗。了解他们的这些欺骗手段，可以免受其害。

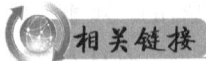 **相关链接** 　　　　**大学生消费盲目现象严重**

● 75%以上每月日常消费在千元左右。部分高于2000元，超过普通白领消费水平。

● 电子产品消费不亚于白领。77.36%的同学已拥有手机，其中，超过七成的同学使用中高档手机。56.6%的同学拥有电脑，但在这些拥有电脑的同学中，58.5%的同学是将电脑用于玩游戏、上网聊天等娱乐活动，只有26.4%的同学用电脑来学习。

● 爱买书的大学生越来越少。64.2%的同学用于购买书籍的费用仅占总费用的5%以下。即便这5%，还有很大一部分购买的是关于服饰、化妆、漫画等方面的书籍。

● 品牌成为女生消费第一考虑因素。对于绝大多数女生来说，各种服饰、化妆品消费是日常消费的一个大头。有将近一半的女同学在购物时，将品牌作为第一考虑因素，像"耐克"、"艾格"、"only"、"兰蔻"、"倩碧"等中高档服装、化妆品品牌就非常受同学欢迎。

● 恋爱中男生消费占七成。为了爱情可以不要"面包"，恋爱消费成为男生消费的"主战场"。有时为了谈恋爱，不得不饿肚子。

模块小结

　　心理学是研究人的心理现象及其规律的学科。心理是人脑的机能，是人脑对客观现实的主观反映；心理学的研究领域主要包括基础性心理学和应用性心理学两大类，消费心理学属于应用性心理学科。

　　消费是消费主体出于延续和发展自身的目的，有意识地消耗物质资料和非物质资料的能动行为。消费者是指在不同的时空范围内参与消费活动的个人或集体。消费者行为是指消费者为了满足其需求和欲望而进行产品与服务的选择、采购、使用与处置，因而所发生的内心里、情绪上以及实体上的活动。消费心理是指消费者在购买、使用、消费商品过程中的一系列心理活动。消费心理学以消费者在其消费活动中的心理行为现象作为分析和研究的对象。

　　消费心理学的研究内容主要包括研究消费者购买行为的心理过程、心理状态和个性心理特征，研究消费者的购买决策，研究消费心理和市场营销的双向关系。

　　研究消费心理学应该遵循客观性原则、理论联系实际原则、全面性原则和发展性原则，而观察法、访谈法、问卷法、综合调查法、试验法、投射测验法是研究消费心理学的常见方法。

　　消费心理学的研究经历了三个阶段：萌芽时期、显著发展时期和成熟时期。

　　研究消费心理学具有重要的现实意义：研究消费心理学可以指导设计新产品和改进现有产品；可以有效地制定市场策略；为政府部门依法行政提供科学依据；为促进对外贸易服务和消费者科学地进行个人消费提供帮助。

主要名词

心理学 心理的实质 生产消费 个人消费 消费者 消费行为 消费心理学

自测试题

一、单项选择题

1. 人类消费行为的复杂多样性是基于（　　　）。
   A．需要的复杂多样性　　　　　　　　B．动机的复杂多样性
   C．消费品的复杂多样性　　　　　　　D．生存环境的复杂多样性
2. 消费者消费行为的基础是（　　　）。
   A．消费心理　　B．消费习惯　　　　C．消费保障　　D．消费文化
3. 采用试验法对消费心理进行研究应具备（　　　）。
   A．自然条件　　　　　　　　　　　　B．严格控制条件
   C．人为条件　　　　　　　　　　　　D．消费者已知条件
4. 消费心理学研究的主体是（　　　）。
   A．需求者　　　B．使用者　　　　　C．决策者　　　D．购买者
5. 消费心理学的研究对象主要是（　　　）。
   A．生产消费　　B．生活消费　　　　C．社会消费　　D．文化消费

二、多项选择题

1. 消费心理学研究应遵循的原则包括（　　　）。
   A．主观性原则　　B．发展性原则　　C．客观性原则　　D．全面性原则
   E．理论联系实际原则
2. 心理的实质（　　　）。
   A．心理是脑的机能　　　　　　　　　B．脑是心理活动的器官
   C．心理是客观现实的反映　　　　　　D．心脏是心理活动的器官
3. 消费心理学的研究方法主要包括（　　　）。
   A．观察法　　　B．访谈法　　　　　C．问卷法　　　D．综合调查法
   E．试验法　　　F．投射测验法

三、简答题

1. 什么是消费心理学？消费心理学的研究对象和内容是什么？
2. 研究消费心理学应该遵循哪些原则？常用方法是什么？
3. 消费心理学的研究经历了哪几个发展阶段？

四、论述题

研究消费心理学的意义是什么？

案例分析

百事可乐对可口可乐的"口味大挑战"

20世纪70年代百事可乐针对可乐行业霸主可口可乐发起了一次颇具杀伤力的广告策划——"口味大挑战"。在这轮广告攻势中，百事可乐对顾客口感试验进行了现场直播，即在不告知参与者在拍广告的情况下，百事可乐请参与者品尝各种没有品牌标志的饮料，然后要他们说出哪一种口感更好。在参加品尝者中，三分之二的人挑选了百事可乐。百事可乐以事实赢得了成功。这次口味试验在当时引起了极大的轰动，成为百事可乐攻击可口可乐最尖刻的口实。然而三十多年过去了，这里边有一个问题一直引起研究者的兴趣：两种可乐的口味都没什么变化，但为什么可口可乐还是拥有最多不离不弃的品牌忠诚者？难道消费者的口味发生了变化，或是那次可乐口味试验有什么内幕问题，种种疑惑使人们不断探究其背后的真正原因。

2003年，美国贝勒医学院神经学教授们又做了一次口味试验。这次他们采用了最先进的核磁共振造影仪（MRI）来监测记录受试者品尝无记名可乐（可口可乐与百事可乐）时大脑的活动状况。

结果显示，百事可乐倾向使大脑的腹侧核产生更强烈的反应，而这个区域是大脑产生强化奖赏情感的区域。在试验初期，选择百事可乐的受试者喝百事可乐时，其腹侧核的活跃程度是可口可乐的支持者们喝可口可乐时的5倍。

接下来，试验组织人员又开始测量可乐的品牌形象影响力。这一回，受试者被告知实验样本是可口可乐。形势随即扭转了，几乎所有的受试者都表示他们更喜欢可口可乐。非但如此，连他们的大脑活动也呈现出不一样的情形，他们的大脑中区前额叶皮层也有活动。而这个区域正掌握着大脑里高水平的认知能力。百事却未能达到相同的效果。当被告知品尝样本为百事可乐时，说更喜欢百事的受试者相对要少得多。

这就是品牌的力量，借助核磁共振造影仪，品牌的竞争力得以被最直接的测量。相隔三十年的两次试验都证明，相比之下，可口可乐并不见得更好喝。然而，在现实世界里，口味并不代表一切，在人脑这样一个精确的神经认知系统中，特殊的品牌力量操控了人的味蕾。在消费者内心意识中，对品牌的情感偏好决定了其最后的选择。产品的好坏并不能最终决定什么，消费者内心的真实需求往往决定最终的选择。

案例讨论

1. 你更喜欢可口可乐还是百事可乐？为什么？
2. 通过上述案例说明营销效果与消费者心理的关系。
3. 你对消费者和两家企业都有哪些建议？

1．就你最近进行过的一次支付比较大（如消费 300 元）的购买行为，从下述几个方面分析你作为一名消费者在这次购买过程中的行为特征。

（1）你为什么要进行这次购买？

（2）在这次购买过程中，你的同学、朋友和家人担当了什么样的角色？

（3）你的购买行为都受到了哪些因素的影响？试列出 3 到 5 个。

2．从下面三个不同角度，谈谈你对于学习消费心理学知识的认识。

（1）从一名普通消费者的角度。

（2）从一名营销经理的角度。

（3）从一名中国消费者协会工作人员的角度。

模 块 二
走进消费者的内心世界

 内容提要

模块二主要包括影响消费者行为的个人内在因素,消费者的心理活动分为认知过程、情绪过程和意志过程三个部分,主要介绍消费者的感觉、知觉、思维、想象、注意、情绪、情感和意志等内容。

 教学重点和难点

感觉、知觉、思维、想象、注意、情绪、情感和意志的含义及特征。

认知过程、情感过程及意志过程对购买行为的影响。

 学习目标

知识点:掌握感觉、知觉、思维、想象、注意、情绪、情感和意志的含义及特征。

能力点:掌握感觉、知觉、思维、想象、注意、情绪、情感和意志等心理活动过程对消费心理和消费行为的影响,企业在市场营销过程中,如何进行有效运用。

　　　　　　"苦涩"的美国大杏仁

在全国各大农贸市场、商场和超市的坚果货架上,都不难找到一种叫作"大杏仁"的商品,大多数消费者可能连想都不曾想过:这些东西真的是杏仁吗?这些标称杏仁的产品,压根儿就不是杏仁。

2012年年底,我国部分媒体披露了"美国扁桃仁"假冒"大杏仁"进入中国市场一事,中国食品工业协会坚果炒货专业委员会委托权威机构对"美国大杏仁"进行物种鉴定,并与杏仁进行理化对比检测。有关鉴定报告和检测报告都表明"美国大杏仁"的确不是杏仁,而是扁桃仁。确切地讲,"美国大杏仁"是蔷薇科桃属扁桃亚属,杏仁是蔷薇科杏属。美国加州杏仁商会也承认出口到中国市场的"almond"是"扁桃仁",不是"大杏仁"。

20世纪70年代中期，美国扁桃仁通过进口贸易开始进入中国市场，由于社会认知的不足，将"扁桃仁"的英文"almond"误译成为"杏仁"，后来已改为"扁桃仁"。"扁桃仁"与"大杏仁"本来没有任何关联，为何"美国扁桃仁"可以冒名"美国大杏仁"进入中国市场长达四十年之久？这主要是商业利益和消费者的认知错误导致了"美国大杏仁"这一假冒名称的长期使用。

在中国市场上扁桃仁的零售价格每公斤30元至50元，而"美国大杏仁"的零售价格在每公斤120元左右。杏仁和扁桃仁尽管营养价值都很高，却是具有不同健康与药理功能的食品，杏仁可以入药，有润肺止咳平喘的作用，国人习惯在咳嗽时食用一些杏仁，但"美国大杏仁"没有这些功效。"美国大杏仁"果仁大，买杏仁的消费者会很自然地挑大的购买。

消费者崇拜了四十多年的"美国大杏仁"，竟然是"鸠占鹊巢"，其影响的不仅是消费者的知情权，而且还严重影响到我国杏仁产业的发展。

结合上述案例，想一想你在日常消费过程中，有哪些由于认知偏差导致的不当的消费行为？作为消费者，你应该怎么做？日常生活中，你有没有舍近求远，到你熟悉的超市、饭店消费？这里的原因你清楚吗？作为经营者，如何才能留住忠实顾客呢？等等。

学习完本模块的内容，你就可以知道这些原因了。

消费者的心理活动过程是指支配其购买行为的心理活动的全过程，是消费者不同的心理现象对客观现实的动态反映。消费者的购买活动是纷繁复杂、变化多端的，它不仅体现了人们从事各种活动的一般心理现象，同时又表现出人们在购买商品时独特的心理特征。在市场营销活动中，尽管消费者的购买行为千差万别，但消费者各种各样的心理现象都是建立在心理活动过程的基础上的，都是受其心理活动的支配和制约的。因此，研究消费者在购买行为中发生的心理活动过程，对商业工作者了解消费者心理变化，以便适时采取相应的心理策略和心理方法有很大帮助。

单元一 消费者的认知过程

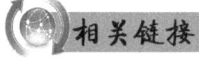 　　　　　　　有毒的血燕窝

燕窝是雨燕科飞禽动物金丝燕为产卵孵育小金丝燕以唾液分泌物所筑的窝巢，因其产量稀少，营养价值高，自古以来被国人认为是名贵的滋补品。金丝燕筑巢于山洞的岩壁上，岩壁内部的矿物质透过燕窝与岩壁的接触面或经岩壁的滴水，慢慢渗透到燕窝内，其中铁元素占多数时便会呈现出部分不规则的、晕染状的铁锈红色，人们将此称为血燕。

血燕以泰国、马来西亚等地出产为多，实非如传说因燕子呕出之血所形成。真血燕的形成需要各方面条件的契合，存在极大的偶然性，因此产量极为稀少，虽存在食品安全问题，但物以稀为贵，价格也大大超乎市面上燕窝的售价。行家且难遇真品，普通消费者能买到真血燕的概率则实在渺茫。据中国中央电视台的报道称，"根本不存在血燕，现在市场上的'血燕'100%是假的"。资料显示，血燕品质其实比白燕稍逊，香气和浸发所得成分也不及白色的燕窝，血燕只不过是近年备受推崇才名贵起来的。

天然形成的红燕，颜色并不是血燕那样的血红色，它与血燕也没有丝毫关系，那些销往中国市场的所谓血燕，完全是人工制作出来的，含有极高亚硝酸盐，食用后会对人体造成很大的毒害。

为什么一个有毒害的血燕，竟然在国内市场上被追捧多年呢？消费者应该从中吸取哪些经验教训呢？

消费者购买的过程首先是从认识商品开始的。人们对所有客观事物的认识都是从感觉、知觉开始的，它是消费者购买行为形成的前提，也是消费者其他心理过程的基础。客观世界中各种事物或现象，通过人的眼、耳、鼻、舌、身这五种感觉器官反映到人的大脑中来，形成感觉、知觉，使我们获得对事物或现象的认识。消费者的其他高级心理过程，如思维、想象、情感等，也都是以感觉、知觉为基础的。消费者消费心理的认知过程就是消费者运用自己的感觉、知觉、思维、记忆、想象等生理与心理活动对商品的品质、属性及各方面的联系综合反映的过程。

一、消费活动中的感觉

1. 感觉的内涵

（1）感觉的概念。感觉通常是指由一种感觉器官的刺激作用引起的主观经验，或者说感觉是人脑对当前直接作用于感觉器官的客观事物的个别属性的反映，是一种最简单的心理反应过程。消费者的感觉主要是消费者在购买商品和使用商品的过程中对商品个别属性的反映。人对客观世界的认识过程是从感觉开始的。同样，消费者对商品世界的认识过程也是从感觉开始的。消费者的感觉，是商品外部的个别属性作用于消费者不同的感觉器官而产生的主观印象，它使消费者获得有关商品的各种信息及其属性的资料，是消费者接触商品的最简单的心理活动过程。例如，借助于视觉、听觉、触觉、嗅觉、味觉等感觉器官来接受商品的相关信息，并通过神经系统，将信息从感觉器官传送到大脑，产生对商品个别的、孤立的和表面的心理反应。

例如，消费者选购商品时，用眼睛观看商品的外表，用手触摸商品的质地，用鼻子嗅闻商品的气味，用嘴品尝商品的味道等。通过这些活动，消费者初步获得了对商品的感性认识。尽管感觉是对商品个别属性的反映，但却是一切复杂心理活动的基础。没有这些感觉，就不可能进一步认识它是什么商品，更无法了解其功能。

感觉只反映客观事物的个别属性。不同的感官接受不同的刺激，产生不同的感觉。如视觉只看到颜色，听觉只听到声音，嗅觉只闻到气味，皮肤觉摸到硬软，而味觉只尝到滋味等。这些不同的感觉，使人们在认识事物时，能够从各个方面了解事物的属性、特点。

通过这些活动，消费者初步获得了对商品的感性认识，了解了商品的形状、颜色、气味等个别属性，这些个别属性作用于我们的感觉器官，使人产生了某种感觉，从而产生了美观、动听、香甜等种种感觉。

感觉不仅反映外界事物的属性，而且还反映有机体本身的活动状况。例如，我们能感觉到自身的姿势和运动，感觉到内部器官的工作状况，如舒适、疼痛、饥渴等。无论对外界具体事物的反映，还是对有机体本身活动状况的反映，感觉是对事物个别属性的反映，而不是对客观对象整体的反映。

（2）感觉产生的条件。感觉的产生要求刺激物和感觉器官的相互作用，感觉的产生是要符合一定的条件的。

① 感觉器官直接接触一定能量的刺激物。只有当客观事物的各种属性直接作用于人相应的感觉器官时，人们才会对它产生感觉。例如，顾客只有看到衣服、摸到衣服，才能对衣服的颜色、样式、质地有一个认识。不同的刺激引起不同的感觉。例如，超声波和次声波我们就听不到，感受不到它的刺激，要产生感觉要有"适宜刺激"才可以。

② 健全的感觉器官。眼、耳、鼻、舌、身等感受器，以及传入神经、神经中枢等感觉接受分析器官要健全，否则不能正确产生感觉。

感觉对直接接触的事物的反映是瞬间产生的，而不是对过去的或间接的事物的反映。客观事物出现在人们面前时，人们马上就对它有了感觉。例如，顾客在商店里看到一件衣服，立即看到它的颜色，这种感觉就是顾客与衣服接触的瞬间产生的。又如，色盲的人对色彩的反映就会出现障碍。

（3）感觉的意义。感觉是人们了解世界上各种事物和知识的最基本条件。客观世界的各种事物则是感觉的对象，是各种心理活动的源泉。

相关链接　　　　　感觉剥夺实验

1954年，加拿大麦克吉尔大学的心理学家赫布和贝克斯顿等心理学家进行了"感觉剥夺"实验。实验中给被试者戴上半透明的护目镜，使其难以产生视觉；用空气调节器发出的单调声音限制其听觉；手臂戴上纸筒套袖和手套，腿脚用夹板固定，限制其触觉。被试者单独待在实验室里，几小时后开始感到恐慌，进而产生幻觉……在实验室连续待了三四天后，被试者会产生许多病理心理现象，包括出现错觉、幻觉；注意力涣散，思维迟钝；紧张、焦虑、恐惧等，实验后需数日方能恢复正常。

实验说明了感觉的重要意义。
① 感觉提供了内外环境信息。
② 感觉保证了机体与环境的信息平衡。
③ 感觉是认识过程的开端，是一切较高级复杂心理现象的基础。

但是感觉仅能反映直接作用于人们感觉器官的个别属性，其范围有一定的限度，因此，仅凭感觉反映事物、认识事物，可能存在一定的表面性与片面性，而不能认识事物的整体。瞎子摸象的故事告诉我们，仅凭某一方面的感觉不能得到对事物整体的正确认识。

【与相关课程的联系】

《广告》课程中，广告创作的视听觉内容与形式，要解决如何让目标受众感受到广告信息的存在并喜欢该广告的问题，在传播有关产品信息的基础上，通过某商品所传递的审美情趣，传播审美感觉，塑造品牌个性风格，达成品牌偏好。

2．感觉的分类

感觉只有在客观事物直接作用于感觉器官时才能产生。心理学上把作用于有机体并引起其反应的因素称为刺激物，对刺激物施于有机体的影响称为刺激。一般来说，一种感受器对某一种能量形式的刺激感受性特别高。例如，眼睛对光波的感受性很高，可以感觉到外界的各种颜色、光线的明暗，而对声波则不起反应；耳朵对声波感受性很高，而对光波不起反应。各种不同的刺激物分别作用于跟它相适应的感觉器官，便产生了各种不同的感觉。根据感觉反映事物属性的特点，可以把感觉分为外感受感觉和内部感觉。

（1）外感受感觉。人的外感受感觉就是外界客观事物刺激人的感觉器官使人产生的体验，包括视觉、听觉、嗅觉、味觉和皮肤觉。它是接受外部刺激，反映外界事物特性所产生的感觉。根据外感受感觉的刺激因素与感觉器官有无直接接触，分为距离感受作用和接触感受作用。

距离感受作用是指刺激物不与感受器官直接接触而产生的感觉，如视觉、听觉、嗅觉等。看目标无须把眼睛直接放在目标上，听声音无须把耳朵直接放在声源上，闻气味无须把鼻子直接放在味源上。

视觉是我们获得外界信息的主要通道，是人们认识客观事物的重要途径，约83%的信息通过视觉获得。视觉是由光波作用于视觉器官——眼球而产生的，但我们并不能对所有光波都产生视觉，只有波长为380～780纳米之间的光波（也叫可见光）作用于我们的眼睛时才产生视觉。在可见光的范围内，不同波长的光波相应地引起不同的颜色。视觉就是一种颜色感觉，人眼能辨别出150多种不同的颜色，但主要的是红、橙、黄、绿、青、蓝、紫七种颜色。

听觉是仅次于视觉的重要感觉，约11%的信息通过听觉获得。听觉的器官是耳朵，刺激物是声波。声源的振动在它周围的介质（如空气）中传播所产生的声波作用于我们的耳朵便产生听觉。但人耳只对频率在20～20 000Hz之间的声音发生听觉反应，所听到的声音也有强弱之分。

接触感受作用包括味觉、皮肤觉，指感受器与刺激物必须发生直接接触才能产生的感觉。例如，味觉必须是舌头与刺激物发生接触才能产生。

味觉是可溶性物质作用于味觉器官而产生的感觉。味觉的刺激物是含有化学物质的液体，味觉感受器官是味蕾。味觉基本上有甜、酸、苦、咸四种，通常是复合的感觉，而且与嗅觉互相影响和配合。人们对味觉的偏爱往往受水土、气候、地理环境的影响。

皮肤觉是皮肤受到机械刺激所产生的触觉、温觉和痛觉等感觉的总称。这种感觉的感受器在皮肤上呈点状分布，称为触点、温点、冷点和痛点。

（2）内部感觉。内部感觉是指接受机体内部刺激，反映身体位置、运动和内脏器官的不同状况的感觉，包括运动觉、平衡觉和内脏觉。

运动觉也称为动觉，是对自己身体的运动和位置状态的感觉。人常常处于各种运动状态，如坐、卧、行走、跳跃、跑步等，这时人们也会有感觉。运动觉的感觉器官位于肌肉、肌腱、韧带和关节中。人们在凭借外部感觉来接受信息的过程中，差不多都有运动觉参与，它是整个感觉系统中仅次于视觉和听觉的一种感觉。运动觉常常伴随着人的外感受感觉与内感受感觉一起发生作用。例如，在电影院看电影时，无论这部电影的情节多么吸引人，时间一长，人就会感到疲劳。

平衡觉又称为静觉，是反映头部运动速率和方向的感觉。它的感受器是内耳的前庭器官。平衡觉与视觉、内脏觉有密切的关系，当前庭器官受到刺激时，仿佛视野中的物体在移动，使人眩晕，同时也会引起内脏活动的剧烈变化，引起恶心和呕吐。

内脏觉是反映人体内脏活动和变化的感觉。由于内脏器官的活动和变化，人们便产生了饥饿、口渴、饱胀、恶心、喘息、疼痛等感觉。内脏觉的感受器是分布在内脏壁上的神经末梢。

【小实验】

上课时，请同学们起立，手不要扶桌子，然后闭上双眼，抬起右脚，一分钟后，让大家睁开眼，再重复上述动作。请同学回答前后两次的感觉，以及对平衡觉有什么认识。

3．感觉的基本特性

感觉具有感受性、适应性、对比性、联觉性等特点，感觉的运用对人们的消费心理具有重要的影响。

（1）感受性和感觉阈限。并不是任何刺激都能引起感觉，刺激强度太强、太弱都不能引起人的感觉，因为人的感官只有在一定刺激强度范围内才能产生各种反应。我们把能够引起感觉持续一定时间的刺激量称为感觉阈限，其中，能够引起感觉的最小刺激量称为绝对阈限，能够引起差别感觉的刺激物的最小变化量称为差别阈限。

房间内喷洒非常少量的香水，人们是闻不到香味的，只有达到一定的数量，超过了感觉阈限才有效果。差别阈限不是一个绝对数值，而是一个与第一种刺激相对应的相对数值。最初刺激越强，要感觉第二种刺激就越不容易。例如，售价几千元的耐用商品，提价一二十元并不被消费者所注意，而作为日常生活所需的米、油、盐等商品，即使价格上涨几角钱，消费者也会很敏感。

（2）感觉的适应性。适应性是指刺激物持续不断地作用于人的感觉器官，从而产生顺应的变化，使感觉阈限升高或降低。适应既可提高感受性，也可降低感受性。例如，白天人们刚走进电影院什么也看不清，过几分钟后就能看清了，这称为暗适应，是感受性的提高。又如，一个身上喷着香水的人很快就会觉察不到自身的香水气味，所谓"入芝兰之室，久而不闻其香；入鲍鱼之肆，久而不闻其臭"，就是指感受性的降低。

顾客面对新的商品最初有新鲜感，但时间长了，接触多了，对这种商品也就习以为常了，就不会再感到它有什么吸引力了。因此，在市场营销活动中，厂商和营销人员要经常运用感觉的特性，利用各种手段增大商品对顾客的刺激，引起顾客对商品的注意，从而达到促进商品销售的目的。

（3）感觉的对比性。同一感受器接受不同刺激物的作用而使感受性发生变化的现象称为对比。不同感觉器官之间的相互作用，会引起感觉的增强或减弱。例如，同样一个灰色的图形，在白色背景中显得颜色深一些，在黑色背景中则显得颜色浅一些。属性相反的两个刺激在一起或者相继出现，在感觉上都倾向于加大差异。又如，吃了糖之后接着吃有酸味的苹果，会觉得苹果更酸；白色对象在黑色背景中要比在白色背景中容易分出；红色对象置于绿色背景中则显得更红。因此，在广告设计或商品陈列中，亮中取暗、淡中有浓、动中有静等手法正是对比效应的应用，它有助于吸引消费者的注意力。

（4）感觉的联觉性。联觉是指某一感觉器官对刺激物的感受性，会因其他感觉器官受到刺激而发生变化，这是指一种刺激产生多种感觉的心理现象。例如，一个笨重的物体如果采用淡色包装，会使人觉得比较轻巧；轻巧的物体采用浓重颜色的包装，会使人觉得庄重。冬天穿红色衣服使人感到温暖；夏天穿白色衣服则产生凉爽的感觉。因此，颜色也是商品包装和商品广告中最重要的元素之一，它不仅能强烈地吸引人的注意力，而且很容易引起人的联想和诱发人的情感，对人们的消费行为产生重要影响。

（5）感觉的相互作用。由于不同感觉分析器活动的相互影响而使感受性发生变化的现象称为感觉的相互作用。人的感觉器官常常是相互联系、相互影响与制约的，各种感觉的感受性在一定条件下会出现此消彼长的现象。例如，在微弱的声响下，能提高人们辨别颜色的感受性；反之，如果声响过大，对颜色的分辨感受性会降低。在其他感觉影响下，听觉感受性也会发生变化。又如，人的听觉在黑暗中会得到加强，在光亮中会减弱。人们常见一些盲人耳朵灵，这是由于盲人总是处于"黑暗世界"，听觉的确比正常人要强。这些说明，对某一感觉器官的刺激加强，会引起另一感觉器官的感受性下降；反之，某一感觉器官的刺激降低，另一感觉器官的感受性就会增强。

当厂商需要向消费者传递某种信息时，尽可能要使消费者集中注意力来感受其发出的信息，尽可能排除其他信息的干扰，否则会降低效果。此外，要使消费者接受新信息，应减弱原来信息的影响。感觉相互作用的规律启发我们，可以通过改善购物环境，来适应消费者的主观状态，从而激发其购买欲望。

（6）感觉的实践性。实践活动可以引起感觉的变化，感受性可以经过训练得到提高，品酒师的味觉，音乐家的听觉都是经过长期的实践和训练而发生变化的。

相关链接   气味的妙用

美国迈阿密的阿罗马汽车公司开发了一种公文箱大小的便携式空气芳香散发器，这种被称为阿罗香的装置可以散发诸如橙香味、松香味、薄荷味、皮革味等气味。这种装置安放在维修区后，其发出的气味可以遮盖维修区的难闻气味，从而可以让顾客感到更舒服、更放松。该公司副总裁 Spence Levy 表示，这种装置放在展厅后收到了良好的效果。公司的调查数据显示，在气味好闻的展厅，顾客停留的时间会更长，购买欲望也更强，销售量更大。

4．感觉在消费者购物和企业营销工作中的作用

（1）感觉使消费者产生第一印象。第一印象在消费者购物活动中有着很重要的先导作用，是消费者认识商品的起点。第一印象的良好与较差、深刻与浅薄，直接影响着消费者的购物态度和行为，往往决定着消费者是否购买某种商品。对于商品的认识和评价，消费者首先相信的是自己的感觉，正所谓"耳听为虚，眼见为实"。正因为如此，对商品的生产商和销售商来讲，要有"先入为主"的意识和行为，在色彩、大小、形状、质地、价格、包装等方面精心策划自己的新产品，第一次推出就要牢牢抓住消费者的眼光和感受。有经验的厂商在设计、宣传自己的产品时，总是千方百计地突出其与众不同的特点，增强产品的吸引力，刺激消费者的感觉，加深消费者对产品的第一印象，使消费者产生"先入为主"、"一见钟情"的感觉。

（2）信号的刺激强度要使消费者能产生舒适感。消费者认识商品的心理活动从感觉开始，不同的消费者对刺激物的感受性不一样，即其感觉阈限不同。有的人感觉器官灵敏，感受性高，有的人则承受能力强。企业做广告、调整价格和介绍商品时，向消费者发出的刺激信号强度应当适应他们的感觉阈限。刺激强度过弱不足以引起消费者的感觉，达不到诱发其购买欲望的目的；如果过强则又使消费者受不了，走向反面。适宜的刺激，才会达到预期的效果。

人的感觉都存在舒适性的问题，过强的灯光、过大的声响、杂乱无章的布置等均不会给人以舒适感。在商场内，如果高音喇叭声音不断，消费者在这种购物环境中长时间逗留，就会感到非常不舒适。另外，商品的陈列也应考虑各类消费者的感觉阈限。例如，化妆品的陈列和摆放就应足以使女性消费者感受到舒适，以刺激她们的消费。

（3）感觉是消费者引发某种情绪的诱因。消费者的情绪和情感常常是行为的重要影响因素，而感觉又经常引发消费者的情绪与情感。客观环境给消费者施加不同的刺激，会引起他们不同的情绪感受。例如，轻松优雅的音乐，协调的色调，适当的灯光、自然光的采用，商品陈列的造型，营销人员亲切的微笑等，都能给消费者以良好的感觉，从而引起他们愉悦的情绪和心境。此外，商品的包装、广告的设计等都应使消费者产生良好的感觉，引导消费者进入良好的情绪状态，才会更多地激发起消费者的购买欲望。

相关链接　　品牌"五觉"演绎感观营销

视觉：麦当劳金黄色的"M"形拱门，苹果公司缺了一角的苹果标志，这些对它们品牌的个性都具有强化效果，视觉符号的重要性可见一斑。

听觉：戴姆勒克莱斯勒有一个研发部门，专案处理"完美开关车门的声音"；家乐氏玉米片独特的嘎吱声，是音乐实验室专门为顾客开发出来的，这些声音都是为了通过听觉吸引消费者。

嗅觉：新加坡航空公司空姐身上的香水，是特别调制的"热毛巾上的香水味"，成为新航的专利香味。

味觉：迪士尼乐园的爆米花摊，在生意清淡时，会打开"人工爆米花香味"，不久顾客便自动闻香而来。

触觉：在奥迪公司，触觉学涉及的范围远不止是让驾车者触感舒适，更涉及生物工程学、操作逻辑学、设备外观、按钮，以及人在车内进行的各种推、拉、换挡、转向、感觉和触摸等动作。通过对这些细节的苛刻要求，让奥迪车主享受到近乎完美的触觉感受。

星巴克显眼的绿色美人鱼的商标，整幅墙面艳丽的美国时尚画、艺术品、悬挂的灯、摩登又舒适的家具给人以视觉体验；石板地面、进口装饰材料的质地、与众不同的大杯子，造成星巴克的触觉体验；独有的音乐、金属链子与咖啡豆的声音，会使顾客找到亲切的听觉体验；而百分之百的阿拉伯咖啡散发出诱人的香味，以及口中交融的顺爽感，可以领略到星巴克味觉和嗅觉的体验，这就是星巴克迷人的五种感觉的渲染。

二、消费活动中的知觉

1. 知觉的内涵

（1）知觉的概念。知觉是直接作用于感觉器官的事物的整体在人脑中的反映，是人对感觉信息的组织和解释的过程。消费者知觉，是指消费者将由外部输入的各种各样的刺激加以选择使其有机化，并作为有意义的首尾一贯的外界映像进行解释的过程，即知觉是人对所感觉到的东西经过分析综合后的整体反映。例如，面对一个滔滔不绝地介绍其保险业务的保险推销员，陈先生可能感到这个推销员的行为过分或不够诚实，而李先生可能认为该推销员的介绍有利于自己接受该项保险业务，二人经过综合分析后的知觉是不同的。

（2）感觉与知觉的关系。感觉和知觉都是当前事物在人脑中的反映，两者都是感性认识统一过程中的环节，实际上是不能完全分开的。知觉在感觉的基础上形成，是感觉的深入、升华，是多种感觉所形成的一种综合认识和综合反映，是对感觉加工、认识的结果。感觉到的事物的个别属性越丰富、越精确，对事物的知觉也就越完整、越正确。但是知觉不是感觉的简单相加，因为知觉还受过去经验的制约，它是在知识和经验的参与下，经过人脑的加工，形成对事物正确解释的过程。人们正是依靠过去的经验和已经形成的概念，才能把感觉到的个别属性结合为整体形象，从而把当前的对象物知觉为某个确定的事物。

在日常生活中，人们是以知觉的形式直接反映事物，感觉只是作为知觉的组成部分而存在于知觉之中，很少有孤立的感觉存在于人的大脑中。任何消费者进行消费活动时，都要事先对自己感觉到的商品的颜色、形状、气味、轻重等各方面属性进行综合分析，通过知觉活动，对商品的认识又加深了一步，由对个别属性的认识上升到对整体的认识，才能决定是否进行购买。知觉的形成与否决定消费者对商品信息的理解和接受程度，知觉的正误偏差制约着消费者对商品的选择比较，经知觉形成的对商品的整体认知，是购买行为发生的前提条件。知觉是在知识经验的参与下，对感觉到的信息加以加工解释的过程。没有必要的知识经验，就不可能对客观事物的整体形象形成知觉。因此，知觉是比感觉更为复杂深入的心理活动，是心理活动的较高阶段。

（3）知觉的作用。知觉的重要意义在于，消费者只有知觉到某一商品的存在，并与自身需要相联系，购买决策才有可能产生。研究表明，消费者凭表象喜欢某一事物，主要是知觉的作用。因此，善于经营的企业会很好地利用这一点。例如，精美的包装、漂亮的广告图片、优美的商品造型等都会引发消费者的好感，增加购买欲望。同样，人的知觉的选择性特点也会使企业的广告宣传大打折扣。

2．知觉的种类

（1）根据知觉过程中起主导作用的感觉器官活动，可以把知觉分为视知觉、听知觉、味知觉、嗅知觉和触知觉等。当然，在有些知觉过程中，几种感觉器官的活动同样起主导作用。例如，看电影时，视觉和听觉同样起作用，形成"视-听"知觉。

（2）根据知觉的对象性质，知觉又分为物体知觉和社会知觉。物体知觉是对各种事物的空间特性、时间特性和运动特性的感知，因此，物体知觉又可以分为空间知觉、时间知觉和运动知觉。空间知觉是反映物体的形状、大小、距离、方位等空间特征的知觉；时间知觉是对客观现象的持续性和顺序性的反映，即对事物运动过程的先后、长短及快慢等时间变化的知觉；运动知觉是人脑对物体位置迁移的反映。

社会知觉是对人的知觉。社会知觉主要包括对他人的知觉、人际关系的知觉和自我知觉。对他人的知觉是指通过社会性刺激，如外貌、语言、表情、姿态等，对别人心理面貌的知觉。人际关系知觉是对人与人之间关系的知觉。自我知觉是指通过自己的言行、思想体验等对自己的知觉。

了解错觉对消费者感知客观事物的影响，掌握错觉原理并在广告宣传、包装设计、橱窗布置及货架排列等市场营销活动中加以运用，对于吸引消费者的注意，刺激消费者的购买行为具有重要作用。例如，用绿色或黄色瓶装的啤酒，会使人产生清爽或富含营养的感觉。营业员在推销服装类商品时，应运用错觉原理，科学巧妙地推荐，提高服务艺术。例如，向身体矮胖的顾客推荐深颜色、竖条纹服装使其显得苗条些，向瘦高的顾客推荐浅色、横条纹衣服则使其显得丰满些。

3．知觉的特性

知觉具有多种特性，与消费者心理活动的各个方面紧密相连。因此，分析知觉的特性，对于研究市场营销策略具有重要意义。知觉具有整体性、理解性、选择性、恒常性。

（1）知觉的整体性。知觉的对象都是由许多部分综合组成的，虽然各组成部分具有各自的特征，但是人们不会把知觉的对象感知为许多个别的、孤立的部分，而是把它们联系在一起、作为一个整体来知觉，形成的是一个统一的整体或整体的形象，并非是个别的、片面的，这就是知觉的整体性。如图2.1所示，虽然看到的是零散的线条图形，但是知觉的整体性会让人们判定它们是两个长方体。

消费者在对商品知觉的过程中，总是把商品的名称、包装、颜色、价格、质量等综合在一起，形成对商品的知觉。例如，消费者购买家具时，绝不会只注意家具的材料、颜色或款式，而是把多种因素综合在一起，构成对家具的整体感知印象。消费者的知觉直接影响其购买行为，如果被知觉的商品符合消费者的需要，引起消费者的兴趣，消费者就会做出购买决定，产生购买行为。

（2）知觉的理解性。人们在感知客观对象和现象时，总是运用过去所获得的知识和经验去解释它们,这就是知觉的理解性。在知觉一个事物时,同这个事物相关的知识和经验越丰富,对该事物的知觉内容就越丰富。消费者看到图2.2时,就会理解到这是电脑和松树。知觉的这种特性表现在消费者的购买行为上,就是消费者能够把知觉对象归纳到某类事物中去,把它辨认出来,并和自己过去经历的事物联系在一起。消费者在购买活动中,如果对商品已具有一定的了解或使用经验,就会知觉到更丰富的商品信息;相反,对于陌生的商品,消费者能够知觉到的信息是有限的。这就要求生产商和销售商在做广告宣传时,要引导消费者正确地理解商品,避免出现片面的、甚至错误的理解。介绍商品时把握要点、用词恰当非常重要,否则会影响顾客对商品的正确观察和理解。

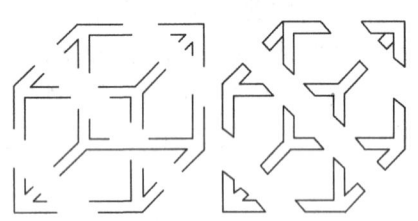

图2.1　知觉的整体性 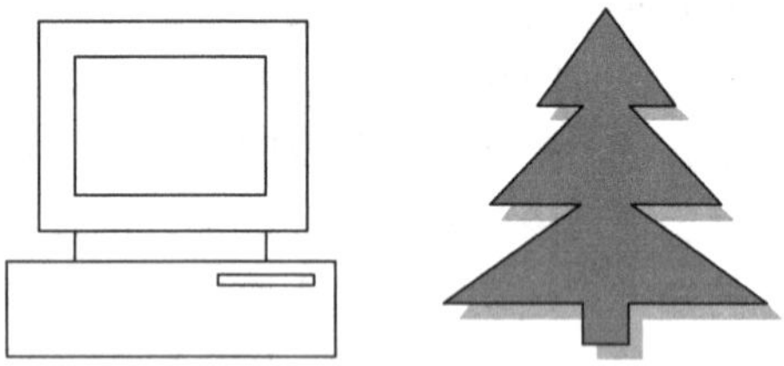　　　　　　　　图2.2　知觉的理解性

相关链接　　　　　　　　望梅止渴

魏武帝曹操行军途中,找不到水源,士兵都口渴得厉害,不愿前行。于是他说道:"前边有一片梅子林,结了很多果子,酸甜可以解渴。"士兵听说后,嘴里都流出了口水,利用这个办法部队赶到前方,找到了水源。

如果士兵没有吃过梅子,曹操的望梅止渴之计能够成功吗?

(3)知觉的选择性。人们在感知客观事物时,常常在许多对象中优先把某些对象区分出来进行反映,或者在一个对象的许多特征中,优先把某些特性区分出来予以反映,这就是知觉的选择性。知觉对象和知觉背景可以互相转换的经典例证如图2.3所示。同一时间作用于人的感觉器官的刺激物是纷繁复杂的,而个体的接受能力却是有限的,不可能对作用于感官的所有刺激物都产生反映,人只能在知觉目的的支配下有选择地知觉其中一些事物。这种选择性不仅与刺激的特性有关,而且与消费者的兴趣与愿望、经验等因素有关。

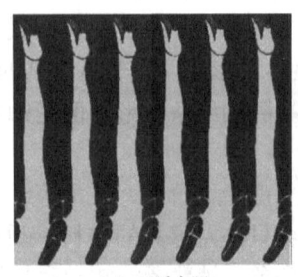

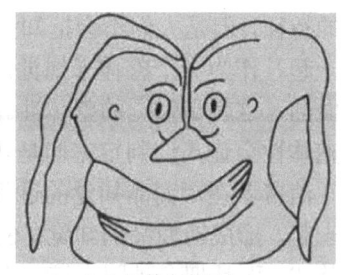

(a)正反人腿　　　　(b)人面和花瓶　　　　(c)单人和双人

图2.3　知觉的选择性

1969年,美国广告公司协会和美国哈佛大学联合进行了一次全国性的调查,了解消

费者在半天内实际看到商品广告的情况。结果表明，大多数接受调查的消费者半天内只注意到 11~20 则商品广告，而一般成年人半天内遇到的商品广告可能有 150 个。这表明看到广告和知觉到广告是两回事。这是因为消费者不能对所有的刺激都做出反映，而只对那些有价值的广告做出优先感知，对那些具有威胁性的刺激采取回避性选择。正因为有了选择性，人们才能够把注意力集中到少数重要的刺激物或刺激物的主要方面上，排除次要的、干扰刺激物，从而更有效地感知事物。

（4）知觉的恒常性。当事物的基本属性和结构关系不变，只有外部条件发生一些变化时，知觉的印象仍能保持相对不变，这就是知觉的恒常性。如图 2.4 所示，知觉的恒常性使人们总是认为书下面是 3 只铅笔。知觉的恒常性是经验在知觉中起作用的结果。人总是凭借记忆中的印象，根据自己的知识和经验去知觉事物。知觉的恒常性保证人在不同的情况下按事物的实际面貌去反映事物，以适应多变的环境。例如，一个苹果放了一段时间腐烂了，但人们仍把它认作苹果。羽绒服的标签上都拴有一个透明的装羽绒样品的小袋子，人们不能看到羽绒服内的羽绒，但是却能根据这个小袋子，认定衣服是羽绒的，制造商就是利用了消费者知觉恒常性的特点。

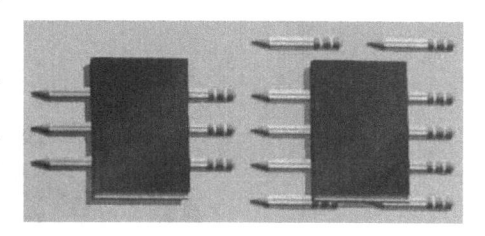

图 2.4 知觉的恒常性

4. 错觉

（1）错觉的概念。人们在知觉某些事物时，可能受背景干扰或某些心理因素影响，往往会产生失真现象，这种对客观事物不正确的知觉称为错觉。错觉是在特定条件下所产生的对客观事物的歪曲反映，错觉现象在生活中十分普遍。上述"血燕"案例就是消费者的错觉导致的错误消费，不能对商品进行正确的认知，会导致消费者的权益受到损害。但是，错觉也可以帮助企业进行营销。例如，空间狭小的店铺可以在墙上挂一面镜子，让人产生宽敞明亮的感觉，这就是一种视觉错觉。

（2）错觉的分类。错觉可以分为视错觉、形重错觉、运动错觉、时间错觉等。

① 视错觉。视错觉是由于视觉的失真对图形、大小等产生的错误认识。如图 2.5 所示是几种常见的视错觉，人们很容易被自己的眼睛欺骗而产生错觉。

② 形重错觉。例如，对商品形状和重量等的错觉，如习惯地认为一斤铁比一斤棉花重。

③ 运动错觉。例如，坐在静止的火车上，看到相邻的火车开出车站，往往会认为自己坐的火车在动。

④ 时间错觉。例如，不喜欢上的课，感到时间漫长，和恋人在一起就感到光阴似箭等。

5. 知觉对消费者行为的影响

（1）知觉的整体性有利于消费者对企业的广告、商标和商品的认知。知觉的整体性可以帮助消费者"窥一斑而见全豹"。消费者在购买商品时，对商品的知觉和印象不仅局限在商品的本身,而且还会把商品与购物环境、与售货员的态度及行为举止联系起来。如果购物环境光洁明亮,商品摆放整齐有序,消费者人来人往,就会让人觉得该商场经营有方,货物齐全,质量可靠,价格便宜等;如果购物环境光线暗,商品乱堆乱放,消费者冷冷清清,就会令人产生该商场经营很差的印象,消费者会怀疑商品的质量,甚至不愿意光顾此商场,更不愿意到此购买商品。

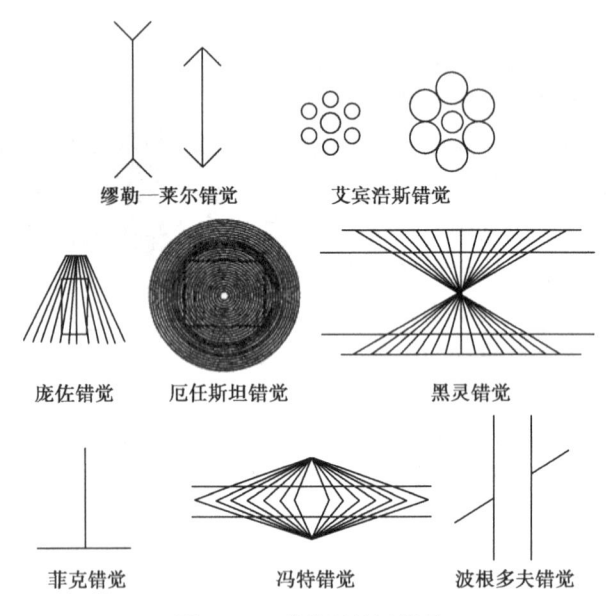

图 2.5　几种常见的视错觉

（2）知觉的理解性能带动消费者做出购买商品的理性决策。知觉的理解性在人们购买商品时起到了十分重要的作用。具有求实、求廉心理的顾客,在购买商品时注意的是商品的实际功能相对于人们需求的满足程度,同时也考虑到商品价格与质量、性能之间的关系。这些顾客一般不会盲目追求豪华、高档、高价的商品。因此,即使商品存在某些不足,如果其功能、内在质量仍能满足要求,而价格又较低,他们还是愿意购买这样的商品。

（3）知觉的选择性能引导消费者选择自己所需要的商品。有确定购买目标的消费者走进商店后,能很快地找到出售欲购商品的柜台,同时能积极主动地在琳琅满目的商品中选择出所要购买的商品,这是由于购买目标成为符合他们知觉目的的对象物,感知十分清楚。而货架、柜台中的其他商品,相对地成为知觉对象的背景,消费者对其或者视而不见,或者感知得模模糊糊,这就是知觉的选择性在起作用。知觉的选择性特征可以运用于商业设计中。例如,在柜台布置上,为了突出名贵商品的价值,可以将商品背景衬以特殊的包装,强化消费者对商品的注意。

（4）知觉的恒常性能使消费者形成对商品的特殊喜爱。知觉的恒常性使顾客对质量优良的商品、名牌企业的名牌商品形成良好的印象。这种良好的印象会转化为经常的购买行为,并成为该品牌的忠诚顾客。有时,顾客不仅自己购买喜爱的品牌商品,而且还为商品作义务宣传员,向亲朋好友、邻居推荐这些产品。

（5）利用错觉可以帮助企业提高推销效果。商业企业在店堂装潢、橱窗设计、广告图案设计、商品包装、陈列、器具使用等方面，适当地利用消费者的错觉进行巧妙的艺术设计，往往能达到一定的心理效果。例如，市场出售肉类的冷藏柜，用橘红色灯光照射，能使消费者产生新鲜感。营业员在向消费者推荐服装类商品时，应学会运用人们知觉中产生错觉的心理状态，合理、科学地推荐，提高服务艺术。例如，劝说脸型大而圆的消费者不要穿圆领口的服装，脖子长的消费者不要穿鸡心领或V字领服装等，这样可取得消费者的信任。

【与相关课程的联系】

你知道什么是无公害食品、绿色食品和有机食品吗？如果推销这几类食品时，你应该如何帮助消费者正确认知你的产品？利用推销课程、市场营销策划等课程中的相关知识也可帮助消费者实现正确的认知，这样才能做好定位策划。

三、消费活动中的记忆

1. 记忆的内涵

（1）记忆的概念。记忆是人的大脑对过去经历过的事物的反映，是人脑的一种机能。人们在日常生活和社会实践中，过去感知过的事物、思考过的问题、体验过的情感，经过一段时间后，都会在大脑中留下痕迹，以经验的形式在大脑中保存下来，这些痕迹日后遇到一定的条件，就会被重新"激活"，在人脑中重现已经消失的刺激物的印象。

（2）记忆的过程。记忆是一个复杂的心理过程，它从心理活动上将过去与现在联系起来，并再现过去经历过的事物，使人的心理成为一个连续发展的整体。记忆的心理过程包括识记、保持、回忆和认知四个过程。

识记是消费者为了获得对客观事物的深刻印象而反复进行感知，从而使客观事物的印迹在大脑中保留下来的心理活动，它是记忆的前提。在购买活动中，消费者就是运用视觉、听觉和触觉去认识商品，并在大脑中建立商品之间的联系，留下商品的印迹，常常表现为消费者反复察看商品，多方了解商品信息，以加强对商品的印象。例如，某位消费者在购买电脑时，一般会光顾多家电脑公司，然后，根据记忆进行比较和选择，这就是有意识地识记的现象和行为。

保持是指在识记基础上，将已经识记的知识和经验，在大脑中积累、储存和巩固的阶段，使识记材料较长时间地保持在脑海中。例如，通过识记把商品的式样、颜色、规格、质地，以及相互间的联系储存在大脑中。

回忆是指过去感知过的事物在一定条件的诱发下重新反映出来的过程。例如，消费者在购买某种商品时，为了进行比较，往往在脑海中重现曾在别处见过或自己使用过的同种商品，这就是回忆过程。

认知是指感知过的事物重现在眼前时能识别出来的过程，即当过去感知过的事物重新出现时，能够感到听过、见过或经历过。例如，消费者在市场上看到一些商品，能认出是曾经使用过或在电视广告中见过，似曾相识甚至很熟悉。

以上记忆心理过程中的识记、保持、回忆、认知四个环节紧密联系又互相制约。识记和保持是前提,没有识记就谈不上对经验的保持,没有识记和保持就不可能对经历过的事物回忆和再认;再认和回忆是结果,也能起到巩固、强化识记和保持的效果。

相关链接　　　　　　　　　人的记忆能力

根据相关人类学家研究的结果,一般来说,人脑的最大词汇拥有量只有大约 8 000 个左右,能够记忆的产品品名大约为 4 000 种,而且还要包括长期记忆区里的潜伏记忆内容,这部分记忆内容较长时间潜伏于人脑内,需要通过外界的相关对应的信息刺激才能够恢复。而人们赖以生存的记忆一般都存留在常用的短期记忆区里,这些记忆会随着新信息的不断接收和过滤而不断地更新。

据说美国前总统小布什大学毕业后,至少认识校园里 1 000 多名同学,在他竞选总统时,这些同学为他当选立下了汗马功劳。

作为一个营销人员,你能记住多少顾客的名字?在重视客户关系的时代,提高你的记忆力有什么实际意义?

2. 记忆的分类

(1) 根据记忆的内容,记忆可分为以下四种类型。

形象记忆:以感知过的事物形象为内容的记忆。这些形象既可以是视觉形象,也可以是听觉、嗅觉、味觉等形象。它通过感觉器官感知,以便留下印象和记忆。例如,旅游者去北京故宫游览过,日后能够想起故宫的形象,就是感知形象记忆。

逻辑记忆:通过语词表现出来的对事物的意义、性质、关系等方面的内容的记忆。消费者对商品广告的记忆多属于这种记忆。例如,"爱妻号"洗衣机,它运用丈夫关爱妻子的心理,给产品命名,使人们很快就记住了。

情绪记忆:以体验过的某种情感为内容,运用情感打动消费者心理的记忆。例如,某女士到商店去买东西,虽然没有买到她想买的东西,但营业员热情周到的服务使她感到非常满意,于是下次再买东西时,她还愿意光顾那个商店。

运动记忆:以过去的动作和运动为内容的记忆。例如,一个人多年前学会的游泳、骑车等动作,间隔一段时间仍然不忘,就是运动记忆。

(2) 按信息储存时间可分为以下三种类型。

瞬时记忆:当刺激停止作用后,感觉并不会立刻消失,在很短时间内仍保持着它的印象,称为瞬间记忆,又称为感觉记忆。其特点是有鲜明的印象性,持续时间短,瞬间即逝。瞬时记忆在脑中储存的时间约为 0.25~2 秒。看电影时,实际每秒 24 幅画面组成的"连续影像"却不会给人间断的感觉,就是由于瞬间记忆的结果。

短时记忆:一次经验后能保持 2 秒到 1 分钟的记忆,称为短时记忆。这种记忆一般以知觉的选择性形式出现。记忆痕迹有随时间推移而自动消退的特征,如果不复述,大约 1 分钟内储存的信息就会衰退或因受到干扰而消失。感觉记忆中的信息如果引起主体的兴趣和注意,就会转入短时记忆阶段。

长时记忆：持续 1 分钟以上直至多年甚至终身的记忆。长时记忆是对短时记忆加工、复述的结果。只要有足够的复述，长时记忆的容量是相对无限的，但富有情感的事物由于印象深刻也能一次形成。在市场上，由于商品品种繁多、琳琅满目，消费者对绝大多数商品的注意，都只能形成瞬时或短时记忆，很少能形成长时记忆。企业必须重复向消费者传递有关信息，建立和加深消费者大脑中的痕迹，使消费者从短时记忆阶段转入长时记忆阶段。

3. 记忆对消费者行为的影响

记忆在消费者的心理活动中起着极其重要的作用，在消费者购买活动中具有深化和加速认识的作用，它在一定程度上决定着消费者的购买行为。

（1）记忆在一定程度上是消费者是否购买的决定因素。消费者对商品品质、价格、购买渠道等的记忆，会直接影响消费者的再次购买。好的记忆促使消费者继续购买，成为忠实消费者；不好的记忆会导致"一朝被蛇咬，十年怕井绳"的后果，消费者不会重复购买。

消费者通过反复地接触商品和广告宣传，自觉地利用记忆材料，对商品进行评价评判，全面、准确地认识商品，并做出正确的购买决策。如果一个消费者没有了记忆，那他就什么也学不会，也就不会产生购买行为。当一位消费者欲购买一台数码摄像机，然而他对摄像机却知之甚少。为了购买，他翻阅了相关的书籍，并向了解这方面知识的人请教，从中掌握了有关摄像机的品牌、型号、功能、质量、价格及使用事项等方面的知识。他把这些知识和经验记下来，待到购买时，就可以根据相关知识去选购其中意的商品。可以看出，离开记忆，人就无法积累和发展知识和经验，购买行为正是建立在有关知识和记忆基础上的。

（2）有利于消费者的记忆，可以促进企业的销售。对于不熟悉、不经常接触的商品，是否能够让消费者记住商品的某些特性，直接关系到消费者的购买决策和购买行为。企业在商品的设计和包装方面，要符合消费者的想象记忆；商品的排列和柜台的布置要有利于消费者的逻辑记忆；营销人员的推销技术、服务态度要迎合消费者的情感记忆。

对生产商和营销商来讲，在商品的造型、色彩、商标、命名、陈列、宣传等方面采取强化记忆的手段，是十分必要的。例如，新颖的造型，鲜艳的色彩，简明易记的品牌、商标，形象生动的商品广告，都会给消费者留下较深的印象，起到深入认识过程的良好作用。

相关链接　　　　　　　艾宾浩斯曲线

德国心理学家艾宾浩斯（Hermann Ebbinghaus，1850—1909）让实验者记忆 100 个陌生单词，经过测试，得出了时间间隔与记忆量的关系见表 2.1。然后，艾宾浩斯又根据这些数据描绘出了一条曲线，这就是非常有名的揭示记忆规律的曲线——艾宾浩斯记忆曲线，如图 2.6 所示。这条曲线告诉人们学习中的记忆是有规律的，遗忘的进程很快，并且先快后慢。观察曲线会发现，学得的知识在一天后，如不抓紧复习，就只剩下原来的 25%。随着时间的推移，遗忘的速度减慢，遗忘的数量也会减少。

表2.1　时间间隔与记忆量的关系

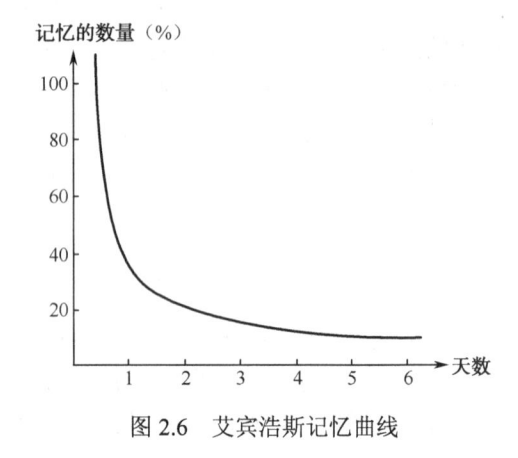

时间间隔	记忆量（%）
刚刚记忆完毕	100
20分钟后	58.2
1小时后	44.2
8~9小时后	35.8
1天后	33.7
2天后	27.8
6天后	25.4
1个月后	21.1

图2.6　艾宾浩斯记忆曲线

四、消费活动中的思维

1. 思维的内涵

思维是通过分析、概括，并对客观事物的本质进行间接反映的过程。也就是说，通过思维，人们对客观事物的认识不再停留在感知和记忆的水平上，而是利用已经感知和记忆的材料，进行分析、综合、抽象、概括等思考活动，把感性认识升华到理性认识阶段，从而获得对事物的本质和内在规律的认识。例如，人们可以利用过去的经验推算某种商品更新换代的速度和价格走势，以确定是现在购买还是以后再买。有关这些方面的知识，人们单凭感知是得不到的，必须借助所积累的丰富经验，通过大脑的思考代替对客体的实际体验来完成。

2. 思维的分类

思维一般可以分为以下四种类型。

常规思维：又称为习惯思维或再现思维，是指利用已获得的知识和经验，依照原有模式进行回忆与重演的思维。

创造思维：将过去的知识和经验各抽取一部分，重新组合起来，具有流畅、独特、变通和创新特点的思维。

辐合思维：遵照统一模式，以求同的方式解决问题的思维。

发散思维：多方面、多通道、以求异的方式解决问题的思维。

创造思维和发散思维是良好的思维品质，它具有变通性、敏捷性和创造性等特点，对开展市场营销活动具有积极的作用。

3. 思维的特征

思维具有概括性、间接性和制约性的特点。

概括性：人在思维时是通过对同一类事物的共同特性、本质特征或事物间规律性的联系来认识事物的,不像感知那样,只对个别事物或个别属性发生反映。例如,消费者在购买过程中多次感知价格与质量的联系,从而得出"大商场的东西要比在街头摊位购得的东西质量要可靠"的结论。

间接性:思维以其他事物为中介,来反映客观事物,即借助已有的知识和经验来理解和把握那些没有直接感知过或感知认识无法直接把握的事物。例如,消费者对手机的内在质量往往不在行,不甚了解,但可以通过对外形是否美观,铃声是否优美,信号是否灵敏,功能是否齐全进行了解,再借助已有的知识和经验,间接地认识它的内在质量性能。

制约性:人的思维还有受社会实践制约的特点。实践是人思维活动的基础,也是检验思维正确与否的标准。因此,消费者要善于思考和总结,通过现象看本质,从而获得对商品内在性质的更为深刻的认识。例如,一种商品设计出来以后,在中心城市试销和推广引起消费热潮后,就会自然地逐步扩散到周边的小城市中,形成消费热潮;如果在中心城市没有达成共识,此种商品就很难流行。

4. 思维的形式

思维的形式是指思维内容的组织结构,包括概念、判断和推理。

概念:人脑反映客观事物共同的本质特性的思维形式。例如,对于"产品"这个概念,现代市场学认为是指能提供给市场,用于满足人们某种欲望和需要的任何事物。还有一种说法是指各种实物、服务、场所、组织、计策或思想等。

判断:人们对思维对象有所断定的一种思维形式,是人们认识事物的工具,是组成推理的基本要素。

推理:从一个或几个判断中得出一个新判断的思维形式。推理不是可以随意编造的,也不是人们先天固有的,而是人们在长期社会实践中,对客观事物相互联系和关系的反映,是人们从已有知识中推出新知识的一种方法。

5. 思维与消费行为

思维在消费者的购买行为上主要有以下三个步骤。

(1)分析过程。分析是指在头脑中把整体的事物分解成各个部分、个别特性和个别方面。反复地分析能够使消费者比较全面地认识商品的外观、性能、质量等个别属性,在这个基础上建立购买目标。

(2)比较过程。比较是依据一定的标准以确定事物异同的思维过程。因为有些商品很难通过对商品的外观、性能、质量等个别属性的认识做出正确的判断,所以初步分析确定购买目标之后,消费者借助比较来进一步鉴别商品质量的优劣、性能的好坏和价格的高低。比较的依据既可能是当时购买商品中的同类商品,也可能是消费者曾经使用过的商品,这些比较对于消费者更好地认识商品具有重要意义。

(3)评价过程。消费者在确定了购买目标之后,要运用判断、推理等思维方式,综合多种信息,排除各种假象的干扰,在此基础上,对商品的内在属性和本质进行概括,为确定购买决策做好心理准备。

在营销个过程中,要认真分析消费者的思维模式,将市场营销活动和消费者的思维结合起来，更为有效的是改变消费者的思维习惯。

【与相关课程的联系】

在市场营销定价策略中的撇脂定价，推销中对价格异议分别处理，都是利用了消费者"便宜没好货，好货不便宜"思维习惯。概念营销也是通过对消费者思维的改变而获得成功的。

五、消费活动中的想象

1. 想象的概念

人们在生活实践中，不仅能够感知和记忆客观事物，而且还能够在已有的知识和经验的基础上，在大脑中构成自己从未经历过的事物的新形象，或者根据别人口头语言或文字的描述形成相应事物的形象，这就是想象。例如，一位女性消费者见到一块布料，把它围在腰上，想象到将它裁剪成一条裙子穿在自己的身上，一定非常漂亮，必然产生愉快的情绪，可能产生购买行为。

2. 想象的分类

根据想象有无预定目的，可以把想象分为无意想象和有意想象。

无意想象：没有目的、不自觉的想象，也称为不随意想象，是想象中最简单、最初级的形式，人的梦就是无意想象的极端情况。无意想象主要是由具体事物或事物的具体属性激发，出现前没有预定的目的和特殊的意向，带有自发性，并且无意想象可以转化为有意想象。因此，市场营销人员可以利用无意想象来促进销售。例如，在商店内部设计新颖的商品摆设和陈列，可使顾客接触后产生无意想象而即兴购买。

有意想象：又称为随意想象，是根据一定的目的自觉进行的想象。在进行有意想象时，人们给自己提出想象的目的，按一定任务进行想象活动。有意想象按其独立性、新颖性和创造性的不同，又可分为再造性想象和创造性想象。

再造性想象是依据语言文字的描绘或条件的描绘（如图样、图解、符号记录等）在大脑中形成有关事物的形象的过程。例如，当读者看过小说《三国演义》以后，大脑中会构成刘备、关羽、张飞、曹操等人物形象。

创造性想象是不依赖现成的描述，而是独立地创造出新形象的过程。例如，作家对典型人物进行塑造的创作活动，就需要创造性想象。安徒生笔下的美人鱼就是创造性想象，生活中并没有美人鱼的存在，这个典型形象是作者创造出来的。幻想是创造性想象的准备阶段和一种特殊形式。所谓幻想，就是一种与生活愿望相联系，并指向于未来的想象。幻想分为积极的与消极的两种。消极的幻想就是空想，脱离现实，毫无实现的可能。积极的幻想就是理想，以现实为依据，指向行动，经过努力最终可以实现。例如，拥有私人别墅，有的人是空想，难以实现；有的人是理想，能激励工作热情，努力工作，成为积蓄金钱的力量源泉。

3．想象与消费行为

想象能提高消费者购买活动的自觉性和目的性，对引起情绪过程、完成意志过程起着重要的推动作用。消费者在形成购买意识、选择商品、评价商品过程中都有想象力的参与，想象要激发消费者的再造过程。例如，看到漂亮衣服，想到穿着漂亮的衣服被人称赞的愉快与满足；买一台电脑，消费者会想象网上冲浪的感受，同时还想起它给学习和工作带来的方便等。通过想象，消费者就能深入认识商品的实用价值、欣赏价值和社会价值，其结果是能增强商品对消费者的诱惑，激发其购买欲望。

企业在运用想象时，通过想象引发消费者的美好联想，激发消费者的购买动机。一般可以遵守以下几种方法。

（1）品牌名称用言简意赅、寓意吉祥、友善的词句，如可口可乐、百事可乐、步步高等。

（2）广告语用消费者熟知的形象来比喻商品，如 e 人 e 本，晋善晋美（山西省旅游广告）。

（3）产品包装富有特色，形状画面激发想象。

【与相关课程的联系】

人们一天接受的广告超过几百条，能记住的寥寥无几。提高广告效果就要创意出有吸引力的广告，引起消费者的注意，才能使消费者记住，才能想象购买后能产生什么效果，决定是否购买。

六、消费活动中的注意

1．注意的概念

相关链接　　　　　　　　茅台酒的一举成名

茅台酒在 1915 年巴拿马世界博览会上获金奖，"注意"在这里立了头功。博览会开始时，各国评酒专家对其貌不扬的中国茅台酒不屑一顾，眼看博览会一天天临近结束，一天博览会展厅客商较多，中国酒商急中生智，故意将一瓶茅台酒摔碎在地上，顿时香气四溢，举座皆惊，从此茅台酒名声大振，走向了世界。

注意是消费者对外界事物的目标指向和精神集中状态。它是伴随着感知觉、记忆、思维等心理过程而产生的一种心理状态。注意的指向性表现为人的心理活动总是有选择地、有所指向地进行。

例如，消费者选购商品时，总是把符合自己需要的商品当作感知的对象，而把其他商品和周围环境、声音等当作感知的背景。注意的集中性，不仅是指在同一时间各种有关的心理活动聚集在其所选择的对象上，而且也是指这些心理活动深入于该对象的程度。通常人们所说的"注视""倾听""凝神"就是指人的视觉、听觉和思维活动深入地集中于一定的对象。消费者的购物行为一般以注意为开端,在心理过程开始后,注意并没有消失,仍伴随着心理过程,维持心理过程的指向。没有注意的参加,无论哪一种心理过程都不可能发生、发展和完成。如果消费者没有注意到某一商品的存在,就不会考虑此商品对自己是否有用,当然也就不会购买。

2. 注意的分类

根据产生和保持有无目的和意志努力程度,注意可分为有意注意和无意注意。例如,消费者到商店想购买甲商品,浏览中无意看到乙商品,觉得不错,引起了对乙商品的注意,就属于无意注意。而消费者在嘈杂的商店里精心挑选自己想要的商品,就属于有意注意。从两者的关系来看,两者既相互联系又相互转换。

有意注意是人们自觉、有目的的,需要消费者做出一定意志努力的注意。它受到人的意识的自觉调节与支配。例如,一位年轻的母亲,想给自己的孩子买一个生日礼物,她就会特别注意儿童用品广告及儿童用品柜台的商品。

无意注意是消费者没有明确的目的和目标,不需要做意志努力的注意。例如,某商场正在做促销活动,高音喇叭声乐齐鸣,路过的人就会不约而同地把目光转向此商场,以了解正在发生什么事情。这种注意就是无意注意。

3. 注意的功能

注意具有选择、保持、调节和监督功能。

人在同一时间内不能感知一切对象,只能感知其中少数对象。选择功能担负着感官中精密选择的任务,它从所有面临的刺激中,挑选那些与行为有意义、符合活动需要的部分,予以利用,避开和抑制那些与当前活动不一致,以及与注意对象竞争的部分。

保持功能就是注意对象的映像或内容在主体意识中保存,直到达到并延续到认识活动或行为动作的目的时为止。

调节和监督功能就是在同一时间内,把注意分配到不同事物上或同一事物的不同方面上,排除干扰,提高活动强度和效率以保证活动的实现。

4. 注意在市场营销中的作用

正确地运用和发挥注意的心理功能,可以引发消费者的消费需求,引起消费者的关注。在策划一些公关手段或广告创意时,利用注意原理吸引人们的注意,是一个最基本的原则。

① 商品的包装设计要突出形象,引起消费者的注意。
② 零售商业企业用多角化的经营调节消费者购物时的注意转换。
③ 商品广告成功的基础在于能否引起消费者的注意。可以利用增大刺激的强度,加大刺激物之间的对比度,加大刺激物的感染力,力求刺激的新异性和集中,反复地出现某种事物等手段,提高消费者的注意力,加强广告效果。

> **相关链接**　　　　　商品的陈列与注意的关系

注意广度受事物的规律性影响，如果排列比较规律，人们可以注意更多的数量。如图 2.7 所示，三个图中商品的数量相同，但人们注意左边（a）的商品要花较长的时间，因为排列无规律，对中间（b）及右边（c）商品的数目注意要花的时间较少一些，因为图形的排列有一定的规律性。

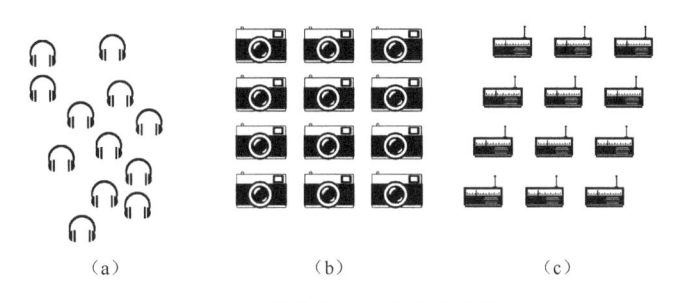

（a）　　　　　　（b）　　　　　　（c）

图 2.7　商品陈列与注意的关系

【与相关课程的联系】

"注意"在《广告》、《推销》、《市场营销策划》、《销售管理》等课程中都有重要意义。进行营业场所的安排与商品布局，进行广告设计与策划，进行营销手段和公关策略的策划等工作都要利用消费者的注意。眼球经济时代的注意力经济、注意力营销异军突起。

推销的"爱达模式"。"爱达"是四个英文字母 AIDA 的译音，也是四个英文单词的首字母：A 为 Attention，即引起注意；I 为 Interest，即诱发兴趣；D 为 Desire，即刺激欲望；最后一个字母 A 为 Action，即促成购买。请你举几个利用注意的广告案例。

单元二　消费者的情感过程

> **相关链接**　　　　　民族品牌影响力的提升

曾几何时，洋品牌一直是消费者追捧的对象，民族品牌像丑小鸭一样不被看好。

2008 年 5 月 12 日，四川汶川大地震，6 万多人遇难，在灾难面前，唐山大地震的孤儿张祥青创办的中国驰名商标——"荣程"，在中央电视台《爱的奉献》抗震救灾大型募捐晚会上，为汶川灾区捐出 1.1 亿元。除了"荣程"，"王老吉"捐出 1 亿元；"中国移动"捐出 2.862 亿元；"万科"捐出 1 亿元；"台塑"捐出 1 亿元；"海洋石油"捐出 5 亿元等。成千上万的民族品牌企业为汶川灾区捐钱捐物，全力帮助灾区重建家园。民族企业的爱国情感，激发了消费者对民族品牌的热爱，极大地提升了民族品牌影响力。

消费者完成了对商品的认识过程，并不等于就必然采取购买行为，还要看消费者认识之后的商品是否能满足其要求。满足了就会产生积极的态度，如满意、喜欢等；反之，就会产生消极的态度，如不满、烦恼等。消费者对于客观事物是否符合自己的需要及满足的程度而产生的一种主观体验，就是消费者的情感过程。消费者的情感过程包括情绪和情感两个方面。

一、情绪与情感

1. 情绪

情绪是指人对认知内容的特殊态度，是以个体的愿望和需要是否得到满足而产生的心理体验。情绪包含情绪体验、情绪行为、情绪唤醒和对刺激物的认知等复杂成分。

情绪是身体对行为成功的可能性乃至必然性，在生理反应上的评价和体验，包括喜、怒、忧、思、悲、恐、惊七种。行为在身体动作上表现得越强就说明其情绪越强，如喜会手舞足蹈，怒会咬牙切齿，忧会茶饭不思，悲会痛心疾首等就是情绪在身体动作上的反应。

情绪一般由以下四种成分组成。

（1）情绪涉及身体的变化，这些变化是情绪的表达形式。

（2）情绪是行动的准备阶段，与实际行为相联系。

（3）情绪是有意识的体验。

（4）情绪包含了认知的成分，涉及对外界事物的评价。

2. 情感

情感是人对客观事物是否满足自己的需要而产生的态度体验。情感一般是指长时间内与人的社会性需要（社交的需要、精神文化生活的需要等）相联系的体验，是人类所特有的，常以社会事件的内容和意义为转移，与情绪相比较为稳定。情感是在情绪的基础上产生的更高级的心理体验，如道德感、理智感、美感等。

3. 情绪与情感的关系

情绪与情感是两个既有区别又有联系的概念。情绪和情感都是人对客观事物的态度体验及相应的行为反应。情绪和情感由独特的主观体验、外部表现和生理唤醒等三种成分组成。

情绪和情感统称为感情。情绪是指感情过程，情绪具有较大的情景性、激动性和暂时性。情感是指具有稳定的、深刻的社会意义的感情。情感具有较大的稳定性、深刻性和持久性。一方面，消费者的情绪总是受他的情感所制约；另一方面，个人的情感又总是体现在他的情绪之中。情绪一般有较明显的外部表现，时间短，情感的外部表现很不明显，持续的时间相对比较长。例如，某企业的商品质量好，信誉高，在消费者心目中树立了良好的形象，消费者对它产生了信任感、亲切感，当消费者买到这种商品并在实际使用中其需要得到满足时，就会产生喜悦和满意的情绪。在日常生活中，人们对情绪和情感并不进行严格的区分。

情绪和情感都具有适应功能、动机功能、组织功能、信号功能。

相关链接 "果粉"的情感

2011年10月10日,虽然距离iPhone 4S上市还有一周的时间,但是全球疯狂的苹果粉丝已经开始了排队购机的计划,并且美国、伦敦、香港等地苹果店已经有粉丝开始排队了,无疑第一时间购买到iPhone 4S是对乔布斯最好的纪念。"果粉"除了对产品的喜爱之外,更多的还是表达了对苹果品牌和乔布斯的情感。

二、情绪与情感的类型

1. 按情绪的性质与程度划分

情绪、情感的表现形式是多种多样的,根据其性质、发生的强度、速度、持续时间的长短和外部表现来划分,可以划分为五种表现形式。

(1)心境:一种微弱而平静、持续时间有时长有时短的情绪,如心情舒畅或郁郁寡欢等。心境会影响人们的消费行为,良好的心境能使消费者发挥主动性和积极性,容易引起对商品的美好想象,易导致购买行为。而不良的心境,则会使消费者心灰意懒,导致抑制购买欲望,阻碍购买行为。消费者对店容、服务、商品的感觉好,心境就好,实现的购买率会较高。

(2)热情:一种强有力的、稳定的、能把人完全控制住的情感。热情表现出主体被一种力量所征服,以坚定的信念去达到某个目的。热情虽不如激情强烈,但比激情深刻而持久。它有时虽不如心境那样广泛,但比心境强烈而深刻。消费者往往是在热情推动下,积极参与市场的经济活动。市场营销者要想方设法了解消费者的心理、兴趣和爱好,利用各种营销推广手段,唤起消费者的热情,培养其惠顾动机。

(3)激情:一种人们在一定场合迅速强烈地爆发出来的,能把人控制住的逐渐增强的强烈情绪,一般维持时间短暂,如狂喜、暴怒、绝望等都属于这种情绪状态。激情出现时可以对消费者的行为造成巨大的影响,甚至可以改变消费者的理智状态。消费者在抢购风潮中也会出现类似激情状态的情绪。对生产商和销售商来讲,要尽可能地避免对消费者的强烈的不良刺激,削弱消费者的对抗情绪,引导消费者产生积极的激情,愉快地进行购买活动,争取营销活动的成功。

(4)应激:出乎意料的紧张情况所引起的情绪状态。营业员有时会出现应激状态,当柜台前拥挤混乱或与情绪不佳的顾客打交道时,营业员必须在这些困难条件下实现销售,因而处于应激的情绪中。应激一般来说会因手忙脚乱而不利于工作,但有时正相反,会因工作节奏加快而提高工作效率。

(5)挫折:人在实现目的的过程中遇到障碍,但又无法去排除、克服的心理状态。其典型表现是懊丧、怨恨、消沉、无动于衷。挫折有时表现为对自己,有时表现为对别人形成迁怒。例如，有个别顾客在商店里表现出迁怒于人，买不到紧俏商品时，对营业员发脾气、泄怨气。

2．按情感的社会性划分

人的情感按照社会要求的内容分类，可以分为道德感、理智感和美感三种。

（1）道德感：个人根据社会道德准则评价自己或别人行为时所产生的情感，是关于人的行为、举止、思想、意图是否符合人的道德需要而产生的体验。如果自己的思想意图和言行举止符合社会道德准则，就会产生肯定、积极的情感，感到心安理得，反之则坐卧不安。

（2）理智感：人的求知欲望是否得到满足而产生的高级情感，是在人的智力活动过程中产生的体验。理智感与人的求知欲、好奇心、原则性等相联系，它不是满足低级的本能的需要，而是满足高级的社会性需要，是一种热烈追求和探索知识与真理的情操。例如，在挑选商品时，如发现商品价格很便宜，会产生怀疑感；对一些高档商品不知如何挑选，产生苦闷感；对自己比较了解的商品，在选购时的欢快感等。

（3）美感：人对美好事物的体验，是人根据爱美的需要，按照一定的评价标准，在创作或欣赏美的事物过程中产生的情绪体验。审美标准因主体美学修养、爱好情操、社会地位的影响而存在差别，但在同一群体中往往持有基本相同的审美标准。例如，消费者对时尚、新潮商品的追求，说明同一群体成员有着近似的美感。

三、情绪与情感的表现

情绪与情感过程是人对客观事物与人的需要之间关系的反映，是人对事物的一种好恶的倾向，它主要通过人的神态、表情、语言和行为变化表现出来。消费者的情感表现程度在购买活动中主要表现在以下三个方面。

（1）面部表情：面部表情和姿态是表现情绪与情感的主要手段。人们的喜、怒、哀、乐、爱、憎等各种情感都能通过不同的面部表情与姿态表现出来。例如，当消费者买到自己喜爱的商品时，会高兴得眉飞色舞或手舞足蹈；当消费者与营业员因退换商品而发生争吵时，会面色苍白或涨红了脸。在购买活动中各种复杂的心理感受、情绪变化都会通过不同的面部表情和姿态反映出来。因此，一个优秀的营业员不仅要善于根据消费者面部表情的变化去揣摩消费者的心理，而且也要注意运用自己的表情姿态去影响消费者，沟通买卖双方的感情，促使消费者的情感向积极的方向发展。

（2）声调表情：人们说话的语调、声音强弱及速度的变化，往往反映出情感的变化。一般来讲，快速、激昂的语调体现了人的热烈、急躁、恼怒的情感，而低沉、缓慢的语调则表现人的畏惧、悲哀的情感。往往同一语句，由于说话人在音强、音速、音调上的差别而表达出不同的情感。例如，在商店里购物时，同样会遇到这样一句话"您买什么？"，由于语调的强弱和速度不同，既可以反映出亲切、真诚的情感，也可以表现出厌烦、冰冷的情感。

（3）动作表现：表现明显的有呼吸器官、排泄系统和循环系统的变化。例如，消费者购买衣物时，遇到其满意的商品时，常常表现出点头、赞不绝口、跃跃欲试的动作，反之则不屑一顾、匆匆而过。当消费者看到寻觅多时的商品时，往往呼吸、心跳、脉搏加快。

总之，在消费者购买活动中，情感的外显是多方面的，也是比较复杂的。有时，一种外显的情感表达了多种心理活动。例如，消费者在选购商品时，有时表情紧张，既可能是担心商品质量或性能有问题，唯恐吃亏上当，也可能是担心买不到商品，还有可能是担心买回去后家人不喜欢等。

【与相关课程的联系】

《推销学》里要求推销员给顾客留下良好的第一印象，要善于察言观色，根据顾客的表情等信号，积极促成交易。

四、情绪与情感对消费行为的影响

1. 情绪、情感的极端性与消费行为

不同情况下，消费者的情绪和情感的表现会出现肯定或者否定的极端状态，积极的情绪情感会成为行为的诱因；而消极的情绪情感将成为行为的阻碍。例如，消费者高兴、兴奋、愉快时，往往会买很多东西；而悲伤、生气或低落时，购物时可能会看什么都不顺眼，不能很好地完成消费。当然，也有另一种例外情况，有人悲伤或消极时用购物来冲淡情绪，结果买了一大堆无用的东西。过后一看物不所值，后悔得不得了。

2. 影响情绪、情感的主要因素

消费者在购买活动中，情绪的产生和变化主要受以下几个因素影响。

（1）购物场所的物理条件。购物场所的物理条件主要包括空间、温度、音乐、色彩、照明、气味等，这些条件的好坏，会直接影响消费者的情绪。购物环境如果宽敞明亮、干净整洁、环境幽雅、温度适宜、乐曲欢快，消费者就会感到愉快、舒畅，就会产生美好的情绪体验，有利于购买活动。

（2）商品的特点。影响情绪和情感的商品因素包括商品的品牌、质量、性能、价格、包装、广告、售后服务等。商品的特点如果满足了消费者的需要，就会产生好的情绪。

（3）顾客的心理准备。消费者的自身因素，如兴趣、爱好、目的的不同，也会产生不同的情绪和情感体验，消费者对产品的预期正确，就会产生愉快的情绪，反之就会沮丧。

（4）售货员的表情与心态。营销人员的服务态度、质量好坏都直接影响消费者的情感。优质服务会使消费者产生信任感、安全感，会有利于消费者购买。

3. 情绪、情感与营销活动

（1）改善影响因素，提高消费者的忠诚度。从消费者的大脑记忆与情感遗忘程度曲线上看，在没有任何提醒的情况下，每隔三个星期的时间，消费者对产品与品牌的记忆度与情感度就会下降二至五个百分点。要适当进行广告发布和与消费者进行情感交流。要改善商品、购物场所及营销人员能够给消费者带来不良情绪的因素，商品要明码标价，物有所

值,尽可能创造出优美的购物环境,提供优良服务,童叟无欺,一视同仁,让每一位顾客购物时心情愉快。

(2)通过公共关系,建立良好的情感联系。注意树立商业企业的形象,达到顾客满意,及时解决投诉,注意形象宣传,把企业良好形象印在顾客的心目中,使他们能够长久地对企业抱有良好的情感。

(3)加强诚信建设,取信于消费者。要始终如一地坚持顾客就是上帝的理念,真正做到"卖商品如同嫁女儿",就能赢得消费者的良好情感,企业也才能长盛不衰。

单元三 消费者的意志过程

消费者经历了认识过程和情感过程之后,是否采取购买行动,还有赖于消费者心理活动的意志过程,即消费者在购买活动中不仅要通过感知、记忆、思维、注意等活动来认识商品,伴随认识产生一定的内心体验和态度,而且还有赖于意志过程来确定购买目的并排除各种主观因素的影响,采取行动实现购买目的。因此,研究消费者的意志过程和特点是分析消费者购买行为的重要前提之一。

一、意志的内涵

1. 意志的概念

意志是自觉地确定目的,并根据目的来支配、调节自己的行动,克服各种困难,从而实现目的的心理过程。由意志控制和支配的行动,就称为意志行动。在现代社会实践的各个方面,人的意志到处都在起作用。例如,消费者为了买到满意的商品而不辞辛苦地走遍大大小小的商店;购房者贷款购房后为了还贷而长年艰辛劳作、节衣缩食等。

相关链接　　　　　万·列文虎克

在荷兰,有一个刚初中毕业的青年农民来到一个小镇,找到了一份工作——为镇政府看门。他在这个门卫的岗位上一直工作了六十多年,他一生没有离开过这个小镇,也没有再换过工作。也许是工作太清闲,他又太年轻,他选择了又费时又费工的打磨镜片当作自己的业余爱好。就这样,他磨呀磨,整整磨了六十年。

他是那样的专注和细致,锲而不舍,终于,他的技术已经超过专业技师了,他磨出的复合镜片的放大倍数,比其他人制作出的都要高。借着他研磨的镜片,他终于发现了当时科技尚未知晓的另一个广阔的世界,那就是微生物世界。从此,他声名大振,只有初中文化的他,被授予了在他看来是高深莫测的巴黎科学院院士的头衔,就连英国女王都到小镇拜会过他。创造这个奇迹的小人物,就是活了90岁的荷兰科学史上鼎鼎大名的科学家万·列文虎克,他老老实实地把手头上的每一个玻璃片磨好,用尽毕生的心血,致力于每一个平淡无奇的细节的完善,终于,在他的细节里看到了科学更广阔的前景。

2. 意志过程的基本特征

消费者在购买行为中表现出有目的地、自觉地支配和调节自己的行动,并与克服困难相联系的心理过程,就是消费者心理活动的意志过程。在消费者意志过程中具有三个主要特征:一是具有明确目的的心理活动;二是有克服困难的心理活动;三是采取行动,实现既定购买目的的心理过程。

(1) 具有明确目的的心理活动。消费者购买商品是为了满足自己的需要,要经过思考而明确其购买目的,然后有意识、自觉地调节购物行为。购买活动始终是在有目的的意志过程支配调节下进行的,消费者的购买目的越明确,完成购买活动也就越迅速、越坚定。有的消费者省吃俭用就是为了购买一套盼望已久的商品房;有的消费者为了满足集邮的爱好,把大部分工资用于购买邮票;准备结婚的青年男女大量购买结婚用品等。为了实现购物目的,消费者还要根据自己的主观条件加以确定。例如,同样是购买彩电,是购买大型号的呢,还是购买小型号的呢?这就需要消费者根据自己的使用条件做出决定。

(2) 克服困难的心理活动。消费者在购买活动中,其意志行动是有明确的目的的,而目的的确定和实现,会遇到种种困难。因此,消费者为实现购买目的而采取意志行动。在购买活动中,由于阻碍、干扰和困难程度不同,以及消费者意志品质的差异,对于购买商品的意志过程,有的人较为简单,有的人则很复杂。在现实生活中,常常出现这种情况:在同一时期内,消费者同时有多种需要,因此,就会产生多种购买动机。例如,在挑选商品时,面对几种自己都喜爱的商品,或者自己对商品的内在质量难以判断,就会导致购买信心不足。这时必须考虑选择和重新物色购买目标,去实现自己的购买目的。这就要求消费者在比较的基础上做出理智的购买决定。能否克服这种压力和困难,则取决于消费者的意志。

(3) 采取行动,实现既定购买目的的心理过程。这一特点表明消费者在经过商品选择后采取实际的购买行动。进行购买是真正表现出意志的重要环节,它不仅要求消费者克服内部困难,而且要排除外部干扰。通过意志的努力,实现既定的购买目的。在消费者的购买过程中,如果得到营业员的热情接待,则会强化消费者的购买决定,使之满意地买下商品。经营者精心策划购物环境,也能强化消费者的意志。在购物活动中,由于多种因素的影响,有的可能引起积极的情绪反应,有的可能导致消极的情绪反应,这则有赖于意志行动的心理过程。

二、消费者意志过程的实现

意志行动的心理过程是一个极其复杂的过程,当消费者购买商品时,其意志行动的心理过程包括两个阶段:决策阶段和执行决策阶段。

1. 决策阶段

决策阶段是意志行动的开始阶段,是对未来行动进行酝酿和抉择的过程,它决定着意志行动的方向和行动计划。在这个阶段里,主要是克服个人心理的冲突,战胜内部困难,及时做出购买决定。任何消费行为都是由一定的需要、动机引起的,但在同一时间或期间内,消费者同时有多种需要,也就会同时产生多种购买动机。消费者必须依据购买目的,比较权衡,分清轻重缓急,进行动机取舍,恰当地选择出主导动机,以此来确定行动的方向。消费者在购买动机确定之后,还有一个具体购买对象的确定问题,这是因为同类商品会有质量、档次、价格等方面的差异。消费者选择、确定购买对象的过程,就是把市场上现有的商品与自己的要求进行比较的过程。消费者购买对象确定之后,还要制定购买行动计划,保证购买目标的实现。例如,购物时间的确定,购买场所的选择,经济开支有多少,所需物品哪些先购、哪些后购等,这些都需要在意志活动的参与下进行。

2. 执行决策阶段

执行决策阶段是消费者意志过程的完成阶段,是把主体意识变为现实的购买过程,或者说,是把人的主观目的转化为客观结果,观念的东西转化为实际行动的过程。消费者在这个阶段的主要表现,就是根据既定的购买目的采取行动,把主体意识转化为实现购买目的的实际行动。消费者由做出购买决定过渡到实行购买决定,不全是一帆风顺的,往往要克服主观上和客观上的各种困难,即为实现购买目的,需付出一定的意志努力。这一阶段是真正表现意志的中心环节。例如,消费者要达到购买住房的目的,就要多看、多问、多跑,了解市场行情,排除一些不利因素,最终实现购买目的。

三、消费者意志品质与消费行为

意志品质是指消费者在消费活动中,其意志过程所呈现出的基本特征。消费者在购买商品时,行为常呈现明显的意志特征,表现为意志坚强或意志薄弱等。坚强的意志品质是克服不利因素及困难,完成购买决策的重要心理机能保证。意志品质的特征体现在意志过程中,但它在消费者身上的表现有所不同,归纳起来主要有以下四种类型。

1. 意志的自觉性

意志的自觉性是指消费者对将要进行的购买活动有明确的目的,能主动认识、了解所要购买的产品,通过综合考虑制定购买决策,并意识到购买后的实际意义和行动的结果。意志自觉性强的消费者能充分认识到采取何种购物行为是正确的,也有强烈的自我意识驱使自己采取正确的行动。在执行购买决定时能正视现实,自觉、主动、独立地调节和控制自身的购买行为;在遇到障碍时会运用理智分析,自觉修改购买方案;在目标指引下勇于克服困难,承担外界压力,完成预定计划,这就是意志自觉性强的表现。许多消费者购买价格昂贵的大件耐用消费品时,一般爱到大店、名店去购买,通常有较为明确而周到的购买计划,不会草率、鲁莽行事,因而可以获得较满意的结果。

2. 意志的果断性

意志的果断性是指消费者在购买商品时能迅速地分析所发生的情况，能果断地做出正确合理的决策，并且能毫不迟疑地执行决策，体现了意志品质的良好素质。这类消费者在购物中反应敏捷，善于捕捉机遇，能积极思考，有较为丰富的购物经验，评价判断商品的能力较强，或者有强烈拥有某种商品的需要与愿望，能迅速分析出购买行为对自己的意义大小，不失时机地做出决策。例如，中国加入世贸组织后，大家都明白国外汽车业必然会对中国汽车业带来巨大的冲击，都期待着轿车的价格有大幅下降。大多数人在等待观望，但有些人却能适时做出购买决定，而不是从众犹豫。意志果断性强的消费者在购买活动中能积极开展理智的思维活动，购买成功的可能性很高。而意志果断性较差的消费者则常常迟疑不决，坐失购物良机。

3. 意志的坚韧性

意志的坚韧性是指消费者在购买活动中呈现出来的不畏困难、坚持到底的顽强精神。有的消费者在购买活动中能以充沛的精力和坚忍不拔的毅力去克服遇到的困难，排除干扰，跨越障碍，取得最后的成功。例如，有的集邮爱好者，为了收集到一枚自己缺少的邮票，不辞辛苦，常年坚持到各家邮票市场搜寻，表现出坚韧的意志。

4. 意志的自制性

意志的自制性是指消费者在消费购物行为中善于支配自己、控制自己的情绪，约束自己的言行以求得满意的购买结果。他们在购物时表现出较大的耐心，避免在购买活动中发生某些不愉快的事情。由于购物环境、商品供求关系、质量性能等诸多因素较为复杂，有时难免会出现矛盾、不愉快甚至冲突的情况，自制能力强的消费者能冷静地对待，控制自己的情绪与言行，尽量不讲激化矛盾的话，不做引起冲突的事。消费者依据主客观因素的变化能当机立断，保证购买目标最后能够实现，而不是一意孤行。

意志的自觉性、果断性、坚韧性、自制性，是意志品质的四个主要特征，它们共同影响着一个人的意志行为。良好的意志品质对消费者的消费活动与购买行为非常重要，能促使消费与购买活动得到理想的效果。因此，除了消费者需努力提高自身的意志品质外，厂商们也应努力促进与帮助消费者建立良好的意志品质，利用各种途径与措施，宣传好自己商品的性能、质量，努力提高企业的服务质量与水平，以取得消费者与企业双赢的效果。

相关链接　　　　　　信念是一面旗帜

罗杰·罗尔斯出生于美国纽约声名狼藉的大沙头贫民窟，这里环境肮脏、充满暴力，是偷渡者和流浪汉的聚集地。因此，罗杰·罗尔斯从小就受到了不良影响，读小学时经常逃学、打架、偷窃。

一天，当他从窗台上跳下，伸着小手走向讲台时，校长皮尔·保罗将他逮个正着。出乎意料的是校长没有批评他，反而说："我一看你修长的小拇指就知道，将来你一定会是纽约州的州长。"当时的罗尔斯大吃一惊，因为在他不长的人生经历中只有奶奶让他振奋过一次，说他可以成为五吨重的小船的船长。他记下了校长的话并坚信这是真实的。

从那天起，"纽约州州长"就像一面旗帜在他心里高高飘扬。罗尔斯的衣服不再沾满泥土，语言不再肮脏难听，行动不再拖沓和漫无目的。在此后的四十多年间，他没有一天不按州长的身份要求自己。强大的信念和坚强的意志，终于使他在51岁那年，成了纽约州的州长。

资料显示，中国的民营企业的平均寿命只有2.9年，许多的品牌如流星一样，只是一个过客，超过百年的知名品牌更是凤毛麟角，通过上述案例，你对要树立知名品牌的企业有哪些建议？

模块小结

消费者心理活动的认识过程、情感过程和意志过程是统一的、密切联系的三个方面。一方面，认识是意志的必要前提，意志又推动认识发展。认识过程的深度对意志过程克服困难的努力程度有影响，反过来，意志过程对深化和加强认识过程也有影响。意志过程是在认识的基础上产生的，意志行动贯穿着认识活动。意志过程就是确定购买目的并通过克服困难去实现目的，而目的的确定有赖于认识过程提供知识，目的的实现也要依赖认识过程提供技能、经验和可行的方式方法。意志过程也给认识过程以巨大的推动力，可以促进消费者的认识更广泛、更深入地发展，从而提高购买活动的主动性和自觉性。另一方面，意志过程有赖于情感过程，但又能调节情感过程的发展变化。情绪和情感既可以成为意志过程的动力，也可以成为意志过程的阻力。意志过程对情感过程也起着调节和控制作用。

由此可见，认识、情感和意志过程协同作用，构成了消费者完整的心理过程，左右着消费者的购买行为。消费者完成了一次购买行为，其心理活动过程也就随之基本结束了。但消费者在使用商品的过程中还会发生新的情绪体验、新的认识，还会影响着下一次的购买行为。

主要名词

感觉 知觉 错觉 记忆 艾宾浩斯曲线 思维 想象 注意 情绪 情感 意志

自测试题

一、判断题
1. 能觉察出最小刺激强度的能力称为绝对感受性。（　　）

2．长时记忆必须要对材料反复加工复述才能形成。（　　）
3．心理学研究结果表明，人与人交往，第一印象极其重要。（　　）
4．消费需求的习惯性是指消费者在长期消费活动中积存下来的消费偏爱和倾向。（　　）
5．人的梦属于无意想象。（　　）
6．一个人的兴趣与其需要没有关系。（　　）
7．气质是人典型、稳定的心理特点，主要由先天因素决定。（　　）
8．性格是人的个性中最主要的心理特征，人和人之间的差别首先表现在性格差别上。（　　）
9．情绪和情感是一回事，没有区别。（　　）
10．商品广告成功的基础在于能否引起消费者的注意。（　　）

二、单项选择题

1．消费者知觉的选择性取决于知觉的（　　）。
　　A．防御性　　　B．整体性　　　C．主观性　　　D．对比性
2．由消费宣传的刺激作用引起的主观经验是（　　）。
　　A．感觉　　　　B．知觉　　　　C．想象　　　　D．联想
3．对储存于脑中的事物进行进一步的加工与存储，使之较长时间保持在大脑中的过程是（　　）。
　　A．识记　　　　B．保持　　　　C．回忆　　　　D．认知
4．感觉是由感觉器官的刺激作用引起的（　　）。
　　A．客观反应　　B．主观经验　　C．变化　　　　D．反映
5．刺激对感受器的持续作用而使感受器发生变化属于（　　）。
　　A．适应　　　　　　　　　　　B．感觉的相互作用
　　C．错觉　　　　　　　　　　　D．知觉

三、多项选择题

1．知觉是影响消费者行为的重要因素，它的主要特性是（　　）。
　　A．知觉的主观性　　　　　　　B．知觉的整体性
　　C．知觉的风险性　　　　　　　D．知觉的选择性
2．在购买活动中，消费者的情感表现主要包括（　　）。
　　A．面部表情　　B．心理活动　　C．声调表情　　D．动作表现
　　E．购买欲望
3．根据对商品认识程度的不同可将消费者能力划分为（　　）。
　　A．盲目型　　　B．不确定型　　C．知识型　　　D．略知型
　　E．无知型
4．消费者感觉形成的生理基础是（　　）。
　　A．感受器　　　B．传入神经　　C．中枢神经　　D．传出神经
　　E．运动神经
5．消费者意志品质的表现包括（　　）。
　　A．自觉性　　　B．果断性　　　C．坚韧性　　　D．自制性

四、简答题

1. 什么是感觉？举例说明感觉的种类。企业如何运用感觉规律开展市场营销工作？
2. 什么是知觉？举例说明知觉的种类。知觉对消费者行为有何影响？
3. 什么是错觉？错觉在市场营销中有哪些应用？
4. 什么是情绪和情感？两者的区别是什么？
5. 什么是意志？意志有什么特征？

五、论述题

1. 试述消费者意志品质差对购买行为的影响。
2. 结合 2012 年中日钓鱼岛事件对日本汽车在华销售量大幅下降的情况，论述情绪和情感对消费行为的影响。

案例分析

用电话传递你的爱

一天晚上，一对老夫妇正在进餐，电话铃响了，老妇去另一个房间接电话，回来后，老先生问："谁的电话？"老妇回答："是女儿打来的。"又问："有什么事？"回答："没有。"老先生惊奇地问："没事？几千里地打来电话？"老妇呜咽道："她说她爱我们。"两人顿时相对无言，激动不已。

这是美国贝尔电话公司的广告。

案例讨论

1. 这则广告利用了人们的什么心理？
2. 贝尔公司的成功之处在哪里？

实训练习

1. 访问 10 位吸烟者，了解他们是如何学会吸烟的，现在对吸烟的依赖程度，对吸烟危害的认识，是否戒过，为什么还在吸？
2. 调查 10 位同学，要求他们列出知道的所有手机品牌，每位同学为什么选择所使用的手机的品牌？喜欢哪些品牌？不喜欢哪些品牌？以后更换手机准备选择什么品牌？你的结果对市场营销有什么意义？

模块 三
探知消费者的个性心理

内容提要

模块三主要介绍影响消费者行为的个性心理因素，包括消费者的个性心理、消费者的兴趣、气质与购买行为和消费者的性格、能力与购买行为三个部分。

通过对本模块内容的学习，应该了解和掌握个性及个性心理对消费行为的影响，进一步了解消费者气质、性格、能力等个性心理特征，并分析这些心理特征与消费行为的关系。

教学重点和难点

个性及个性心理对消费行为的影响，气质、性格、能力等。
个性心理对购买行为的影响。

学习目标

知识点：掌握个性、气质、性格和能力的含义及特征。
能力点：能够对消费者的个性、气质、性格和能力进行分析，掌握个性心理因素对消费心理和消费行为的影响，在市场营销过程中有效运用。

导入案例　　　　性格不同，购买行为不同

王玉是李红的大学同学，也是同寝室的好朋友，周末两个人约好去商场买换季的衣服。走进商场，王玉马上兴奋起来，带着李红到处乱转，李红则静静地陪着王玉走，王玉看上了一件红色的连衣裙，立刻找到营业员问尺码，营业员热情地拿出了一条适合她的裙子，她穿在身上喜滋滋的征求李红的参考意见，李红声音轻柔地说："颜色是不是太鲜艳了？这样太招人了吧。"王玉对着镜子看了看说："红色才热烈，我喜欢这样的颜色。"立刻买

下了这条裙子。她性格活泼外向,朋友很多,在班级中是个积极活跃的分子。王玉又陪李红转了好久,李红才选了一件白色的学生裙,拿着这件衣服,先看看价格,又看看质地,再看看尺码,最后才要营业员拿了一件试穿在身上,左看右看的,拿不定主意,这时王玉说:"就这件吧,挺好看的。"她才犹犹豫豫地去付钱了。李红这个人平常文静内向,朋友圈子不大,喜欢看书,听听轻音乐,她就喜欢这样简单安静的生活。

李红和王玉显然有着截然不同的性格,兴趣爱好也很不一样。因此在选择衣服时,她们会有不同的偏好,这就是消费者不同的个性心理所带来的不同的消费需求。从整个消费过程上来看,消费者对消费对象的认识过程、情感过程和意志过程是人们共有的心理现象,体现了消费活动的一般心理规律,从而使消费活动具有某些共性。可是人与人之间除了共性以外还有很多不同的特性,消费者在能力、气质和性格上都有各自的特点,所以在消费过程中,每个个体的消费活动都具备自己的独特色彩。

在日常生活中,不同的消费者有不同的个性心理和行为差异,在购买实践中,消费者的目光、挑选商品的表情、讲话的速度、决策的快慢各不相同,消费者在这些方面的不同差异,都是由于其不同的个性心理而引起的。研究消费者的个性心理既有助于揭示构成不同消费行为的内部原因,又有助于预见和引导消费者的购买行为。

单元一 消费者的个性心理

一、个性的概念和结构

1. 个性的概念

个性又称为个性心理,即一个人在一定社会条件下形成的、具有一定倾向的、比较稳定的心理特征的总和。也可以说是相对持久的个人素质,这种素质使得我们能对周围世界有所应付和反应,包括消费者的兴趣、爱好、理想、能力、气质、性格等方面。

2. 个性心理结构

个性心理作为整体结构,可划分为既相互联系又有区别的两个系统,即个性倾向性(动力结构)和个性心理特征(特征结构)。

(1)个性倾向性。个性倾向性是个性中的动力结构,是个性结构中最活跃的因素,是决定社会个体发展方向的潜在力量,是人们进行活动的基本动力,也是个性结构中的核心因素。它主要包括需要、动机、兴趣、理想、信念与世界观、自我意识等心理成分。在个性心理倾向中,需要是个性积极的源泉;信念、世界观位于最高层次,决定着一个人总的思想倾向；自我意识对人的个性发展具有重要的调节作用。

（2）个性心理特征。个性心理特征是个性中的特征结构，是个体心理差异性的集中表征，它表明一个人的典型心理活动和行为，包括能力、气质和性格。

个性倾向性和个性心理特征相互联系、相互制约，从而构成一个有机的整体。个性对心理活动有积极的引导作用，使心理活动有目的、有选择地对客观现实进行反映。个性差异通常是指人们在个性倾向性和个性心理特征方面的差异。

二、个性的特征

个性是通过心理过程形成的，并在心理过程中表现出来，又制约着心理过程。个性作为反映个体基本精神面貌的本质的心理特征，具有整体性、稳定性、独特性、可塑性、社会性等基本特性。

1．个性的整体性

个性的整体性是指消费者主体的各种个体倾向、个性心理特征及心理活动过程，它们互相协调、有机地联系在一起，形成个性的整体结构，以整体形式表现在具体的人身上而不是彼此分割，相互独立。例如，一个处事谨慎的人，在工作中，严肃认真，办事稳重；购买商品时，也是认真仔细，决不草率从事。一个人的精神风貌，通过工作和生活，完整、鲜活地展示在世人面前。

2．个性的稳定性

个性的稳定性是指经常表现出来的表明消费者个人精神面貌的心理倾向和心理特点。偶尔的、一时的心理现象，不能说明消费者的全部个性特征和面貌。这种稳定性是在家庭、社会和学校教育潜移默化的影响下，以及在个人实践的活动中逐渐形成的，人们常说习惯决定人生，养成良好习惯对一个人很重要，甚至决定事业成败。但稳定性并不意味着一成不变，在一定条件下是可以改变的，并非绝对的"江山易改，本性难移"。

3．个性的独特性

个性的独特性是指在某一个具体的特定消费者身上，由独特的个性倾向性及个性心理特征组成的独有的、不同于他人的精神风貌。消费主体在社会实践中，对现实事物都有自己一定的看法、态度和感情倾向，体现出人与人之间在能力、气质、性格等方面存在差异，"世界上没有两片相同的树叶"。例如，从消费习惯的区域性来看，四川等阴冷潮湿地区，当地人素有吃辣椒的嗜好；在西藏，以青稞、酥油、牛羊肉为主的食物结构使人喜好喝砖茶；而北方较寒冷地区的居民喜欢饮烈酒、好客、热情。正是这些独具的精神风貌，使不同的消费者的个性有明显的差异性。

4．个性的可塑性

个性的可塑性是指个性的心理特征随着主体的经历而发生的不同程度的变化，从而在每一阶段都呈现出不同的特征。个性具有稳定性，并不意味着个性是一成不变的，稳定性和可变性是对立统一的。随着环境的变化、年龄的增长、意外的重大事件的发生、消费实践活动的改变，个性也是可以改变的。正是个性的可变性特点，才使消费者的个性具有发展的动力，也为思想品德培养提供了理论依据。

5. 个性的社会性

人既具有生物的自然属性，也具有社会属性。人的自然属性是个性形成的物质基础，影响着个性发展的道路和方式，影响着个性行为形成的难易。但也不能把个性完全归结为先天的或遗传的。每个人都是社会的一员，都处于一定的社会关系之中，逐渐掌握了社会的风俗习惯和道德准则，形成了相应的世界观、价值观、性格等，成为具有个性的人、社会的人。人的本质在其实质上是一切社会关系的总和。如果只有人的自然属性而脱离了人类社会，就不能形成人的个性。印度"狼孩"的事例就充分说明了这一点。

个性的形成、发展是一个逐步的、长时间的过程，大致要经历儿童时期、学生时期、走向社会时期三个阶段。个性在社会生活中的形成和发展，最终实现个性的定型。

相关链接　　　　　　　　　　"月光族"

购买房、车、名牌服饰和化妆品，越来越多的"个性消费"已成为当今白领中一个不可抵挡的潮流。在公司任经理的李鑫每月收入5 000多元，可她不仅月月光，而且还负债累累。为了追求时尚，彰显个性，她贷款买了一辆轿车，消费高级化妆品，不到月底，口袋已很紧了，可她又看上了一款新款电脑，没有钱只好厚着脸皮去找老妈借。为了还按揭和借款，李鑫的旅游计划泡汤了。像李鑫一样的"单身负族"通常收入不菲，但仍然月初富裕、月底赤字，经常入不敷出。"新负翁"、"月光族"、"车奴"、"房奴"、"卡奴"层出不穷。

三、个性在消费中的作用

研究人的个性心理的规律，在消费实践过程中具有极为重要的意义。在各种各样的消费活动中，消费者都会产生一系列的心理活动，我们研究消费者不同的心理活动特点，就能更好地开展营销活动，并在此基础上，有目的地刺激和诱导消费者的购买行为，有针对性地提供各种恰当的服务，解决消费者在购买活动中的各种问题，更好地推销商品，提高消费者对商品的满意程度。

1. 消费者个性的差异性决定需求的多样性

消费者的个人特点和相互差异，形成消费者不同的购买动机、购买方式和购买习惯，使其购买行为复杂多样。有的人对商品有浓厚的怀旧心理，对日新月异的新产品难以接受；有的人对新潮流跃跃欲试，对新产品总是先人一步，抢先消费，甚至超前消费；有的人为了攒钱，衣食住行消费处在最低生活水准，有的人则能科学地适度消费。于是，就有了"北大荒"、"老三届"等餐馆，让人们流连忘返于20世纪60年代的知青岁月，同时也出现了让年长者跟不上趟的"新新人类"生活方式,还有的人不惜债台高筑,借钱购买高档商品,以显示生活水准达到了一定档次等。消费者需求的多样性是进行市场细分和选择目标市场的基础。

2．消费者个性的稳定性决定需求的稳定性

消费者个性的稳定性决定消费者对某些商品和服务的需求在一定时间内的依恋、忠诚,有的甚至一生不变其钟爱。例如,约五成烟民吸烟品牌不变,有的男士甚至十几年总是吸一种品牌；有的女士对化妆品的使用更是非常专一。这就告诉我们要认真培育市场,有目的、有计划、有地域性地供应商品,更好地满足消费者稳定的需要。

3．消费者个性的可塑性决定需求的可诱导性

消费者的需求可以通过环境的改变、外部诱因的刺激、主观认识的认同,引导、诱发消费者需求发生变化和转移。消费者需求的可诱导性,为企业提供了巨大的市场潜力和市场机会,企业通过卓有成效的市场营销策略、营销活动,使无需求转化为有需求,潜在需求转变为现实需求,未来需求转变为近期的购买行为,从而使企业由被动地适应、迎合消费者的需求,转化为积极地引导、激发和创造需求。

4．消费者个性的独特性决定需求的发展性

按照马斯洛的需求层次理论,消费者的需求不是一成不变的,随着社会经济发展和人民生活水平的不断提高,人们对商品和服务的需求从数量、质量等方面都会提出新的要求,一种需求满足了,又会产生新的需求。消费需求总是由简单向复杂、由低档向高档、由大众化向个性化发展。某些现在受消费者欢迎的热门货,有可能在一定时期以后变成过时商品而被淘汰,许多潜在的消费需求,不断地变成现实的购买行为等,这就是消费需求的发展性。

【与相关课程的联系】

消费者个性的不同,为市场营销中的市场细分、市场定位及目标市场的确定提供了依据。在推销、价格制定等方面,都要根据消费者不同的个性特点进行实施。

单元二 消费者的兴趣、气质与购买行为

一、消费者的兴趣

1．兴趣的概念

所谓兴趣,是一个人力求接触和认识某种事物的一种意识倾向。消费兴趣是指人们需

要某一种商品的情绪倾向。现在，每到"六一"国际儿童节为儿童购买新衣服、添置新文具和玩具已成为一种家庭消费习惯。因此，每当儿童节临近之时，父母、孩子会对各种各样与孩子相关的吃的、穿的、用的消费品感兴趣。如果一个人对于商业工作有兴趣，那么他就总是关心商业活动的信息，想方设法去改善经营工作。一般来说，如果我们对自己所从事的事业是感兴趣的，那么，我们的思想常常集中和倾向于自己的事业及其中的问题，在日常交往和谈话中，也总是把话题转到这方面来。这就是所谓的"三句不离本行"。由此可知，兴趣是人们从事各项活动的重要推动力。

2. 兴趣的特征

（1）兴趣的倾向性。兴趣的倾向性是指兴趣所指向的客观事物的具体内容和对象。有人喜欢文学，所以喜欢购买大量的文学类图书；有的人喜欢体育，除了经常参加体育活动，观看电视上转播的体育比赛，还会购买体育用品；有的人喜欢音乐，可能会购买音乐会的门票。兴趣倾向性与人的生活实践和受的教育有关，并且受一定的社会历史条件所制约。

（2）兴趣的广泛性。兴趣的广泛性是指个体兴趣的范围。在兴趣的范围上，个体之间的差异也很大。有的人兴趣范围广泛，对许多事物和活动都兴致勃勃，乐于探求；有的人则兴趣范围狭窄，常常对周围一些活动和事物漠然处之。兴趣的程度和个人的知识面的宽窄密切相关。个人兴趣越广泛，知识越丰富，越容易在事业上取得成就。历史上很多卓越人物都有广泛的兴趣和渊博的知识。

（3）兴趣的稳定性。兴趣的稳定性是指个体兴趣的稳定程度。在人的一生中兴趣必然会发展变化，但在一定时期内，保持基本兴趣的稳定性，则是个体一种良好的心理品质。根据兴趣持续时间的长短，兴趣可分为短暂兴趣和稳定的兴趣。人有了稳定的兴趣，才能把工作持续地进行下去，从而把工作做好，取得创造性的成就。没有稳定的兴趣，就会三心二意，将会一事无成。

（4）兴趣的效能性。兴趣的效能性是指兴趣对人们行动的推动作用。根据个体兴趣的效能水平，一般把兴趣分为有效的兴趣和无效的兴趣。有效的兴趣能够成为推动工作和学习的动力，把工作和学习引向深入，促使个体能力和性格的发展。无效的兴趣不能产生实际效果，仅仅是一种向往。

（5）兴趣的差异性。兴趣的差异性是指消费者的兴趣因人而异，差别极大。兴趣的中心、广度和稳定性与消费者的年龄、性别、职业和文化水平有着直接的联系，影响着消费者行为的倾向性与积极性。有的人兴趣范围广泛，琴棋书画样样爱好；有的人对什么事情都不感兴趣，百无聊赖。有的人对某物、某事兴趣相当稳定，简直"着了迷"；有的人则今天爱这，明天玩那，见异思迁，很难有一个稳定的兴趣对象。

3. 常见的兴趣类型

由于兴趣具有个别差异的特征，从而反映到消费者购买商品种类的倾向性上有以下几种常见类型。

（1）偏好型。消费者兴趣的指向性形成对一定事物的特殊喜好。此类消费者的兴趣非常集中，甚至可能带有极端化的倾向，直接影响到他们购买商品的种类。有的消费者千方百计地寻觅自己偏好的商品,有的不惜压缩基本生活开支而购买某类商品,有的甚至到成癖的地步,如有些收藏家就是这类消费者,他们有时为一张邮票、一盆花而费尽心机,倾其所有。

(2)广泛型。这种类型属于具有多种兴趣的消费者。他们对外界刺激反应灵敏,可以受到各种商品广告、宣传、推销方式的吸引或社会环境的影响,购买不拘一格。

(3)固定型。此类消费者兴趣持久,往往是某些商品的长期顾客。他们的购买具有经常性和稳定性的特点。与偏好型的区别在于尚未达到成癖的地步。

(4)随意型。此类多为兴趣易变的消费者。他们一般没有对某种商品的特殊偏爱或固定习惯,也不会成为某种商品长期的忠实消费者,他们容易受到周围环境和主体状态的影响,不断转移兴趣的对象,因时而异地购买商品。

相关链接   网络惹的祸?

小王是某大学的大二学生,在中学时就迷恋上网聊QQ、打游戏。由于对电脑感兴趣,刚上大学时,他以上网查资料帮助学习为由,要求父母为他花了5 000元买了一台电脑,每个月还要支付80元的网费。醉翁之意不在酒,小王的真正目的并不是为了学习,倒是对打网络游戏、聊QQ、听歌、看电影特别感兴趣,小王过分迷恋网络,失去了对学习的兴趣,每门功课都不及格,最后被学校劝退。

二、兴趣与购买行为

消费者的兴趣对购买行为有着非常重要的影响,兴趣是人们行为的动力之一。实践表明,兴趣与认识、情感相联系。对事物没有认识就不会产生兴趣,我们不会对自己一无所知的事物产生兴趣;在产生兴趣的过程中也会伴随这样或那样的情感,而且对事物的认识越深刻,情感越强烈,兴趣才会越深厚。反过来,对事物越感兴趣,对情感的激发就越有利,对主体认识活动的促进就越大。因此,兴趣不仅能反映人的心理特点,还对主体的行为产生重大的影响。在购买过程中,兴趣对促进消费者的购买有明显的影响,主要表现为以下几种情况。

(1)兴趣会影响消费者的购买活动。兴趣与注意密切相关,凡是人们感兴趣的事物,必然会引起对它的注意,并容易对其产生深刻的印象。消费者如果对某种商品产生兴趣,往往会在其生活中主动地注意搜集这种商品的相关信息、资料,积累相关的知识,有计划地储蓄资金,从而为未来的购买活动做准备。

(2)兴趣能使消费者缩短购买过程,尽快做出购买决定并加以执行。消费者在选购某种自己感兴趣的商品时,一般总是心情愉快、精神集中,以积极认真的态度去进行。而且在购买前,对该商品已经有了相当程度的了解,因而会缩短对该商品的认识过程,在兴趣倾向性的支配下,易于做出购买决策,完成购买任务。

(3)兴趣可以刺激消费者对某种商品重复购买或长期使用。消费者由于兴趣的原因会产生对某种商品的偏好,养成某种习惯,这样往往能促使他们在长期的生活中使用某种商品，形成重复性、长期性的购买行为。

总之，兴趣对消费者的购买行为有着重要的影响。在实际的购买活动中，由于消费者兴趣的倾向性不同，以及兴趣的范围与深度的不同，消费者对商品的造型、式样、颜色、用途，性价比等方面的爱好、追求也有所不同。例如，有的消费者由于情感的原因，对商品常受其某些外在因素的诱发，产生短暂的兴趣而狂热地追求，但一般这种兴趣来得快去得也快，容易发生转换；有的消费者由于意志的原因，对某些适合其研究目的的商品有极大的偏好，形成较浓厚的兴趣，往往能持久地影响其购买行为。

相关链接　　　　　　　挖到珍珠算您的

世界闻名的"珍珠大王"御木本吉，在营销上有他自己的一套。他经常身穿"羽织田"（日本男性的传统式长裙），头戴高帽，手中握着手杖，出现在客人面前。在几个载满珠贝的箱子上，他用手杖指指点点、敲敲打打地对客人说："哈！请大家动手将它剖开吧，挖到的珍珠就算是我与各位初次见面的礼物，不成敬意。"说着，就叫人将剖珠刀分发给客人。客人非常高兴，争先恐后地抢着剖挖。挖到珍珠的那一刻，真是欢声雷动。如此这样的经过，就创造了无数的"御木珍珠"的信徒。继而，"御木珍珠"的声誉也就蜚声国际、名扬海外了。

【与相关课程的联系】

能否让你想卖的东西巧妙地引起顾客的注意并引起他的兴趣，这是推销员成功与否的一大关键。产品策略必须使企业的产品符合消费者的兴趣。

三、消费者的气质

1. 气质的概念

从心理学的角度看，气质是指个体心理活动典型的、稳定的动力特征。这些动力特征主要表现在心理过程的强度、速度、稳定性、灵活性及指向性上，如情绪体验的强弱与快慢、思维的敏捷性、知觉的敏锐度、注意集中时间的长短、注意转移的难易，以及心理活动倾向于外部世界还是内心世界等。

气质作为个体典型的心理动力特征，是在先天生理素质的基础上，通过生活实践，在后天条件的影响下形成的。由于先天遗传因素不同及后天生活环境的差异，不同个体之间在气质类型上存在着多种个别差异。这种差异会直接影响个体的心理和行为，从而使每个人的行为表现出独特的风格和特点。例如，有的人热情活泼、善于交际、表情丰富、行动敏捷；有的人则比较冷漠、不善于言谈、行动迟缓、自我体验较为深刻。

气质作为个体稳定的心理动机特征，一经形成便会长期保持下去，并对人的心理和行为产生持久影响。但是，随着生活环境的变化、职业的熏陶、所属群体的影响及年龄的增长，人的气质也会有所改变。因此，气质的稳定性是相对的，它会随着年龄的增长、环境的变化,特别是在教育的影响下,发生不同程度的变化,所以,气质也具有可塑性。当然,这一变化是相当缓慢、渐进的过程。

此外,作为动力特征,气质还可以影响个体进行活动的效率和效果。在消费活动中,不同气质的消费者由于采取不同的行为表现方式,如态度的热情主动或消极冷漠、行动的敏捷或迟缓等,往往会产生不同的活动效率和消费效果。这一特征,正是人们在研究消费心理的过程中关注气质研究的意义所在。

2. 气质的类型

心理学家对气质进行了多方面的研究,提出了各种气质学说,如血型学说、体型学说、激素学说、体液学说和高级神经活动学说。其中,最后两种学说更具有典型意义。以体液学说作为气质类型的基本形式,以巴甫洛夫的高级神经活动学说作为气质类型的物理学依据,通常把人的气质类型划分为以下四种基本类型。

(1)胆汁质。这种气质的人高级神经活动类型属于兴奋型。他们的情绪兴奋性高,抑制能力差。这类消费者的购买行为表现是:情绪变化激烈、易于冲动、性急、脾气暴躁、表情丰富、购货行动迅速但容易后悔。接待这类顾客时,要求营销人员头脑冷静、充满自信、动作快速准确、语言简洁明了、态度和蔼可亲,使其感到营业员急他所急,想他所想,全心全意地为他服务。

(2)多血质。这种气质的人高级神经活动类型属于活泼型。他们的情绪兴奋性高,外部表露明显。这类消费者的购买行为表现是:反应灵活行动敏捷、兴趣广泛、热情、活泼、好动、易沟通,但感情易变,注意力和兴趣易转移。接待此类顾客时,要求营业员要热情周到,尽可能地为顾客提供多种信息,为顾客当好参谋,取得顾客的信任与好感,从而促进购买行为的顺利完成。

(3)粘液质。这种气质的人高级神经活动类型属于安静型。这类消费者的购买行为表现是:情绪稳定,不易外露,对商品与服务的好坏不轻易下结论,行动缓慢,言语拘谨,自信心强,决策较慢,不易受他人或环境的影响,甚至不喜欢营业员的过分热情。对此类顾客的服务,要注意掌握"火候",如不要过早地接触顾客,过于热情会影响他观察商品的情绪,也不要过早阐述自己的意见,应尽可能让顾客自己了解商品、选择商品,并注意提供心理的服务。

(4)抑郁质。这种气质的人高级神经活动类型属于抑制型。这类消费者的购买行为表现是:情绪变化缓慢,观察商品仔细、认真且体验深刻,往往能发现商品的细微之处。语言谨慎,行动小心,反复犹豫,决策过程缓慢,冷漠、孤僻、多疑,既不相信自己的判断,又怀疑商品的质量。这种气质的人易受外界因素干扰,如营业员的服务态度、其他人对商品的评价、商品的广告等都会对他产生极大影响。他们情绪易波动,从而会加强或中断购买行为。接待此类顾客时,营业员要耐心、细致、体贴、周到。营业员要熟知商品的性能、特点,及时正确地回答各种提问,增强他们购物的信心,从而促进购买行为的实现。

上述四种类型是气质的典型形态。在现实生活中,大多数消费者的气质介于四种类型的中间状态,或以一种气质为主,兼有另一种气质的特点,即属于混合型气质。

> **相关链接**　　　　　　看电影迟到的人

四种不同气质类型的人，若是遇到"看戏迟到不让进"的情况时，他们在这同一事件面前各自的举止言行的表现是非常不一样的。

胆汁质的人对于自己的迟到带着怒气，想要进去看戏的心情十分迫切，会与检票员争吵起来，甚至企图推开检票员，冲开检票口，径直跑到自己的座位上去。

多血质的人对检票员十分热情，又是问好又是感谢，急中生智会想出许多令人同情的理由，如果检票员坚持不放他进去，他也会笑哈哈地离开，而不是去与检票员争吵。

粘液质的人会向检票员微笑而又平静地解释迟到的原因，看到检票员坚持不让他进去，他会想反正第一场戏不太精彩，还是暂且到附近商店待一会儿，等中间休息再进去吧。

抑郁质的人犹犹豫豫地想进去，如果检票员不让他进，也不愿意解释迟到的原因，会说自己老是"不走运"，偶尔来一次戏院，就这样倒霉，接着就垂头丧气的回家去了。

四、气质与购买行为

不同的气质类型会直接影响和反映消费者的消费行为，使消费者表现出不同的行为方式和特点。四种典型的消费者的购买行为主要表现在如下几个方面。

1. 胆汁质型消费者

这类消费者表情外露，心急口快，选购商品时言谈举止显得匆忙，一般对所接触到的第一件合意的商品就想买下，不愿意反复选择比较，因此往往是快速地，甚至是草率地做出购买决定。他们到市场就想急于完成购买任务，如果候购时间稍长或营业员的工作速度慢、效率低，就会激起其烦躁情绪。他们在与营业员的接触中，其言行主要受感情支配，态度可能在短时间内发生剧烈变化，挑选商品时以直观感觉为主，不加以慎重考虑。

接待这类消费者时，要求营销服务人员动作要快捷、态度要耐心，应答要及时。可适当地向他们介绍商品的有关性能，以引起他们的注意和兴趣。另外，还要注意语言友好，不要刺激对方。

2. 多血质型消费者

商品的外表、造型、颜色、命名对这类消费者影响较大，但有时他们的注意力容易转移，兴趣忽高忽低，行为易受感情的影响。他们比较热情、开朗，在购买过程中，愿意与营业员交换意见或者与其他消费者攀谈；有的人会主动告诉别人自己购买某种商品的原因和用途；喜欢向别人讲述自己的使用感受和经验；如果自己不知道商品的信息，则希望从别人那里了解到。另外，在选购过程中，他们易受周围环境的感染、购买现场的刺激和社会时髦的影响。

接待这类消费者时，营销服务人员一是应主动介绍、与之交谈，注意与他们联络感情，以促使其购买；二是应与他们的"聊天"，给予指点，使他们专注于商品，缩短购买过程。

3. 粘液质型消费者

这类消费者挑选商品比较认真、冷静、慎重，信任文静、稳重的营业员。他们善于控制自己的感情，不容易受广告、商标、包装的干扰和影响。他们对各类商品，喜欢自己加以细心的比较、选择后才决定购买，给人慢悠悠的感觉，有时会引起服务人员和别的顾客的不满情绪。

接待这类消费者时，营销服务人员要避免过多地提示和热情，否则容易引起他们的反感；要允许他们有认真思考和挑选商品的时间，接待时更要有耐心。

4. 抑郁质型消费者

这类消费者选购商品时，表现得优柔寡断，显得千思万虑，从不仓促地做出决定；对营业员或其他人的介绍将信将疑、态度敏感，挑选商品小心谨慎、过于一丝不苟，还经常因犹豫不决而放弃购买。

接待这类消费者时，营销服务人员要注意态度和蔼、耐心；对他们可进行一些有关商品的介绍，以消除其疑虑，促成买卖；对他们的反复，应予以理解。

在商业活动中，消费者的气质特点不可能一进商店就鲜明地反映出来，但在消费者一系列的购买行为中会逐步显露出来。在营销活动中，尽管也偶尔碰到四种气质类型的典型代表，但纯属某种气质类型的人则不多，更多的人则是以某种气质为主，兼有其他气质的混合气质类型。消费心理学研究消费者气质类型及其特征，其目的就是为了提供一种理论指导，帮助营销服务人员学会根据消费者在购买过程中的行为表现，去发现和识别其气质方面的特点，进而引导和利用其积极方面，控制其消极方面，使工作更有预见性、针对性、有效性。

单元三 消费者的性格、能力与购买行为

一、消费者的性格

1. 性格的概述

性格是个性的重要方面。它是指一个人在个体生活中形成的、对现实的稳固态度及与之相适应的习惯了的行为方式。例如，在待人处事中表现出豪爽果断、有原则性、肯帮助人；对待自己则表现为谦虚、自信等。所有这些特征的总和就是他的性格。由此可见，性格就是由各种特征所组成的有机统一体。每一个人对现实的稳固态度有着特定的体系，其行为的表现方式也有着特有的样式。由于一个人在对待事物的态度和行为方式中总是表现

出某种稳定倾向，因此我们就能预见他在某种情况下将如何行动。因此，一个人的性格不只说明他做什么，还说明他如何做。

性格标志着某个人的行为和其行为的结果，它既可能有益于社会，也可能有害于社会。因此，性格有好坏之分，始终有着道德评价的意义。

人的性格不是天生的，人的实践和人在每时每刻的内心世界都制约着其性格的发展，它的形成过程是主体与客体相互作用的过程。任何性格特征也不是一朝一夕形成的，它是从儿童时期开始就不断受到社会环境的影响、教育的熏陶和自身的实践，经过长期塑造而形成的。人的社会环境，具体来说，就是他的家庭、学校、工作岗位、所属社会团体及各种社会关系等。一个人的性格是较稳定的，同时又是可塑的。在新的生活环境和教育影响下，在社会新的要求影响下，通过实践活动，一个人的性格可以逐渐改变。

2．性格的特征

性格是十分复杂的心理构成物，它有多个侧面，包含着多种多样的性格特征。一个人的性格正是通过不同方面的性格特征表现出来，并由各种特征有机结合，形成独具特色的性格统一体。具体来说，性格的特征包括以下几个方面。

（1）性格的态度特征。人对现实的稳定的态度系统，是性格特征的重要组成部分。态度特征表现为个人对现实的态度倾向性特点，如对社会、集体、他人的态度；对劳动、工作、学习的态度；对自己的态度等。这些态度特征的有机结合，构成个体起主导作用的性格特征，属于道德品质的范畴，是性格的核心。

（2）性格的理智特征。人们在感知、记忆、想象、思维等认知方面的个体差异表现为不同个体心理活动的差异。例如，在感知方面是主动观察型还是被动感知型；在思维方式方面是具体罗列型还是抽象概括型；在想象力方面是丰富型还是贫乏型等。

（3）性格的情绪特征。情绪特征表现为个人受情绪影响或控制情绪程度状态的特点。例如，个人受情绪感染和支配的程度、情绪受意志控制的程度、情绪反应的强弱或快慢、情绪起伏波动的程度、主导心境的程度等。

（4）性格的意志特征。意志特征是指个体对自己的行为进行自觉调节的能力，表现在个人自觉控制自己的行为及行为努力程度方面。例如，是否具有明确的行为目标，能否自觉调节和控制自身的行为，在意志行动中表现出的是独立性还是依赖性、是主动性还是被动性，还表现为是否坚定、顽强、忍耐、持久等。

二、性格与购买行为

1．消费者的消费性格

消费者千差万别的性格特点，往往表现在他们对消费活动的态度和习惯性的购买行为方式，以及个体活动的独立性程度上，从而构成千姿百态的消费性格。

（1）从消费态度看。

① 节俭型。这类消费者勤俭节约、朴实无华、生活方式简单，认识事物、考虑问题

比较现实。他们选购商品的标准是实用，不追求外观，不图名声。对于商品信息，容易接受说明商品内在质量的内容，购买中不喜欢营销人员人为地赋予商品过多的象征意义。

我国人民视俭朴为美德，尽管现在生活比新中国成立前富裕多了，但购买消费品时大多精打细算，讲究实用性。这种消费态度强烈地、明显地体现在消费行为上，并成为其他各种具体消费行为的主导。此类消费者在我国为数众多，尤其在中老年消费者中更是多见。

② 自由型。这类消费者态度浪漫，生活方式比较随便，选择商品标准多样，既考虑质量，也讲究外观，但相比之下，质量不是最主要的。他们不拘泥于一定的市场信息，有时也受销售宣传的诱导，联想丰富，不能完全自觉地、有意识地控制自己的情绪。

③ 保守型。这类消费者态度严谨、固执，生活方式刻板，喜欢遵循传统消费习惯，对有关新产品的市场信息抱怀疑态度，有意无意地进行抵制。他们信奉传统商品，经常怀恋往昔。

④ 怪癖型。这类消费者态度傲慢，往往具有某种特殊的生活方式或思维方式。选购商品时往往不能接受别人的意见、建议，有时会向营销人员提出一些令人不解的问题和难以满足的要求，自尊心强而过于敏感，消费情绪不稳定。

⑤ 顺应型。这类消费者态度随和、生活方式大众化。他们一般不购买标新立异的商品，但也不固守传统。其行为受相关群体影响较大，和与自己相仿的消费者群体保持比较一致的消费水平，对社会时髦不积极也不反对；能够随着社会发展、时代变迁，不断调节、改变自己的消费方式和习惯。

（2）从购买方式看。

① 习惯型。这类消费者，当他们对某一厂牌、商标的商品有深刻体验后，便保持稳定的注意力，逐步形成习惯性的购买和消费，不轻易改变自己的信念，不受时尚和社会潮流的影响，购买中遵循惯例，长久不变。

② 慎重型。这类消费者，在采取购买行为之前，要做周密考虑，广泛搜集有关信息。在选购时，尽可能认真、详细地进行商品的比较，选择衡量各种利弊之后才做出购买决定。

③ 挑剔型。这类消费者，一般都具有一定的购买经验和商品知识。挑选商品主观性强，善于观察别人不易观察到的细微之处，检查商品极为小心仔细，有时甚至达到苛刻程度。

④ 被动型。这类消费者，往往是奉命购买或代人购买，没有购买经验，在选购商品时大多没有主见，表现出不知所措的言行，渴望得到营销人员的帮助。

（3）从个体活动的独立程度看。

① 独立型。这类消费者有主见，能独立自主地做出判断和选择，不易受外界因素影响，他们是家庭购买决策的关键人物。

② 顺从型。这类消费者易受暗示，购买时会犹豫不决。

2. 对不同性格消费者购买行为的营销策略

（1）对待选购快和慢的消费者的策略。消费者选购商品的速度有快有慢。一般来说，对慢型的消费者，营业员不能因为他们选购商品时间长就沉不住气，更不能急躁，显出不耐烦的表情；对急型消费者，营业员对他们没有经过充分思考匆忙做出的决定应谨慎稳重，适度提醒，防止他们后悔退货；对于敏感型的消费者，营业员应根据他们的要求，需要买什么就拿什么，不要过多地介绍商品的性能和特点，因为这类消费者对需要购买的商品的性能和特点早已心中有数,有必要的准备,对产品的要求很高。

(2)对待言谈多和寡的消费者的策略。在购买活动中,有的消费者爱说话,有的则沉默寡言。对爱说话的消费者,营业员应掌握分寸,多用纯业务性语言,多讲营销行话,避免言语冲突;对沉默寡言的消费者,营业员要根据其不明显的举动、面部表情和目光注视方向等因素,摸清他们挑选商品的重点是放在商品质量上,还是放在商品价格上,或是放在商品的花色外观上,用客观的语言介绍商品。这样,就会使营业员和消费者很快找到共同语言,促使购买行为尽快实现。

(3)对待轻信和多疑的消费者的策略。轻信型的消费者对商品性能和特点不太了解,营业员应主动帮助他们出主意,检查和查证商品的质量,不要弄虚作假;而多疑的消费者主观意愿很强烈,对他人的意见有排斥感,应尽量让他们自己去观察和选定商品。

(4)对待积极和消极的消费者的策略。购买行为积极的消费者深知自己要买什么,购买意图清楚明确,行为举止和语言表达明确,营业员应主动和他们配合,促使其购买行为迅速实现;购买行为消极的消费者,没有明确的购买目标,是否成交,在很大程度上取决于营业员能否积极、主动、热情地接待他们,激发他们的购买热情,引发他们的购买行为。

(5)对待不同情感的消费者的策略。对待不爱交际的消费者,营业员应注意语言语气,不能随便开玩笑,否则他们会难以接受;对待腼腆的消费者,营业员不要看不起他们,以免伤害他们的自尊心;对温厚的消费者,营业员应主动向他们介绍商品,为他们选择适合需要的商品。

三、消费者的能力

1. 能力的概念

能力就是直接影响活动效率并使活动得以顺利完成所必备的心理特征。能力同活动是密切相关的,任何能力都离不开活动,离开了活动,能力既无从表现也不能形成。人们只有从一个人所从事的活动中,才能了解出他所具备的能力。例如,一个学生在唱歌时表现出很强的曲调感、节奏感,我们认为他具有歌唱能力。一个学生在绘画时,表现得善于鉴别色彩,视觉记忆突出,而且画得逼真、生动,我们则认为他具有绘画的能力。因此,能力总是和人的活动相联系的,离开了具体活动,就谈不上什么能力。

2. 能力的差异

人与人之间在能力上存在着个别差异。正是这些差异,决定了人们的行为活动具有不同的效率和效果。能力的差异主要表现在以下几个方面。

(1)能力水平的差异。水平差异表现在同种能力的水平高低上,能力水平的高低又集中体现在人的智商水平的差异上。根据智商分数的测试,超过130分的属于特优智能,即所谓"天才",低于70分的则属于弱智。

(2)能力类型的差异。能力类型的差异主要是指人与人之间具有不同的优势能力。例如,有的人善于抽象思维,有的人善于形象思维;有的人善于模仿,有的人善于创造;有的人擅长社交，有的人则不善交际。在消费实践中，更有意义的是消费者能力类型的差异。正是由于消费者在能力类型上千差万别，才使消费活动的效率与效果明显不同。

（3）能力表现时间的差异。人的能力不仅在水平和类型上存在差异，而且在表现时间的早晚上也有明显不同。例如，有的人天生早慧，有的人则大器晚成。消费者能力表现的早晚，主要与后天消费实践的多少及专门训练程度有关。

3. 消费者的能力结构

消费者应具有的能力结构，一般来说，包括如下几种类型。

（1）一般能力。一般能力是指在许多活动中都必需的带共同性的基本能力，它适合于多种活动的要求。在消费活动中，一般能力又包括以下一些具体的能力。

① 注意力。有的消费者很快就能买到自己所需要的商品，而有的消费者在商店里转了大半天也找不着自己所需要的商品。这种情况就是由注意力的差异所致。

② 观察力。观察力是个体对事物进行准确而又迅速的感知能力。观察力强的消费者，往往能很快地挑选出他所满意的商品。如果消费者观察能力较差，他往往看不到商品的某种不太明显的优点或缺点，就可能失去买到优质商品的机会。

③ 记忆力。一个消费者能否记住某种商品的特性，关系到他能否有效地做出购买决策。有的决策是面对商品时做出的，而有的决策则是在没有见到商品的情况下做出的。在后一种情形中，记忆是一个关键。消费者一旦记住了他所需要的商品的特点、商标、产地等，那么他可以在没有走进商店之前就做出购买决策。

④ 判断力。判断力表现在消费者选购商品时，通过分析、比较对商品的优劣进行判断的能力上。一般来说，判断力强的顾客，能迅速果断地做出买或不买的决策；反之，判断力差的顾客，经常表现为优柔寡断，有时甚至会做出错误的判断。这种能力也表现在对商品的使用中，有的消费者能迅速发现商品的优劣，做出正确的评价，而有的消费者则不能。

⑤ 比较能力。比较能力表现为看看哪种商品更适合自己的需要，哪种款式、哪种颜色更好等的能力。

⑥ 决策能力。当消费者选中了自己满意的商品，是否能下决心买下来，这还需要有决策能力。

（2）特殊能力。特殊能力是某种专门性活动所必需的知识和技能，它属于专业技术方面的能力。例如，购买高级衣料的鉴别能力，购买古玩、乐器的鉴赏能力，购买药品的评价能力等。

（3）人际交往能力。从心理学角度看，营销工作是一种商业交际活动。所谓交际，是人与人之间的交往。在社会生活中，每个人所处的地位、肩负的任务不同（即他所担任的角色不同），他的行为方式和行为准则也会不同。在市场活动中，作为买卖双方的消费者和营销人员，就代表着不同的社会角色进行着交际活动。

（4）应变能力。营销活动要想获得满意的效果是相当困难的。这是因为，买卖双方利益明显的歧异性，使得双方在心理上难以认同；还有就是双方在市场地位上的对立性，这种对立性尤其在市场供求严重失衡的情况下表现得更为明显。这就要求消费者具有一定的应变能力来把握购买行为的最终效果。

【与相关课程的联系】

《推销学》中的推销方格就是根据推销员和消费者各自不同的能力进行划分的。

四、能力与购买行为

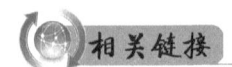

相关链接　　　　买电脑的差别

王娜和李强是会计专业的同班同学，王娜性格内向，人称"林妹妹"，对电脑知识的了解不是很多；李强性格外向，体格健硕，对电脑比较通晓。二人在购买电脑时表现出了很大的差异性。购买前，王娜借阅了大量有关电脑的书籍，向老师、同学咨询，最后决定和李强买一样的，而李强只是在网上查找了自己要买的联想牌电脑的报价。购买中，王娜到电脑公司后，看到了宏基电脑在搞促销，在营业员的劝说下买了宏基电脑，由于促销，当天没人送货，王娜只好花了30元雇人把电脑送到学校。李强凭借自己的知识、议价能力，以优惠的价格买了他喜欢的联想电脑，而且是自己搬回学校的。

消费者不同的能力决定了不同的购买类型。一般可从以下角度来划分。

1．从购买目标的确定程度角度

（1）确定型。此类消费者有比较明确的购买目标，事先掌握了一定的市场信息和商品知识，他们进入商店后，能够有目的地选择商品，主动提出需购商品的规格、式样、价格等多项要求。如果购买目标明确且能够通过语言清晰、准确地表达，购买决策过程一般较为顺利。

（2）半确定型。此类消费者进入商店前已有大致的购买目标，但对商品的具体要求尚不明确。他们进入商店后，行为是随机的，与营业员接触时，不能具体地提出对所需商品的各项要求，注意力不是集中在某一种商品上，决策过程要根据购买现场情景而定。

（3）盲目型。此类消费者购买目标不明确或不确定。他们进入商店里，无目的地浏览，对所需商品的各种要求意识朦胧，表达不清，往往难以被营业员掌握。这类消费者在进行决策时容易受购买现场环境的影响，如营业员的态度、其他消费者的购买情况等。

2．从对商品的认识程度角度

（1）知识型。此类消费者了解较多有关的商品知识，能够辨别商品的质量优劣，能很内行地在同种或同类商品中进行比较、选择。这类消费者在选择中比较自信，往往胸有成竹，有时会向营业员提出少量关键性问题。营业员接待这类顾客时要尊重他们自己的意见，或提供一些技术性的专业资料，不必过多地解释和评论。

（2）略知型。此类消费者掌握部分有关的商品知识，需要营业员在服务中补充他们欠缺的部分知识，有选择性地向他们介绍商品。

（3）无知型。这是就消费者对某一具体商品的认知而言的。此类消费者缺乏相关的商品知识，没有购买和使用经验，挑选商品时常常不得要领，犹豫不决，希望营业员多做介绍，详细解释。他们容易受广告、其他消费者或营业员的影响，买后容易产生"后悔"心理。因而营业员要不怕麻烦，主动认真、实事求是地介绍商品。

划分消费者的类型是一件十分复杂的事情，因为每个消费者的性别、年龄、职业、经济条件、心理状态、空闲时间和购买商品的种类等方面不同，以及购买环境、购买方式、供求状况、营业员的仪表和服务质量等方面有别，都会引起消费行为的差异现象。

人的能力是在实践中表现出来的。因此，在营销活动中，消费者购买行为的多样性或差异性，也一定会在购买活动中表现出来。这就为我们促进销售，引导消费创造了依据。但另一方面，企业的营销工作应讲究职业道德，切不可有意利用顾客的能力弱点去推销伪劣商品，欺诈顾客。

模块小结

个性又称为个性心理，即一个人在一定社会条件下形成的、具有一定倾向的、比较稳定的心理特征的总和，包括个性倾向性和个性心理特征。个性是通过心理过程形成的，并在心理过程中表现出来，又制约着心理过程。个性具有整体性、稳定性、独特性、可塑性、社会性等基本特性。研究人的个性心理的规律，在消费实践过程中具有极为重要的意义。

兴趣是一个人力求接触和认识某种事物的一种意识倾向。具有兴趣的倾向性、兴趣的广泛性、兴趣的稳定性、兴趣的效能性、兴趣的差异性等特征。由于兴趣具有个别差异的特征，因而常见的兴趣类型有偏好型、广泛型、固定型、随意型。在购买过程中，兴趣对促进消费者的购买有明显的影响，主要表现为：兴趣会影响消费者的购买活动；兴趣能使消费者缩短购买过程，尽快做出购买决定并加以执行；兴趣可以刺激消费者对某种商品重复购买或长期使用。

气质是指个体心理活动典型的、稳定的动力特征。这些动力特征主要表现在心理过程的强度、速度、稳定性、灵活性及指向性上，如情绪体验的强弱与快慢、思维的敏捷性、知觉的敏锐度、注意集中时间的长短、注意转移的难易及心理活动倾向于外部世界还是内心世界等。通常把人的气质类型划分为四种基本类型：胆汁质、多血质、粘液质、抑郁质。在现实生活中，大多数消费者的气质介于四种类型的中间状态，或以一种气质为主兼有另一种气质的特点，即属于混合型气质。不同的气质类型会直接影响和反映消费者的消费行为，使消费者表现出不同的行为方式和特点。

性格是个性的重要方面。它是指一个人在个体生活中形成的、对现实的稳固态度及与之相适应的习惯了的行为方式。性格的特征包括性格的态度特征、性格的理智特征、性格的情绪特征、性格的意志特征。消费者千差万别的性格特点，往往表现在他们对消费活动的态度和习惯性的购买行为方式，以及个体活动的独立性程度上，从而构成千姿百态的消费性格。

能力就是直接影响活动效率并使活动得以顺利完成所必备的心理特征。能力的差异主要表现在能力水平的差异、能力类型的差异、能力表现时间的差异等方面。消费者应具有的能力结构，一般来说，包括一般能力、特殊能力、人际交往能力、应变能力等。消费者不同的能力决定了不同的购买类型。掌握消费者的能力类型，就为我们促进销售，引导消费创造了依据。

主要名词

个性 兴趣 气质 性格 能力

自测试题

一、单项选择题

1. 喜欢标新立异，追求新颖奇特商品的消费者属于（　　）。
   A．多血质　　　　B．胆汁质　　　　C．抑郁质　　　　D．粘液质
2. 消费者个性心理特征的差异性主要表现在（　　）。
   A．心理活动　　　B．认识能力　　　C．购买行为　　　D．分析能力
3. 影响消费活动效果的个性心理特征是（　　）。
   A．气质　　　　　B．性格　　　　　C．能力　　　　　D．兴趣
4. 在先天素质的基础上，通过教育活动形成的稳定的心理特征的总和是（　　）。
   A．气质　　　　　B．性格　　　　　C．个性　　　　　D．能力
5. 决定人的气质的主要因素是（　　）。
   A．职业因素　　　B．性别因素　　　C．先天因素　　　D．社会因素

二、多项选择题

1. 人的心理过程通过气质表现出的独特特点是（　　）。
   A．心理过程的动力性　　　　　　　B．心理素质的稳定性
   C．心理过程的阶段性　　　　　　　D．心理过程的指向性
   E．心理反应的灵活性
2. 人的兴趣的复杂性与多样性主要是由于需要的以下特点决定的（　　）。
   A．多样性　　　B．发展性　　　C．客观性　　　D．主观性
   E．可变性
3. 消费个性形成的影响因素包括（　　）。
   A．先天素质　　B．社会环境　　C．个性倾向　　D．经济条件
   E．社会经历
4. 态度是由（　　）所组成。
   A．认知因素　　B．情感因素　　C．行为倾向性　　D．行为
   E．个性

5. 按购买方式划分，消费者的性格类型包括（　　）。
   A. 大众型　　B. 习惯型　　C. 理智型　　D. 情感型　　E. 挑剔型

三、简答题

1. 什么叫个性，你认为一名营销人员应该怎样针对消费者的个性差异做到有的放矢的服务？
2. 什么叫兴趣？如何培养与激发消费者的兴趣？
3. 简述消费者的能力差异及其对消费行为的影响。
4. 气质与性格的主要区别有哪些？了解人们的气质类型对消费活动有何意义？

四、论述题

论述消费者能力的培养及其意义。

案例分析

顾客意见征询函

在中国质量万里行活动中，不少制造、销售伪劣商品的企业被曝光，顾客感到由衷地高兴。3月15日，正值世界消费者权益日，某大商场为了改善服务态度，提高服务水平，向顾客发出意见征询函，调查内容是"如果您去商店退换商品，营业员不予退换怎么办？"要求被调查者写出自己遇到这种事是怎么做的。其中，包括以下一些答案。

① 耐心诉说。尽自己最大努力，慢慢解释退换商品原因，直至得到解决。

② 自认倒霉。向商店申诉也没有用，商品质量不好又不是商店生产的，自己吃点亏，下回长经验。缺少退换的勇气和信心。

③ 灵活变通。找好说话的其他营业员申诉，找营业组长或值班经理求情，只要有一人同意退换就可得到解决。

④ 据理力争。绝不求情，脸红脖子粗地与营业员争辩，不行就往报纸上曝光，再不解决就找工商部门、消费者协会投诉。

案例讨论

1. 这个调查内容能否反映出消费者个性心理特征的本质？
2. 四种答案反映出消费者的哪些气质特征？

实训练习

1. 征求同学对你购买决策能力的评价。
2. 自己独立完成下列三个测试，并对结果进行分析。分析自己的性格特征，就最近的某次比较大的消费活动，说明你的购买类型是属于哪一类。

【资料库1】

气质类型测试量表

指导语：下面60道题，可以帮助你大致确定自己的气质类型，在回答这些问题时，你认为很符合自己情况的，在题后记2分，比较符合的在题后记1分，介于符合与不符合之间的记0分，比较不符合的记-1分，肯定不符合的记-2分。60道测试题如下。

（1）做事力求稳妥，不做无把握的事。
（2）遇到可气的事就怒不可遏，想把心里的话全说出来才痛快。
（3）宁肯一个人做事，不愿很多人在一起。
（4）到一个新环境很快就能适应。
（5）厌恶那些强烈的刺激，如尖叫、噪声、危险的镜头等。
（6）和人争吵时，总是先发制人，喜欢挑衅。
（7）喜欢安静的环境。
（8）善于和人交往。
（9）羡慕那些能克制自己感情的人。
（10）生活有规律，很少违反作息制度。
（11）在多数情况下情绪是乐观的。
（12）碰到陌生人觉得很拘束。
（13）遇到令人气愤的事，能很好地克制自我。
（14）做事总是有旺盛的精力。
（15）遇到问题常常举棋不定，优柔寡断。
（16）在人群中从不觉得过分拘束。
（17）情绪高昂时，觉得干什么都有趣；情绪低落时，又觉得干什么都没意思。
（18）当注意力集中于一件事时，别的事很难使我分心。
（19）理解问题总比别人快。
（20）碰到危险情境时，常有一种极度恐惧感。
（21）对学习、工作、事业怀有很高的热情。
（22）能够长时间做枯燥、单调的工作。
（23）符合兴趣的事情，干起来劲头十足，否则就不想干。
（24）一点小事就能引起情绪波动。
（25）讨厌做那种需要耐心、细致的工作。
（26）与人交往不卑不亢。
（27）喜欢参加热烈的活动。
（28）爱看感情细腻，描写人物内心活动的文艺作品。
（29）工作、学习时间长了常感到厌倦。
（30）不喜欢长时间谈论一个问题，愿意实际动手干。
（31）宁愿侃侃而谈，不愿窃窃私语。
（32）别人说我总是闷闷不乐。
（33）理解问题常比别人慢些。

（34）疲倦时只要短暂的休息就能精神抖擞，重新投入工作。
（35）心里有事宁愿自己想，不愿说出来。
（36）认准一个目标就希望尽快实现，不达目的誓不罢休。
（37）学习、工作一段时间后，常比别人更疲倦。
（38）做事有些莽撞，常常不考虑后果。
（39）老师或师傅讲授新知识、新技术时，总希望他讲慢些多重复几遍。
（40）能够很快忘记那些不愉快的事情。
（41）做作业或完成一件工作总比别人花的时间多。
（42）喜欢运动量大的剧烈体育活动，或参加各种文体活动。
（43）不能很快地把注意力从一件事转移到另一件事上去。
（44）接受一个任务后，希望把它迅速完成。
（45）认为墨守成规比冒风险强些。
（46）能够同时注意几件事物。
（47）当我烦闷的时候，别人很难使我高兴起来。
（48）爱看情节起伏跌宕、激动人心的小说。
（49）对工作抱认真严谨、始终一贯的态度。
（50）和周围人的关系总是相处得不好。
（51）喜欢复习学过的知识，重复做已经掌握的工作。
（52）希望做变化大、花样多的工作。
（53）小时候会背的诗歌，我似乎比别人记得清楚。
（54）别人说我"出语伤人"，可我并不觉得这样。
（55）在体育活动中，常因反应慢而落后。
（56）反应敏捷，头脑机智。
（57）喜欢有条理而不甚麻烦的工作。
（58）兴奋的事常使我失眠。
（59）老师讲新概念，常常听不懂，但是弄懂以后就很难忘记。
（60）假如工作枯燥无味，马上就会情绪低落。

确定气质类型的方法。
（1）将每题得分填入表3.1中相应的得分栏。

表3.1 气质类型得分表

胆汁质	题 号	2	6	9	14	17	21	27	31	36	38	42	48	50	54	58	总分
	得分																
多血质	题 号	4	8	11	16	19	23	25	29	34	40	44	46	52	56	60	总分
	得分																
粘液质	题 号	1	7	10	13	18	22	26	30	33	39	43	45	49	55	57	总分
	得分																
抑郁质	题 号	3	5	12	15	20	24	28	32	35	37	41	47	51	53	59	总分
	得分																

（2）计算每种气质类型的总得分数。

（3）确定气质类型。

① 某种气质类型如果得分均高出其他三种4分以上，则可定为该气质类型；如果该气质类型得分超过20分，则为典型类型；如果得分在10~20分之间，则为一般类型。

② 两种气质类型得分接近，差异低于3分，而且又明显高于其他两种4分以上，可定为该两种气质类型的混合型。如多血质—粘液质，胆汁质—多血质。

【资料库2】

性格类型测试量表

指导语：对以下50个题目，如果你认为自己的情况符合提问内容，就在"是"上画"√"；如果不符合就在"否"上画"√"。要求对50个题目尽量做出选择，若对某个题目实在拿不准，可以不回答。

50道测试题如下。

（1）独断专行　　　　　　　　　　　　　　是（否）
（2）快乐主义的人生观　　　　　　　　　　（是）否
（3）喜静安闲　　　　　　　　　　　　　　是（否）
（4）对人十分信任　　　　　　　　　　　　（是）否
（5）筹划思考5年以后的事　　　　　　　　是（否）
（6）遇到集体活动愿意在家不参加　　　　　是（否）
（7）能在大庭广众中工作　　　　　　　　　（是）否
（8）常做同样的工作　　　　　　　　　　　是（否）
（9）觉得集体乐趣与个别交际无异　　　　　（是）否
（10）三思而后行　　　　　　　　　　　　　是（否）
（11）不愿别人提示，而愿自作主张　　　　　（是）否
（12）安静而非热烈地娱乐　　　　　　　　　是（否）
（13）工作时不愿人在旁观看　　　　　　　　（是）否
（14）厌弃呆板的职业　　　　　　　　　　　（是）否
（15）宁愿节省而不愿耗费　　　　　　　　　（是）否
（16）不愿分析自己的思想和动机　　　　　　（是）否
（17）好做冥思幻想　　　　　　　　　　　　是（否）
（18）自己擅长的工作愿意有人在旁观看　　　（是）否
（19）怒时不加抑制　　　　　　　　　　　　（是）否
（20）工作因为赞赏而改变　　　　　　　　　是（否）
（21）喜欢兴奋紧张的劳动　　　　　　　　　（是）否
（22）常回想自己　　　　　　　　　　　　　是（否）
（23）愿做群众运动的领袖　　　　　　　　　（是）否
（24）善于公开演说　　　　　　　　　　　　（是）否
（25）能使梦想成为现实　　　　　　　　　　是（否）

（26）很讲究写应酬信　　　　　　　　　　　　　是（否）
（27）做事粗糙　　　　　　　　　　　　　　　　（是）否
（28）深思熟虑　　　　　　　　　　　　　　　　是（否）
（29）能将强烈的情绪（如喜、怒、悲）表现出来　（是）否
（30）不拘小节　　　　　　　　　　　　　　　　（是）否
（31）对人十分小心　　　　　　　　　　　　　　是（否）
（32）与观点不同的人自由联络　　　　　　　　　（是）否
（33）喜欢猜疑　　　　　　　　　　　　　　　　是（否）
（34）轻信人言，不假思索　　　　　　　　　　　（是）否
（35）愿意读书，不愿做实际工作　　　　　　　　是（否）
（36）好读书不求甚解　　　　　　　　　　　　　（是）否
（37）常写日记　　　　　　　　　　　　　　　　是（否）
（38）在群众中肃静无哗　　　　　　　　　　　　是（否）
（39）不得已而工作　　　　　　　　　　　　　　是（否）
（40）工作不愿回想自己　　　　　　　　　　　　（是）否
（41）工作有计划　　　　　　　　　　　　　　　是（否）
（42）常变换工作　　　　　　　　　　　　　　　（是）否
（43）遇麻烦事愿避免不愿承担　　　　　　　　　是（否）
（44）重视谣言　　　　　　　　　　　　　　　　（是）否
（45）信任别人　　　　　　　　　　　　　　　　（是）否
（46）非极熟悉的人不轻易信任　　　　　　　　　是（否）
（47）愿研究别人而不愿轻易信任　　　　　　　　（是）否
（48）放假期间愿找一个静地而不喜欢热闹场所　　是（否）
（49）意见常变化而不固定　　　　　　　　　　　（是）否
（50）任何说话场合均愿参加　　　　　　　　　　（是）否

说明：凡带括号的代表外向，无括号的代表内向。50个题目中，25个属外向，25个属内向。

结果解析：向性指数＝$\dfrac{外向性反应总数＋\dfrac{没有回答的总数}{2}}{25}\times 100$

向性指数为200者，性格属极端外向；向性指数为0者，性格属极端内向；向性指数在0～100之间者，性格偏于内向；向性指数在100～200之间者，性格偏于外向。

【资料库3】

能力测试量表

指导语：在接受以下测量时，只能回答"是"或"否"。在给定的三个括号（表示不同程度）中选择一个适当的位置填入，以反映出被测者在此项能力上的不同水平。

例如，在回答"你是否在思想和行动上和同事们合作？"时，如被测者在左边括号中

填是（或否），表示能完全合作（或完全不能合作）；在中间括号中填是（或否），则表示能基本合作（或基本不能合作）；在右边括号中填是（或否），表示虽然能合作，但合作得不够好（或虽然不能合作，但尚有合作的意向）。

测试题如下。

1. 专业知识转化的能力
（1）你在技术上对目前职位完全适合吧？（　）（　）（　）
（2）你是否研究过在其他领域中已经做出或正在做出优异成绩者的方法和计划？
（　）（　）（　）
（3）你是否能跟上其他地方的发展潮流？（　）（　）（　）
（4）你是否经常试行由调查研究得出的新方法？（　）（　）（　）

2. 对公司政策的理解能力
（1）你是否彻底理解当前公司的全部政策？（　）（　）（　）
（2）你是否能辨别重要政策与例行政策？（　）（　）（　）
（3）你是否能勤恳地用恰当的方式向有关人员解释所有的政策？（　）（　）（　）
（4）你是否能预计到实施新政策的需要并提出建议？（　）（　）（　）

3. 工作计划和组织计划的能力
（1）你在给下属分配任务时，是否在切实可行的基础上发挥了他们的最大才能？
（　）（　）（　）
（2）你在计划和组织方面是否显示出首创精神和才能？（　）（　）（　）
（3）你是否预见到工作中的困难并早做安排？（　）（　）（　）
（4）你是否鼓励下属参与同他的工作有关的计划和组织工作？（　）（　）（　）

4. 人际关系方面的能力
（1）你是否总是体贴下属和同事？（　）（　）（　）
（2）你是否有情绪上的稳定性和善于用高尚的人格鼓舞群体的士气和信心？
（　）（　）（　）
（3）你是否能明智而有效地维持纪律？（　）（　）（　）
（4）你在处理困难的问题时，是否有出色的表现？（　）（　）（　）

5. 公共关系方面的能力
（1）你是否能在思想和行动上与同事们合作？（　）（　）（　）
（2）你是否能促使人们忠于组织而不是促使人们忠于你个人？（　）（　）（　）
（3）你是否能力图改进你自己的及你下属的公共关系？（　）（　）（　）
（4）你能否建设性地处理困难的公共关系问题？（　）（　）（　）

结果解析：以上五个方面共20道题，每题5分，共计100分。被测者在左边括号中填是（或否），给记5分（或1分）；在中间括号中填是（或否），给记4分（或2分）；在右边括号中填是（或否），给记3分。最后累计各题得分。总分在80~100分者为有很强的工作能力；70~80分者为有较强的工作能力；60~70分者为基本能胜任目前工作；60分以下者则需要提高工作能力。

模 块 四
揭示消费者购买过程中的复杂心理活动

内容提要

模块四主要介绍消费的需要,消费者购买动机与购买行为之间的关系;消费需要变化发展的规律;掌握消费者购买决策的心理过程;消费者心理形成和购买行为的过程。

教学重点和难点

需要的定义及特征;消费者购买动机的定义及具体的购买动机;购买决策的概念及类型。

学习目标

知识点:了解消费的需要,消费者购买动机与购买行为之间的关系;理解消费需要变化发展的规律;掌握消费者购买决策的心理过程。

能力点:掌握激发消费者动机的方法,根据消费者的需求满足其需要,掌握消费者购买决策的心理过程,促成交易;在自己消费时,能够做到准确决策。

导入案例　　宜家(IKEA)公司的中国市场攻略

瑞典宜家公司在20世纪90年代末进入中国市场后,运用其特有的经营理念和经营方式,并有效地与中国消费者的特点相结合,取得了较大的成功。

宜家公司在中国的具体做法包括以下几个方面。

(1)店址由郊区转向繁华地段。在全球各地,宜家公司一向把自己的商店开到郊区,并且配备宽敞的汽车停车场和其他的便利设施。由于在许多发达国家,消费者都有私家车,交通不成问题,加上人们渴望回归自然的心理,使他们选择郊区作为居住休闲的最佳场所。

但是,中国的消费者大多没有私家车,在交通上要求便利。再者,宜家公司的访问量不高。为了获得足够的访问量,宜家公司家居店需设在交通便利繁华的地区,并具备一定规模。这从宜家公司的第一家中国标准店的选址就可以看出苗头。在上海开出的第一家标准店选在繁华的徐家汇商业区旁边。在这样一个寸土寸金的地段,宜家公司还是按照在欧美郊区建店的统一标准,只造了两层的卖场。其北京店设在三环边上,同样是交通便利地区。目的是为了获得足够的访问量。

（2）人员服务增加。严格控制各个环节以减少经营成本一直是宜家公司的制胜法宝。在欧美国家,宜家公司的商店里采用自选方式,以减少商店的服务人员,并且没有"销售人员",只有"服务人员"。公司不允许他们向顾客促销某件产品,而是由顾客自己决定和体验,除非顾客需要向其咨询。顾客需要自己动手把买到的家具组装起来,而且宜家公司不提供送货。这些购物的不便利,国外消费者都习惯了。因为,宜家公司在用实际行动告诉顾客,它们在为顾客"省钱"。

而中国的消费者却不习惯缺少服务的购物过程。他们更习惯家具厂商在商店里的热情服务,在购买家具等大件商品时更是将免费送货当作商场应提供的服务。他们难以接受自己运货或花钱运货回家的做法。宜家公司为了适应中国消费者的习惯,也配备了较多的送货车辆,并在消费者的强烈呼吁之下,降低了送货费用。

（3）宣传方式增多。宜家公司起家的促销绝活是：邮寄产品目录手册。这是其广告宣传的"杀手锏"。目录手册一直被视为世界家具流行趋势的向导。宜家公司不惜成本锁定对象免费散发目录手册,一是展示世界大牌的身价,二是树立潮流领袖的权威。这远比铺天盖地的广告来得廉价和有效得多。在宜家公司进入中国伊始,同样是采用这一方式,并且取得了一定的效果。

随着中国家居市场复杂程度的加大,宜家公司为了更快发展,不得不考虑其他更适合中国市场的宣传方式。2002年9月,一个名为《宜家美好生活》的电视短片在北京和上海同时播出,这是宜家公司进驻中国市场四年以来首次使用电视这一媒介。这一步是宜家公司管理层经过深思熟虑后才做出的,同样这也是宜家公司扩大市场份额的需要。

（4）整合营销的灵活运用。在终端上,宜家公司作为一个低成本的领导厂商极为重视在销售中发挥价格的"此时无声胜有声"的作用,多种营销方式灵活运用,加强顾客对宜家公司的认识。

① 体验营销。宜家公司更多地让顾客在店内享受自由的空间。让顾客自己组装商品,并且可以随意使用。顾客不仅可以"学习自己动手",还可以拥有DIY（Do It Yours）的乐趣。宜家公司还规划了婴儿换衣房、儿童娱乐区域和餐厅,还有适合中国人口味的食品。这些无一不让顾客深深体验着在宜家公司店内购物的美妙过程。

② 信息营销。宜家公司精心地为每件商品制定"导购信息",有关产品的价格、功能、使用规则、购买程序等几乎所有的信息都一应俱全。

③ 生动营销。宜家公司把各种配套产品进行家居组合设立了不同风格的样板间,充分展现每种产品的现场效果,让顾客充分领略生动形象的家居风情。

模块四 揭示消费者购买过程中的复杂心理活动

单元一 消费者需求理论

一、消费者的需要

消费者行为的根本原因是需要。需要与刺激都是动机产生的条件,而需要是最基础的。

1. 需要的概念

需要是指人对某种目标的渴求或欲望。它是机体或自身或外部生活条件的要求在脑中的反映。它通常以缺乏感和丰富感被人体验。形成需要必须同时满足两个条件:一是个体缺乏某种东西,确有所需;二是个体期望得到这种东西,确有所求。消费者的需要,在商品经济条件下,表现为购买商品或劳务的欲望或愿望。

需要是人活动动机的源泉,人们有了某种需要,才能够为自己提出活动目的,考虑行为方法,去获得所需要的东西,以得到某种程度的满足。需要得到满足,就会给人以愉悦的情绪体验,更加焕发新的热情;需要得不到满足,就会产生焦虑或挫折感,势必影响活动的效能。作为一个社会成员,必须把社会需要转化成为个人的需要,才能与社会协调一致,如果个人需要与社会需要处于对立的地位,个人的行动就可能违反社会要求的准则而同社会发生冲突。

2. 消费需要的基本特征

(1) 多样性。由于不同消费者在年龄、性格、工作性质、民族传统、宗教信仰、生活方式、生活习惯、文化水平、经济条件、兴趣爱好、情感意志等方面存在不同程度的差异,消费者心理需求的对象与满足方式也是纷纭繁杂的,对主导需要的抉择是不一致的。例如,我国人多地广,消费习惯多种多样。以饮食习惯为例,处于牧区的蒙古族、维吾尔族、藏族等习惯食奶制品,如奶豆腐、奶干、奶酪、酸奶等,品种十分丰富;回民族出于信仰的原因,只食牛、羊、鸡、鸭、鹅等肉食;我国东北地区的居民习惯食豆类、面类;云南有的少数民族喜欢吃生的或半生不熟的肉食。又如,在满足基本物质需要的前提下,青年知识分子在结婚时一般有购置写字台、书橱的习惯,而青年工人结婚较少有购这些家具的,代之以装饰橱和梳妆台。再如,青年人喜欢电影、舞蹈这种现代化的艺术形式,而大多数老年人则偏爱的是地方戏。

企业面对消费者千差万别、多种多样的需要,应根据市场信息和自身能力,确定市场目标,尽可能地向消费者提供丰富多彩的商品类型。如果能以"百货迎百客",巧调众口,同时重视倡导符合国情、文明健康的消费观念和形式,消费者需要的多样性才可能实现。

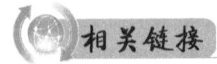

> **相关链接** 　　　　　　　中国地区间的消费差异

　　中国地区之间消费的差异是非常大的，以中国具有一定区域代表性的几个城市为例，会发现，不同区域的城市有着不同的文化，这使得不同区域的消费者有着不同的特性。例如，北京作为政治、文化和教育的中心，北京人表现出大气、张扬和潜在的贵族意识，他们在生活中会对政治表现出兴趣；上海是中国的金融中心，也是最具有国际化气质的大城市，上海人的特点是非常精明，同时追求品位和格调；成都人的特点则表现出休闲和慵懒的态度，其生活节奏很慢，更加追求轻松的生活。

　　城市文化塑造了城市消费者的价值取向，如研究发现，上海人、成都人更倾向于超前消费，而北京人、武汉人、广州人更倾向于稳健的消费，其花费非常谨慎。

　　资料来源：叶敏. 消费心理学. 北京：北京邮电大学出版社，2007.

　　（2）发展性。消费需要的内容，从静态分布上看就是多样化，从动态观点看就是由低到高，由简到繁，不断向前推进的过程。随着商品经济的发展和精神文明的提高，心理需要会不断地产生新的对象，消费者对某项需要一旦满足以后，就不再受该项需要激励因素的影响，而渴望并谋求其他更高一级的需要，并不断向新的需要发展。

　　从"三大件"的历史变迁，可以看出人们消费需要的发展性。20世纪70年代，中国百姓将手表、自行车、缝纫机视为家庭"三大件"。跨入20世纪80年代，新的"三大件"——彩电、冰箱、洗衣机给我们的生活带来了又一个惊喜。到了20世纪90年代，中国人注重提高生活质量，此时的"三大件"是什么呢？有人概括为空调、电脑、电话，有人说是私人住宅、小轿车和现代通信设备，更多的人则认为，中国人消费走向了多元化，很难再对"三大件"做出一致的判定。回顾家庭耐用消费品发展变化的轨迹，我们可以看到这样一个事实，短短30年间，中国城镇家庭消费走完了"旧三件"到"新三件"的历程，正在全力追求更有质量和品位的生活。"三大件"这种烙有年代印痕的俗称也会从人们的记忆中消失。又如，从20世纪60年代到20世纪90年代，城乡居民的衣着状况也发生了较大变化，单调的蓝色、灰色、黑色，青年人中的黄色已逐渐消失，羽绒服、裘皮服、羊毛衫裤、夹克衫、健美裤、呢大衣、风雨衣和西服兴起。与时装配套的各种皮鞋、旅游鞋和运动鞋，以及领带、头巾、袜子、眼镜等消费也成倍增长。服务性消费中的旅游、照相等也有了较快的发展，给人们的生活增添了新的色彩。

　　就不同需要来说，当某种需要获得某种程度的满足后，另一种新的需要又产生了。任何时候都不可能有绝对的满足。从这个意义上说，需要是永无止境的。消费者的需要是随社会的发展而发展的。随着改革开放的进行，部分地区和个人先富起来了，我国部分城乡居民的消费，20世纪50年代主要追求"吃饱穿暖"，20世纪80年代中期到20世纪90年代就要"吃讲营养，穿讲漂亮，住讲宽敞，用讲高档"，成了社会上消费心理的新动向。

　　需要的发展与客观现实刺激的变化有很大的关系，社会经济与政治体制的变革，道德风尚的变化，生活或工作环境的变迁，乃至宣传广告的改变，都可促使消费者产生需要的转移和变化。企业认识到消费者需要的这一特征，在生产经营中需以消费者需求发展的程度和趋势为标准，提供性能更好、质量更高、成本更低和用途更多的商品。如果商品的款式和功能，几年、十几年甚至几十年一贯制，就阻碍了消费需要的正常发展。

（3）可诱导性。消费者决定购买什么样的消费品，采用何种消费方式，怎样消费，既取决于自己的购买能力，又受到思想意识的支配。周围环境、社会风气、人际交流、宣传教育、文学艺术等，都可以促使消费者产生新的需要。或者由一种需要向另一种需要转移；或者由潜在的需要变成现实的需要；由微弱的欲望变成强烈的欲望。因此，消费者的需要既可以引导、调节而形成，也可以因外界的干扰而消退或变换。广告在商品经济发达的社会既可能"泛滥成灾"，又是消费者不可缺少的生活向导。一部电影能使某种时尚家喻户晓，风靡世界；一则新闻又能置某种商品于"十八层地狱，永世难得翻身"。例如，一般人都喜食新鲜活鱼，讨厌冷冻鱼，科普文章摆出道理，说明合理冷冻的鲜鱼其食用价值不低于未经冷冻的鲜鱼，这就打消了消费者的顾虑。又如，一个时期，我国领导人倡导服装的新颖、鲜艳，要求改变过去的沉闷局面，还提倡人们穿西装。这些倡导加上服装部门的配合，使我国人民的衣着习惯发生变化。可见消费者需要的可诱导性是确实存在的。

企业不仅应当满足消费者需要，而且应当启发和诱导消费者需要，即通过各种有效的途径，用科学的价值观、幸福观、消费观引导消费者需要的发展变化，使其愈益合理化，改变落后的消费习惯，使物质消费与精神消费协调统一，逐步达到消费结构和需求结构的优化。

（4）周期性。每个消费者都有一些需要在获得满足后，在一定时间内不再产生。但随着时间的推移还会重新出现，显示出周而复始的特点。不过这种重复出现的需求，在形式上总是不断翻新的，也只有这样，需要的内容才会丰富、发展。例如，女性头巾多少年来总是在长形、方形、三角形的式样间变化；皮鞋总是在方头、圆头、尖头、平跟、中跟、高跟之间翻来覆去地变花样。这种周期性往往和生物有机体的功能及自然界环境变化的周期相适应，也同商品寿命、社会风尚、购买习惯、工作与闲暇时间、固定收入、获得时间等相关联。例如，许多商品的销售淡旺循环变化是由自然季节决定的；商店业务忙闲与消费者的工作日、发薪日相关形成周期；服装流行周期与社会风尚变化相呼应等。因此，研究周期性，对企业加强生产、经营的计划性有着重要意义。企业可以根据需要周期的发展变化规律，安排好包括商品种类、销售时间、销售方式、销售对象及销售地点等在内的产、供、购、销、调、存。

一般而言，精神产品往往不具备重复消费的周期规律，尽管旅游可以"故地重游"，读书可以"爱不释卷"，但精神产品的生产不宜重复和仿造，否则就会滞销。例如，电影如果都是一个题材，且演员形象、导演手法和情节内容雷同，消费者（观众）就感到乏味了。

（5）伸缩性。伸缩性表现在消费者对心理需要追求的高低层次、多寡项目和强弱程度等方面。在现实生活中，消费者的需要，尤其是以精神产品满足的心理需要，具有很大的伸缩性，可多可少，时强时弱。当客观条件限制了需要的满足时，需要可以抑制、转化、降级，既可以滞留在某一水平上，也可以是以某种可能的方式同时或部分地兼顾满足几种不同性质的需要。在有些情况下，人还会只满足某一种需要而放弃其他需要。例如，成千上万的革命者，为了全人类的解放，放弃了个人及家庭的许多需要；高考复习阶段的学生，为了能学好知识迎接高考，放弃了旅游，看电影、电视、小说，打球及休息的需要。

消费者需要的伸缩性是人们用于解决"需要冲突"的适应性行为。企业在进行生产和经营时,必须从我国消费者当前的实际消费水平和民族消费历史、消费习惯的特点出发,注意将满足物质需要和精神需要两方面有机地结合起来。首先解决最基本的需要,逐步提高科学文化教育等方面需要的满足程度。少搞些华而不实的东西,多给消费者以实惠。

(6)时代性。消费者的心理需要还会受时代风气、环境的影响,时代不同,消费者的需求和消费习惯也会不同。不甘落后于时代,随周围环境变化而变化,是一般人常有的心理特征。例如,在20世纪50年代,中国与原苏联关系密切,苏联姑娘习惯穿的布拉吉(连衣裙)在中国极为流行。20世纪80年代牛仔裤、旅游鞋传入中国,迅速影响我国人民的消费习惯。再如,随着经济条件的普遍好转和科学知识的普及,我国消费者现在越来越重视身体健康,对有利于人体健康的消费习惯一般总是积极地吸收、采纳,对不利于人体健康的消费习惯则采取坚决摒弃的态度。在这方面,科学的消费知识宣传极大地左右着人们消费习惯的取舍。例如,听到医生说,人体吸收脂肪过多,会引起心血管疾病,还会诱发胆囊炎和胰腺炎,人们就会自觉改变原来的饮食习惯。上述情况的出现,无不表明了时代的特征。

3. 消费者需要的分类

消费者的需要既是主观欲望的反映,也是客观现实的反映,由于消费者的主观世界和客观环境十分复杂,因而消费者的需要也是丰富多彩、多种多样的。按照不同的标志,对消费者需要的划分也有不同的分类。

(1)按照需要的起源,可以分为生理性需要和社会性需要。

① 生理性需要。生理性需要是指消费者为维持和发展个体生命而产生的对客观事物的需求和欲望,如饮食、睡眠、休息、运动、避暑、御寒等。这种需要是人作为有机体与生俱来的,由消费者的生理特性决定的。

② 社会性需要。社会性需要是指消费者在社会环境的影响下所形成的带有人类社会特点的某些需要,如社会交往的需要、对荣誉的需要、被尊重的需要、表现自我的需要等。这些需要是人作为社会成员在后天的社会生活学习中习得的,是由消费者的心理特性决定的。

(2)按照需要的对象,可以分为物质需要和精神需要。

① 物质需要。物质需要是指消费者对以物质形态存在的、具体有形的商品的需要。这种需要反映了消费者在生物属性上的欲求,又可以进一步进行低级和高级之分。低级的物质需要是指维持生命所必需的基本对象;高级的物质需要是指人们对高级生活用品如家用电器、高档服装、美容用品、健身器材等,以及用于从事劳动的物质对象(如劳动工具)的需要。

② 精神需要。精神需要是指消费者对于意识观念的对象或精神产品的需要。这种需要反映了消费者在社会属性上的欲求,具体表现为对艺术、知识、美、认识和追求真理、满足兴趣爱好,以及友情、亲情等方面的需要。

(3)按照需要的形式,可以分为生存需要、享受需要和发展需要。

① 生存需要。生存需要包括对基本的物质生活资料、休息、健康、安全的需要。满足这类需要的目的是使消费者的生命存在得以维持和延续。

② 享受需要。享受需要表现为要求吃好、穿美、住得舒适、用得奢华，有丰富的消遣娱乐生活。这类需要的满足，可以使消费者在生理和心理上获得最大限度的享受。

③ 发展需要。发展需要体现为要求学习文化知识，增进智力和体力，提高个人修养，掌握专门技能，在某一领域取得突出成就等。这类需要的满足，可以使消费者的潜能得到充分释放，人格得到高度发展。

（4）按照需要的层次，可以分为生理需要、安全需要、归属和爱的需要、尊重需要、自我实现需要。

美国人本主义心理学家马斯洛于1943年和1954年先后发表了《人类动机的理论》、《动机和人》等著作，提出了著名的"需要层次理论"。按马斯洛的理论，个体成长发展的内在力量是动机。而动机由多种不同性质的需要所组成，各种需要之间有先后顺序与高低层次之分；每一层次的需要与满足，将决定个体人格发展的境界或程度。

① 生理需要。生理需要是个体为维持生存和发展对基本生活资料的需要，也是人们最原始、最基本的需要，如吃饭、穿衣、住宅、医疗等。若不满足，则有生命危险。

② 安全需要。安全需要是人们希望保护自己的肌体和精神不受危害的需要，包括劳动安全、生活稳定、有良好的医疗保健、希望免于灾难、希望未来有保障等。安全需要比生理需要较高一级，当生理需要得到满足以后就要保障这种需要。

③ 归属和爱的需要。归属和爱的需要是指个人渴望得到家庭、团体、朋友、同事的关怀爱护理解，是对友情、信任、温暖、爱情的需要。它比生理和安全需要更细微、更难捉摸。它与个人性格、经历、生活区域、民族、生活习惯、宗教信仰等都有关系，这种需要是难以觉察，无法度量的。

④ 尊重需要。尊重需要包括自我尊重和受人尊重两方面的要求，具体表现为渴望实力、成就、独立与自由，渴望名誉与声望，受到别人的赏识和高度评价等。尊重的需要很少能够得到完全的满足，但基本上的满足就可产生推动力。

⑤ 自我实现需要。自我实现需要是最高等级的需要，是指人们希望发挥自己的特长和潜能，实现对理想、信念、抱负的追求，取得事业的成功，使自我价值得到充分实现。这也是一种创造的需要。有自我实现需要的人，似乎在竭尽所能，使自己趋于完美。自我实现意味着充分地、活跃地、忘我地、集中全力全神贯注地体验生活。

【与相关课程的联系】

市场调查的主要任务之一就是要调查消费者有什么需要，以及目前不需要产品的原因是什么。

二、消费者的购买动机

1. 购买动机的含义

动机的原意是引起动作的念头。在普通心理学中把推动和指引人们去从事各种活动的内部动因或动力称为动机。在消费心理学中，把能够引导人们购买某一商品，选择某一商标、劳务或选择某一货币支出投向的动力，称为购买动机。

有人把动机比喻为汽车的发动机和方向盘。这个比喻是指动机既给人的活动动力，又可调整人的活动方向。因此，动机概念（购买动机概念也在此列）的核心就是动力和方向。人们的各种活动都是由一定的动机引起的，它体现着人们的需要对其行为活动的激励作用，把人们的活动引向一定的、满足他们所需要的具体对象上。人的绝大部分动机，都是需要的具体表现，或者说是需要的动态表现。需要处于静态时，则不成为动机。

2. 购买动机的形成

消费者购买动机产生的原因不外乎内因和外因，即消费者的内部需要和外部诱因两类。

（1）需要刺激动机。由于个体正常生活的某个方面出现"缺乏"，就会产生"需要"，当这种需要被个体意识到之后，他的整个能量便会被动员起来，有选择地指向可以满足需要的外部对象，于是"动机"出现了。

消费者的动机与需要的关系极为密切，他们都是购买行为的内在因素，是达到满足需要的行为动力。当消费者产生了某种消费需要时，心理上就会产生紧张情绪，成为一种内在的驱动力，即产生动机。

有了动机，就要选择或寻找目标。当目标找到后，就进行满足需要的活动。行为完成的过程，就是动机和需要不断得到满足，心理紧张状态不断消除的过程。然后，又会有新的需要产生，新的动机形成，新的行为活动开始，如此周而复始。因此，动机是由个体需要引起的达到满足需要的行为动力，是需要的具体体现。

（2）外部诱因。在现实消费中，并不是所有的动机都是由需要这种内部刺激产生的。例如，某消费者路过某商场，看见不少人正在争购一种市面上流行的面料，于是他也挤上去买了一块。又如，有时引起人食欲的并非是饥饿，而是美味佳肴的色、香、味。消费心理学把这种能够引起个体需要或动机的外部刺激（或情境）称为诱因，"诱因论"在商业活动中有着重大意义。但诱因毕竟只是消费者动机的外因，它终究还要通过消费者的内因——需要起作用。然而，并不是所有的需要都可以通过消费者的内因被消费者所意识到，在这种情况下，营销服务人员必要的提示就显得很重要了。

商业上的提示有各种各样的方式，既可以口头提示，即面对面向顾客做介绍；也可以通过各种广告媒体的提示，而最强烈的提示是商品本身的展示。许多企业经常要举办各种类型的商品展评会或展销会，其心理根据就在于此。在展销会上，一些消费者本来只是抱着参观的态度而来，可是当他看到某种合意的新商品时，便会踊跃购买。尤其对新产品投放市场，能否打开局面没有把握时，采用各种方法来进行"提示"，作用很大。总之，消费者的购买行为是经常要受到外界刺激的。如何适时地给消费者以刺激，是生产经营厂家和营销人员应当研究的重要课题。一般来说，刺激越多，诱因越强，越有可能购买。因此，有经验的营销服务人员都会主动热情地向顾客介绍（提示）商品，从而达到促销的目的。

消费者购买动机产生的原因不外乎内因和外因，即内部需要和外部诱因两类。没有动机作为中介，购买行为不可能发生，消费者的需要也不可能得到满足。因此，动机及其成因与行为这三者之间的关系为：内部需要和外部诱因产生购买动机，购买动机产生购买行为，购买后使用评价又产生内部需要和外部诱因。

3．购买动机的作用

消费者行为的直接原因是动机。动机是引起行为发生、造成行为结果的原因。

（1）始发作用——引起行为，驱使产生某种行动。

（2）导向（或选择）作用——某种最强烈的动机使行动在一定范围内，朝着特定的方向，选择性地决定目标。

（3）维持作用——动机贯穿于某一具体行动的始终，不断激励人们，直至动机实现。

（4）强化作用——行动的结果对该行为再生具有加强或减弱作用（正强化和负强化作用）。

（5）中止作用——当某种动机得到满意结果后，便会中止相关的具体行动。

4．消费者的具体购买动机类型

（1）求实动机。此种动机倾向的基本点是着重于消费品或劳务对消费者的实际价值。此类消费者购买商品时特别重视商品的实际效用、功能质量，讲求经济实惠、经久耐用，不太追求外观的美丽或商标的名气等。他们是中低档和大众商品的主要购买者。

（2）求新、求美、求异动机。此种动机倾向是由消费者追求异质、奇特、喜爱新东西及其审美意识所决定的。求美、求新也是人的天然性情感的表现。人是有好奇心的，人的注意和兴趣往往会被新异刺激所吸引。由于有了好奇就产生了探索求知的心理。此类动机的消费者在经济条件较好的青年男女中较为多见。这些人往往是高级化妆品、首饰、工艺品和家庭陈设的主要消费对象。

（3）求便动机。此种动机倾向的核心是消费者把消费品使用方便和购买方便与否作为选择消费品、劳务及消费形式的第一标准，以求在消费活动中尽可能地节约时间。特别是在购买日常生活用品，如油、盐、肥皂等，求方便、简便，很少有人顾及商标和商店等因素。购买家电时，考虑售后服务方便。

（4）求廉动机。此种动机以追求价格低廉作为主要目标，其表现在购买活动中对商品价格的敏感反应。这类消费者喜欢购买处理价、特价、折价的商品。这些人是低档商品、残次、积压商品的主要推销对象。

（5）储备动机。此种动机的消费者以占有一定量的紧俏商品为主要目标。

（6）惠顾动机。此种动机的消费者以对特定商店或商标产生特殊的信任与偏好，重复地、习惯地前往一定的商店，或反复地、习惯地购买同一厂家、同一商标的购买动机。因为这一类商品或商店买起来放心，可信赖，具有经常性和习惯性特点。

（7）求名动机。此类消费者以追求所购商品能显示自己的地位和名望为主要目标的购买动机。其核心是"炫耀"、"显名"，东西要名贵，商标要名牌，产地要正宗，以此来显示自己的经济实力和社会地位，从中获得一种让人羡慕的高贵心理。

（8）好胜心理动机。这是一种以争赢斗胜为主要目的心理动机。这种人购买某种商品往往不是由于急切的需要，而是为了赶上他人、超过他人，以求得心理上的满足。这种购买往往具有偶然性的特点和浓厚的感情因素。目前，城市中有些家庭为"好胜"，买钢琴、电脑等高档消费品成摆设的为数不少，以致电脑成了孩子玩游戏的工具。

（9）嗜好心理动机。这是一种以满足个人特殊偏好为目的的购买动机。例如，有的人喜栽花木、养盆景，有的人喜爱古董字画，有的人喜爱鸟兽鱼虫等。这往往同某种专业特长、专门知识和生活情趣相关。这种动机是建立在消费者对于商品的客观认识基础上的，是经过分析之后产生的购买动机。因此，这种动机的购买行为比较理智，指向也比较集中和稳定，且具有经常性和持续性的特点。有些消费者宁愿省吃俭用，省下钱来买自己的嗜好物品。

（10）安全心理动机。这种动机倾向的核心是要求消费品或劳务的消费不会给自己的生命和身心健康带来危害。这种动机在消费者对药品、食品、家用电器等用品的选择上表现得更为突出。

（11）自尊心理动机。人都有自尊心，都期望自己的消费行为能得到社会的承认和其他消费者的尊重。这种心理动机表现在具体消费行为中，就是消费者尽量使自己的消费行为不被别人看不起，不失体面，从而使自己的自尊心得到满足。当然，凡事都有一定的"度"，自尊心太膨胀了，就会成为不健康的虚荣心了。

（12）攀比心理动机。具有攀比消费心理的消费者都有一个基本特征，就是无论自己是否真有这种消费需求，是否具备这种消费条件，而片面强化个人的消费欲望。例如，这种动机表现在服装上，会不顾自己的身材、年龄、职业而模仿别人穿着；表现在用的方面，如果邻居家先买了150立升的冰箱，他就不顾自己家的住房和经济情况，要买个200立升的冰箱，目的是要买得比别人的更大、更贵（名牌）。总之，持这种购买动机的消费者，往往没有养成量入为出的消费习惯，以致有些人为此债台高筑。

由此可见，了解和掌握消费者购买动机是十分重要的，因为生产企业从产品设计、投产直至生产成本、生产数量的决策，都要以消费者的购买动机为依据，它会促进企业的经营者以不同方式去适应消费者的需要，加快商品生产和流通的速度。

【与相关课程的联系】

制定推销、广告等方案时都要根据顾客购买动机的不同类型，采取不同的策略。

单元二 消费者购买决策

一、消费者购买决策与准备

消费者在占有一定市场信息的基础上，从实现购买目的的若干购买方案中选择一种最优的方案，据以做出的决定就是消费者的购买决策。购买决策是消费者心理变化的最高阶段，它表现为权衡购买动机、确定购买目的、选择购买方式方法、制定购买计划等方面，是消费者在购买前的准备阶段。决策与购买准备过程,需要消费者付出一定的时间和精力。

1. 购买决策的内容

消费者购买决策所包括的内容很多,概括起来主要有如下六个方面问题。

(1)为什么买,即权衡购买动机。消费者购买商品的动机和原因多种多样,在诸多的甚至彼此间存在矛盾的购买动机中,消费者首先要进行权衡,做出选择。例如,某一消费者既想买空调,又想买冰箱,而实际货币支付能力只能选择其中一种,消费者就需要对购买两者的各种动机进行比较选择,然后决定购买。即使消费者购买同一种商品,也存在动机权衡的问题。

(2)买什么,即确定购买对象。这是购买决策的核心和首要问题。消费者购买决策既要受商品自身特性如商品的型号、款式、颜色、包装、品牌等因素的影响,还要受市场行情、价格及售前、售后服务等因素的影响。

(3)买多少,即确定购买数量。购买数量一般取决于实际需要、支付能力及市场的供应情况及其心理因素。

(4)在哪里买,即确定购买地点。消费者对购买地点的选择,取决于购物场所的环境品位、商家信誉、交通便利程度、可挑选的品种数量、价格水平及服务态度等。这类决策既和消费者的惠顾动机有关,也与求名、求速、求廉等动机有关。

(5)何时买,即确定购买时间。购买时间的选择,取决于消费者对某种商品需要的迫切性、存货情况、营业时间、交通情况和消费者自己可控制的空闲时间等因素。其中,消费者对某种商品需要的迫切性是决定购买时间的决定性因素。

(6)如何买,即确定购买方式。这是消费者取得商品的途径。购买方式包括直接到商店选购、邮购、函购、预购、代购、分期付款等。选择何种购买方式,取决于购买目的、购买对象、购买时间、购买地点等因素。随着超市、便利店、仓储式销售、大型购物中心,以及电话订购、电视购物、直销、网络购物等新型销售方式的不断涌现,现代消费者的购买方式也更加多样化。

2. 消费者购买遵循的基本原则

(1)最大满意原则。就一般意义而言,消费者总是力求通过决策方案的选择、实施,取得最大效用,使某方面需要得到最大限度的满足。按照这一指导思想进行决策,即为最大满意原则。遵照最大满意原则,消费者将不惜代价追求决策方案和效果的尽善尽美,直至达到目标。最大满意原则只是一种理想化原则,现实中,人们往往以其他原则补充或代而替之。

(2)相对满意原则。该原则认为,现代社会的消费者面对多种多样的商品和瞬息万变的市场信息,不可能花费大量时间、金钱和精力去搜集并制定最佳决策所需的全部信息,即使有可能,与所付代价相比也绝无必要。因此,在制定购买决策时,消费者只需做出相对合理的选择,达到相对满意即可。例如,在购置皮鞋时,消费者只要经过有限次数的比较选择,买到质量、外观、价格比较满意的皮鞋,而无需花费大量时间跑遍所有商店,对每一双皮鞋进行挑选。贯彻相对满意原则的关键是以较小的代价取得较大的效用。

（3）遗憾最小原则。若以最大或相对满意作为正向决策原则，遗憾最小原则则是立足于逆向决策。由于任何决策方案的结果都不可能达到绝对满意，都会存在不同程度的遗憾，因此，有人主张以可能产生的遗憾最小作为决策的基本原则。运用此项原则进行决策时，消费者通常要估计各种方案可能产生的不良后果，比较其严重程度，从中选择情形最轻微的作为最终方案。例如，当消费者因各类皮鞋的价格高低不一而举棋不定时，有人便宁可选择价格最低的一种，以便使遗憾减到最低程度。遗憾最小原则的作用在于减少风险损失，缓解消费者因不满意而造成的心理失衡。

（4）预期满意原则。有些消费者在做出购买决策之前，已经预先形成对商品价格、质量、款式等方面的心理预期。消费者在对备选方案进行比较选择时，与个人的心理预期进行比较，从中选择与预期标准吻合度最高的作为最终决策方案，这时他运用的就是预期满意原则。这一原则可大大缩小消费者的抉择范围，迅速、准确地发现拟选方案，加快决策进程。

3. 消费者的购买准备

做出购买或消费决策之后到购买行为实施的过程即为消费者的购买准备。小件商品的购买准备较为简单，人们购买一块肥皂、一瓶饮料、一包面巾纸等，不需要做太多的购买准备，准备时间较短，从消费需要的产生到购买行为的实施可以迅速完成；大件、高档商品的购买准备过程较复杂，花费时间较长，准备条件较多，在准备购买过程，消费者心理和行为还会受其他因素的影响甚至干扰，消费者个性也会影响购买的准备活动。

购买准备主要包括四个方面：购买地点的确定、购买时间的确定、支付方式的准备和购后运输手段的准备。

（1）购买地点的确定。消费者购买地点的确定会影响商业经营单位的效益。消费者确定购买地点时，一般选择有经营特色的购买地点，如服务质量好、购物环境优美、购买比较方便、离居住地或工作地点比较近一些的购买地点。

（2）购买时间的确定。这主要取决于消费者本人的工作、生活习惯等因素。

（3）支付方式的准备。支付方式的准备可以分为两类。一类是确定支付的方式，是现金、信用卡、还是两者兼而有之的方式。在我国大部分的购物环境中，使用信用卡的比例仍然较低，消费者习惯于使用现金支付，随着经济活动的日益繁荣，这种支付方式必将被信用式支付手段代替，这一点值得营销者注意。另一类支付方式的准备，是消费者准备以一次性结清的方式付款，还是以分期付款的方式购买商品。这一类准备过程主要取决于消费者计划、个性特点，以及对商品的需要程度及现有的支付能力等。

（4）购后运输手段的准备，是购买大件商品时必须考虑的一个问题。如果商店不给予运输方面的协助，消费者要么请人帮忙运回，要么自己租用或准备运输工具。因此，消费者购买大件商品时，营销者应当协助消费者或提供送货上门等服务，减少消费者的购买准备。

此外，消费者的个性也会影响购买准备，一般环境依赖型消费者的购物准备，比较重视他人的意见，购买前要请家人或朋友做参谋，有了这些人的参谋，购物后觉得踏实放心。

购买专业性较强的商品，还包括安装条件的准备等。例如，音乐爱好者购买的 AV 中心,包括大屏幕彩电、高保真音响系统、影碟系统、CD 机等,使用 AV 中心对于居室环境有一定的要求。有些消费者并不精通家用电器安装管理,要把这些东西安装好并调试出美妙的效果有一定的困难,如果营销者能够提供完善的安装、维修服务,消费者可能迅速跃过购买准备的心理过程,实施购买行为。

二、消费者决策过程

企业管理者和营销人员除需要了解消费者购买模式、影响消费者的各种因素之外,还必须弄清楚消费者购买决策过程,以便采取相应的措施,实现企业的营销目标。

每一位消费者在购买某一商品时,均会有一个决策过程,只是因所购商品类型、购买者类型的不同而使购买决策过程有所区别,但典型的购买决策过程一般包括以下几个方面,如图 4.1 所示。

认识需要 → 搜集信息 → 选择判断 → 购买决定 → 购后行为

图 4.1 消费者决策过程

1. 认识需要

认识需要是消费者购买决策过程的起点。当消费者在现实生活中感觉到或意识到实际与其企求之间有一定差距,并产生了要解决这一问题的要求时,购买的决策便开始了。消费者的这种需要的产生,既可以是由人体内机能的感受所引发的,如因饥饿而引发购买食品,因口渴而引发购买饮料,又可以是由外部条件刺激所诱生的,如看见电视中的西服广告而打算自己买一套,路过水果店看到新鲜的水果而决定购买等。当然,有时候消费者的某种需要可能是内、外因同时作用的结果。

市场营销人员应注意识别引起消费者某种需要和兴趣的环境,还要善于安排诱因,促使消费者对企业商品产生强烈的需要,并立即采取购买行动。

2. 搜集信息

当消费者产生了购买动机之后,便会开始进行与购买动机相关联的活动。如果这种需要产生的驱动力足够大而且能够满足它的商品近在咫尺,消费者很可能直接就进行购买行为,从而满足需要。但是,当所需购买的物品不易购到,或者说需要不能马上得到满足时,他便会把这种需要存入记忆中,并注意搜集与需要相关的信息,以便进行决策。消费者信息的来源主要有以下四个方面。

(1) 个人来源。从家庭、亲友、邻居、同事等个人交往中获得信息。

(2) 商业来源。这是消费者获取信息的主要来源,其中包括广告、推销人员的介绍、商品包装、商品说明书等提供的信息。这一信息源是企业可以控制的。

(3) 公共来源。消费者从电视、广播、报纸杂志等大众传播媒体所获得的信息。

(4) 经验来源。消费者从自己亲自接触、使用商品的过程中得到的信息。

3. 选择判断

当消费者从不同的渠道获取到有关信息后，便对可供选择的品牌进行分析和比较，并对各种品牌的商品做出评价，最后决定购买。

消费者从众多可供选择的品牌中，通过一定的评价方法，对各种品牌进行评价，从而形成对它们的态度和对某种品牌的偏好。在这一评价过程中，大多数的消费者总是将实际商品与自己的理想商品进行比较。

4. 购买决定

消费者对商品信息进行比较和评价后，已形成购买意向，但真正将购买意向转为购买行动，其间还会受到两个方面的影响。

（1）他人的态度。消费者的购买意图会因他人的态度而增强或减弱。他人的态度对消费意图影响力的强度，取决于他人的态度的强弱及他与消费者的关系。通常，他人的态度越强，他人与消费者的关系越密切，其影响就越大。

（2）意外的情况。当消费者欲采取购买行动时，发生了一些意外的情况，如因失业而减少收入，因商品涨价而无力购买，或者有其他更需要购买的东西等，这一切都将会使其改变或放弃原有的购买意图。

5. 购后行为

消费者购买商品后，通过自己的使用和他人的评价，会对自己购买的商品产生某种程度的满意或不满意。消费者对其购买的商品是否满意，将影响到以后的购买行为。如果对商品满意，则在下一次购买中可能继续采购该商品，并向其他人宣传该商品的优点。如果对商品不满意，则会放弃或退货，也可以通过寻求证实商品价值比其价格高的有关信息来减少不悦。

研究和了解消费者的需要及其购买过程，是市场营销成功的基础。市场营销人员通过了解购买者如何经历引起需要、寻找信息、评价行为、决定购买和购后行为的全过程，就可以获得许多有助于满足消费者需要的有用线索，通过了解购买过程的各种参与者及其对购买行为的影响，就可以为其目标市场设计有效的市场营销策略。

三、知觉风险与消费决策

1. 知觉风险及类型

知觉风险最早由 Bauer 提出，他对知觉风险的定义是：当消费者无法预知购买决策的结果时所必须面对的不确定性。Cox 将知觉风险概念予以观念化，他假设消费者是目标导向的，当消费者假设在其购买产品后，可能无法达成预期目标，主观认定不利结果发生的可能性，即产生知觉风险。

知觉风险实际上就是在产品购买过程中，消费者因无法预料其购买结果的优劣而产生的一种不确定性感觉。在产品购买过程中，消费者可能会面临各种各样的风险，这些风险有的会被消费者感觉到，有的则不一定被感觉到；有的可能被消费者夸大，有的则可能被缩小。因此，知觉风险与实际风险可能并不一致，两者甚至出现较大的差距。消费者知觉风险主要有以下几种类型。

（1）功能风险。功能风险是指产品不具备人们所期望的性能或产品性能比其竞争品差所带来的风险。例如，汽车的耗油量比企业承诺得高，电池寿命比正常预期得短，这些均属于功能性风险。

（2）物质风险。物质风险是指产品可能对自己或他人的健康与安全产生危害的风险。例如，食品的营养与卫生标准是否达到了法律所规定的要求，转基因食品是否会对人体健康产生无法预料的影响，消费者的此类担心均属于物质风险的范畴。

（3）经济风险。经济风险是指担心产品定价过高或产品有质量问题而招致经济上蒙受损失所产生的风险。

（4）社会风险。社会风险是指因购买决策失误而受到他人嘲笑、疏远而产生的风险。例如，我的家人、朋友如何看待我的选择？我买的产品是否会被我所渴望加入的群体人员所接受和欣赏？对这类问题的关注和担心属于社会风险。

（5）心理风险。心理风险是指因决策失误而使消费者自我情感受到伤害的风险。例如，对所买产品是否适合自己，是否能体现自己的形象等一类问题的担心即属于心理风险。

2. 产生知觉风险的原因

如前所述，知觉风险是消费者对其购买活动的结果存在不确定感，因此，凡是导致这种不确定感的因素就构成产生知觉风险的原因，这些因素包括如下几种类型。

（1）消费者购买的是新产品或对所要购买的产品以前没有体验。在大多数人看来，新产品或没有体验的产品存在更大的不确定性，这种感觉既和经验与常识有关，又与人们更习惯于现有状态和现有事物的心态有关。

（2）以往在同类产品的购买与消费中有过不满意的经历。"一朝被蛇咬，十年怕井绳"。一旦以前在购买中遭遇过不愉快的体验，就会心存余悸，从而对当前的购买滋生不确定感。

（3）购买中机会成本的存在。任何购买或选择都是以放弃另外一些购买或选择为代价，也就是说，均存在机会成本。例如，选择了"海尔"空调，就放弃了对"格力"、"春兰"、"三菱"等其他众多空调品牌的选择。此时，消费者对是否做出了明智的选择，或是否应当做出另外的选择，并不一定有十足的信心和把握。换句话说，消费者此时就产生了不确定感和风险感。

（4）因缺乏信息而对购买决定缺少信心。在购买决策过程中，如果对备选产品具有充分、可靠的信息，那么不确定感就很小，甚至不存在不确定感，决策也就很容易做出。相反，如果信息不全或者认为手头的信息不可靠，则风险感会骤然升高。

（5）所购买的产品技术复杂程度很高。一般来说，对于技术复杂程度高的产品，人们往往难于比较不同备选品牌之间的差异，这势必增加选择后果的不确定性。

此外，如果所购产品价值很高，或产品对购买者特别重要，或选择结果具有不可更改性，则消费者所知觉的购买风险会相应增高。

3. 减少知觉风险的方式

消费者一旦知觉到某种风险的存在，必然会想办法来降低风险。消费者应付知觉风险的办法多种多样，且不同的消费者在应付同种风险时所采取的办法也不尽相同。消费行为专家发现，人们减少、消除知觉风险的方法有以下五种。

（1）尽量全面地搜集与商品有关的信息，增加对该商品的了解程度。例如，通过报纸、电台、电视台等宣传媒体来了解这种商品的特点，通过与服务人员的交谈来了解该商品，通过有消费经验的人来了解这种商品的使用效果等。消费者对于商品的了解程度越深，对可能带来的风险与危害的认识也就越清楚，如果消费者认识到这种风险远远小于这种商品带来的益处，或可以用一定的办法减少风险的程度，消费者会坚持原来的购买心理，完成购买行为。如果对于这种风险的认识越多，发现消费这种商品可能带来的风险很大，消费者又无法自己来克服这种风险，他会放弃这种购买的心理。

（2）在购买之前尽量请人提出参考意见，邀请有消费经验的人一起购买，或挑选商品的时候尽量请人提出参考性意见，找出商品的毛病和缺点，避免购买商品之后给自己带来的风险。例如，在服装商品消费中，许多女性消费者愿意邀请同伴帮助挑选；在大件商品购买中，人们愿意请熟人或有经验的人帮助选购商品。

（3）尽量认购那些知名度高、产品形象和企业形象都很好的商品。例如，购买商品牌子比较响亮的商品、名牌商品、在当地名气较高的商品，而尽量不去购买那些名气小、对商品的形象没有印象、商品的功能与特性不太熟悉的商品。在商店选择方面，尽量选择名气大、专业性强的商店。

（4）保持原来的消费行为与品牌忠诚。例如，明知有消费风险，又不能获得足够充分的信息，也不愿意花费相应的消费成本，消费者可能维持原来的消费行为，继续购买已经习惯的品牌，避免购买不熟悉品牌的风险。

（5）采取从众型购买行为。大家都在选择某种品牌，一定有相应的道理，应该没有大的问题，即使不是最好的选择，也不应该是最坏的结果。因此，从众型购买行为是消费者减少知觉风险的一种办法。

单元三 消费者购买行为

消费者购买行为就是指人们为了满足个人、家庭的生活需要，或者企业为了满足生产的需要，购买产品或服务时所表现出来的各种行为。消费者购买行为具有动态性、互动性、多样性、易变性、冲动性、交易性等特点。严格地说，消费者购买行为由一系列环节组成，即消费者购买行为来源于系统的购买决策过程，并受到内外多种因素的影响。消费者购买行为的复杂多变，对销售人员提出了更多、更高的挑战。对于优秀的销售人员来说，掌握

消费者购买决策过程及了解影响消费者做出购买决策的因素至关重要。

一、消费者对信息的处理

消费者对信息的处理，是消费者购买行为的重要组成部分。从信息论的角度看，可以说，消费者购买决策过程主要是围绕信息的搜集、获取、储存、提取、评价、比较和选择等活动展开。一个消费者产生了某种需要，并不一定能够转化为购买动机，进而实现购买行为。因为，如果没有能够满足其需要的购买对象，需要只能停留在欲望阶段，却无法得到满足。要找到购买对象，必须首先寻找、搜集信息。同时，要实现购买行为效益最大化，也必须搜集更全面、更准确的信息，并要对信息进行合理的分析评价。

1. 信息搜集的影响因素

消费者在信息搜集的过程中，可能会受到如下一些因素的影响。

（1）参与购买的程度。购买决策可以分为高度参与和低度参与。消费者参与的程度越高，搜集信息的积极性就越高，信息的获取量就越大。

（2）风险预期。购买中预期的风险越大，信息的搜集就越积极。同时，购买风险越高，消费者就越倾向于从人际来源和公共来源来搜集信息。如购买股票期货等。

（3）产品知识和经验。当缺乏产品的知识和经验时，消费者会积极地搜寻信息。丰富的过去体验会减少信息的搜寻，如果过去的体验是消极的，消费者也会增加信息的搜集。

（4）目标确定与否。当消费者明确地知道其所追求的目标时，搜寻信息就会更积极。例如，消费者购车时，明确了追求安全的目标后，就会积极地搜寻关于汽车的安全气囊、碰撞安全指数等方面信息。

（5）产品差异。如果产品间存在着许多差异，那么消费者可能会更全面地了解信息。产品差异越大，消费者越可能去搜寻更多的信息。

（6）搜集信息成本。这里的成本主要包括货币成本、时间成本、精力成本和体力成本等。高成本会明显降低消费者搜集信息的积极性。

2. 消费者对信息的评价

消费者在做决策时通常需要掌握三种类型的信息：解决某个问题合适的评价标准；各种备选方案或办法；每一备选方案在每一评价标准上的表现或特征。消费者在决策过程中对信息的评价如图 4.2 所示。

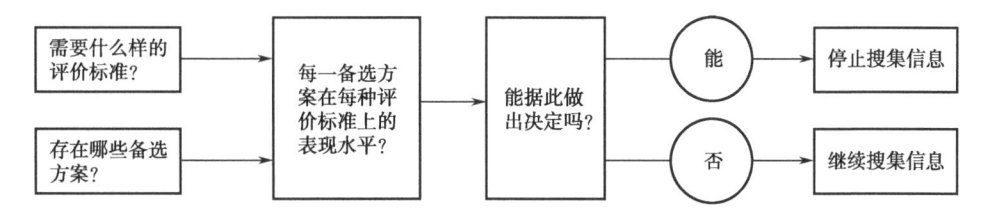

图 4.2 消费者在决策过程中对信息的评价

评价标准是指购买者希望买到的商品拥有的特征。例如，消费者想购买一款手机，他首先要确定他所要购买的手机应具有哪些特征。消费者所面临的可满足其需要的信息是众多的，他们一般会对各种信息进行逐步地筛选，根据合适的评价标准，直至从中找到最为适宜的方案。

消费者一般不可能搜集到全部产品的全部信息，他们只能首先在知晓的范围内进行选择，再对其知晓的信息进行比较评价后，才会挑出其中一部分进行认真的考虑选择。最终又会在其中选出两三个进行最后的抉择，直至做出购买决策。在此逐步筛选的过程中，每进入一个新的阶段都需要进一步搜集有关产品更为详细的资料和信息，如果某一产品被首先淘汰，除其不适应消费者的需要之外，可能很大程度上是由于所提供的信息资料不够充分。

二、消费者的购买活动

在对搜集到的信息进行分析评价后，消费者就会做出是否购买的决策，根据购买决策实施相应的购买行为，开展购买活动。消费者购买活动，就是指消费者或家庭为了满足自己物质和精神生活的需要，在某种动机的驱使和支配下，用货币换取商品或劳务的实际活动。研究消费者的购买活动，目的在于揭示消费者购买行为的规律，使企业可以通过分析，了解购买行为发生的各种原因，借以掌握消费者将来可能发生的购买意向和购买行为，从而使企业通过营销因素组合，制定适当的、符合实际的营销策略，影响和控制消费者的购买行为和活动，使其向更有利于企业的方向发展。在这一部分，我们通过消费者购买行为来分析研究消费者购买活动。

1. 参与购买活动的角色

参与购买活动的通常并非是一个消费者，许多时候是一个家庭或某几个成员，而且各自扮演的角色亦是有区别的。人们在一项购买活动过程中可能充当以下一些角色。

（1）发起者：首先想到或提议购买某种商品或劳务的人。他可能并不了解具体的商品，而只是表明一种需要，如我需要一本营销学的教材。

（2）影响者：其看法或意见对最终决策具有直接或间接影响的人。影响者直接对决策者施加刺激和影响，影响者可以是积极的，也可以是消极的。

（3）决定者：能够对买不买、买什么、买多少、何时买、何处买等问题做出全部或部分的最后决定的人。

（4）购买者：实际采购的人。是指实际执行采购任务的人，即某项购买活动的履行者。

（5）使用者：直接消费或使用所购商品或劳务的人。使用者在很多情况下同时承担倡议者的角色。

参与购买过程中的每个角色既可能是彼此独立的个体，也可能是一个人集多种角色于一身。无论如何，对这些角色进行剖析和定位在营销工作中具有强烈的现实意义，了解每一购买者在购买决策中扮演的角色，并针对其角色地位与特性，采取有针对性的营销策略，就能较好地实现营销目标。

模块四 揭示消费者购买过程中的复杂心理活动

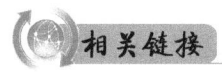

相关链接　不同的购买角色与营业员的销售技巧

某一天，在某服装企业设立的老年服装店里来了四五位消费者，从他们亲密无间的关系上可以推测出这是一家子，并有可能是专为老爷子来买衣服的。老爷子手拉一位十来岁的孩子，面色红润、气定神闲、怡然自得，走在前面，后面是一对中年夫妇。中年妇女转了一圈，很快就选中了一件较高档的上装，要老爷子试穿，可老爷子不愿意，理由是价格太高、款式太新，中年男子说："反正是我们出钱，你管价钱高不高呢。"可老爷子并不领情，脸色也有点难看。营业员见状，连忙说："老爷子你可真是好福气，儿孙如此孝顺，你就别为难他们了。"小男孩也摇着老人的手说："好的好的，就买这件好了。"老爷子说："小孩子懂什么好坏。"但脸上已露出了笑容。营业员见此情景，很快将衣服包扎好，交给了中年妇女，一家人高高兴兴地走出了店门。

2. 消费者购买行为的类型

消费者在购买商品时，会因商品价格、购买频率的不同，投入购买的程度也不同。西方学者根据购买者在购买过程中参与者的介入程度和商品间的差异程度，将消费者的购买行为分为四种类型，如图4.3所示。

	商品差异（小）	商品差异（大）
介入程度（大）	减少不协调感的购买行为	复杂的购买行为
介入程度（小）	习惯性的购买行为	广泛选择的购买行为

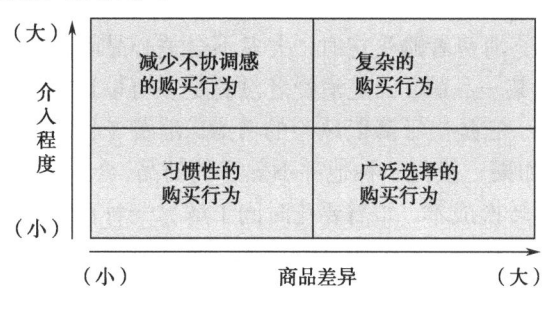

图4.3　消费者购买行为的类型

（1）复杂的购买行为。当消费者初次选购价格昂贵、购买次数较少的、冒风险的和高度自我表现的商品时，属于高度介入购买。由于对这些商品的性能缺乏了解，为慎重起见，他们往往需要广泛地搜集相关信息，并经过认真地学习，产生对这一商品的信念，形成对品牌的态度，并慎重地做出购买决策。

针对复杂的购买行为，企业应设法帮助消费者了解与该商品相关的知识，并设法让他们知道和确信该商品在比较重要的性能方面的特征及优势，使他们树立对该商品的信任感。在这期间，企业要特别注意针对购买决策者做介绍该商品特性的多种形式的广告。

（2）减少不协调感的购买行为。当消费者高度介入某项商品的购买，但又看不出各商品有何差异时，对所购商品往往产生失调感。因为消费者购买一些商品差异不大的商品时，虽然他们对购买行为持谨慎的态度，但他们的注意力更多的是集中在品牌价格是否优惠、购买时间、地点是否便利，而不是花很多精力去搜集不同商品间的信息并进行比较，而且从产生购买动机到决定购买之间的时间较短，因而这种购买行为容易产生购后的不协调感。为了改变这样的心理，追求心理的平衡，消费者会广泛地搜集各种对已购商品的有利信息，以证明自己购买决定的正确性。

针对减少不协调感的购买行为，企业应通过调整价格和售货网点的选择，并向消费者提供有利的信息，帮助消费者消除不平衡心理，坚定其对所购商品的信心。

（3）广泛选择的购买行为，又称为寻求多样化购买行为。如果一个消费者购买的商品品牌间差异虽大，但可供选择的品牌很多时，他们并不会花太多的时间选择品牌，而且也不会专注于某一商品，而是经常变换品种。例如，在购买饼干时，他们上次买的是巧克力夹心，而这次想购买奶油夹心。这种品种的更换并非是对上次购买饼干的不满意，而是想换换口味。这种行为的目的只是为了丰富生活的内容，换一种口味，尝试一下新东西。由此可见，消费者在这种情况下更换品牌并不是因为他们对目前商品有任何不满，而是因为想要寻求一种变化，一种新的感受。

针对广泛选择的购买行为，当企业处于市场优势地位时，应注意以充足的货源占据货架的有利位置，并通过提醒性的广告促成消费者建立习惯性购买行为；而当企业处于非市场优势地位时，则应以降低商品价格、免费试用、介绍新商品的独特优势等方式，鼓励消费者进行多种品种的选择和新商品的试用。

（4）习惯性的购买行为。消费者有时购买某一商品，并不是因为特别偏爱某一品牌，而是出于习惯。消费者的惯常购买行为主要是基于四种原因。一是出于日常的生活习惯，主要是针对单位价值较低而且价格相对稳定的日常消费品。例如，食醋是一种价格低廉、品牌间差异不大的商品，消费者购买它时，大多不会关心品牌，而是靠多次购买和多次使用而形成的习惯去选定某一品牌。二是消费者没有更多可以选择的余地，像对于品种较少或品牌差异不大的商品。三是出于降低风险的考虑。消费者长期使用某种商品，而且没有经历过不愉快的体验，如果更换另一种他并不熟悉的商品，会在心理上产生不安全的感觉，而且还面临其他方面的转换成本，如需要花时间了解另一种商品的特性和使用方法等。四是出于对品牌的忠诚。消费者长期使用某种品牌，而且获得了积极的体验，他在心理上或实质上对该品牌建立了某种约定，由此演变成了一种习惯。例如，消费者只要请客就到某某餐馆，或者只要买衣服就买某某品牌等。

针对习惯性的购买行为，企业要特别注意给消费者留下深刻印象，企业的广告要强调本商品的主要特点，要以鲜明的视觉标志、巧妙的形象构思赢得消费者对本企业商品的青睐。为此，企业的广告要加强重复性、反复性，以加深消费者对商品的熟悉程度。

三、购买后的评价

随着我国消费品市场从卖方市场向买方市场的转换，了解消费者购买决策行为，尤其是消费者购后评价，对于提高消费者的满意程度，加强消费者对企业产品的忠诚度，提高企业的竞争力，具有重要的意义。企业要注意增进与消费者之间的沟通，采取相应对策，进一步改善消费者购后评价。

1. 购买后行为

购买后行为是指消费者购买产品或服务后的感受和状态。产品卖出后，营销者的工作并未结束。因为消费者购买产品后,可能会满意,也可能会不满意,购买后行为包括一些在产品使用中可能产生的心理活动和行动。

(1) 购买后不协调。实际上是消费者在购买行为发生后所持的怀疑态度,其诱因是在没有绝对把握或在矛盾之中做出产品的购买决策。购买后不协调是在购买行为之后,产品使用之前的短期内所产生的心理现象,而不是持久的感觉,这种心理促使消费者尽快使用产品,如感到满意则不协调感消失;如不满意则不协调感将会加深并影响其态度。

(2) 产品使用。这是购后行为的重要过程,是形成购后评价的基础并使消费者获得消费经验。

(3) 购买后评价。在产品使用之后,消费者在评价购买效益时仍是围绕着品牌和质量、企业进行的。购后评价的态度不同,对日后消费决策的影响也不同。满意评价强化了消费者信念和购买意图,不满意评价对未来消费决策的影响比较复杂,甚至可能导致重新识别消费需求。

(4) 购买后抱怨。除非消费者确信已购商品的确是最佳选择,或者认为抱怨也无济于事,否则,他会采取某种形式的抱怨行为。从形式上看,抱怨行为可分为私下的和公开的抱怨行为。私下的抱怨行为包括转换产品或品牌,购买替代商品或劝周围的人不要购买该品牌产品。公开的抱怨行为包括向厂家商店要求退货、换货、赔偿损失,或者向政府机构、消费者协会甚至各级法院申诉。

2. 购后评价的内容

消费者的消费体验,会通过向别人交流自身的感受或表达对商品的评价等方式反映出来。这种评价的内容可能是多方面的,一般包括如下内容。

(1) 对品牌的评价。商品的品牌会保留在消费者的大脑中,形成记忆和印象。消费者会将自己心目中对某品牌的印象向他人、消费群体或其他群体传播,这种传播就构成了商品的知名度。这种知名度会影响消费者下一次的购买行为。

(2) 对质量的评价。消费者依据各种渠道获得的他人评价和个人的判断标准,来评价商品的质量。同时,消费者也从商品的价格、包装、功能和使用效果等方面综合起来对质量做出评价。商品的价格越高,消费者要求商品的质量也要越好,否则,消费者会做出质次价高的评价。

(3) 对企业的评价。对企业的评价包括对经销商、销售人员及生产厂商做出的评价。购物场所设施完备,环境优雅舒适,售货员的服务热情周到,消费者一般会做出良好的评价。消费者对产品或服务是否满意,还受到之前对质量水平期望的影响,生产厂商对商品的宣传与消费者购得的商品差别越小,或者实际购得的商品性能优于宣传所提到的效果,消费者对生产厂商也会做出较高的评价;反之,当消费者实际购得的商品性能与预期不一样时,就会带来消极的影响。

相关链接 星巴克为顾客提供超过预期的服务

1971 年 4 月,在美国的西雅图帕克市场,星巴克第一家店正式开业。星巴克从一家小小的咖啡豆零售店成长为一家大型国际咖啡连锁店,星巴克不仅为顾客提供可口的咖啡,而且还致力于体验的建立,使顾客购买和享用咖啡的过程非常美好。

星巴克将自己定位为独立于家庭、工作室以外的"第三空间",星巴克在海外和中国的定位的落脚点是"您的邻居",是其家庭客厅的延伸、价廉物美的社交场所、工作和家庭之外的第三个最佳去处,而绝非白领阶层的专属。

人们在星巴克购买咖啡的同时,也买到了时下在中国非常需要的、超出顾客满意预期东西:一种体验、一种生活方式。根据不同的口味提供不同的产品,实现一种"专门定制式"的"一对一"服务,真正做到真心实意为顾客着想。正是星巴克为顾客提供了超过预期的服务,既使顾客获得了更大的满意,也使星巴克得到了快速的发展。

使顾客满意不是最终目的,使顾客的满意超过其预期才是双赢的真谛。

3. 购后评价对消费者购买决策的影响

消费者在购买商品之后,一般都要进行购后评价,所不同的是,有的时候很认真,有的时候很马虎,这要取决于他对所购商品的重视程度,但都会对消费者本人以后及周围其他人的购买决策产生重要的影响。

(1) 对自己以后购买决策的影响。如果消费者对所购商品感到满意,则此次购买经验作为知识存储于大脑,形成对商品、企业肯定的认识,那么以后可能会继续购买这一品牌的商品;如果感到不满意,消费者会改变对该商品、企业形象的态度,进而寻找更合适的品牌来满足自己的需要。因而,购后评价常会作为一种经验反馈到决策的第一阶段,起着帮助做出决策的作用。玛格丽特·伯克在其所著的《消费经济学》一书中指出,一个人的消费行为不是静态的,而是一个动态的过程。消费者之所以受到商品的吸引,产生购买欲望,离不开自己的和相识者的购买经验,消费者历次选择中具有内在联系。因此,消费者总是"重复购买"。

(2) 对周围其他人购买决策的影响。消费者通过购后评价向周围其他人(如亲戚、朋友、同事)传递某些商品信息,表达自己对商品(或服务)的看法,影响这些消费者对商品的态度和购买决策。消费者之所以愿意提供购后评价,一是可能满足自己的潜在需要,减少或者消除购后对自己购物行为的疑虑;二是可能表达自己对产品的满意或不满意,由于他们自己对商品十分感兴趣或过分失望,心理上感到不告诉别人不行;三是借此增加与相关群体其他成员之间的交往。其他人之所以乐意接受他人对商品的评价并作为自己购买商品时的重要决策依据,可能由于下述原因:一是来自亲戚、朋友或相关其他成员的购物经验,因其非营利性被认为要比商业性信息来源更加可靠;二是对于那些性能复杂而又难以检测的产品,消费者倾向于充分听取他人意见以减少购买风险;三是通过向其他人获取购买信息以减少自己搜集信息的成本。这种购后评价以口头传播的形式,往往以高可信度影响消费者的购买决策。有关研究表明:一个满意的顾客向三个人介绍好产品的优点,而一个不满意的顾客会向 11 个人讲它的坏话。如果扩展开来,他们再去讲坏话,则这些不良口碑会对企业形象、信誉度产生更大的影响。

模块四 揭示消费者购买过程中的复杂心理活动

【与相关课程的联系】

服务营销就是为了提高消费者的售前、售中和售后服务质量,提高消费者的忠诚度。

模块小结

需要是指人对某种目标的渴求或欲望。它是机体或自身或外部生活条件的要求在脑中的反映。消费者的需要表现为购买商品或劳务的欲望或愿望。消费需要的基本特征包括多样性、发展性、可诱导性、周期性、伸缩性、时代性。按照需要的层次,可以分为生理需要、安全需要、归属和爱的需要、尊重需要、自我实现需要。

购买动机是能够引导人们购买某一商品,选择某一商标、劳务或选择某一货币支出投向的动力。消费者购买动机产生的原因不外乎内因和外因,即消费者的内部需要和外部诱因两类。消费者的具体购买动机类型包括求实动机、求新、求美、求异动机、求便动机、求廉动机、储备动机、惠顾动机、求名动机、好胜心理动机、嗜好心理动机、安全心理动机、自尊心理动机、攀比心理动机。

消费者购买决策所包括的内容包括为什么买、买什么、买多少、在哪里买、何时买、如何买。消费者购买遵循的基本原则包括最大满意原则、相对满意原则、遗憾最小原则、预期满意原则。典型的购买决策过程一般包括认识需要、收集信息、选择判断、购买决定、购后行为五个步骤。

消费者购买活动就是指消费者或家庭为了满足自己物质和精神生活的需要,在某种动机的驱使和支配下,用货币换取商品或劳务的实际活动。参与购买活动的角色包括发起者、影响者、决定者、购买者、使用者。根据购买者在购买过程中参与者的介入程度和商品间的差异程度,将消费者的购买行为分为复杂的购买行为、减少不协调感的购买行为、广泛选择的购买行为、习惯性的购买行为四种类型。

消费者购买后行为是指消费者购买产品或服务后的感受和状态,包括购买后不协调、产品使用、购买后评价、购买后抱怨等。其中,购后评价的内容一般包括对品牌的评价、对质量的评价、对企业的评价。

主要名词

需要　动机　诱因　购买决策　购买准备　知觉风险　购买行为　购买后行为

自测试题

一、单项选择题

1. 根据消费者的购买过程和购买结果可以评价一个消费者的（　　）。
   A．能力　　　　B．知觉　　　　C．情感　　　　D．动机
2. 人类消费行为的复杂多样性是基于（　　）。
   A．需要的复杂多样性　　　　B．动机的复杂多样性
   C．消费品的复杂多样性　　　　D．生存环境的复杂多样性
3. 消费者意识到某种消费需要后产生的心理状态是（　　）。
   A．紧张　　　　B．调节　　　　C．平衡　　　　D．强化
4. 最明显地反映出消费者需要周期性特征的需要是（　　）。
   A．生理性需要　　B．社会性需要　　C．物质需要　　D．精神需要
5. 消费者对某种商品的心理需求越强烈，该商品价格的调节作用越（　　）。
   A．强　　　　B．弱　　　　C．真实　　　　D．隐蔽

二、多项选择题

1. 消费者理智性购买动机的特点可以包括（　　）。
   A．客观性　　　B．主观性　　　C．周密性　　　D．控制性
   E．随机性
2. 消费者为完成其购买行为必须具备的能力包括（　　）。
   A．感知能力　　B．记忆能力　　C．分析能力　　D．检验能力
   E．思维能力
3. 影响消费者在认识商品、购买商品等活动中情感变化的因素主要有（　　）。
   A．市场状况　　B．购物环境　　C．商品因素　　D．心理准备
   E．货币收入
4. 习惯性购买行为中的强化物包括（　　）。
   A．收入水平　　B．社会文化　　C．商标　　　　D．商品外形
   E．厂商知名度
5. 人的消费需要转化为消费动机的条件包括（　　）。
   A．社会条件　　B．消费习惯　　C．消费环境　　D．商品诱因
   E．优势需要

三、简答题

1. 什么是消费者需要？简述消费者需要的特点和类型。
2. 简述马斯洛需要层次理论的主要内容。
3. 什么是消费者购买动机？消费者购买动机如何分类？
4. 简述消费者的购买决策及其过程。

5．参与购买活动的角色有哪些？
6．消费者购买行为的类型有哪些？
四、论述题
试论述购后评价对消费者购买决策的影响。

案例分析

医治驼背

有个自称专治驼背的医生，招牌上写着"无论驼得像弓一样，像虾一样，像饭锅一样，经我医治，着手便好"。有个驼背的人信以为真，就请他医治。他不给驼背开药方，也不给他吃药，拿了两块木板把一块木板放在地上，叫驼背的人趴在上面，用另一块木板压在驼背的人的身上，然后用绳子绑紧。接着，便自己跳上板去，拼命乱踩一番。驼背的人连声呼叫求救，他也不理会，结果，驼背算是给弄直了，人也"呜呼哀哉"了。

驼背的人的儿子和这个医生评理，这医生却说："我只管把他的驼背弄直，哪管他的死活！"

顾客的需求是多样的，顾客的偏好也是多样的，企业营销的问题是找出解决顾客需求的产品和方法，并且这种产品和方法能够满足顾客的需求，这才是成功的营销。许多企业在广告中吹嘘自己的产品可以解决什么问题，当顾客购买使用后却不见效果、想评理却找不到人诉说了。

案例讨论
1．目前是否还存在"医治驼背"的企业？应该如何改正？
2．成功的营销应该如何做？

实训练习

1．假设你家里决定购买一辆汽车或者一台电脑，请谈谈家庭成员在购买过程中分别扮演的角色。
2．从下面三个不同角度，分析不同角色的消费者在购买决策过程中的心理活动。
（1）从一名大学生消费者的角度。
（2）从一名公司老总的角度。
（3）从一名工薪阶层消费者的角度。
3．针对智能手机消费者开展一次市场调研，调查消费者对智能手机的需求情况。

模块五
把握文化、习俗、时尚对消费心理的影响

内容提要

模块五主要介绍社会文化、消费习俗、消费流行与消费心理的关系。重点介绍社会文化、消费习俗、消费流行的概念、特征，以及在不同环境条件下对消费者消费行为的影响。

教学重点和难点

社会文化、消费习俗、消费流行的概念、特征。
社会文化、消费习俗、消费流行对消费行为的影响。

学习目标

知识点：掌握社会文化、消费习俗、消费流行、模仿、从众的含义及特征。
能力点：掌握社会文化、消费习俗、消费流行、模仿、从众等因素对消费心理和消费行为的影响，企业在市场营销过程中，如何进行有效运用。

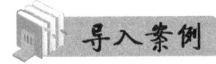

导入案例　　　　　　　　金六福酒

白酒行业的佼佼者——"金六福"可以说是每一步都走得优雅而稳健。其独特的"福文化"和营销手段一直为业界所注目。从最初的"好日子离不开它，金六福酒"、"喝金六福酒，运气就是这么好"、"中国人的福酒"、"幸福团圆，金六福久"、"奥运福·金六福"，一直到"春节回家·金六福酒"等，1998—2000年，金六福给人的品牌体验更多的是个人的福运，其传播口号主要是"好日子离不开它"和"喝金六福酒，运气就是这么好"。2001—2002年，金六福通过赞助世界杯出线、中国申奥，将这种体验提升到民族的福、国家的福、"中国人的福酒"。2004年以后，搭车雅典奥运，它又将福文化推向国际，让人们体验"世界的福"。短短十几年，金六福的"福文化"不断提升和积淀，无不散发着浓厚的传统文化气息。我们不难看出，这么多年，金六福始终围绕着"福文化"进行品牌建设和战略管理。营销策略上始终秉承这样的品牌核心，通过富有情感煽动力的传播方式进行

模块五 把握文化、习俗、时尚对消费心理的影响

有效的传播。

"酒文化"在中国源远流长,具有深厚而复杂的内涵,它直接反映出一个国民的心理需求和心理特征。金六福对于中国传统文化心理的了解程度应是其一大优势。

金六福以"顺情"和"煽情"影响消费者行为,赢得顾客,赢得市场。金六福被中国食品工业协会评为"跨世纪中国著名白酒品牌"。

在影响消费者心理行为的社会性因素中,消费习俗、消费时尚的影响占据着很重要的位置,而社会文化的影响具有普遍的渗透力,这种渗透在不同的亚文化环境下又表现出不同的特征,对消费行为的影响不可忽视。

单元一 社会文化与消费心理

社会文化不但规范着人们的道德规范和行为准则,也强烈影响着人们的消费心理和消费行为,不同的文化为人们提供了诸如怎样穿戴、怎样布置居室、怎样安排结婚仪式等种种无形的固有观念模式,自觉和不自觉地影响和要求人们去遵循和效法。

一、社会文化概述

1. 社会文化的内涵

社会文化是指社会意识形态同人们的衣食住行等物质生活和社会关系相结合的一种文化,如服饰文化、饮食文化和各种伦理关系、人际关系等。它包括人们在社会发展过程中形成并经世代流传下来的风俗习惯、价值观念、行为规范、态度体系、生活方式、伦理道德观念、信仰等。

例如,美国人和日本人在化妆品方面存在着消费差异,美国人认为日本的化妆品市场是美国人难于攀登的富士山。原来,美国的化妆品品种不少,但进入日本市场的效果很差,广告宣传没少做,促销手段没少花力气,但是日本人就是无动于衷。为此,美国人委托有关专家进行研究。通过大量的调查发现,美国的化妆品的色彩并不适合日本人的要求。在美国,普遍的观念认为,略微深色或稍黑一些皮肤是富裕阶层的象征,因为只有生活富裕的人们才有足够的金钱享受休闲活动,如去海滩晒太阳、外出旅游等。生活越富裕,去海滩晒太阳、旅游的机会越多,皮肤也就会越黑,所以皮肤晒得黑的人,说明其社会地位和生活的富裕程度高。因此,美国人使用化妆品时习惯于深一些的色调,化妆品厂家的生产也以深色调为主。而日本人的皮肤属于东方人的皮肤类型,且崇尚白色。在这种社会文化背景下,日本人对美国人那种略为深色的化妆品是没有多大兴趣的。

2. 社会文化的特征

社会文化具有以下几个特征。

（1）社会文化的共有性。社会文化是社会成员在生产劳动和生活活动中共同创造的，为全体成员所共有，并对每个社会成员产生深刻的影响，使其心理倾向和行为方式表现出某些共同特性。

（2）社会文化的差异性。每个国家、地区和民族都有自己独特的区别于其他国家、地区和民族的文化，即有自己独特的风俗习惯、生活方式、伦理道德、价值标准、宗教信仰等，这些方面的不同构成了不同文化的差异。

（3）社会文化的变迁性。文化不是静止不动的，而是时刻处于变化之中。随着社会的发展演变，文化也将不断地变化更迭。与之相适应，人们的崇尚与爱好、生活方式、价值观念也必然随之发生变化和调整。消费品市场是反映文化变化的一个最敏感的窗口，因为文化的发展变化经常导致市场上某种消费时尚及商品的流行。

> **相关链接**　　　　　　　　　中国服装文化的变迁
>
> 中国的服装文化经历了六个阶段。第一阶段为反传统变革期。反传统变革期可以追溯到20世纪初至新中国成立前；第二阶段为大众趋同期，新中国成立后到1978年；第三阶段为开放混杂期，在改革开放大潮的推动下，中国服装消费文化呈现出源自价值观的重建而表现的开放与混杂的特点，这种现象自1979年一直延续到1984年；第四阶段为享受攀比期，1985年到1991年，这段时期中央相继通过了关于经济体制改革的决定；第五阶段为融合多元期，进入1992年，面对让人耳目一新的国外服装品牌运作模式，刚刚复苏的国有服装企业面对强势显得措手不及，这种融合外来消费理念的多元化消费特征一直延续到1999年；第六阶段为时尚个性期，进入21世纪，随着全球化影响的深入，中国加入WTO，奥运会的成功举办，中国经济的飞速发展，以及与世界交流机会的增多为中国服装业在新世纪的发展带来难得的商机。

二、中华民族文化对消费者心理与行为的影响

我国是一个历史悠久并富有民族传统的东方文明古国，与西方文化有明显差别。受民族文化影响，中国市场的消费者自然也会具有一些独特的民族心理特点和行为方式。具体表现为以下几个方面。

（1）传统的家庭伦理观念。虽然现代的中国家庭已不同于旧的封建家庭，家庭成员间的关系也在发生着变化，新的、平等的、互敬互爱的关系已在逐渐代替封建家长式的长幼尊卑的关系，但传统的家庭伦理观念也部分地得到保留和巩固。在经济关系上，家庭中成员之间的依存关系比较明显。因此，中国的市场以家庭为单位的消费者居多，购买能力也是以家庭为单位计算。个人的消费行为往往与整个家庭联系在一起，消费者不仅要考虑自己的需要，还要考虑整个家庭的需要。如果说西方社会比较重视个人权力的话，那么中国

人则更重视自己对于家庭的责任与义务。

（2）重人情和求同心理。中国社会注重人与人之间的关系，在人际交往中，往往把人情视为首要因素，以维系人情作为行为方式的最高原则。因此在生活方式上，受外界的影响较大，向别人"看齐"，这点在消费行为上反映很明显。在生活方式上，特别是衣着打扮上，大多数人很少脱离周围环境而单纯从个人的需要和爱好出发，对那些标新立异的行为往往不大习惯。

同时，也应该看到，多年的改革开放和经济文化的迅速发展，也在日益冲击着人们的传统观念。一些旧的消费习惯也正被新的消费习惯所代替，在消费上敢于标新立异者也在日益增多，特别是在青年人中，表现得更为突出。

（3）朴素的民风和"节欲"心理。崇尚节俭是我国的传统，节制个人欲望被视为美德。大多数消费者在消费时，花钱比较慎重，善于精打细算，用于购置生活必需品方面较多，而用于享受方面的奢侈品相对较少，追求商品的实用性和耐用性。

不过，近年来，随着我国经济的发展，人均收入的增多，购买力明显增强。尤其是年轻人开始注重享受，奢侈品销售也达到空前繁荣。所谓"吃的营养、穿得漂亮、用的高档"成了消费的新动向，需要引起商家的足够重视。

（4）讲究面子心理。"面子"是中国传统文化、传统价值观、人格特征、社会文化共同作用的综合体。"面子"是中国人传统的文化心理特征，中国人在人际交往中总是以对方给不给自己"面子"或给自己多少"面子"判断对方对自己的接纳程度，并对彼此的关系进行认知和评价。消费在某种程度上实现人们之间的交际功能，所以在消费中不能不讲"面子"。

相关链接　　　　一位公司女白领的"面子"

李丽是 Access Asia 公司的秘书，她的脖子上即使在周末也挂着一个塑料卡片（相当于工作证），因为这是一种荣誉，表示她拥有一份白领工作。她每天开着她的小汽车上班，只是为了炫耀，但上班所用的时间是乘坐公共交通的四倍。

（5）含蓄的民族性格和审美情趣心理。如果说西方民族的典型性格是外向、奔放，那么我国的民族性格则比较内向、含蓄。表现在穿着上的差别比较明显，西方人喜欢选用色彩鲜亮的装束，而中国人则喜欢色调柔和、素雅而庄重的衣着。

相关链接　　　　入国问禁　入乡随俗

中国出口的黄杨木刻一向用料考究、精雕细刻，以传统的福禄寿星和古装仕女畅销于亚洲一些国家和地区。当产品销往欧美国家以后，发现当地消费者与亚洲人的观念大不一样。后来，中国工艺品进出口企业一改传统做法，使用一般的杂木制作简单的艺术雕刻，涂上欧美人喜欢的色彩，并加上适合于复活节、圣诞节和狂欢节的装饰品，反而大受欢迎，打开了销路。

三、亚文化对消费行为的影响

1. 亚文化的含义

亚文化是一个不同于文化类型的概念。所谓亚文化，是指某一文化群体所属次级群体的成员所共有的独特的价值观念、生活方式和行为规范。因此，营销人员可以根据亚文化群体所表现出来的不同需求和消费行为选择自己的目标市场。

2. 亚文化对消费行为的影响

亚文化可以分成不同的类型，不同类型的亚文化对消费行为会产生不同的影响，下面从民族、地域、宗教、性别、年龄、籍贯、职业等不同方面入手，阐述其对消费行为的影响。

（1）民族亚文化。民族亚文化是人们在历史上经过长期发展而形成的稳定共同体的文化类型，对消费者行为有着广泛的影响。在同一个国家和地区内，不同的民族间存在截然不同的生活方式和消费观念。例如，朝鲜族人喜食狗肉、辣椒，喜欢穿色彩鲜艳的衣服，群体感强，男子的地位比较突出；蒙古族人的习惯则是穿蒙袍，住帐篷，吃牛、羊肉，喝烈性酒，在汉族人看来是腥味重、难以入口的奶茶，对蒙古人来说却是生活中不可缺少的美味饮品。由此可见，民族亚文化对消费者行为的影响是巨大的、深远的，也是营销者不容忽视的。

（2）地域亚文化。由于自然状况和社会经济历史发展的结果，地理上的差异往往导致人们消费习俗和消费特点的不同。例如，中国闻名的川菜、京菜和鲁菜等八大菜系，皆风格各异，自成一派，就是因为地域不同而形成的。中国北方人由于气候寒冷，有冬天吃酸菜和火锅的习惯，几乎家家都备有火锅、砂锅，而南方人由于气候炎热，养成了吃泡菜、熏肉和腊肠的习惯。同是面食，北方人喜欢吃饺子，南方人喜欢吃包子，西北人却喜欢吃饼和馒头。

（3）宗教亚文化。宗教是支配人们日常生活的外部力量在人们大脑中的虚幻反映，不同民族在历史发展过程中有着不同的人格化进程，从而形成不同的宗教亚文化群体。不同的宗教群体，具有不同的文化倾向、习俗和禁忌。例如，由于伊斯兰教徒对酒精饮料的禁忌，使碳酸饮料和水果饮料在当地成了畅销品；牛奶制品在印度教徒、佛教徒中很受欢迎，因为他们当中很多人是素食者。又如，宗教也可能意味着与一定宗教节假日相联系的高消费期。对企业来说，宗教节假日是销售商品的良好时机。

（4）性别亚文化。不同性别的文化群体有着截然不同的消费心理和消费行为。一般来说，女性消费者对时尚的敏感程度往往会大大高于男性，女性消费者通常比较重视商品的外观，而男性消费者则比较重视商品的性能和品质。另外，女性消费者对价格的敏感程度也远远高于男性消费者；而在购买方式上，女性消费者通常有足够的耐心与细致，但同时又缺乏决断性。

（5）年龄亚文化。不同年龄的亚文化群往往有着不同的价值观念和消费习惯。老年人比较保守和自信，习惯于购买熟悉的商品，求实求利动机较强；青年人则喜欢追求新颖和时尚，乐于尝试新产品，容易产生冲动型购买。

（6）籍贯亚文化。中国人的乡土观念比较重，各地的人或多或少保留着他们本乡的生活习惯。例如，在饮食方面，湖南人和四川人爱吃辣的，苏州人和无锡人爱吃甜的。企业如能注意籍贯亚文化的特点，针对这些特点扩展产品，增设新服务，其发展潜力应当是很大的。

（7）职业亚文化。不同的职业形成不同的职业亚文化。不同职业亚文化中的消费者有不同的消费心理和行为，而且在装束、言谈举止和生活方式等方面会有比较明显的区别。研究这些差别，有助于企业更好地生产适销对路的商品，更好地针对消费者的不同特点提供相应的服务。例如，农民的消费观念属于节俭和保守型，勤俭持家精打细算，消费的最大特点是商品要经济实惠、耐穿耐用；工人在消费方式上受社会风气影响较大，偏向于大众化商品和流行商品；知识分子文化程度较高，购买和使用的商品要求与自己的身份相符。

综上所述，消费者行为不仅带有社会文化的基本特征，同时还带有所属亚文化群的特有特性。而与社会文化相比，亚文化往往更易于识别、界定和描述。因此，研究亚文化的差异可以为企业提供市场细分的依据，使企业正确区分和选择亚文化群体，从而更好地满足目标消费者的需要。

【与相关课程的联系】

亚文化是进行市场细分的重要指标，在《市场营销》、《广告》、《市场营销策划》、《策划和推销》等课程中被广为利用。

单元二 消费习俗与消费心理

相关链接 分析消费者的饮食习惯 引导餐饮加盟经营方向

餐饮加盟企业管理者必须清楚，进入新世纪，人们对餐饮消费的要求已发生了很大的变化，不同人群、不同阶层、不同职业有其不同的消费需要：白领消费"吃环境"，上班一族"吃快捷"，家庭消费"吃休闲"，老板消费"吃体面"，情侣消费"吃浪漫"。

在我国，广大饮食消费者有着丰富多彩的消费需要，具有如下的共同特点。

（1）多层次性。由于餐饮消费在民族习俗、收入水平、文化程度、审美情趣、宗教信仰、性别年龄、消费目的、性格气质、能力素质等方面存在着多层次性，因而必然会呈现需要的多层次性和因人而异的现象。这就要求综合性企业的餐饮经营档次需要高、中、低档不同餐厅合理配套；经营品种和服务项目要齐全和富有特色；接待服务方法要区别对象，不可千篇一律。

（2）主观性。由于人们的饮食消费要求是多种多样的。因此，餐饮服务工作就很难有一个固定的、统一的标准。同时，人们都习惯于以自己的主观经验和期望去衡量、评价服务质量的优劣高低，尤其重视个人的心理感受。因为，餐饮消费需求带有浓郁的个体主观色彩，所以，餐饮服务工作就必须从顾客消费需求的主观性出发，尽量体察和了解每一位顾客的心理，使接待工作具有灵活性和针对性，使每一位顾客都能获得良好的心理感受。

（3）可引导性。餐饮消费需要的产生、发展和变化，同餐饮企业的营销活动、美食推广、新菜开发等各种诱导因素紧密相关。消费观念的更新、社会时尚的变化、社会交际的启迪、工作环境的改变、文化艺术的熏陶、广告宣传的诱导、消费现场的刺激、服务态度的感召等，都会不同程度地使顾客的兴趣发生转移，并不断产生新的消费需要。潜在的需要会变成现实的行为，未来的消费会提前寻求实现的途径，微弱的愿望会转化为强烈的欲求。总之，餐饮消费需要可以通过各种媒介物，运用各种方法加以启发和诱导。实际上，消费者的需要，特别是各种满足的手段，都是社会化的结果，是人为培养的产物。

（4）无限性。在餐饮消费活动中，消费者的需要是不会因为暂时的满足而停滞或消失的。当旧的需要得到了满足时，新的需要就会随之产生，如此周而复始，延续不断。由于社会的进步，随着消费者审美观念的改变，他们就会对消费环境和服务方式提出新的要求。餐饮消费者这种不断发展变化的心理需求，是追求美好生活的原动力，并促使餐饮加盟经营者在菜肴质量和服务方式上不断用心开拓，从而推动餐饮业不断向前发展。餐饮加盟企业管理者只有掌握了市场动向，才能获得消费者的信赖，才能增加餐饮加盟店的销售，才能打出餐饮加盟品牌的知名度，最终获得超额收益。

消费习俗由于受多种因素的影响，在人们的长期生活中形成，所以它有其自身的特点和规律性。

一、消费习俗概述

1. 消费习俗的概念

所谓的习俗就是指风俗习惯。消费习俗是人们社会生活习俗中的重要习俗之一。它是指一个地区或民族的人们在长期的经济活动与社会活动中，由于自然的、社会的原因所形成的独具特色的消费习惯，主要包括人们对信仰、饮食、婚丧、节日及服饰等物质与精神产品的消费习惯。

消费习俗是人们在长期的消费过程中形成的，具有一定倾向性的消费习惯，是人类各种习俗中的重要习俗之一，消费习俗具有特定性、长期性、继承性、社会性等特征，一旦形成就不易改变，可以被后代继承与传续。消费习俗是世代相传而形成的消费习惯，是社会风俗的主要组成部分，是人们在日常生活消费过程中由于自然的、社会的各方面原因而形成的各具特色的风俗习惯。

消费习俗在一定的人群中是被普遍接受和共同遵循的。不同的消费习俗，具有不同的商品需要，研究消费习俗，不仅有利于企业组织好消费品的生产与销售，而且有利于正确、主动地引导健康的消费。了解目标市场消费者的禁忌、习俗、避讳、信仰、伦理等是企业进行市场营销的重要前提。

2．消费习俗的特点

（1）特定性。消费习俗是特定地区产生的，带有强烈的地方色彩，承袭了当地的生活传统，沿袭了当地的消费习惯，所以具有特定性。少数民族地区的消费习俗，更是他们在长期的生活习惯中形成的。例如，西藏人喜欢茶砖，蒙古人喜欢喝酒等。当然随着经济的发展，消费习俗也在发生着变化，不过在各地仍然保留着一些独特的消费习俗，这就要求企业在不同地区销售产品时要具有针对性。

（2）长期性。消费习俗是人们在长期的经济活动中，由于政治、经济、文化及历史等方面的原因，在漫长的生活中，逐渐形成和发展的消费习惯，所以具有长期性、稳定性，在人们的日常消费中不知不觉地发挥着作用。由于消费习俗具有长期性、稳定性，因此，只有企业掌握它，顺应它，并加以适当的引导，才能所向无敌，否则将处处碰壁。

（3）社会性。消费习俗是在共同的社会生活中，互相影响而形成的。某些具有较强社会性的消费习俗，由于受社会环境因素的影响，也会发生一定的变化。例如，"圣诞节"、"情人节"在中国流行，而"春节"也在国外流行。

（4）非强制性。一些消费习俗的产生，不是强制颁布的，而是一种无形的社会习惯，这种习惯的力量还是非常强大的，尽管无人强制，但是人们自觉不自觉地在遵守。当然，对于一些不良的消费习俗，应该通过适当的教育去纠正。

3．消费习俗的分类

由于消费习俗有自己的特定性，因此不同国家、不同地区、不同民族的人们形成了各种各样的消费习俗，为便于更好地把握消费习俗，对消费习俗做如下分类。

（1）物质类消费习俗。物质类消费习俗由地区环境形成，主要涉及物质生活范畴。随着经济的发展，这种消费习俗的影响力会变弱。具体包括以下几方面。

① 饮食消费习俗。不同的国家、不同的地区有自己的饮食消费习俗。在我国，北方人以面食为主，南方人以米饭为主，沿海城市的人爱吃海鲜，广东人爱喝早茶，山西人爱吃醋等。不过，随着经济的发展，物质的流通，地域限制造成的饮食习俗差异会逐渐缩小。

相关链接　　　　　　　　　广东人的饮食消费习俗

（1）博采众长讲究实际。广东饮食习俗在博采众长的同时，能逐渐摒弃外地饮食中的某些陋习，形成不尚奢华、讲究实际的风格。广东人的饮食，讲究少而精，即使宴请宾客，也绝不铺张浪费，以吃饱、吃好为原则，这与北方的某些地方的大吃大喝形成了鲜明的对照。北方人的铺张，正是由于礼仪上的拘泥，这固然有其豪爽可爱的一面，但更应看到，饮食上的繁文缛节，是无法为现代社会的行为方式所接纳的。当然，这并不意味着广东人不重视礼仪，恰恰相反，广东人请客非常注重礼貌，使客人乘兴而来，尽兴而归，而那种脱离实际的铺张，则是务实的广东人所不愿为之的。

（2）制作精细追求享受。一道鲜美佳肴的制作，有赖于各个环节之间有条不紊的协作，粤菜在配料、刀工、火候、烹饪时间、起锅、包尾、器皿、上菜方式等诸多环节都有着非常严格的要求。例如，做鱼讲究即杀即烹，这样才能保持鱼的鲜味；再如其拼盘的制作，必须注意配料的选择，以达到造型美观、口味丰富的效果，一道好的拼盘，不仅是一盘佳肴，更是一件艺术品，让人赏心悦目，胃口大开。

② 服饰消费习俗。服装方面的消费习俗，主要是由于各地气候、环境、生活交往的差异，或者由于民族传统而形成的消费习惯。不同的少数民族在服饰上各有不同，表现出强烈的民族特色。由于我国气候差别大，南方和北方的服饰有很大的差异。南方的服饰清爽、舒适、相对瘦小；而北方的服饰宽松、厚实。

③ 住宿消费习俗。受不同地区气候环境，以及经济条件的不同，人们在建造房子时有很大的区别。例如，蒙古人住蒙古包，陕北人住窑洞，有些地区的人住瓦房等不同的习俗。

（2）社会文化类消费习俗。社会文化类消费习俗是一种非物质的消费习俗，具有更强的稳定性。

① 喜庆性的消费习俗。为了表达美好愿望而引发的消费需求。例如，我国的春节、西方的圣诞节等重大节日，还包括一些结婚庆典等活动。

② 纪念性的消费习俗。人们为了纪念某人、某事或某物而形成的某种消费习俗。例如，我国的清明节、元宵节、端午节、中秋节等节日。这种消费习俗的影响是比较广泛的，是全国各地普遍流行的消费习俗。

③ 宗教信仰性的消费习俗。该种消费习俗对信仰该宗教的人群具有很强的约束力，具有浓厚的宗教色彩。例如，伊斯兰教、佛教都有自己的消费习俗。

④ 社会文化性的消费习俗。这类消费习俗具有丰富的文化内涵，与现代文化具有很强的相容性。例如，舞龙节、泼水节、啤酒节、风筝节等。

二、模仿与从众

1. 模仿的含义

模仿就是个人依据一定的榜样做出类似的行为和动作的过程。如果被模仿的行为具有榜样作用，模仿可能是自觉的，但大部分情况下，特别是日常生活中，模仿更多的是无意识的行为。

模仿是一种普遍的社会生理现象，是一种学习和形成。人所具有的知识和行为，尤其是生活习惯，都是从小在家庭和社会的熏陶下逐渐模仿而形成的。

相关链接　　　　　名人效应

名人、明星的装束打扮经常为人们竞相模仿。日本皇太子妃的结婚礼服在日本青年妇女中曾引起出乎意料的追随热潮。连英国王妃戴安娜因怀孕而特地设计的孕妇服，也成为当时许多英国妇女群起效仿的流行服。

2．消费活动中模仿行为的特点

（1）模仿行为的发出者，即热衷于模仿的消费者，大多数对新事物反应敏感，接受能力强。他们对消费活动有广泛的兴趣，喜欢追随消费潮流和时尚，经常被别人的生活方式所吸引，并力求按他人的方式改变自己的消费行为和消费习惯。

（2）模仿是一种非强制性行为，即引起模仿的心理冲动是消费者自愿将他人的行为视为榜样，并主动努力加以模仿，而不是通过命令强制发生的。模仿的结果会给消费者带来愉悦和满足的心理体验。

（3）模仿既可以是消费者理性思考的行为表现，也可以是感性驱使的行为结果。成熟度较高、消费意识明确的消费者，对模仿的对象通常是经过深思熟虑和认真选择的。相反，消费观念模糊，缺乏明确目标的消费者，其模仿行为往往带有较大的盲目性。

（4）模仿行为的发生范围广泛，形式多样。所有的消费者都既可以模仿他人的行为，也都可以成为他人的模仿对象。而消费领域的一切活动都可以成为模仿的内容，只要是消费者羡慕、向往、感兴趣的他人行为，无论流行与否，都可以加以模仿。

（5）模仿行为通常以个体或少数人的形式出现，因而一般规模较小。一旦模仿规模扩大成为多数人的共同行为时，就衍生为从众行为或消费流行了。

3．从众的含义

从众是指个人的观念与行为由于受群体的引导和压力，而趋向于与大多数人相一致的现象和倾向。这种个人因群体影响而遵照多数人消费行为的方式，就是从众消费行为。例如，喜欢到人多的商店购物；偏向于选择市场占有率高的品牌商品；在选择旅游点时，偏向热点城市和热点线路。从众是社会生活中普遍存在的一种社会心理和行为，用来保持自身行为与多数人的一致性，从而避免个人心理上的矛盾和冲突。

4．消费者从众行为的特点

（1）从众行为往往是被动的。许多消费者为寻求保护，避免行为特殊引起群体压力和心理不安而被迫选择从众。在从众过程中，消费者会产生复杂的心理感受，除安全感、被保护感等积极感受外，还会有无奈、被动等消极感受。

（2）从众行为涉及的范围有限。由消费活动的个体性和分散性等内在属性所决定，消费行为的总体表现是多种多样各不相同的。因此，在通常情况下，让大多数消费者对所有的消费内容保持一致是不可能的。从众行为的发生需要一定的客观环境和诱因刺激。例如，在社会环境不稳定、人心浮动、舆论误导、小道消息蔓延的情况下，个人容易追随多数人的消费行为。

（3）从众行为是消费流行的先导。从众现象最先从少数人的模仿、追随开始，扩展成为多数人的共同行为，如果进一步扩大就会推动更大范围、更多消费者做出相同或相似的消费行为，进而导致消费流行。

值得指出的是，从众消费行为作为一种大规模的消费现象，会对宏观经济、社会消费状况发生重要影响。这种影响既有积极的一面，又有消极的一面。

一方面，政府部门可以通过各种媒介的宣传来提倡正确的消费观念，鼓励和引导健康的消费行为，使之成为大多数消费者共同遵从的行为规范。利用从众心理的影响，带动其他个别消费者，形成全社会健康文明的消费氛围。企业也可以利用从众心理，抓住时机进行宣传诱导，培育新的消费市场，引导新的消费观念，促进购买行为的出现。

另一方面，在特定条件下，从众行为也有可能导致盲目攀比、超前消费、抢购风潮等不良的消费现象产生。这种消极影响，国家和企业也应采取积极措施加以防范。另外，从众行为还有可能扼杀消费者的创新意识，使新的消费观念、消费方式的提倡和推行遇到阻力和障碍。对此，企业要予以格外关注，积极采取多种措施避免从众行为带来的负面影响。

三、消费习俗的影响力

1. 影响消费习俗的因素

消费习俗虽然具有相对的稳定性，但它并不是一成不变的，随着经济的发展，人们相互交往的加强，很多习俗会发生一定的变化，尽管变化的过程是漫长的。企业如果抓住消费习俗变化的规律，采取相应对策，就会更好地满足消费者的需求，增加企业盈利。那么，到底什么因素引起消费习俗的变化呢？

（1）新产品的出现。很多新的商品，用料新、质量好、式样好、味道好，并且物美价廉、舒适美观。在推向市场的过程中，人们慢慢就会接受。从社会发展的角度看，是进步的。例如，当前人们的通信交往，已经很少用传统的邮票、信封的方式了，取而代之的是手机短信、E-mail、QQ等信息化手段。

（2）消费者求新求变的心理。人们接受新消费观念、新风俗，表面上看是赶时髦、图新鲜。实际上是在人们的思想深处反映出一种求新求变的心理。例如，五花八门的洋节日在我国的流行，麦当劳、肯德基等快餐文化被青少年追捧，代表了消费者求新求变的心理。

（3）"爱面子"、"虚荣心"也是人们接受新习俗的心理动因。社会心理学的一项研究表明，东方人的虚荣心比西方人要强，一些消费中也存在爱面子、好攀比的因素。在一些国人看来，是否有能力消费与夸富是在社会上有没有"面子"的重要指标，而"面子"的大小或有无也是中国人身份与地位的标志物。

好面子，讲排场，爱虚荣是中国传统文化沉淀的结果。正是这种心理推动着社会习俗的变化。例如，过去人们相互见面互相作揖后来改为握手，原来人们家里的陈设多为字画现在改为钢琴，如今许多城市的消费者都到饭店吃年夜饭等。

（4）超前消费。这是一些高收入阶层的消费观念，这个群体有经济实力，其中不少人有留学的经历。他们吃则西餐，喝则洋酒。这些人中大多数是欣赏洋消费的品质、卫生和消费环境。这是一个不算太大的消费群体，但是它的影响稳定而持久。贷款买房已经被人们普遍接受，贷款购车、贷款上大学、贷款留学，也在影响和改变人们的消费习惯。

2. 消费习俗对消费心理的影响

随着社会的进步，人们的生活方式在不断地发生变化。新的消费方式层出不穷。虽然给原有的消费习俗带来了不小的冲击，但是消费习俗对消费心理的影响仍然存在。

（1）消费习俗给消费者心理带来了稳定性。消费习俗是长期形成的，对消费习惯的影响是很大的，据此产生的消费心理也具有相对的稳定性。消费者在选购商品时，由于消费习俗的影响，会产生习惯性购买心理，在较长时间内会选购以往经常购买的商品。例如，端午节买粽子，八月十五买月饼，正月十五买元宵。

（2）消费习俗强化了消费者的心理行为。由于消费习俗带有地方性，很多人产生了对地方消费习惯的偏爱，并带有某种自豪感，以上感觉强化了消费者的消费心理。例如，四川的辣椒、山西的醋、广东的早茶，以及少数民族的服饰等。

（3）消费习俗使消费心理的变化减慢。在日常生活和社会交往中，有些消费习俗符合时代潮流，有些消费习俗逐渐落伍，可是由于人们长期形成的消费习俗很难改变，即使有些不符合时代潮流，可是消费者在一定的时间范围内仍然会把这种消费习惯沿袭下来，这种消费心理短时间很难改变。

消费习俗和消费流行对消费心理都有很大的影响，影响的方面还很多，上述只是其中的一部分，必要的话需要做很多调查，最终得出比较准确的结论。

【与相关课程的联系】

节日的促销活动往往都和消费习俗相关。广告要考虑不能违背消费者的习俗。

单元三 消费流行与消费心理

相关链接 出行类消费流行

随着社会的不断进步，出行类消费的发展越来越多样化。例如，游戏狩猎化、假期旅游化、汽车低碳化。

（1）游戏狩猎化。现在越来越多的人为了炫富，为了寻求刺激去海外狩猎。似乎在中国富豪人群中成为了一种流行，世界上什么时髦玩什么。据报道说，越来越多的中国富豪远赴海外如非洲、加拿大等地狩猎，且人数还在不断增加，狩猎范围也越来越广。狩猎团队报价从 59 800 元人民币至 498 800 元人民币不等，目的地包括非洲、北美洲、南美洲、大洋洲和欧洲。与高价格相对应的是奢华的设施和各类专属服务，以及专门翻译和当地导猎员陪同，与一般豪华旅行团不同的是，团费中很多是猎物花费。以最贵的价值 498 800 元人民币加拿大 14 天北极熊狩猎团为例，费用中包括了一只公北极熊，这意味着客户拥有在狩猎场射杀一只公北极熊的权利。其他狩猎猎物价格也明码标价，大公狮价格是 30 万元人民币，母狮 8 万元人民币，长颈鹿 1.8 万元人民币，犀牛价格则在 60 万元人民币以上。由此可见，高昂的价格使当地的旅游业和政府大大受益，刺激当地的经济发展。

（2）假期旅游化。旅游这个词再熟悉不过了，现在无论什么假期，人们选择最多的就是出去旅游，如去云南、北京、三亚等。老人为了欣赏美景，青年为了放松心情，孩子为了寻找快乐，可见旅游已经成为了一种流行，一种时尚。现在，人们谈论最多的就是三亚旅游。三亚市位于海南岛的南部，是中国最南部的滨海旅游城市，那里有著名的"天涯海角"、"天下第一湾"、"南山寺"等景点。正因为如此，许多企业利用人们的这种想法，不断地做宣传、做广告让人们旅游，从而获益。

（3）汽车低碳化。汽车是现代人类的重要交通工具，随着经济的发展，人民生活水平的提高，汽车的数量也随之迅速增加，在人们出行方便的同时，汽车产生的尾气污染对人类生存环境也造成了严重威胁。其中，含碳化合物造成的危害最为严重。在目前全球能源紧张和环境污染日益严重的情势下，新能源汽车、低碳汽车已经成为可持续发展的一种必然趋势。由此看来，新能源汽车、低碳汽车必然会成为当代的旅游业的主力军、主潮流。

一、消费流行概述

一种和几种商品在一个地区为多数人使用、穿戴或追求的消费趋势，成为流行商品，是由多种原因造成的。其原因既可能是由于科技的进步，也可能是由于人们生活水平的提高，还可能是由于媒体的影响或者一个地区的消费习俗。

1. 消费流行的概念

流行是指在一定时期内，社会上迅速传播或风行一时的事物，也称为时兴或者时髦。消费流行是众多流行中的一种，是指一种或一类商品由于它的某些特性受到众多的消费者欢迎，在一段时间内广泛流行。具体表现为，很多消费者对某种或某类商品同时产生兴趣和购买意愿，从而使该产品在短时间内成为众多消费者狂热追求的对象，可能会导致该产品价格上涨，这种产品即为流行产品，这种消费趋势就成为消费流行。针对消费流行，作为生产厂家应给予密切关注，不可错失良机。

2. 消费流行的特点

消费流行与一般的购物有很大的区别，有其自身的特点，具体包括以下几个方面。

（1）骤发性。消费者往往对某种商品或劳务的需求急剧膨胀，迅速增长，这是消费流行的主要标志。

（2）短暂性。大部分消费流行具有来势猛、消失快的规律。因此，常常表现为"昙花一现"，其流行期或者三、五个月，或者一、二个月。同时，对流行产品，其重复购买率低，多属一次性购买，从而也缩短了流行时间。

（3）一致性。消费流行本身由从众化需求所决定，使得消费者对流行产品或劳务的需求时空范围趋向一致。

（4）地域性。地域性是由于消费流行受地理位置和社会文化因素的影响造成的。在一定的地域内，人们形成了某种共同的信仰、消费习惯和行为规范，区别于其他地域。因而甲商品在 A 地流行，但在 B 地就不一定流行，甚至被禁止使用。例如，红色在中国是喜庆的颜色，而在西方国家被认为是暴力和凶杀的象征，不受欢迎。

（5）梯度性。梯度性是由于消费流行受地理位置、交通条件、文化层次、收入水平等多种因素影响决定的。消费流行总是从一地兴起，然后向周围扩散、渗透。于是，在地区之间、时间上形成流行梯度。这种梯度差会使得流行产品或劳务在不同的时空范围内处于流行周期的不同阶段。

（6）变动性。从发展趋势来看，消费流行总是处于不断变化中。求新、求美是消费者永恒的主题，也是社会进步和需求层次不断提高的反映，这势必引起消费流行的不断变化，流行品不断涌现。

（7）相关性。人们的消费需求不仅是相互关联、相互依存的，而且还往往组成某种消费需求群，表现出奇特的系统组合特征。例如，在西服热兴起时，消费者的需求并不仅局限于西服本身，而是随着对西服需求量的增加，对衬衫、领带、皮鞋、袜子等消费品的需求量也都同时上升。这里，消费者对西服的需求实际上就是一个需求群，或者说是一个需求系统。

（8）回返性。人类消费的需求、兴趣、爱好和习惯，在历史发展的路程上常常出现一种回返特征，在消费市场上表现为一段时间里为人们所偏爱的某种商品，往往供不应求，十分紧俏。但是，只要消费"热"一过，这种曾风靡一时的俏货，就会成为昨日黄花无人问津。然而，过一段时间后，那些早已被人们遗忘了的东西，又可能重新在市场上出现和流行。

（9）周期性。消费流行尽管具有突发性、短暂性等特点，但同时，某种消费倾向自发始于市场到退出市场，有一个初发、发展、盛行、衰老、过时的过程，这个过程即为消费流行周期。

消费流行作为一种市场现象，在社会中随处可见。随着中国经济的发展，年轻人结婚的消费流行趋势发生了很大的变化，由最初的"三大件"——手表、自行车、缝纫机，一直发展到现在的房子甚至别墅、小汽车、钻戒。消费流行的变化速度有时让人瞠目结舌，不过这种现象也带给企业更多的商机，促使企业在开发新产品时能把握消费者的消费流行，使自己立于不败之地。

【与相关课程的联系】

消费流行为企业加大产品研发，开发时髦产品提供了理论根据。消费流行行为研究在产品策略里运用广泛，为概念营销提供了支持。

二、消费流行的分类

随着社会开放程度的加深，消费者面临的新鲜事物越来越多，加上日益丰富的商品使消费者的好奇心越来越难以满足。品牌转换率和转换时间高得惊人，从消费现象上看，消费流行变化十分复杂。不过，从整个消费市场的角度看，消费流行仍然具有一定的规律性。

1. 按流行商品的性质分类

按商品的性质分类，可分为吃的商品、穿的商品和用的商品等类型。

（1）穿着类商品引起的消费流行。这类商品引起的消费流行除了本身的内在价值，如轻便、暖和、面料好以外，主要是因为其附加的价值引起消费者的青睐。例如，其颜色、款式的变化而形成的流行。一般来说，这类商品的流行数量在一定时期相对较少，流行时间也不长，所以在流行期的价格很高，过了流行期就会大幅降价。

（2）食用类商品引起的消费流行。这种商品的消费流行是由于商品某种特殊性质所引起的。在困难时期流行的"大鱼大肉"目前早已风光不再了，取而代之的以促进健康的绿色食品和有机食品，粗粮成为新宠。食用类商品的流行和服装有很大的区别，流行的商品数量繁多、时间长、地域广。

相关链接　　　　　绿色食品：市场流行色

现在，越来越多的绿色食品出现在国内的大型农贸市场和大型超市之中，呈现在人们眼前的绿色食品新鲜可人，品种繁多，让人目不暇接。

野菜有：蒲公英、苦菜、香椿、蕨菜等。

蔬菜有：奶油生菜、荷兰黄瓜、玉兰菜、小柿子等。

蔬菜专柜：绿色白菜花、绿色洋葱、绿色仙人掌、绿色芋头、绿色山药、绿色苦瓜、绿色架豆王、绿色荷兰豆……应有尽有，足有20多种。

肉类有：辽宁健生绿色食品有限公司生产的"北旺"牌猪肉等。

蛋类有：咯咯哒绿色精装蛋、散养笨鸡蛋等。

菌类有：野生红蘑、野生木耳等。

无论口感还是营养，绿色食品肯定比普通食品好。因此，虽然价格高，仍然有人买。如果绿色食品的价格再低些，销路会更好。

（3）家用类商品引起的消费流行。这类商品的消费流行一般有两个原因。一是开发出新的产品，如手机；二是在原来的基础上改进了功能，如海尔新研发生产的免清洗的洗衣机。无论哪种原因都带来了消费者生活的便利和满足。

（4）服务类商品引起的消费流行。这类消费流行是近几年兴起的。由于改革开放以后，人们的收入增加了，消费的方式不再局限于衣、食、住、行，而开始向休闲、娱乐、健身发展，人们的消费方式更健康，又上了一个新的层次。最近几年，旅游业、娱乐业、美容健身行业发展速度非常快，并且这种消费流行会愈演愈烈。不过，这种消费流行一般受时间的限制，因为很多人只在节假日有时间。

2. 按流行地域范围分类

按消费流行的范围分类，可分为世界性、全国性、地区性的消费流行。

（1）世界性的消费流行。世界性的消费流行是指那些流行范围广、受世界多数国家消费者所关注的商品的流行趋势。例如，健康、环保商品的流行来源于人们对环境问题的关心和担忧。旅游的消费流行来源于人们对自然风光的向往和眷恋。这种世界性的消费流行在发达国家表现得比较普遍，而对于经济不太发达的国家主要源于以下消费心理：一是生产厂家为了开拓发达国家市场，适应世界消费需要而大力生产、推广此类流行产品；二是发展中国家的高消费阶层追求这种世界性的消费流行而产生的示范效应。

（2）全国性的消费流行。由于我国人口众多，经济发展不平衡，所以全国性的消费流行并不能涵盖所有的地区和人口，只能是覆盖全国的大多数地区，影响面较为广泛。从总体上看，此类消费的流行速度慢、时间长，受到消费习惯的制约，受到经济发展水平的影响。从局部上看，流行一般起源于经济相对发达的地区和沿海城市，呈波浪式向内地和经济欠发达地区推进，在一些地区形成流行高峰的同时在另一些地区又进入流行低谷。尤其是时装的流行趋势更是明显。例如，北京、上海、广州开始流行某种款式的时装，过一段时间迅速向全国其他大中城市扩散，然后是中小城市和广大农村，而这时京、沪、穗又开始流行新的时装。

（3）地区性的消费流行。从现象上看，这种消费流行非常普遍和常见。从实质上看，这种流行来源于全国性的消费流行，又带有一定的地域色彩，有的纯粹是一种区域性的流行。有些全国性的消费流行由于流行速度不同，在某个地区形成流行高峰，给人一种区域性流行的感觉。纯粹的区域性流行是由于地区消费的特点所产生的。在经济发达的大城市，消费流行此起彼伏，不断变化。一些具有创新观念的消费者不断追求新商品、新式样，带动了商品的流行。在一些小城市，也会由于地方特点，使一两种具有明显地方特色的商品引起一场消费流行。

3. 按消费流行的速度分类

按消费流行的速度分类，可分为迅速流行、缓慢流行和一般流行。

（1）迅速流行。有些商品的市场生命周期短，顾客为了追赶流行趋势，立即采取购买行为，形成迅速流行。例如，新年贺卡、八月十五的月饼等商品，市场的生命周期相对较短。

（2）缓慢流行。有些商品寿命周期较长，顾客即使暂缓购买，也不会错过流行周期，从而形成缓慢流行。例如，大型家电、小汽车、房子等商品。

（3）一般流行。生活中的大部分商品都属于该类范畴，产品的生命周期没有严格的限制，速度介于上述两者之间，形成一般消费流行。例如，服装、小家电等。

流行速度的快与慢在一定程度上也决定了商品价格的高与低。顾客在购买贵重商品时，往往要经过充分的比较与选择，因此，消费流行的速度就慢；当顾客购买价格低、使用频率高的商品时，决策快，购买迅速，因此，消费流行的速度就快。

实际上，现实生活中的消费流行分类要比上面所述的几种分类复杂得多，有时表现也不是单一的，而是相互重叠在一起，互相渗透。因此，我们应该从多方面、多角度去探寻其规律，指导企业的营销活动。

相关链接　　　　目前家居十大流行饰品

（1）布艺饰品。布艺饰品作为软装饰在家居中独具魅力，它柔化了家居空间生硬的线条，赋予了家居一种温馨的格调，或清新自然，或典雅华丽，或情调浪漫，在实用功能上更具有独特的审美价值。布艺饰品包括壁布、窗帘、椅垫、靠垫、台布、床罩、枕套和沙发套等。用布艺饰品装饰家居花费不多、实惠简便，给家居装饰的随时变化提供了方便。

（2）藤艺饰品。如今人们崇尚绿色消费，做工精细、款式新潮和个性独特的藤艺饰品日益成为当前家具市场的新宠儿。藤艺家具包括藤桌、藤椅、藤床、藤书架、藤沙发和藤屏风等，藤艺小饰品包括果篮、吊篮、花架和灯笼等。藤艺家具和藤艺小饰品的原料来自大自然，身居其中可感受到清新自然、朴素优雅的田园氛围和浓郁的乡土文化气息，使家居充满了宁静、自然和富有生命力的氛围。

（3）铁艺饰品。铁艺饰品线条流畅简洁，注重古典与现代相结合，集功能性和装饰性于一体，可呈现出古典美与现代美的结合。铁艺饰品在家居中一般用在椅子、花架、鞋柜、杂品柜、防盗门、暖气罩、楼梯扶手和挂在墙壁的饰物上。这些具有实用性和艺术性的铁艺饰品呈现出典雅大方的特点，家居中许多"死角"和"死墙"更可通过一件件铁艺饰品的装饰，打破传统单调的平面布局来丰富空间的层次，并与整个家居的设计相映成趣。

（4）石头饰品。当前登堂入室的天然石品种大约有几十种，石头饰品成为精致和名贵等流行语的代名词。最常见的天然石是水晶、玛瑙、芙蓉石和绿松石等。在各种天然石中，水晶是最有市场的，市面上的品种也很多，有茶晶、紫晶、黄晶、紫黄晶和双头晶等十几种，除了用于各种首饰外，水晶还被制成杯、盘、笔架、盆景、水晶球等，有的按生肖被制成龙、狗、兔、鸡等工艺品，有的被制成发财树和各种人物肖像、雕塑等。

（5）玻璃饰品。在十多年前即已让位于陶瓷花瓶的玻璃花瓶，现在大有卷土重来之势，真是应验了"风水轮流转"这句老话。经过现代工艺烧制的玻璃花瓶形状不一、气象各异，有的古朴典雅，有的飘逸流畅、色彩斑斓，有的色泽醇厚、凝重，透露出各自的神韵。随着科学技术的发展和新工艺的不断涌现，玻璃花瓶的色彩有了大的突破，乳白色、紫红色和金黄色等相继登场，五彩纷呈形成了梦幻般的效果。

（6）绿植家居饰品。绿色植物装饰比其他任何装饰更具有生机和活力，它既可丰富剩余空间，给人们带来全新的视觉感受，同时还可与家具和灯具结合，增添艺术装饰效果。不过，绿色植物在装饰家居时要注意季节性。春季应以赏花为主；夏季应以观叶为主，可配置文竹和冷水花等充满凉意的花卉；秋季可配置秋菊、金橘和珊瑚豆等观果盆花；冬季则多用山茶、水仙、梅花和一品红等进行点缀。

（7）干花饰品。干花饰品的造型雅致、价格合理，有枝叶型、观花型、果实型、野草型和农作物型，经过脱水、干燥、染色和熏香等工艺处理，既保持了鲜花自然美观的形态，又具有独特的造型、色彩和香味，洋溢着大自然的气息。

（8）草编饰品。一度曾被冷落的草编饰品如今重新成为人们装饰家居的新宠儿，体现出现代家庭崇尚自然古朴，甚至带有原始野味的家装风格。以优质草为原料的草毯光洁细腻，色彩搭配素雅大方，大多突出花边装饰和色彩花纹，风格独特，既可铺于地面，又可挂在墙上，点缀和装饰家居。

（9）墙面饰品。当前的墙壁装饰以个性张扬为主流。在家居装饰中，无论是西洋风格的或东方古典风韵的，还是现代前卫装饰，都要撷取来自山川田野的物品点缀风情。体现异域风情的各种壁挂也越来越多地出现在墙壁、门体、书柜上。

（10）十字绣、水钻饰品。十字绣饰品源于欧洲宫廷，近年来传入我国，并风靡我国香港和台湾，受到不同年龄人们的喜爱，尤其成为年轻人追求个性的一项小手工。十字绣饰品有上千种图案可供选择，并可绣在窗帘、台布、背包、沙发垫和手机链上，或者将绣片镶框做成装饰画，别具风韵。水钻粘贴画也是最近几年流行的一种装饰品。

三、消费流行的周期

消费流行对企业的生产有重大影响。随着市场竞争越来越激烈，企业和营销人员面临的压力也越来越大。企业推出一种新产品，如果成为流行产品，则其市场前景广阔，销量增长迅速，给企业带来丰厚的利润。如果不能成为流行产品，则具有很大风险，可能会造成产品积压，给企业带来损失。因此，要求企业要把握消费流行的周期与种类，才会在竞争中争取主动，使企业更具活力。

1. 流行初发期

在消费流行的最初阶段，只有少数好奇心强的消费者对某种即将流行的商品产生购买的欲望。在此阶段，市场上对即将流行的该商品需求量比较小。不过，销售量可望缓慢上升、持续扩大。

在此阶段的营销对策应是：细心观察市场风云变化，分析影响该商品流行的各种因素，迅速做出该商品是否能够流行的预测，同时进行试销。此阶段应采取适当的促销手段以促进流行。流行有时并不是自发形成的，而是依靠宣传的力量去促进的。该阶段采用的具体方法如下。

（1）充分发挥新闻的权威作用。新闻具有引导流行的权威作用。每年的国际流行色预测、服装流行款式预测和流行商品预测等，无不是通过新闻媒介的宣传报道造成流行的感觉。

（2）综合性广告宣传。企业准备好强有力的广告信息，通过不同的形式，宣传一个或几个相类似的形象，并用相同语言，不断地反复进行宣传，以使公众对之加深印象。如今，女性以瘦为美，有的人认为原因一是爱美的天性（内因）；二是广告的作用（外因）。各种时装展示会，每天都用不同的方式来展示苗条的好处。同时，宣传胖子如何多灾多病，如何不够风光体面，使胖人产生自卑感，于是很多女性开始以瘦为美，不惜付出高昂的代价去减肥美容，导致减肥、保健品等相关行业发展迅猛。

2. 流行发展期

流行发展期表现为多数消费者开始接受某种流行商品，并且产生大量需求。该商品市场成为"卖方市场",出现供不应求的局面。这时,企业采取的对策是:利用现有设备和人力,最大限度地扩大生产规模,全力开拓市场,大量销售产品。

需要指出的是,消费流行品与一般产品不同,它主要体现在"时髦"方面。因此,企业在设计开发、引进购买新产品时,必须把重点放在适应消费者追求时髦、表现自我这些心理特征上,要从产品的设计到产品的包装,处处要突出一个"新"字,设计应该多样化、现代化;包装的大小、形状、构造、材料的选择要方便、新颖。这时,产品的价位可以定得相对高一些。

由于消费流行具有时间相对短暂、购买行为集中、一致的特征,要求企业可采取"短渠道"和"宽渠道"的销售策略,迅速扩大该产品的市场占有率。

3. 流行盛行期

某种商品备受广大消费者青睐,在市场上广为流行。这一阶段,该种商品市场销售量达到高峰。预期价格回落,持观望态度的消费者极少,市场暂时出现供求平衡的态势。此时,生产、仿冒该种流行品的厂家也在增多。因此,企业采取的对策应是:一要加强广告宣传,提醒消费者注意辨别产品的真伪;二要提高产品质量,增加花色品种,扩大市场;三要加强市场预测,全力进行新产品开发,做好转产的准备工作,以便在竞争中处于主导地位。

在价格方面,当流行高潮过去之后,流行趋势大减,企业可适当降低价格,甚至采取大甩卖的形式处理过时的流行品,加速资金周转,把资金投入到新产品的开发上。

4. 流行衰减期

此时,某种流行商品已基本满足了市场需求,销量呈递减趋势,市场占有率下降,出现供大于求的局面。此时,市场演变为"买方市场",企业之间竞争激烈。企业在这一阶段应采取降价销售等策略,抓紧时机处理剩余产品,调整生产,试销新产品,适应新的市场需求,迎接新一轮消费潮流。

5. 流行过时期

在此阶段,人们对某种商品或劳务的需求热情逐渐消失,只能在少数人身上看到这一消费流行的痕迹。企业在此之前应进行"冷研究",在思想上有所警觉,行动上有所准备,做到随机应变。在进入流行过时期时,企业要勇敢放弃原来的流行产品,把现有资源,用于新产品的研发、生产和销售上。

相关链接 　　　　　　　　　**黑色冰箱**

20世纪80年代初,日本曾经有一段时间突然流行黑色的冰箱。据说,这种冰箱是由于生产厂商在调色时调错了颜色,结果数以万计的冰箱成了黑色,若不上市会给厂家造成巨大的损失。不得已之际,厂家只得碰运气推向市场,但没想到一下子造成了轰动,市场上的这种黑色冰箱居然出现了供不应求的局面。

既然黑色冰箱出现了抢购的情况,是不是表明其他的只要是黑色的家用电器,都可以卖得火爆呢？厂商趁顾客一窝蜂购买黑色冰箱之际，陆续推出了各种各样的黑色家电，如黑色风扇、黑色电话、黑色空调等，但结果却出现了严重的滞销。

四、消费流行的影响力

我们研究消费流行，主要是要分析消费流行与消费心理的相互关系，通过它们二者的关系，去指导企业的营销行为，并且正确引导人们的消费行为。

1．消费心理对消费流行的影响

消费者的消费心理既受社会文化的影响，也受消费习惯的影响，一旦形成自己的消费意识就会对消费流行产生很大的影响。具体表现在以下几个方面。

（1）个性意识的自我表现对消费流行的影响。当代的年轻人正处在一个改革创新的时代，他们渴望变化，追求新奇、特殊，特别愿意表现自我，消费流行正是这种趋势的结果。每当一种新的商品或新的消费方式出现时，它都会以自己独特的广告宣传风格，以及产品本身的特点去吸引消费者的注意，使消费者产生购买兴趣，形成消费流行。随着时间的推移，人们对现有的商品和消费方式逐渐厌倦，新的商品就又应运而生，如此循环往复，永无止境。

（2）从众和模仿心理对消费流行的影响。从众心理是指个人受到外界人群行为的影响，而在自己的知觉、判断、认识上表现出符合公众舆论或多数人的行为方式的心理。任何一种消费行为要形成消费流行，必须在一定时空范围内被多数人认同和参与。而在实际的消费过程中，人们往往认为凡是流行的、合乎时尚的，都是好的、美的，于是纷纷效仿，加入到潮流中来。

（3）崇拜名人、追求名牌心理对消费流行的影响。"名人用名牌"是许多宣传广告的目的，也的确刺激和引导了一大批追随者，模仿名人的衣着装扮，从而满足仰慕名人的心理需要。此外，消费中追求高品质、高品位也是导致名牌产品流行的一个重要原因。对美好事物的向往和追求是人类的天性，而名牌产品正是以其上乘的品质才被公认为名牌，消费者购买名牌产品，不仅是仰慕其品质，更可以从中增强信心，获得周围人的欣赏和尊重，从而获得极大的心理满足。

2．消费流行对消费心理的影响

在正常情况下，消费者的消费心理存在着规律性。在购物前搜集信息，心理倾向尽可能多地搜集相关商品信息，通过比较做出决策。在购物后，通过对商品的使用，产生对商品的心理评价，决定他下一次的购买行为。但是在消费流行的冲击下，消费流行心理产生了许多微妙的变化。具体表现在以下几个方面。

（1）消费者认知态度的变化。通常情况下，当一种新产品出现时，由于消费者不熟悉、不了解，所以往往会抱有怀疑和观望的态度，然后通过认知过程来打消疑虑，最后决定是否购买。但由于消费流行的出现，大部分消费者的认知态度发生了很大变化，首先是怀疑态度取消，肯定倾向增加；其次是学习时间缩短，接受新商品时间提前。许多消费者唯恐落后潮流，一旦购买条件成熟，马上购买。消费认知态度发生了很大变化。消费流行强化了消费者的购物心理。

（2）消费者购买心理的反向变化。在正常情况下，消费者要对所需商品做比较，包括价格、质量等，以便买到物美价廉的商品。可是在消费流行浪潮的冲击下，消费者的购买心理发生了反向的变化。一些流行商品明明价格很高，消费者却不予计较而踊跃购买。例如，一些流行商品价格很高，消费者却慷慨解囊，而原来的商品，尽管价格低廉，却无人问津。因此，流行商品的定价策略一般都采取撇脂定价。例如，新款手机、电脑、数码相机、家电产品在刚上市时，价格都非常贵。

（3）消费者购买驱动力的变化。正常情况下，需求产生驱动力，驱动力引发购买动机，进而使人们产生购买行为。人的消费需求一方面来源于生活需要，另一方面源于维护社会交往的需求。但是在消费流行中，购买商品的驱动力发生了新的变化，有时明明没有生理需求，但是看到时尚产品便加入了购买者的行列，目的是满足追求时尚的精神需要，如日益严重的青少年吸烟问题。

（4）消费者消费习惯与偏好的变化。由于消费者长期使用某一品牌的商品，对该种商品产生了信赖感，购物时非此品牌的商品不买，不容易改变自己长期形成的消费习惯。但是在消费流行的趋势下，耳濡目染的都是流行商品，慢慢地也会受到影响，逐渐对老牌子失去信心。再加上如果老牌子不及时改变自己的产品结构、形象，不能适应消费流行的需求，也会失去原来的消费者。

在消费流行的冲击下，消费者由于生活习惯、个人爱好所形成的偏好心理，也会发生微妙的变化，在社会流行风尚的压力下会自觉不自觉地改变原来的消费习惯和消费偏好。

消费流行是一种客观经济现象，通过深入地研究，可以发现它内在的规律性。这种规律可以进一步指导企业的生产经营，为企业创造效益。

模块小结

社会文化、消费习俗、消费流行对消费者的行为都会有影响，消费者实际的购买行为是诸多因素共同作用的结果。

社会文化对消费行为的影响主要通过中华民族文化与亚文化对消费行为的影响来阐述。消费习俗是指世代相传而形成的消费习惯。消费习俗影响着人们的消费心理，继而影响人们的消费行为，具体表现在消费习俗给一些消费者心理带来了稳定性，消费习俗强化了消费者的心理行为，消费习俗使消费心理的变化减慢。消费流行是众多流行中的一种，是指一种或一类商品由于它的某些特性受到众多的消费者欢迎，在一段时间内广泛流行。消费流行与消费心理二者具有相关性。消费心理对消费流行的影响表现在：个性意识的自我表现对消费流行的影响；从众和模仿心理对消费流行的影响；崇拜名人、追求名牌心理对消费流行的影响。反过来，消费流行会从消费者认知态度的变化、消费者购买心理的反向变化、消费者购买驱动力的变化、消费者消费习惯与偏好的变化几个方面对消费心理也会产生影响。

模块五 把握文化、习俗、时尚对消费心理的影响

主要名词

社会文化　模仿　从众　消费流行　消费习俗

自测试题

一、判断题

1．现实消费中手机不停地更新换代属于崇拜名人、追求名牌心理对消费流行的影响。（　　）

2．按消费流行的速度分类，有迅速流行、缓慢流行和一般流行。（　　）

3．消费习俗给一些消费者心理带来了稳定性。（　　）

4．模仿行为通常以个体或少数人的形式出现，因而一般规模较小。一旦模仿规模扩大成为多数人的共同行为时，就衍生为从众行为或消费流行了。（　　）

5．物质消费习俗由地区环境形成，主要涉及物质生活范畴。随着经济的发展，这种消费习俗的影响力会变弱。（　　）

6．一般情况下，女性消费者对价格的敏感程度要远远高于男性消费者。（　　）

二、多项选择题

1．下列哪种文化属于社会文化（　　）。

　　A．服饰文化　　　　　　　　B．饮食文化
　　C．各种伦理关系　　　　　　D．人际关系

2．消费流行的周期包括（　　）。

　　A．流行初发期　　　　　　　B．流行发展期
　　C．流行盛行期　　　　　　　D．流行过时期
　　E．流行衰减期

3．根据流行商品的性质分类，可以划分为（　　）。

　　A．吃的商品　　B．穿的商品　　C．用的商品　　D．全国性
　　E．地区性

4．消费习俗的特点是（　　）。

　　A．特定性　　　B．非强制性　　C．长期性　　　D．社会性

5．影响消费习俗的因素有（　　）。

　　A．新产品的出现　　　　　　B．消费者求新求变
　　C．"爱面子"　　　　　　　　D．超前消费
　　E．"虚荣心"

三、简答题

1. 消费流行的概念与特征是什么？
2. 消费流行有哪些类型？
3. 消费习俗的概念和特点是什么？

四、论述题

1. 试述消费习俗与消费流行如何影响消费心理。
2. 结合2013年到2014年奢侈品市场销售下滑的现状，试用消费流行的观点加以解释。

案例分析

跨文化营销

麦当劳公司平均每天开三家分店，而这三家中仅有一家在美国。仅在1994年，麦当劳公司就在世界上73个国家开设了14 000多家分店，总营业额达到230亿美元。为什么麦当劳会取得这么大的成功呢？主要原因是麦当劳不仅考虑自己产品的标准化，而且又充分考虑当地化，特别注意当地的饮食习惯。例如，在日本提供的汉堡加上了煎鸡蛋，在泰国则用甜且略带咸味的猪肉汉堡。此外，荷兰人更喜欢素汉堡，波兰人对黑葡萄干奶酪特别感兴趣。在欧洲一些国家麦当劳餐厅还供应啤酒。80%的印度人信奉印度教，不吃牛肉。因此，在印度没有西方麦当劳餐厅提供的"巨无霸"，而是用羊肉馅饼加上洋葱来代替。最后，麦当劳公司是如何保证自己的产品和服务质量更好地迎合当地消费者的风俗习惯呢？他们通过尽可能地雇用当地的员工来学习和利用当地的风俗习惯。麦当劳的雇员经常要从总部飞到各地来开发新市场。但是过一段时间后他们都会回到总部，而把餐厅交给更熟悉当地风俗的本地人经营。

案例讨论

1. 你喜欢去麦当劳吗？为什么？
2. 试从消费习俗对消费心理影响的角度去分析该案例。

实训练习

1. 有一次，你毫不犹豫地购买了一件流行商品，并且非常喜欢。
（1）谈谈当时受什么因素的影响。
（2）当时的消费心理是什么？
2. 举出一些当地的消费习俗，并谈谈它们和购买行为的关系。

模 块 六
区分不同群体的消费心理

内容提要

模块六从消费群体的概念出发，研究消费者群体的形成与划分，分析主要消费群体的心理特征与行为，探索消费者群体规范与沟通方式，力求揭示主要消费群体的心理特征、行为活动的基本规律，以引导商品生产者生产适路的产品以促进销售。

教学重点和难点

消费者群体、参照群体、家庭生命周期、儿童消费群体、青年消费群体、女性消费群体、老年消费群体、相关团体的含义及特征。

掌握常见社会群体、相关团体的心理特征、行为活动的基本规律。

学习目标

知识点：掌握消费者群体、参照群体、家庭生命周期、儿童消费群体、青年消费群体、女性消费群体、老年消费群体、相关团体的含义及特征。

能力点：通过对消费者群体、参照群体、相关团体的含义及特征的了解与分析，能科学地认识各种消费群体心理形成及变化规律，从而形成正确的消费者群体市场心理观念。

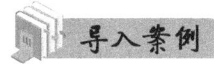

导入案例　　　　　　做生意要瞄准女人

"做生意要瞄准女人"这一犹太人经商的座右铭，已被许许多多的经商者所认识和注意。他们认为消费者是企业的"上帝"，且女性消费者便是最活跃的主角，她们至少左右了生活购买力的四分之三（包括女性、儿童及家庭消费的大部分，甚至部分男性消费品）。因此，充分掌握并巧妙地运用女性消费心理特征，积极吸引并成功诱导女性消费，应当引起企业营销者的重视。在经营实践中，精明的商家总结出了"女性消费心理引导十诀"。

（1）激励女性的创造感。大部分女性认为，购物并使她们的家庭保持舒适、井井有条，就是最大的创造和骄傲，对创造性的向往是女性购物的主要动机之一。因此，应把握时机，引导她们对不同职业、年龄、家庭条件、兴趣爱好等方面的创造欲，从而触发其购买欲。

（2）借助女性"幻想"的魔力。女性基于一种窘迫的现实意识，喜欢以自己的实际生活为基础进行幻想，并常把幻想当作现实的组成部分。因此，巧妙运用女性所特有的不完全幻想，处处留给她们发挥幻想的余地，同时满足幻想和实用价值等方面的需求，就会对她们产生作用。

（3）鼓励女性用指尖"思想"。女性的触觉远比视觉发达，致使她们对事物进行决断时，必须相当程度地依赖触觉。在百货公司，女性购买者肯定会要求拿过商品，经她们实际触摸后才可能决定是否购买，换而言之，女性不只用大脑思想，也是用指尖"思想"的。因此，对那些购物时表现犹豫不决的女性，让其亲手触摸，效果会更好。

（4）帮助女性缩小选择范围。女性购物时，最讨厌只拿一样商品强行推销，但是奉劝她们多中择优，又会徒增其选择上的困难。由此可见，促使女性购物最有效的办法，就是让她们参与做出决定的过程，布置出令她们感觉自己"慧眼识英雄"的情势，缩小购物范围，击破其迷梦而达到推销目的。

（5）借"被斥感"激起购买欲。女性从众心理尤其强烈，非常害怕自己属于"例外"之列，往往舍弃选择的自由，乐于在"从众泥潭"里打转。因此，恰当地利用女性唯恐被大众排斥的心理，积极诱导女性购物意向并付诸行动。

（6）让虚荣女性拥有"唯一"。女性心中常有一种"只有我一个"的"唯一"意识，经常希望自己与众不同。因此，向她们兜售商品时，若能提供大多数女性都向往的"唯有我用"的诱惑，会使其产生"我是唯一被选择的对象"之类的快感，不仅能如愿以偿，而且还能用她们向自己同伴吹嘘而连带收到免费广告的效果。

（7）不要撕破"书"的封面。"女性是一本内容和封面相去甚远的书"，为迎合潮流，她们很可能表露出与真实想法（内容）相反或别的主张（封面）。因此，必须透过"虚情假意"的迷雾，首先接受她们一口咬定的意见，给予她们足够的"面子"，再针对其真实本意发起攻势，才有希望探明其深藏不露的真实意向。

（8）用"赞扬"消解女性的烦恼。女性希望自己给人一种完美无瑕的形象，也竭力让自己看起来完美无瑕，女性最忌讳被他人揭"伤疤"。对于体型肥胖的女性，"胖"是绝对禁忌的。因此，店员应尝试赞赏她的高级坤表、别致耳环、新颖装束等无关紧要但又令女性喜悦的特点，如此造成良好的气氛之后，再引导其消费就容易收到事半功倍的效果。

（9）佩服女性的一知半解。某些女性特别无法容忍他人的指责，稍受冒犯，就会在一瞬间"勃然大怒"。对付这类女性，千万不能揭开她们的底牌，而应耐心地将她们当作见多识广的人来看待，使其自尊心得以满足，促使其欣然接纳意见。

（10）运用权威意见促销。引导女性购买商品需要营销人员综合适用情感唤起和理性号召两种形式，热情地举出众多具有说服力的具体事例，如搬出那些较有名气的、为女性所熟知的权威人士，无疑是其中最为有效的方法。

资料来源：www.mba.org.cn/anliku/42...html

模块六 区分不同群体的消费心理

单元一 消费群体概述

现实生活中，消费者经常以群体的方式对市场运行产生影响。研究消费者群体活动中表现出来的各种心理现象和行为特征，有助于指导企业充分利用自身资源，选择目标市场，制定相应的营销策略。

一、消费者群体的概念与分类

1. 消费者群体的概念与形成

群体是社会生活的基础，是由两个或两个以上社会成员在长期交往过程中所形成的具有某种共同特征的集合体。群体的规模可以比较大，如上千人的工厂；也可以较小，如经常在一起玩耍的几个朋友。群体一般具有以下几个基本特征：①由一定数量的成员构成；②群体成员之间有共同的目标和持续的相互交往；③群体之间有共同的群体意识和行为规范。

消费者群体的概念由社会群体的概念引申而来。消费者群体是指具有某种共同特征的若干消费者组成的集合体。这些共同特征包括：消费者年龄、性别、职业、收入、兴趣、爱好等。根据多种特征对消费者进行区分，就形成了多个消费者群体。凡是从属于某一消费群体的成员，都会表现出相同或相近的心理特征、购买行为和消费习惯。掌握同一消费群体的心理行为特点，对企业从事生产、经营有重要的积极作用。

消费者群体的形成，是内在因素与外在因素共同作用的结果。内在因素主要由生理、心理特点的差异而形成不同的消费者群体。例如，由于年龄、性别的不同而形成的儿童消费者群体、青年消费者群体、男性消费者群体、女性消费者群体等。其次，不同消费者群体还会受到外在因素（自然环境、社会环境）的影响。例如，汉人与西藏人由于居住在不同的自然环境与人文环境中，两个群体的消费心理与行为就会迥然不同。

2. 消费群体的分类

从消费心理学的角度进行分类，可以把消费者分为以下几种类型。

（1）正式群体与非正式群体。根据消费者群体组织的特点可以分为正式群体与非正式群体。正式群体是指具有明确的组织目标、组织结构，成员有着明确的角色与分工的群体，如消费者协会、消费者俱乐部等。非正式群体是指由共同兴趣、爱好而自发形成的群体，该群体没有严格的组织与制度约束，如旅游中临时组建的购物团体。

（2）所属群体与参照群体。根据消费者与群体的关系状况可以划分为所属群体与参照群体。所属群体是指消费者实际加入其中或所属的群体，如家庭群体、学校群体、工厂群体等。所属群体的构成，大致可分为两种情形。一种是由具有共同的信念、价值观、审美观的个体所构成的群体，它是个体的自愿结合，如老年读友协会。另一种是由于各种社会和自然因素的制约所形成的群体，这种群体往往是不以个人意志为转移的，如14岁以下的孩童，无论其自身心理发育多么成熟，年龄因素使其自然成为少年儿童群体中的一员；伊斯兰教信仰者，无论其状况如何，宗教文化的影响使其自然成为伊斯兰教教徒群体中的一员。所属群体对消费者的影响是直接的、显现的、稳定的。

参照群体是指消费者渴望加入，但实际尚未加入的群体。该群体的标准和规范对消费者具有很强的示范作用，会成为消费者行为的指南。明星、生活中的强者、领袖人物的形象往往会成为消费者心目中的参照群体。对消费者个体来讲，参照群体是可以改变的，人们总是在不断地选择对自己更具吸引力的参照群体。

（3）自觉群体与回避群体。根据消费者对群体的意识与态度不同可以划分为自觉群体与回避群体。自觉群体是指消费者根据自身条件（如年龄、性别、民族、地域、职业等因素）主观上把自己划分为某个群体，如工人俱乐部，老年健康协会等。自觉群体对成员无约束力，是成员个体的一种自觉行为，一般他们能够自觉地遵守自己的行为，以符合群体的规范。自觉群体对增强消费者的趋同心理和从众心理具有明显的影响。

回避群体是指消费者认为与自身条件不相符的、极力避免归属的群体。它一般也以年龄、性别、民族、地域、职业等社会与自然因素为回避对象，如城市消费者对乡村消费者的购物行为，老年消费者对青年消费者的消费行为，男性消费者对女性消费者的消费行为等都在一定程度上采取回避的态度，以排斥其对自身的影响。

（4）长期群体与临时群体。根据消费者对群体依存时间的长短可划分为长期群体与临时群体。长期群体是指消费者加入某群体时间较长，长期接受该群体规范与准则的约束，对其成员行为具有稳定而重大的影响。临时群体是指消费者暂时参与某个群体，如商场短期促销，部分成员参与限时抢购热潮，同时激发其他成员的购买愿望。临时群体对消费者的影响是暂时的。

（5）主要群体和次要群体。根据群体对成员心理影响作用的大小可以划分为主要群体与次要群体。主要群体是指与成员消费者的社会生活有密切关系的群体，如家庭、朋友等。由于群体成员之间交往密切，因而对个体消费心理和行为会产生重要的影响。

次要群体是指消费者个体由于兴趣、信念、追求或特殊需要相同或相近而组成的群体。次要群体对成员消费心理和行为的影响较小。

二、消费者群体对消费心理的影响

研究消费者的心理与行为，有助于企业更好地开发产品和服务，增加产品的市场销售量。但是，产品的销售量通常是建立在规模化的基础之上的，也就是建立在群体消费基础之上的。因此，企业的经营活动必须建立在满足众多的消费者基础之上。通过对消费者群体进行调查与分析，揭示出消费者群体以什么样的形式，以及在哪些方面对消费成员心理产生影响，以利于企业充分利用群体的影响力，开展规模化经营，提高自己的经济效益。

1. 提供适当的生活方式

消费者总是生活在一定的群体之中，成员之间长期的交往、沟通对其物质享受、休闲娱乐等消费活动就会产生一定的影响，易形成特定的消费习惯和倾向，从而形成群体特定的生活方式。

2. 引起仿效欲望

在消费领域，模仿是一种普遍存在的心理和行为现象。消费者在购买活动中，个体对商品的评价往往是相对的，当消费群体为其提供具体的模式、标准并引起了他的注意与兴趣又令其特别欣赏时，就会激起成员强烈模仿，对产品持肯定态度。在消费活动中，我们还会看到一些消费者经常做出一些示范性的消费行为，引起他人注意，以让人产生仿效和重复他们的消费行为。例如，一个新潮发型，一种装束打扮等，模仿者会从仿效这些特殊的消费行为中体验到快乐。

3. 消费行为趋同一致

受到群体规范与压力的影响，成员会自觉或不自觉地跟从大多数消费者的消费行为，以保持与大多数人一致。这种从众心理的形成是个体追求群体认同感与安全感的结果。它可以引导消费时尚的形成或改变，促进大规模购买行为的发生，但也容易扼制消费者新的消费观念和消费方式。

【与相关课程的联系】

某一消费群体的消费行为具有很大的相似性，为企业进行市场细分提供了依据。

三、决定消费者群体影响力的因素

任何社会群体都会对与之有关或所属的消费者心理产生一定的影响，影响程度的大小主要取决于以下几个方面。

1. 消费群体的特征

消费群体的特征包括该群体的权威性、合法性、强制力、规范与压力等众多方面。通常情况下，规模较大、正式的、长期的拥有社会广泛认可的合法力量或法律所赋予的权力的、有严格的群体规范与适当压力的群体，对其成员的影响较大，反之则相反。

2. 消费者个体特征

消费群体内部成员由于个人性格、生活经历和知识经验等方面的差异，导致其对群体规范的认识与遵从程度不同。一般来说，性格内向、生活阅历浅、受教育程度较低的消费者往往缺乏自信心，易受外来干扰，对群体的依赖性较强，容易受到群体的影响与制约。

3. 商品的特征

对于不同的商品，群体对消费者个体选择品牌与品种的影响也不同。这种不同的影响主要体现在两个方面。第一个方面是产品的必需与非必需程度。产品的必需程度越高，群体对其影响越小。例如，生活必需品，每个家庭都会经常使用，已经形成了稳定的消费习惯，此时，群体对其影响较小。相反，对于非必需品，如住房、汽车、高档时装等商品的购买，群体对其影响较大。第二个方面是产品与群体的关系，即他人对该种产品的认识程度，是公众的还是私人的。通常情况下，一个产品的公众性越强，产品或品牌的使用可见性越高，受群体影响就越大。

4. 信息沟通状况

信息沟通是决定消费群体影响力的重要因素。群体成员之间交际活动越频繁，信息沟通越顺畅，越有助于加强群体规范的形成，并对消费者个人行为及群体的共同行为产生积极影响。另外，适宜的信息沟通内容、方式、范围、速度也会大大加强对消费群体的影响力度。

单元二 不同消费群体的心理分析

根据多种特征对消费者进行分类，就形成了多个不同的消费者群。企业经常以年龄、性别作为划分消费者群体的标准。按此标准，形成的消费者群尤以少年儿童消费者群、青年消费者群、中年消费者群、老年消费者群、女性消费者群、家庭消费者群对消费活动的影响最大，下面将分别进行介绍。

一、家庭消费的心理特点

家庭是构成人类社会的基本单位，也是市场消费活动的基本单位。据统计，市场消费活动中，大约有 80% 的消费行为是以家庭为单位购买、实施并加以控制的。家庭不仅是其成员消费行为方式的直接传授者，还会对其成员的消费价值观的形成产生重要影响。

相关链接　　　　　家庭消费集体决策

前进策略公司最新发布的一项调查结果发现：价格是决定家庭集体决策购物的首要因素，单价在 3 000 元以上的产品就需要家庭成员共同决策。例如，住房、汽车、家电是家庭集体决策的三大产品。

从调查结果来看，消费者认为需要与家庭成员共同决策购买的每件产品的均价在 3 022 元以上。而从价格分布来看，30.9%的受访者表示价格在 1 000～2 000 元之间的产品就需要和家人商量，占到整个受调查人数的近三分之一，由此看来，大部分人在考虑购买商品时，1 000 元以上就会与家人商量。

本次调查中，有 87.5%的受访者表示，在购买金额较大的商品时一定会与家人商量后才会购买，远高于其他的因素。另外，为家人共同使用的商品，其家庭集体决策购买的比例也比较高，占到了 41.7%，其余依次为高科技产品，家人更有购买经验的产品及第一次购买的产品，只有 0.3%的受访者明确表示自己说了算，不需要参考家人的意见。

1．家庭消费的基本特征

受经济、阶层、社会地位及教育等多方面的影响，每个家庭都有着不同的生活方式、消费观念及消费习惯，于是形成了各种各样的家庭消费类型。尽管家庭消费的类型有很多种，但基本上都具有以下的共同特征。

（1）家庭消费的阶段性。每个家庭都有其自身发生、成长、消亡的过程，呈现出不同的发展阶段性。大致可划分为单身时期、结婚时期、满巢期、空巢期、家庭逐步解体期五个阶段。处于不同发展阶段的家庭在消费活动中存在着明显的差异，并且表现出一定的规律性变化。

（2）家庭消费的相对稳定性。经济是基础，家庭的经济收入客观上决定着它的购买能力及消费水平的高低。一般来讲，我国大多数家庭经济收入相对稳定，用于日常支出及其他各项支出的比例关系也相对稳定。同时，受我国传统道德观念的影响，大多数家庭能够维系一种持久而稳定的婚姻关系，这也决定了家庭消费的相对稳定。

（3）家庭消费的传承性。作为消费活动的基本单位，家庭对其成员消费活动的影响是巨大的，个体从幼儿时期开始社会化过程。首先，从向家庭中年长成员的模仿和学习开始，在这期间，父母和长辈的消费习惯、消费方式经常不断地影响着子女和晚辈，使他们在耳濡目染中潜移默化，最终使家庭成员与整个家庭的消费方式趋同。

2．家庭生命周期与消费

大多数家庭一般都会经历一定的有规律的生命周期。在家庭生命周期的不同阶段，每个家庭有着不同的消费需求、消费特点和消费中心。

（1）单身期。单身期是指青年人长大独立，尚未组建家庭的时期，以及中青年离异无子女的独居时期。目前，在我国处于此阶段的多为刚出校门的大学生或进城打工者。这一时期的消费者多以自我为中心，购买欲望强烈，购买易冲动。消费内容多倾向于时尚、休闲运动、娱乐等方面。随着我国大力提倡晚婚晚育，这一群体数量逐渐增多。针对其消费弹性大、稳定性差及超前消费等特点，该群体多被商家看好，已成为营销获利锁定的新目标。

（2）新婚时期。新婚时期是指男女双方正式组建家庭到第一个孩子出生为止的这段时间。处于这个时期的家庭，经济较为独立，兴趣不再以个人为中心。这一时期家庭消费多为大量的、规模性的、突击性的购买行为。大到商品房、汽车，小到日常生活用品，夫妻双方共同决策，消费心理有着强烈的求新求异的消费动机。

（3）满巢阶段。家庭中从第一个孩子出生到所有孩子长大成人独立，离开父母为止，这一阶段称为满巢期。这是家庭生命周期中持续时间比较长的一个阶段。一些研究人员根据孩子的年龄又将它进一步划分为满巢Ⅰ、满巢Ⅱ、满巢Ⅲ。

满巢Ⅰ是指学龄前儿童与年轻父母组成的家庭。处于这一阶段的家庭，消费的主要内容为幼儿食品、服装、玩具等。满巢Ⅱ是指孩子处于上学阶段的家庭。在我国，处于这一阶段的家庭，主要以孩子为中心，在教育方面投资较大。处于满巢Ⅰ满巢Ⅱ阶段的家庭，总地来讲，经济开支增多，负担较重，因而在消费上多表现为求廉、求实心理。这一时期的家庭子女尚小，父母是家庭购买的主要决策者。满巢Ⅲ是指子女已长大，尚未独立仍与父母共同生活的家庭。这一时期子女已长大成人，并有一定的经济来源补贴家用，因而家庭经济充裕。随之，家庭消费内容、消费结构会发生重大变化，消费水平也比上一时期有了较大的提高。同时，受年龄的影响，成员生活阅历、购买经验越发丰富，在消费心理上更趋于理智。此时，孩子也由消费的被动者向消费决策者转变。

（4）空巢阶段。空巢阶段是指子女离巢后，夫妻双方重新相依生活所经历的阶段。这一阶段家庭财政也较为宽裕。消费观念基本表现为两种类型：第一，崇尚节俭，重视储蓄，以抵御外来风险或用于养老，因而实际支出比例下降；第二，重视自身价值，消费大大增加，多趋向于营养保健、外出旅游等方面。随着我国人口老龄化的加剧，老年家庭的增多，商家大多看好这类市场，以优惠价格或多种促销手段来吸引这些潜在的消费者。

（5）解体阶段。这一时期的家庭多为老年人丧偶、生活自理能力较差，进而转向依靠子女或寻求社会性服务阶段。这一阶段，随着老年人身体生理机能的衰退，家庭收入来源的减少，消费能力也大大降低。处于此时期的消费基本以满足日常生活需要和保健为主，消费决策也较为慎重。

传统的家庭生命周期阶段的划分主要倾向于经历相同的生命周期阶段的家庭。近年来，由于社会生活的变迁，人们对婚姻看法的改变，传统家庭生命周期的划分已不再适用于描述当前所有的家庭状况。基于此，美国学者穆费（Murphy）总结了现代家庭出现的三种趋势：①随着平均结婚年龄、生育年龄推迟及人类寿命的延长，家庭生命周期阶段相应延长；②离婚、未婚先育、单亲家庭增多；③生育率下降，每个家庭中，孩子数目越来越少。

营销人员必须及时了解现代家庭结构的变化，掌握家庭消费新动向，以制定相应的营销策略。

相关链接　　　消费决策孩子也能"说了算"

前进策略公司和零点市场调查公司对不同家庭成员对消费的影响程度进行过调查，其中的一个调查结果是：孩子是小件个人商品的决策者，家庭大宗消费的影响者。

孩子在传统家庭中的消费受到父母的绝对控制，他们的衣、食、玩、学等用品均由父母提供，但现代家庭观念中"子代偏重"现象使孩子在家庭消费中的地位有很大改变。这种改变突出反映在两个方面。

第一，孩子的消费在家庭中变得越来越重要，即便是一些家庭共用的大件消费品也往往以孩子的需求为中心，孩子在家长的购买考虑因素中已经占有非常重要的地位。

根据零点调查公司在北京、上海、广州、武汉这四个城市针对425个有7岁至12岁孩子的家庭进行的抽样调查，孩子的消费占据了家庭收入的30%左右。而另一项有关家用轿车研究的数据则显示："为了方便接送配偶、孩子"是家庭汽车消费的主要目的之一，其中，"31至40岁"年龄组的人做这一选择的人数比例最高。

第二，不同年龄段的孩子对家庭的消费决策均具备一定的影响力，其中，13至18岁的孩子对家庭消费决策的影响力高达44%。零点调查公司在北京、上海、广州、武汉这四个城市针对中学生的消费研究表明：孩子不仅对个人学习、生活用品拥有强大的决策权，而且对于买房、装修等家庭大宗消费也具有一定的建议影响力。在和孩子高度相关且商品价值不大的商品上，孩子有较高的决策权，如中学生的零食、杂志和个人用品等；在与孩子相关度低或价值较高的商品上，孩子的决策权较小，如房子、家人的衣服等。

资料来源：季辉、王冰. 服务营销. 北京：高等教育出版社，2005.

3. 家庭社会阶层与消费

社会阶层是指社会上的个体与家庭，因社会经济地位、家庭背景、受教育程度的不同，以及相应的生活方式和价值观念的差异而区分出的不同层次。一般来讲，处于不同阶层的消费者具有不同的消费习惯和消费观念，而同一阶层的消费者有着相同的或相近的消费心理特征。

（1）家庭社会阶层的含义及决定因素。家庭社会阶层是一种特殊的团体。一个家庭的社会阶层是和它的特定的社会地位相联系的，并具有等级性。不同的社会形态里，家庭社会阶层的界限和等级不同，影响家庭社会阶层的因素主要有以下几个方面。

① 经济收入。家庭的经济收入是衡量人们购买力和社会地位的重要依据，它决定了家庭成员的需求层次和消费倾向。

② 职业声望。职业声望是人们对职业地位的一种评价。一般来讲，职业声望越高，职业地位越高，社会声誉越大，所处社会阶层越高。

③ 教育程度。一个人所受教育的程度直接影响其职业类型、收入、社会地位。受过高等教育的人凭借自身的知识和能力，为社会创造大量成就和财富的同时，社会地位也大大提高。

④ 住宅区域。一个家庭拥有住房的面积、住房的舒适程度及居住环境情况（水源、绿化、噪声污染状况、交通状况、社会治安、文体设施等）。

（2）家庭社会阶层的划分。西方最有影响力的是美国社会学家华纳的划分方法。该划分方法依照收入来源、收入水平、职业、受教育程度等把家庭社会阶层划分为六个不同的层次。

① 上上层（少于1%）。这个社会阶层往往拥有大量财富，家庭声誉显赫。家庭成员职业多为巨商、金融家、高级专业人员。他们生活高雅，穿着讲究，是名贵商品、高档消遣、娱乐方式的主要消费者。这是一个社会中规模最小的一个阶层。它的生活方式和消费习惯往往被其他阶层向往或模仿。

② 上下层（大约2%）。即由成功的企业家、工商界人士和专业技能很强的高薪人员组成。他们的收入颇丰，往往试图仿效或超过上上层，以显示其身份和地位。他们是高档住房、汽车、游艇及名牌服装的主要消费者，是购买力极强的一个社会阶层。

③ 中上层（12%左右）。主要由学者、律师、医生、高级科技人员组成，他们大多受过良好的教育，因而很重视家庭教育的投资和文化生活气息的培养，偏爱于与自己身份地位相当的高品质商品。

④ 中下层（30%）。由中等收入的"白领阶层"或高薪"蓝领阶层"组成，他们大多工作稳定，收入一般，生活保守，喜欢购买大众化的商品，消费讲究经济实惠。

⑤ 劳动阶层（38%）。这一阶层在社会成员中所占比例最大，多由中等收入的"蓝领"阶层组成。他们大多没有接受过高等教育，靠辛勤劳动来维持生计。由于收入有限，消费品主要为实用、价格低廉的中低档商品。

⑥ 下下层（20%）。这一阶层处于社会最贫困的阶层，他们没有稳定的工作与经济收入，生活条件极差，往往靠政府和社会的救济来维持生活，是低档商品的主要购买者。

相关链接　　　　我国家庭社会阶层分类

随着我国经济的发展，人们的收入差距不断增大，2003年中国社会科学院研究人员参照国际标准，结合我国国情，对不同家庭社会阶层的经济及消费情况进行了调查，并对消费阶层进行了分类，类型如下。

（1）富豪型家庭（少于10%）。即由工商界杰出人士、明星、著名作家、著名画家组成。他们社会地位显赫，经济收入丰厚，生活中追求物质、精神生活的高品位，高档商品的购买与使用在其生活中已日常化、随意化。

（2）富裕型阶层（10%以上）。即由高级技术人员、管理人员或成功的个体经营户组成。这类家庭阶层的生活条件也相当充裕，他们追求商品消费的个性化，是高档住宅、汽车、名牌商品的主要消费者。

（3）小康型家庭阶层（40%）。即由我国大部分城市家庭及较发达农村家庭组成。由于家庭生活不再拮据，消费领域日渐扩大，消费能力也大大加强，不仅满足于日常生活消费，也涉及休闲、文化娱乐等精神方面的消费。

（4）温饱型家庭阶层（20%左右）。即由中小城市的工薪阶层家庭组成。家庭经济来源少，收入一般，往往消费谨慎，考虑长远。在维持生理性需要的同时，略有节余，实用的、经济实惠的商品是他们追求的主要目标。

（5）贫困型家庭（20%）。由城市下岗人员、低收入者和边远贫困地区的农村家庭组成。这类家庭的收入几乎全部用于维持基本的生活费用，他们没有清醒的消费意识。低档、廉价的商品往往成为他们关注的对象。

请你在互联网上搜集目前我国具有代表性的社会阶层划分方式及其消费行为情况。

（3）家庭社会阶层对家庭消费行为的影响。家庭社会阶层的差别是客观存在的，处于不同家庭阶层的消费者在需求特点与购买行为方面存在较大差异。家庭的社会阶层在很大程度上影响消费者的决策，主要表现在以下几个方面。

① 对支出模式的影响。不同社会阶层的消费者在选择或使用商品时，有不同的支出模式。在我国，富豪型家庭的消费观念前卫，好追求高档品牌商品，并形成日常生活中的常规范化行为。而温饱型家庭在消费过程中具有强烈的忧患意识，更倾向储备，消费行为也十分谨慎。

② 对休闲娱乐的影响。社会阶层还会在许多方面，对个体的休闲娱乐活动产生影响。同一阶层或相近阶层成员由于价值观念、生活方式的影响，所选择的休闲活动是相似的，用于休闲支出所占家庭的比例也相差不多，但休闲活动的类型却差别很大。

③ 对信息的接受程度与依赖程度的影响。高阶层的消费者大多受过良好的教育，因而可以利用各种渠道获得更多的商品信息，然后从中择优，自己决策购买。而低层消费者受教育程度低，与外界接触较少，电视是其接受信息的主要来源，购买商品大多相信、依赖广告。

④ 对商场选择的影响。不同阶层的消费者，经常光顾、选择购物场所的类型也不同。高收入阶层的消费者一般会选择高档的、豪华的商场购物，以显示其经济地位。而低收入阶层往往会选择与其身份地位相当的大众化商场或折扣店购物，否则会产生自卑感。

二、少年儿童群体的消费心理特点

少年儿童消费群体是指由1～14岁的消费者组成的群体，包括婴儿、儿童和少年。从全球来看，这部分消费者在人口总数中占有较大比重。目前，我国处于1～14岁的儿童占到全国人口的38%左右，这说明，在社会总需求中，少年儿童的特殊需求已构成了一支庞大的消费群体。尤其计划生育政策实施以来，家庭独生子女越来越多，儿童的消费已成为绝大多数家庭消费的中心，父母在孩子身上投资的时间、金钱也越来越多，出现了前所未有的局面。这对新兴的儿童消费品市场具有重大意义。

1. 儿童消费者群体的心理行为特征

儿童是指从婴儿出生到11岁的人群。这一阶段的儿童心理发展过程可分为婴儿期、幼儿期、童年期。在这三个发展阶段，儿童心理与行为出现了三次较大的质的飞跃，即在心理上开始了人类的学习过程，逐渐地由感知到思维，从被动到主动，表现在消费活动中主要有以下几种情况。

（1）从纯生理性需求逐步转向社会性需求。儿童在婴幼儿时期的消费需求，多表现为生理性的需求，而且必须依赖成人代为满足自己的消费需求。随着年龄的增长，身心的不断发育，儿童的需求从本能发展为有自我意识的社会性需求。消费行为中开始学会表明自己对商品的态度，购买行为也由完全的依赖型向半依赖型转化。

（2）从模仿性消费逐渐发展为带有个性的消费。儿童的思维方式较直观、具体，模仿心理很强。购买玩具、文具时，喜欢模仿别人，向别人看齐。随着年龄的增长，这种模仿性消费逐渐被有个性特点的消费所代替，在购买行为中表现出了一定的目标和意向，开始强调与众不同。

（3）消费心理从感性逐渐发展为理性。儿童好奇心强，消费情绪波动较大，容易受他人的影响,尤其在学龄前阶段表现得更为突出。随着年龄的增长,学识的增加,儿童的消费情绪逐步趋于稳定,消费心理也趋于理性,对商品的注意与认识开始由外观刺激转向以需要为出发点。

2. 少年消费群体的心理与行为特征

少年是指11~14岁的人群,其消费行为的特征如下。

(1)消费需求的自主性增强。随着身心的发展,少年消费者的心理活动日渐独立,选购商品时不再完全遵从父母的意见,而是有了自己的看法与想法,并能从自己的兴趣与爱好出发,有时能独立地做出购买决策。

(2)消费行为由受家庭影响逐步转向受社会影响。儿童时期受自身条件的限制,消费心理与行为受家庭影响较大,少年时期,随着在校学习生活以及社会活动的增多,受社会影响程度远远大于家庭的影响。处于这一阶段的少年在心理需求与消费行为上常与父母意见不一致而发生矛盾。

(3)购买目标明确,购买行动迅速。少年消费群体往往缺乏商品知识和购买经验,识别挑选商品的能力较差,但有很强的购买欲望。一般见到所需的或明确的购买目标,就急于购买,而无论商品质地与价格,都不会对其产生异议。

总之,少年儿童受自身条件的影响,消费心理与行为不是很成熟,在更多的情况下仍需依赖父母。因此,商家在开发少年儿童用品市场时,在考虑少年儿童消费心理特征与行为的同时,也要遵从父母、长辈为其购买商品的需求愿望。

相关链接　　　　儿童消费市场呈四大新趋势

趋势一:洋玩具销售攀升。在中央电视台"3·15"晚会曝光玩具生产厂商使用回收塑料生产后,不少儿童家长与儿童玩具经销商都感受到一个显著变化——消费者对玩具的安全性更加看重。他们在购买前会检查是否有3C认证标志,同时,这也让价格不菲的进口商品受到消费者青睐。

趋势二:消费市场不断细化。目前,儿童消费品和服务的细分趋势愈发明显,儿童消费品分类不再局限于年龄段和性别。例如,童鞋以往只是童装生产企业的附属品,市场相对分散,现在市场已出现一批专业童鞋品牌。

趋势三:体验式消费大行其道。近年来,以纯销售为主的玩具卖家越来越重视体验。进入商场后,卖家一般都会要求设置体验区,让孩子体验一些需要动手的玩具,这些玩具相对高端,寓教于乐。当前,以往出售儿童服装的商场,也开始增加体验式消费的比重。体验型商家对带动商场人气、增加用户黏性具有一定好处。

趋势四:亲子活动成聚客利器。为创造消费机会,培养潜在顾客,成功举办"亲子活动"现已成为提升商场人气、留住顾客的有效手段。儿童消费具有一人带动全家的特点,亲子活动不仅能让孩子走出自己的世界,学会沟通,最重要的是活动会使大批目标客户来到商场,增加产品销量。

资料来源:百度网站

三、青年群体的消费心理特点

1. 青年群体的消费特征

青年是指由少年向中年过渡的阶段,年龄范围一般在 30 岁左右。处于这一时期的青年,随着身体的不断发育,在感知能力、逻辑思维能力、判断能力等方面得到了充分发展,社会生活经验、消费心理也日益丰富。同时,经济能力有了一定的保障,因而在消费活动中具有较强的独立性和购买能力,主要表现在如下几个方面。

(1) 追求时尚、重视品牌。内心丰富,思想解放,富于幻想,敢于冒险是青年消费者的典型心理特征,表现在消费心理和消费行为上,就是追求商品的新、奇、美、名,不惜重金购买名牌商品,领导消费新潮流,以满足自己的需求心理。他们往往是新产品、新消费方式的追求者与尝试者。

(2) 突出个性、表现自我。随着生理发育的成熟和社会活动的增多,青年人越来越重视自己在他人眼中的形象,他们充满自信,追求个性的独立。常常根据个人的兴趣、爱好、性格有选择地挑选带有个性化的商品。青年小伙讲究商品的品牌、品质,消费慷慨大方。年轻姑娘注重商品的款式、色彩,追求美感与舒适。

(3) 追求实用、表现成熟。多数青年受过良好的教育,对商品的选择,在追求时尚、个性的同时,也注重商品使用的科学性与实际效用。他们善于对商品的相关知识进行系统而科学的分析,然后做出较为理智的购买决策,购买动机与购买行为,较前一阶段表现出一定的成熟性。

(4) 注重情感、冲动性强。青年人消费欲望强烈,在购买商品时,多注重情感,易于冲动,即使预先无购买计划与购买能力,也会想方设法购买,甚至超前消费。

相关链接 "动感地带"征服年轻一族

根据麦肯锡对中国移动用户的调查资料显示:25 岁以下的新一代年轻消费群体将成为未来移动通信市场最大的增值群体。因此,中国移动公司将以业务为导向的市场策略率先转向以细分的客户群体为导向的客户策略,出台了"动感地带"品牌营销策略。"动感地带"将目标客户群体定位于 15~25 岁的年轻一族。从心理特征来说,他们追求时尚,对新鲜事物感兴趣,好奇心强、渴望沟通;他们崇尚个性、思维活跃;他们有强烈的品牌意识,但对品牌的忠诚度较低,是容易相互影响的消费群体。从对移动业务的需求来看,他们对业务数据的应用较多,以此满足他们通过移动通信实现娱乐、休闲、社交的需求,中国移动公司据此建立了符合目标群体特征的品牌策略组合,动感的品牌名称、独特的品牌个性、炫酷的品牌语言和犀利的明星代言,不仅满足了年轻人的消费需求,迎合了他们的消费特点和文化,更提出了一种独特的现代生活与文化方式,突出了"动感地带"的价值、属性、文化与个性,将消费群体的心理情感注入到品牌内涵中。由于市场定位准确,策划精妙，中国移动公司的"动感地带"取得了巨大的成功。

资料来源：http://bbs.edu-edu.com.cn/thread-95876-1-1.html

2．新婚青年的消费心理特征

结婚组建家庭是人生中的必经阶段，大多数人都在青年阶段成家立业。在此阶段，新婚青年既有一般青年的消费特点，又有其特殊性，主要表现在以下几个方面。

（1）消费需求的多样性。新婚青年组建家庭，消费需求呈现多样化的特征。大到房子的购置与装潢，小到锅、碗、瓢、盆等生活日用品的配备，需求是多方面的。此阶段的消费需求量大，讲究商品的配套齐全，追求商品的整体和谐。

（2）购买时间相对集中。新婚青年购买结婚用品一般与结婚时间有着密切关系，往往集中于婚前一段时间突击购买。受我国传统婚俗习惯的影响，许多青年选择婚礼时间相对集中，一般会选择春节、元旦、五一节、国庆节期间，所以，这一段时间往往会形成结婚用品的购买高峰。

（3）追求商品浪漫化、现代化。新家庭的组建，使新婚青年对生活充满希望，在消费过程中，他们越发追求物质与精神生活的品位。居室设计、家用电器等诸多方面都要体现现代化；婚礼形式、服饰、装饰品的造型与色彩往往追求浪漫的生活气息。

在这一心理支配下，求新、求美、求吉消费需求突显，已成为新婚家庭选购商品的标准，哪怕价格高些也在所不惜。

四、女性的消费心理与消费行为

随着女性社会经济地位的提高，女性受教育程度、收入水平也有所增加，女性消费者已构成一个潜力极大的消费市场。现代女性大多拥有家庭主妇和职业者双重角色，她们不仅对自己所需消费品进行购买决策，也往往是儿童用品、老年用品、男性用品的购买决策者。据调查，有七成的中国家庭的消费决策者不是男性而是女性，女主人（25岁到44岁的已婚女性）决定了家庭消费的数量和质量。因此，了解女性消费心理对整个消费市场的重要性及变迁，有助于企业更好地开拓市场。女性心理特征主要表现在以下几个方面。

1．消费个性化、多样化

爱美心理是每一位女性消费者普遍存在的一种心理状态。这种心理状态反应在消费活动中，就是追求更多的消费品。随着女性消费者经济地位的独立与提高，女性的个性倾向越来越强烈，现代女性的生活形态已经从大多数相同的标准形态，转入了一个与他人不同的特殊形态。她们不再以同一标准为目的，而是去追求自己的、与他人不同的个性化生活。表现在消费活动中，就是追求个性化商品与服务，以提高自己的社会形象。

2．感性消费、随意性强

女性消费者多感情丰富，心境富于变化，爱幻想、联想。在心理个性的表现上具有较强的情感特征。在消费活动中，她们容易受感情的支配与影响，产生临时的、冲动的购买行为。据调查显示，93.5%的 18～35 岁之间的女性都有过各种各样的非理性的购买行为，也就是受过商品打折、朋友、销售人员、情绪、广告等因素的影响，进行过"非必要"的感性消费。这些非理性消费占女性消费支出的比重达 20%左右。这种感性消费并非事前所计划的，所购商品也并非生活必要。

3．挑剔型购买，考虑周全

女性消费者在购买商品时，在商品的使用价值方面考虑较多，挑选商品时间较长。由于女性消费者的这种较强的求全心理，往往使她们在购物中留有遗憾，甚至经常产生退货或换货的行为。从这点上看，女性的生意并不好做，但商家如能在商品的设计与宣传上下工夫，重点突出某些特征，就容易吸引有某些偏好的消费者。

4．注重实用，追求便利

女性消费者在购买商品时，十分关注商品的实际效用和具体利益，同时，对使用商品与购物的便利性具有强烈的要求。凡能减轻家务劳动强度，节省家务劳动时间的便利商品或服务，都会受到她们的钟爱。随着社会生产劳动效率的提高，人们可支配的时间增多，越来越多的女性消费者希望通过购物来消遣时间，寻找生活的乐趣，但前提是消费时能给她们带来便利与快乐。

5．有较强的自我表现意识和自尊心

女性消费者还有一个共同的心理特点，就是有较强的自我表现意识和自尊心，希望得到社会的尊重与认可。购买商品时，她们往往以选择的或挑剔的眼光、一定的购买标准来评价自己与别人，这些心理状态在消费上表现出一定程度的求新、求异的特点。

相关链接　　　　　　　　　　**现代女性消费新趋势**

中国女性的消费能力越来越让人刮目相看。据万事达卡国际组织 2005 年的一项预测，中国年轻女性总购买力，很可能会从 2005 年的 1 800 亿美元增至 2015 年的 2 600 亿美元；而年长女性的购买力也将从 2005 年的 1 000 亿美元增至 2015 年的 1 500 亿美元。女性消费能力成了众多商家竞相角逐的盈利点。现代女性消费呈以下新趋势。

（1）女性变身趋势。希望生活多样化，希望尝试不同的生活方式，希望改变身份，经历各种体验。表现在日常生活方面，她们要求在服饰、装饰、发型等方面多样化。

（2）女性挑战趋势。尝试想做的事情，希望冒险，希望在某些方面挑战，亲身体验。一些标新立异的商品、服务正是为迎合女性的这种心理而产生的。

（3）女性自主趋势。经济、精神各方面独立，过自己心仪的生活。"女性自主"已成为当代社会主题，只要稍微观察一下女性杂志，就会看出其中一二。通常，表现女性自立，强调自我意识的商品会博得她们的欢心。

（4）女性即时性趋势。希望省时、方便。使用速食食品、罐装食品、冷冻食品。使主妇既能照顾家人又节省时间的办法就是利用省时的商品和外部服务。

（5）女性愉快趋势。希望自己过得快乐，做自己想做的事情。这种趋势以女性大学生、独身女性最为显著，她们的消费趋势多为：流行、休闲、文化，尽情地享受生活。

（6）女性高品质趋势。更青睐高质量的产品和生活，关注产品或服务的附加价值甚至超过关注产品或服务本身。当出现"专属"和"独享"之类的产品或服务时，她们更愿意为"形象"消费。

（7）女性强实力趋势。随着女性经济实力和地位的提升，她们在家电、汽车、商业保险、房产等大宗消费方面的实力大增。

五、中年消费群体的消费心理

中年消费者一般是指 40~60 岁之间的消费者。在我国处于这一阶段的消费者人数众多，负担较重。他们不仅掌握着家庭消费品的购买决策权，同时也左右着未成年子女、老人的购买大权，既是消费行为的决策者、执行者、影响者，又是商品的体验者与使用者，在消费群体中处于非常重要的位置。中年消费群体的消费心理具体表现在以下几个方面。

1．精挑细选、理性购买

中年消费者生活阅历广，购买经验丰富。消费时多能从家庭现实需求出发，注重产品的实效与价格的统一。面对商家的各种折扣与促销手段，能够货比三家，精挑细选，理性购买。

2．消费稳定、计划性强

处于这一阶段的消费者大多肩负着抚养儿女、赡养老人的责任，生活负担较重，因而普遍都有勤俭持家、精打细算的传统美德。他们在购买商品时，更多地会从维护家庭生活需要出发来计划消费的内容与消费标准，合理支配、量入为出，很少出现即兴、盲目消费的现象。

3．注重质量、讲究实惠

中年消费者在选购商品，追求新、奇、美的同时，更多地会考虑商品的品质。据调查显示，50%的中年消费者会把商品品质和使用价值放在消费决策的首位，27%的消费者会把价格低廉作为购买目的，而不过分挑选商品的款式和色彩。

六、老年消费群体的消费心理

老年消费者一般是指 60 岁以上的人群。随着社会医疗、卫生条件的逐步改善，世界人口将出现老龄化趋势。老年人口作为一个特殊的人口群体，由于年龄的增长和生理条件的变化，产生了不同于其他人口群体的特殊的物质需求和精神需求。老龄化社会的来临，在给社会的发展带来众多不便的同时，也孕育着一个潜力无穷的巨大市场。商家如果能抓

住这个契机，就有可能开拓新的市场，使老年产业得到前所未有的发展。

1. 消费习惯稳定

老年人思想保守，不爱赶时髦，讲究实惠。他们热衷于熟悉的商标、品牌，任何外界的刺激、宣传都难以改变他们的消费习惯。商家在经营老年用品时，应注意保持老字号、老品牌的宣传，以满足其习惯性消费的心理需求。

2. 消费求廉、求实、求便

随着生理机能的衰退，以及经济来源的逐渐减少，老年人对商品的消费更多地遵循少花钱多办事的原则，讲究物美价廉、经济实惠。他们既追求生理的满足，也追求心理的满足，对销售服务尤其看重。在经营过程中，商家如能充分考虑商品价位，并能给老年消费者提供周到便利的服务，无疑将会增加商品销售额，提高老年消费者的满意度。

3. 消费需求结构发生变化

人到老年，各方面都发生了很多的变化，主要表现是：大多数人退出了社会经济活动的领域，安度晚年成为退休后的主要生活内容，高龄老年人和病残老年人需要社会和家庭的照料和护理的时间增多。表现在消费活动中，对商品的需求结构也随之发生变化，对食品、保健品、辅助活动产品及护理服务等方面的需求大大增加，而用于穿着、奢侈品的消费支出明显减少。

4. 较强的补偿性消费心理

随着老年生活水平的提高，家庭负担逐渐减轻，部分老年消费者产生了强烈的补偿心理，他们从自己的嗜好出发，来满足过去未实现的消费愿望。表现在对社区服务、娱乐、旅游等方面的需求日益增多，要求服务项目的范围也日益扩大。人到老年后，生活的范围越来越小，社交范围越来越窄，活动距离也越来越近。然而，现代社会的老年人越来越不满足于现在的生活领域，不再满足于下下棋、玩玩牌，而是迫切追求情趣更高雅、融娱乐性、知识性与自身文化为一体的更丰富、更充实的晚年生活。

相关链接 把握老年消费行为，开发银发市场

某公司对 600 位老年人的消费行为进行了问卷调查，发现老年消费者行为存在一定的规律性。本次调查发现 51.2% 的老年消费者是理智型的消费者。随着年龄的增加，他们的消费经验也不断增加，哪些商品能满足自己的需要他们心中有数，因此他们会多家选择，充分考虑各种因素，购买自己满意的商品。调查还发现，有 20% 左右的老年消费者属于习惯型的消费者。他们通过反复购买、使用某种商品对某种商品有较为深刻的印象，并逐渐形成消费、购买习惯，并且不会轻易改变。这些老年人对于不了解的商品不会轻易采用，极少发生冲动型购买。老年人在购买商品时强调质量可靠（29.8%）、方便实用（26.4%）、经济合理（25.8%）、舒适安全（24.5%），至于商品的品牌、款式、颜色、包装放在第二

位考虑。我国现阶段的老年人大多经历过较长一段时间并不富裕的生活，他们的生活一般都很节俭，价格便宜对于他们选择商品具有一定吸引力。但随着收入水平的提高，老年人在购买时也不是一味追求低价格，品质和实用才是他们考虑的最主要因素。在子女成人独立、经济负担减轻之后，一些老年人试图进行补偿型消费。他们随时寻找机会补偿过去因条件限制未能实现的消费欲望，在美容美发、穿着打扮、营养食品、健身娱乐、旅游观光等方面有着强烈的消费兴趣。调查发现，老年人大多选择大商场和离家较近的商店购买商品。因为他们希望商品质量能得到保障，还希望得到周到的服务，如商品咨询、导购服务、运行较慢的扶手电梯和购物时的休息场所等。另外，在专卖店和连锁店购物的老年人也占有一定的比例。还有极少的一部分老年人会通过电视直销和电话购物购买商品。由于老年人大多害怕寂寞，子女却工作忙闲暇少，所以老年人多选择老伴或同龄人一道出门购物。老年人之间有共同话题，在购买商品时也可以互相参考，出谋划策。这说明影响老年人购买的相关群体主要还是同龄人。调查发现，独自一人外出购物的老年人占37.4%，对于这部分人，商家更要提供周到的服务，为他们详细介绍商品特点和用途，提供易携带的包装，必要时送货上门。问卷针对广告的影响进行了调查，大多数老年人选择了"影响一般"（41.9%），有一部分老年人选择了"没有什么影响"（22.7%），另有一部分老年人对广告有反感情绪。由于老年人心理成熟，经验丰富，他们相信通过多家选择和仔细判断就能选出自己满意的商品。老年人也希望通过广告了解一些商品的性能和特点，并以此作为选择某些商品的参考。在促销措施上，老年人最乐意接受的促销手段分别是样品派送（30%）、价格折扣（22.2%）、展销会（12.2%）、商品咨询（19%）、有奖销售（6.3%）、现场演示（5.9%）、赠品促销（2.2%）、发放奖券（2.2%）。

资料来源：杨琼. 市场营销学. 北京：科学出版社，2014.

【与相关课程的联系】

不同消费群体的消费心理有很大的差异，产品的设计、包装、品牌的策划要适合目标市场的需要。

单元三　相关团体对消费心理的影响分析

消费者总是生活在一定的群体之中，各种各样的群体都会对其消费行为产生直接或间接的影响。在这些群体中，相关团体与消费者关系最为密切，影响也最大。从消费者角度看，相关团体是个体购买或消费决策的参照框架；从营销角度看，掌握相关团体的生活方式、消费习惯是企业规模化生产和营销，提高经济效益的重要条件。

一、消费者群体规范与消费行为

1. 消费者群体规范的概念与表现形式

群体规范是成员所遵循的活动规范与行为规则。每个群体都有自己特有的行为规范与准则，这种准则有的是成文的，有的是约定俗成的，两种表现形式都会不同程度地约束群体的行为，并对其发挥效力。多数情况下，更多的规范是不成文的，约定俗成地对成员加以约束。这种约束有时候是主动的，即内部成员可以主动模仿别人的行为；有时候也可以是被动的，如在群体规范的压力下不得不采取某种行为，否则就会受到群体的舆论压力。群体规范不是一成不变的，随着形势的变化，它也会发生变化。

2. 群体规范对消费行为的影响

（1）成文规范对消费行为的影响。成文的消费者群体规范是通过组织、行政、政策、法律等手段明确规定成员可接受或不被接受的行为准则，以及可接受的程度、范围。它会直接对消费者的行为产生影响，并进行强制性调节。在群体中，如一个成员的行为与群体的行为标准不一致，他的选择只有两个：或者脱离该群体；或者改变其原有行为。多数情况下，成员一般不愿意偏离或脱离群体，而是趋于服从。

（2）不成文规范对消费者的影响。所谓不成文规范是指借助群体压力、群体舆论，促使其成员产生服从心理。消费者活动中，当个体的心理活动与所属群体的成员态度倾向一致时，就会得到群体成员的肯定；相反，成员心理、行为与群体规范发生偏离时，群体一致性的压力就会对消费者心理与行动产生影响。

群体成员的信念、价值观对消费者个体压力虽然是不成文的，但有趋于强制性趋向。例如，西欧一些国家为加强环保，一般不提倡家庭使用煤、汽油类燃料，消费量越大，需支付的费用也越高。

相关链接　　　　群体规范压力实验

美国心理学家谢里夫的实验说明了群体规范的形成过程，实验是在暗室里进行的。一个被试者坐在暗室里，面前的一段距离内出现一个光点，光点闪现几分钟后消失，然后让被试者判断光点移动的距离。实际上，光点并未移动，但在暗室中看光点，每个人都会觉得光点在移动，这是一种视错觉现象。这样的实验进行几次，每个被试者都建立了个人的反应模式。有的人觉得光点向右上方移动，有的人觉得向左下方移动，有的人觉得向上方移动等，每个人的反应模式各不相同，随后让被试者一起在暗室内看出现的光点，大家可以相互讨论，说出自己的判断。实验反复进行，一段时间过后，大家对光点移动方向的判断逐渐趋于一致，这就是说，群体的规范代替了个人的反应模式。

实验继续进行着，出现了一个有趣的现象：当把这些被试者重新分开单独做判断时，每个人并没有恢复他原先建立的个人反应模式，也没有形成新的反应模式，而是一致保持群体形成的规范。这表明群体的规范会形成一种无形的压力，约束着人们的行为，甚至这种约束并没有被人们意识到。

资料来源：荣晓华．消费者行为学．东北财经大学出版社，2006.

二、影响相关团体消费的因素

相关团体的形成，有助于企业更好地进行市场细分，选择目标市场，给自己产品或服务定位，以增强企业市场竞争力。

1. 与消费者密切相关的相关团体

相关团体是指对消费者心理与行为产生持续性影响，并对其消费决策产生重要指导意义的特殊的参照群体。相对于一般的消费者群体，它与个体消费者的关系更为密切，对消费活动的影响更大，主要包括家庭、朋友、购物群体、工作群体、成员群体等相关团体。

（1）家庭。家庭是其成员成长的基本环境，每个家庭由于民族文化、社会阶层、宗教信仰及经济条件的不同，都会形成自身特有的家庭消费观念和消费习惯。成员从一出生就会潜移默化地受到父母与长辈的影响，这种影响比其他群体的影响更为深刻，影响的时间也长。

（2）朋友。朋友群体是一种非正式群体，它对消费者的影响仅次于家庭。由于长时间接触，群体中的成员在生活方式、消费方式等方面相互影响，以至在选择、评价所购商品的态度与行为上趋同一致性。朋友的建议与意见对个体的影响较大。当然，这种影响因朋友之间的疏密程度而有所不同，与朋友越接近，其在购买决策时受朋友的影响越大。

（3）购物团体。购物团体是指因购物、娱乐休闲而组成的一个消费团体。购物团体一般由家庭成员、朋友或邻居组成。与他人一同购物，会获得许多的商品信息并得到帮助，从而降低购买决策的风险。

（4）工作团体。由于处于同一工作单位，或者从事同一工作性质的工种而使成员之间存在某种关系，这种关系是在长时间的工作中形成的。成员之间会在一定文化环境、价值观念等方面相互影响，表现在消费活动中会有相似的态度倾向与行为。

（5）成员团体。在这里我们除去家庭、朋友、邻居、同事等相关团体，而专指某些社会团体，如学术团体、钓鱼协会、书法协会等。由于团体对商品的某些特殊要求，使成员在购买商品时特别强调商品品牌、功能、质地等方面的因素。例如，某钓鱼协会的会员都用"大江"品牌的鱼竿钓鱼，往往是出于钓鱼的特殊需要或成员相互影响的结果。

相关链接　　给团购人群消费心理把把脉

团购作为当下最流行的消费方式，已渗透到人们生活的方方面面。不可否认的是，许多优质的团购商品和服务确实能为消费者带来实惠和便捷。但随着团购企业竞争的加剧，也出现了良莠不齐的市场局面，使得目前互联网上的团购信息虚实难辨。一些消费者受低价吸引，通过团购买来了存在严重质量问题的商品。更有些人深陷其中，团购上瘾，买来很多本不需要的东西，反而造成了浪费。这种心理和行为使他们陷入了一些消费误区：（1）团购上瘾，造成浪费，扭曲了正常的消费心理；（2）盲目跟风，自我分辨能力减弱；（3）贪图便宜，对所购商品了解不足，从而造成损失。

专家诊治：团购时，对于价格低于原价一半以上且信息发布在类似"克隆"性质的团购网站上的商品，消费者要提高警惕，不要选择；在团购商品时，要尽量选择大品牌，这可以在一定程度上保证质量；另外，选择一个可靠的团购网站也十分必要，同时注意做好电子信息的备份，一旦发生消费纠纷，这些备份便可成为维护自己权益的证据。

资料来源：中国消费网、中国消费者报.

2．影响相关团体消费的因素

相关团体是由有密切关系的消费者组成的群体，它对成员的消费行为有着十分重要的制约作用。在这里，我们把相关团体看成某一特定的消费群体，如家庭、朋友、邻居、同事等群体来研究决定其消费的因素。

（1）需求、愿望与期望。消费需求是消费的先导，人们的消费活动通常是由消费需求引起和决定的，但需求本身并不能确定消费者所追求的是一种什么样的商品或服务。需求在某种程度上确定了潜在消费者想要的产品或服务。如果企业能从相关团体的消费习惯和消费特点出发，就有可能满足其消费需求与愿望，并达成交易。

（2）沟通的有效性。服务中的沟通是双向的，既包括群体成员清晰地表达自己的需求，也包括营销人员主动向消费者介绍商品与服务的相关信息。营销人员积极地领会消费者提出的要求，并予以答复，有助于引导并促进销售。

（3）意见领袖。群体中某些经常会影响他人态度或意见的人，称为意见领袖或观念领导者。就某一些特定服务或产品类别，他们经常会给消费者提供建议和有用的信息。意见领袖多在营销方面有较丰富的知识和经验，自信心较强，比一般人更健谈与合群，因而在消费活动中影响力较大。

【与相关课程的联系】

推销学中寻找顾客的"中心开花法"，就是要找到意见领袖或者名人。

三、相关团体在市场营销中的作用

相关团体在市场营销中的作用主要体现在以下几个方面。

1．有利于企业准确地识别目标市场

掌握不同相关团体的生活方式、消费习惯和消费特征，有助于企业经营者正确地进行市场细分，识别目标市场，以便给自己的产品和服务定位，最终采取合适的营销策略，取得最佳的经营效果。

2. 有利于企业提高经济效益

企业通过市场细分，可以针对目标市场生产出适合消费者需求的畅销产品，增加企业收入。另外，企业提高经济效益的前提是建立在规模化的生产或销售基础之上。一般群体内部成员较多，成员之间的相互影响往往会形成大规模的团购现象，这也有助于增加企业产品的销售量，从而提高企业的经济效益。

3. 有利于规范市场交易秩序

相关团体的广泛存在，不仅有助于维护消费者权益，而且还有助于政府部门借助群体对个体的影响力，对社会消费加以合理的引导和控制，使社会消费朝着更健康的方向发展，以便形成更规范的市场交易秩序。

模块小结

生活中，消费者经常以群体的方式对市场运行发生作用。本模块从群体的概念出发，主要围绕消费群体的形成与分类、影响力因素、不同年龄段的消费群体的心理特征及相关团体的消费心理等几个方面进行研究与探讨。

消费群体是由具有某种共同特征的若干消费者组成。群体的范围极为广泛，从消费心理学角度可以将群体分为正式群体和非正式群体、所属群体与参照群体、自觉群体与回避群体、主要群体与次要群体、长期群体与临时群体。

企业经常根据消费者年龄、性别来划分消费者群体，我们通常把他们划分为少年儿童消费者群体、青年消费者群体、中年消费者群体、老年消费者群体、男性消费者群体、女性消费者群体。

相关团体是与消费者有着密切关系的参照群体，如家庭、朋友、成员团体、购物团体、工作团体。相对于一般群体而言，相关团体对消费者的影响更大。

不同的消费者群体有着不同的消费心理与行为，企业只有抓住市场营销活动中常见的消费群体的心理与行为特征，才能科学地细分市场，正确地选择目标市场，开发出符合市场需求的产品和服务，从而增强企业的竞争力。

主要名词

消费者群体　参照群体　家庭生命周期　儿童消费群体　青年消费群体　女性消费群体　老年消费群体　相关团体　群体规范

模块六 区分不同群体的消费心理

自测试题

一、判断题

1. 少年儿童消费者群体的年龄是指 0～15 岁。（　　）
2. 研究老年人的消费心理是开拓老年商品市场的重要保障。（　　）
3. 家庭是影响消费行为最重要的社会因素（　　）。
4. 一般来讲，处于不同阶层的消费者具有不同的消费习惯与消费观念。（　　）
5. 相关团体被视为某一特定的消费群体，通常对个体消费者决策影响不大。（　　）

二、单项选择题

1. 少年儿童的消费心理具有较大的（　　）。
   A．自主性　　　B．自觉性　　　C．稳定性　　　D．变动性
2. 价格敏感性较强的消费群体是（　　）。
   A．少年儿童群体　　　　　　B．青年群体
   C．中年群体　　　　　　　　D．老年群体
3. 消费者受群体规范影响的主要心理原因是（　　）。
   A．仿效心理　　B．学习心理　　C．攀比心理　　D．追随心理
4. 针对女性消费群体采取的心理营销策略中，下列说法不正确的是（　　）。
   A．制定合理的商品价格　　　B．注重商品包装的外观设计
   C．开展多种形式的促销活动　D．讲求服务艺术，提高服务水平
5. 受传统习俗影响较深的消费者群体是（　　）。
   A．女性消费者群体　　　　　B．农民消费群体
   C．文职人员消费群体　　　　D．老年消费群体

三、多项选择题

1. 少年儿童消费心理与行为的基本特征主要包括（　　）。
   A．经历从生理需求向社会需求的过渡
   B．独立消费意识逐渐成熟
   C．所受影响日益广泛
   D．群体意识逐渐形成
   E．消费能力时强时弱
2. 青年群体的消费心理与行为的主要特征有（　　）。
   A．消费欲望强烈　　　　　　B．消费行为的理智性
   C．冲动性购买行为较多　　　D．消费行为的计划性
   E．强调个性与自我表现
3. 决定消费者群体影响力大小的因素主要有（　　）。
   A．消费者群体特征　　　　　B．消费者个性特征

         C. 商品的特点   D. 外界环境的影响
         E. 信息沟通的状况
    4. 女性消费心理与行为的主要特征包括（　　）。
         A. 求美   B. 求实   C. 理智性强   D. 情感性强
         E. 易受外界影响
    5. 消费者家庭消费的主要特征包括（　　）。
         A. 排斥性   B. 阶段性   C. 差异性   D. 社会性
         E. 相对稳定性

四、简答题
    1. 何为消费群体？消费群体是怎样形成的？
    2. 简述家庭消费的基本特征。
    3. 简述少儿消费心理、青年消费心理、老年消费心理特点。
    4. 简述女性消费心理特点。
    5. 简述男性与女性消费心理与购买行为存在哪些差异？

五、论述题
    1. 试述与消费者密切相关的团体及其对消费者心理的影响。
    2. 运用所学知识，试述大学生群体消费行为特征。

案例分析

A 品牌餐厅的"乐"营销

A 品牌餐厅几乎成为全国儿童的乐园，店内窗明几净，餐桌椅色彩鲜艳，灯光柔和，儿童游戏区气氛热烈。店内 POP 广告和儿童音乐吸引儿童，那里有好吃的，更有好玩的，还可以举办生日庆祝活动，金黄色的 A 标志和笑容可掬的儿童形象大使，成为欢乐和美味的象征。

案例讨论
    1. A 品牌餐厅独具特色的消费环境迎合了哪个年龄阶段消费者群体的心理需要？
    2. 该群体消费心理与行为的主要特征有哪些？

实训练习

    1. 进行一个简单调查，了解自己和周围同学的消费水平，并分析如果商家开拓大学生市场可从哪些方面着手。
    2. 分别访问 10 名男性与女性，范围包括国家机关工作人员、工人、教师、农民，并总结性别群体与职业群体的消费特点。

模 块 七

摸准商品价格脉搏实现利益最大化

内容提要

模块七主要介绍商品价格的内涵，影响因素和价格的功能，价格的心理机制。消费者的价格心理表现与价格判断，以及价格制定和调整的心理依据及方法。

教学重点和难点

价格的需求弹性；消费者的价格心理特征和反应，定价的心理策略。

学习目标

知识点：理解价格弹性，了解定价的方法，掌握定价和调价的心理技巧。

能力点：掌握消费者的价格心理表现，价格变动对消费心理和消费行为的影响，掌握商品定价和调价的心理策略，并能在实际工作中进行运用。

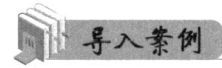

导入案例　　　　亚当·斯密论"看不见的手"

人的本性是利己的，每个人都从自己的个人利益出发决定自己的经济行为。没有任何人指挥，没有任何人干预，但结果整个社会和谐而有效率地正常运行。市场经济的这种奥秘何在呢？生活在资本主义早期的英国古典经济学家亚当·斯密在1776年出版的《国富论》（中文版全名为《国民财富性质与原因的研究》）中提出了如下观点。

"人类几乎随时随地都需要同胞的协助，要想仅仅依赖他人的恩惠，那是一定不行的。他如果能够刺激他们的利己心，便有利于他，并告诉他们，给他做事，是对他们自己有利的，他要达到目的就容易得多了……我们每天所需的食物和饮料，不是出自屠户、酿酒师或面包师傅的恩惠，而是由于他们自利的打算。"

"每一个人……既不打算促进公共的利益，也不知道自己是在什么程度上促进哪种利益……他们盘算的也只是他自己的利益。在这种场合下，像在其他许多场合一样，他受着一只看不见的手的指导，去尽力达到一个并非他本意要达到的目的。也并不因为事非出于本意，就对社会有害。他追求自己的利益，往往使他能比在真正出于本意的情况下更有效地促进社会的利益。"

正是在这段论述中，斯密提出了一只"看不见的手"——自发调节经济，实现满意结果的思想。在斯密那里，这种思想并没有得到理论上的严格论证，只是一种"天才的闪烁"。但斯密揭示出了市场经济最基本的思想。因此，斯密关于"看不见的手"的论述被认为是"经济学皇冠上的宝石"，至今仍然是至理名言。

价格战在家电行业屡见不鲜，但是海尔依然是价格的领导者。合理的定价是产品竞争的主要手段，也是企业利润来源的重要方面。在自由竞争的市场上，价格是由市场决定的，那么企业应该如何对产品进行正确的定价呢？在消费过程中，价格的变动应该考虑哪些心理因素？你是如何看待买涨不买跌的？

单元一 商品价格

在现实生活中，影响消费者心理与行为的因素很多，然而，毫无疑问的是价格是影响消费者购买决策的最具刺激性、敏感性的重要因素之一。

一、商品价格的概念

经济学理论认为，价格是商品价值的货币表现，是商品与货币交换比例的指数，是商品经济特有的一个重要经济范畴。而营销心理学有关价格的含义则是指建立在消费者心理基础之上的各种商品价值的货币表现形式。

商品价格是消费者每天都要直接或间接接触的经济现象，它像一只看不见的手，通过涨落、波动无形地指挥着生产者、经营者、消费者的行为，牵动着亿万消费者的心。

二、需求价格弹性

需求价格弹性是指因价格变动而引起的需求量的相应变动率，它反映了需求变动对价格变动的敏感程度。需求价格弹性的大小，会因为商品种类的不同和消费需求程度的不同而有所差别，一般来说，与消费者生活密切相关的生活必需品的需求弹性较小，而非生活必需品的需求弹性较大。需求价格弹性的强弱，主要受两个方面的因素影响，即商品的需求强度和商品的替代性。

商品的需求强度与该商品的需求弹性相关。一般情况下，人们对生活必需品的需要程度高于生活享受用品，因而生活必需品的价格变化对其需求量的影响作用小，即生活必需品的需求弹性小。反之,生活享受用品因其需要程度低而表现为富有弹性,即生活享受用品的需求弹性大。

商品的替代性与该商品的需求弹性正相关。商品的替代性是指不同商品使用效果类似、使用价值可以互相代替的性质,如羊毛衫与绒衣、塑料杯与玻璃杯之间都存在着不同程度的替代关系。替代性强的商品,其价格的提高会引起消费需求向其他可替代商品转移,这种需求转移强化了价格变动对该种商品需求量的影响,从而表现出较大的需求弹性。反之,某种商品难于替代,消费者别无选择,只能提高对价格变动的承受能力。这种需求对价格反映的低敏感程度,使得该商品表现为较小的需求弹性,如图7.1所示。

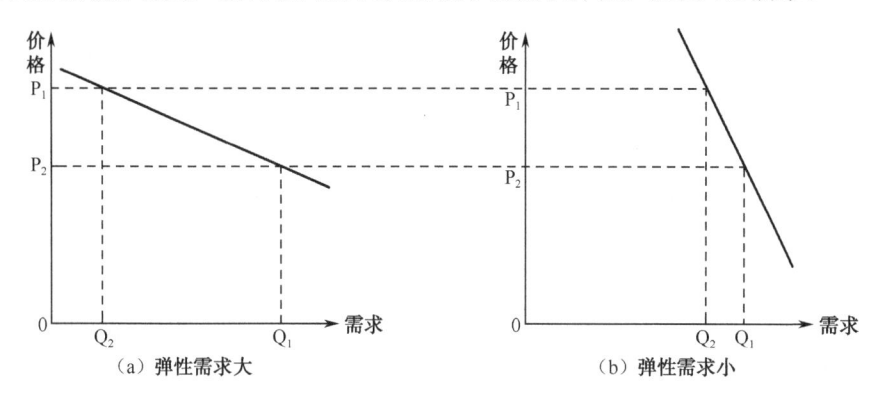

图7.1　弹性需求

【与相关课程的联系】

价格是《微观经济学》、《市场营销学》中的重要内容,价格是影响消费需求最重要的因素。

三、商品价格的功能

相关链接　　　　　　　　　　　　　　高价也可多销

1945年圣诞节即将来临时,为了欢度战后第一个圣诞节,美国居民急切地希望能买到新颖别致的商品作为圣诞礼物。当年6月份,美国有一位叫朵尔顿·雷诺兹的企业家到阿根廷谈生意时,发现圆珠笔在美国将有广阔的市场前途,立即不惜资金和人力从阿根廷引进当时美国人根本没有见过的圆珠笔,只用了一个多月便拿出了自己的改进产品,并利用当时人们原子热的情绪,取名为"原子笔"。

当时,这种圆珠笔生产成本仅为0.8美元,但雷诺兹却果断地将售价抬高到20美元,因为只有这个价格才能让人们觉得这种笔与众不同,配得上"原子笔"的美称。1945年10月29日,金贝尔百货公司首次销售雷诺兹圆珠笔,竟然出现3 000人争购"奇妙笔"的壮观场面。人们以赠送与得到原子笔为荣。一时间新颖、奇特、高贵的原子笔风靡美国,大量订单像雪片一样飞向雷诺兹的公司。短短半年时间,雷诺兹生产圆珠笔所投入的2.6

万美元成本竟然获得150多万美元的利润。等到其他对手挤进这个市场而杀价竞争时，雷诺兹已赚足大钱，抽身而去。

在消费者行为学的研究中，商品价格的功能是指商品价格对消费者心理的影响，以及影响过程中消费者所产生的价格心理现象。

消费者在选购商品时，通常把价格与商品的其他要素如质量、品牌、性能等综合起来加以评价，在此基础上决定是否购买。然而，就对消费者的影响而言，价格又有着与其他商品要素不同的心理作用机制。具体表现在以下几个方面。

1. 衡量商品价值功能

商品价值是价格的内在尺度，价格围绕价值上下波动，并最终趋向于价值。商品价值凝聚了生产过程和流通过程中活劳动和物化劳动的时间耗费，从理论上讲，消费者在选购商品时应以商品的价值为尺度来判断是否购买。然而，人们常常可以看到，有些质量相似的产品，因包装、装潢不同而价格相差较多时，消费者却宁愿购买价格高的产品，而对于一些处理品、清仓品，降价幅度越大，消费者的心理疑虑越重，不敢贸然购买。

这类现象的产生是由于价格的心理功能在起作用。由于产品信息的非对称性，以及消费者购买行为的非专业性，消费者在选购产品时，总是自觉或不自觉地把价格同产品品质及内在价值联系起来，把价格作为衡量产品品质优劣和价值大小的最重要的尺度。他们往往认为，产品价格高，则意味着产品的质量好，价值大；产品价格低，则说明产品的质量差，价值小。所谓"一分钱，一分货"、"好货不便宜，便宜没好货"，便是消费者在现实生活中通常奉行的价格心理准则。同样两件衬衣，质地看上去很相似，款式也差不多，如果其中一件用精制的盒子包装，标价280元，另一件只用普通的塑料袋包装，标价140元，消费者的第一反应就是认为280元的那件品质好、价值高，另一件则相反。

在现实生活中，一般消费者难以了解商品的真正价值。他们在选购商品时，总是自觉或不自觉地把价格同商品品质和商品价值联系起来，把价格作为衡量商品价值大小和品质高低的标准。

2. 自我意识比拟功能

从价格心理的角度分析，产品价格不仅被消费者用于比较产品价值和产品品质，还能使消费者产生自我意识比拟的心理功能。消费者在购买产品的过程中，通过联想和想象等心理活动，把产品价格与个人的偏好、情趣、个性心理特征等联系起来，通过价格的比拟来满足其社会心理需要和自尊心理需要。价格的自我意识比拟主要有以下几种形式。

（1）社会经济地位比拟。有些消费者只到高档、大型百货商店或专卖店购买"名、特、优、新"产品，以显示自己的社会地位和经济地位。有些消费者则是大众商店、低档摊位的常客，专门购买折价、过季降价、清仓处理的廉价产品。假使这两类人的行为发生了错位，则第一种消费者会为去低档次的场所购物而感到不安，认为有损自己的社会形象，而第二种消费者去高档购物场所消费，则会产生局促不安、自卑压抑的感觉。

（2）文化修养比拟。有的消费者尽管对书法字画缺乏鉴赏能力，却要花费大笔支出购买昂贵的名人字画挂在家中，希望借此来显示自己具有很高的文化修养，得到心理上的慰藉。还有一些消费者既没有看书的习惯，又没有藏书的爱好，却购置大量豪华精装的书籍，以显示自己的博学及高品位。

（3）生活情趣比拟。有些消费者既缺乏音乐素养，又没有特殊兴趣，却购置钢琴或高档音响设备，或者亲身实地去欣赏体验自己听不懂的高雅音乐会，以期得到别人"生活情趣高雅"的评价，获得心理上的满足。

（4）观念更新比拟。一些消费者怕别人说自己落伍，跟不上潮流，即使不会使用电脑，也要花一大笔钱买台最先进的电脑作为摆设，希望能够以此获得"与时代发展同步"的心理安慰。还有一些消费者受广告影响，萌发追赶科技潮流的冲动。例如，"商务通"掌上电脑的电视广告"呼机、手机、商务通，一样都不能少"，曾经引发了一批中高收入阶层消费者的购买热情。很多人购买掌上电脑并无多大实际用处，其潜在心理是树立自己观念前卫的形象。

3. 调节需求功能

商品价格对消费需求有巨大的影响。通常，在其他条件不变的情况下，当市场上某种商品的价格下降时，其消费需求量会增加；反之，价格上涨，需求量会减少。即价格的变动与消费需求量的变化呈相反的方向。这是由于消费者会认为，商品价格上涨意味着购买这种商品会给他带来损失，而价格下降则意味着购买这种商品会给他带来更多的利益。例如，奢侈品的价格稍有变动，需求量就会发生较大的变化；生活必需品如粮食、食盐等，需求对价格变动无反应。价格对需求的调节，还与消费者的需求强度和预期心理有关。消费者对某种商品的需求越强烈、越迫切，对价格的变动就越敏感；反之则相反。当某种商品价格上涨时，消费者认为还会上涨，他就会去抢购，这就是生活中常见的"越涨越买"、"买涨不买跌"的现象。

单元二 消费者的价格心理

消费者的价格心理，是指消费者在购买过程中对价格刺激的各种心理反应及其表现。它是由消费者自身的个性心理和对价格的知觉判断共同构成的。消费者的价格判断既受其心理影响，也受到某些客观因素，如销售环境、气氛、地点和商品等因素的影响。价格判断具有主观性和客观性的双重性质。

一、消费者的价格心理特征

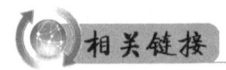

相关链接　　　　　　　　越贵越畅销的绿宝石

美国亚利桑那一家珠宝店采购到一批漂亮的绿宝石。此次采购数量很大，老板很怕短期内销不出去，影响资金周转，便决定按通常惯用的方法，减价销售，以达到薄利多销的目的。但事与愿违，原以为会一抢而光的商品，好几天过去了，购买者却寥寥无几。老板谜团重重，是不是价格定得还高，应再降低一些？

就在这时，外地有一笔生意急需老板前去洽谈，已来不及仔细研究那批货降价多少，老板临行前只好匆匆地写了一张纸条留给店员："我走后绿宝石如仍销售不畅，可按 1/2 的价格卖掉。"由于着急，关键的字 1/2 没有写清楚，店员将其读成"1～2 倍的价格"。店员们将绿宝石的价格先提高一倍，没想到购买者越来越多；又将价格提高一倍，结果大出所料，宝石在几天之内便被一抢而空。老板从外地回来，见宝石销售一空，一问价格，不由得大吃一惊，当知道原委后，店员、老板同时开怀大笑，这可真是歪打正着了。

消费者的价格心理特征主要有以下几个方面。

1. 消费者对价格的习惯性

消费者对价格的习惯性是指消费者根据自己以往的购买经验，对某些商品的价格反复感知，从而决定是否购买的习惯性反应。

消费者对商品价格的认识，往往是从多次的购买活动中逐步体验的结果。特别是一些日用消费品，消费者由于长期购买，已在大脑中留下深刻的印象，并形成了习惯价格。在习惯价格的基础上，形成了一种对商品价格上限和下限的概念。如果商品价格高于上限则会令人认为太贵；如果价格低于下限则会令人产生怀疑。只有商品价格处于上限和下限之间，消费者才会乐于接受。如果商品价格恰好为消费者所认同，消费者则会产生最大的依赖感。

消费者的价格习惯心理一旦形成，往往要稳定并维持一段时间，很难轻易改变。当有些商品价格必须变动时，企业一定要认识到价格的习惯心理对消费者购买行为的影响，在制定和调整商品价格时，对那些超出消费者习惯性价格范围之外的商品要慎重行事，一定要弄清这类商品的价格在消费者心目中的价格上限和下限的幅度。价格超过了上限，就应该千方百计地让消费者了解其商品的优秀品质；价格低于下限，则要想办法打破消费者对此类商品是低档货或质量上有问题的顾虑，促使其尽快由不习惯转为习惯，增加购买。

2. 消费者对价格的敏感性

消费者对价格的敏感性是指消费者对商品价格变动的反应程度。由于商品价格直接影响着消费者的生活水平，所以消费者对价格的变动会做出不同程度的反应。消费者对价格变动的敏感心理，既有一定的客观标准，又有经过多年购买实践形成的一种心理价格尺度，因而具有一定的主观随意性。消费者对价格的敏感性是因商品而异的，对那些与消费者生活关系密切的商品的价格,由于购买频度较高,消费者的敏感性较高,如食品、蔬菜、肉蛋类等,这些商品的价格略有提高,消费者马上会做出强烈反应;而一些高档消费品,如电脑、音响、钢琴、家具等,由于其购买频度较低,即使价格比原有价格高出几十元、上百元,人们也不太计较,即消费者对这类商品的价格敏感性较低。例如,学校的师生每天在餐厅就餐,饭菜价格哪怕是变动了 0.5 元,他们也会议论纷纷;而市场上同样一台电冰箱的价格就是涨了 300 元,他们也不会放在心上。

3. 消费者对价格的感受性

消费者对价格的感受性是指消费者对商品价格高低的感知程度。消费者对商品价格的高与低的认识和判断,不完全基于某种商品价格是否超过或低于他们认定的价格尺度,他们还会通过与同类商品的价格进行比较,以及与购物现场不同种类商品价格的比较来认识。这种受背景刺激因素的影响,导致价格在感受上的差异,被称为价格错觉。不同的商品或服务,不同的环境和营销氛围,消费者的不同心境和个性,都会产生不同的价格感受。这种感受性会直接影响消费者的价格判断。例如,一瓶葡萄酒,商场售价二十几元,而在三星级以上酒店里饮用,定价达上百元,这是因为豪华优雅的环境和气氛影响了消费者对价格的感受性。

4. 消费者对价格的倾向性

消费者对价格的倾向性是指消费者在购买过程中对商品价格选择所表现出的倾向。商品的价格有高、中、低档的区别,它们分别标志着商品不同的品质与质量标准。一般来说,当消费者对同类产品进行比较时,如果没有发现明显的差别,往往倾向于选择价格较低的产品。对各种不同种类商品的价格,消费者在比较时的倾向性也是不同的。对日常生活用品、短期时令商品,消费者倾向于选择价格较低的;对耐用消费品、高级奢侈品,消费者则倾向于价格较高的。目前,我国消费者的消费心理明显地呈现出多元化特征,既有追求高档名贵的求"名"心理,又有追求经济实惠的求"廉"心理,还有居于二者之间的要求价格适中、功能适中的求"中"心理。此外还有满足情感、文化需要的求"情"、求"乐"、求"知"心理。由于不同的消费者的社会地位、经济收入、文化水平、个性特点的差异,在选购商品时的价格倾向也不同,他们会根据自己的不同需求特点,做出不同的价格选择。

企业在制定营销决策时,要充分考虑不同层次消费者的不同需要,研制生产高档、中档、低档等系列产品,采用合适的定价策略,满足消费者对价格的倾向性需求。

5. 消费者对价格的逆反性

消费者对价格的逆反性是指消费者在某些特定情况下对商品价格的反向表现。正常情况下,消费者总希望买到物美价廉的产品,对于同等质量的产品总是希望其价格更低。但是在某些特定情况下,商品的畅销性与其价格却呈反向表现,即并非价格越低越畅销,这是由于消费者对价格的逆反心理造成的。

商品的主观价格是依据其客观价格而形成的,但是主观价格与客观价格经常会出现相互不一致,甚至背离的情况,在消费者心目中常会产生这样的判断:商品的价格太高,或者商品的价格偏低。主观价格是构成商品形象的一个组成部分。对于一个有较高自我比拟意识的人来说，购买一件他认为价格偏低的商品会感觉有失身份。例如，一件女式风衣在一家商店出售，刚开始的标价是 68 元，这个价格是低于同等商品平均价格水平的，但在商店挂了很久都无人问津。消费者在购买时看到这一低价会很自然地认为这件风衣可能是滞销货，或者存在质量问题，即使价格偏低也不愿意购买。但是当商家把价格改成 680 元之后，就有很多消费者因为这一高价而注意到这件风衣，很快这件风衣便以 500 元的价格出售了。

二、价格变动与消费者的心理反应

在经营实践中，商品价格的变动与调整是经常发生的。调价的原因除了生产经营者的自身条件发生了变化以外，还包括市场供求状况、商品价值变动、市场货币价值与货币流通量变动、国际市场价格波动、消费走向变化等多方面的因素的影响。企业在调整商品价格时，既要考虑这些因素的影响，又要考虑消费者对商品调价的心理要求。

相关链接　　　　　"打折"出新招，商家获利丰

"打折"是商家常用来吸引消费者的方式之一，打八折、打七折的商家屡见不鲜。可世上竟有打一折的商家，这就是东京银座的绅士西服店。其打折销售方式是：规定 10 天为一个打折周期，第一天打九折；第二天打八折……以此类推，最后两天打一折。

该店推出这一活动后，第一天和第二天前来购物的顾客并不多，偶尔前来的顾客也多半是看一看。可到第三天顾客光临人数就开始迅速增加，等到第五天打五折时，顾客就像洪水般地涌来开始抢购，随后几日人满为患，自然商品也就荡然无存了。

这一全新"打折"方式十分有效地抓住了顾客的心。任何人都希望在打一折、打二折时买到所需商品，可是他们也明白，称心如意的商品难以保留到最后两天。因此，当打七折的时候，大多数顾客就开始躁动不安起来，恐怕失去大好机会。

经统计表明，绅士西服店的商品平均是以原价的五折售出的。这不能不说是一种加速资金周转、清理存货、淡季促销的高招。

1．消费者对价格调整的心理及行为反应

价格调整可分为两种情况：一种降价；另一种是提价。这两种情况引起的价格变动都会使消费者的利益受到影响，引起消费者心理与行为上的反应。

（1）调低商品价格。调低价格通常有利于消费者，理应激发消费者的购买欲望，促使其大量购买。但在现实生活中，消费者会做出与之相反的各种心理和行为反应，往往会"持币待购"、"越降越不买"。之所以如此，主要是由于以下几点原因。

① 消费者因"便宜—便宜货—质量不好"、"便宜没好货，好货不便宜"等一系列联想而引起心理不安。

② 消费者自认为不同于一般低收入阶层，不可以购买低档货，因为"便宜—便宜

货—有失身份,有损自尊心和满足感"。

③ 消费者猜测企业可能有新产品即将问世,所以降价抛售老产品;老产品不久就会被淘汰,买了这种商品会很快落伍;可能企业不再生产该种商品的零部件,零部件的维修更换无法保证。

④ 降价商品可能是过期商品、残次品、库存品或低档品,功能少,质量不好,不再适合未来发展趋势。

⑤ 商品已降价,可能还会继续降,暂且耐心等待,期待新一轮的降价来临,从而可以买到更便宜的商品。

这些想法在消费者当中具有一定的普遍性。典型的例子就是中国目前多数城市房地产市场的"量价齐跌"现象,究其原因,就在于房地产价格的调控导致了消费者对房价下调预期的增加,于是出现持币待购现象。

(2)调高商品价格。调高价格通常对消费者来说是不利的,理论上会抑制消费者的购买欲望,挫伤其购买积极性,减少实际购买需求。但在现实生活中,消费者同样会做出与之相反的各种反应。之所以如此,主要是由于以下几点原因。

① 商品涨价,可能是因其具有某些特殊的使用价值,或具有更优越的性能,好东西应该赶快购买。

② 商品已经涨价,可能还会继续上涨,应尽快抢购,以防将来购买会更吃亏。

③ 商品涨价,说明它是热门货,有流行的趋势,应尽早购买。

④ 商品还在涨价,可能是限量发行,说明它有升值的潜力,不如购买一些囤积起来,待价而沽。

⑤ 商品在涨价,可能出现断货,为保证急用而预先购买。

此外,消费者对价格调整的反应还表现出其他复杂的心理动机。例如,在保健品市场上,各种保健品之所以可以在市场上以高昂的价格"各领风骚两三年",最主要的原因就是消费者盲目相信它真的具有一些意想不到的保健功能,而且看到价格在上涨,很多人在抢购,自己也冲动地跟随别人去购买。又如,在艺术品市场上,由于艺术品总是限量发行的,价格上涨则说明它具有增值潜力,所以很多收藏者出于投机或投资心理会考虑购买。

由此可见,商品价格的调整引起的心理反应非常复杂。既可能激发消费者的购买欲望,促使商品需求增加;也可能抑制其购买欲望,导致商品需求减少。因此,企业在调整价格的时候,一定要仔细分析各种因素的影响,准确把握消费者的价格心理,事先做好市场预测工作,采取行之有效的调价策略,以便达到扩大销售总额、增加利润的目的。

2. 价格调整的心理策略及技巧

根据消费者对商品降价和提价的心理与行为反应,企业可以采取相应的降价策略和提价策略。

(1)商品降价的心理策略及技巧。造成商品降价的原因有诸多方面,如某些商品升级换代造成的残次品;商品保管不善造成的品质降低;市场行情不明造成的盲目进货;新技术、新科技的应用使成本下降等。凡此种种,都有可能导致商品降价出售。商品降价能否促进销售,关键在于商品是否具备降价条件,企业是否能够及时准确地把握降价时机和幅度，以及能否正确应用相关技巧。

① 企业考虑降价的原因。企业的生产能力过剩，需要扩大销售，而又不能通过改进产品和加强销售来达到目的；在强大的竞争压力下，企业市场份额下降，不得不降价竞销；企业的生产成本费用低于竞争对手，试图通过降价提高市场份额。

② 商品降价应具备的条件。消费者注重产品的实际性能与质量，而较少将所购产品与自身的社会形象相联系；消费者对产品的质量和性能非常熟悉，如某些日用品和食品，降价后仍对产品保持足够的信任度；消费者需要企业向其充分说明降价的理由，并使其感到能够接受；即使制造商和产品品牌信誉度高，消费者只有在以较低的价格买到"好东西"时才会满意。

③ 降价的时机。时尚和新潮商品，进入流行阶段后期就应降价；季节性商品，应在换季时降价；一般商品，进入成熟期的后期就应降价；"假日经济"现象，重大节假日可实行降价优惠；商家庆典活动可实行降价；市场领导品牌率先降价，作为竞争对手采取跟进策略；其他特殊原因降价，如商店拆迁、商店改变经营方向、柜台租赁期满等。

④ 降价的幅度。降价幅度要适宜。幅度过小，不能激发消费者的购买欲望；幅度过大，企业可能会亏本经营，或造成消费者对商品品质产生怀疑。经验表明，降价幅度在10%以下时，几乎收不到什么促销效果；降价幅度至少要在10%～30%，才会产生明显的促销效果。降价幅度超过50%时，必须说明大幅度降价的充分理由，否则消费者的疑虑会显著加强，消费者会怀疑这是假冒伪劣商品，反而不敢购买。

⑤ 降价的原则。产品降价必须坚持"一步到位"的原则，不能过于频繁地不断降价，否则会造成消费者对降价不切实际的心理预期或者对产品的正常价格产生不信任感。

⑥ 降价的技巧。企业在降价的操作方式与技巧上要注意的问题是：少数几种商品大幅度降价，比起很多种商品小幅度降价的促销效果来得好，因为这样更具有轰动效应。

商家向消费者传递降价信息的一般做法是把降价标签直接挂在商品上，这样能最大限度地吸引消费者立刻购买。因为消费者不仅一眼就能看到降价前后的两种价格，或降价金额、幅度，而且同时还能看到降价商品，眼见为实，从而立即做出购买决策。有的商家会把前后两种价格标签同时挂在商品上，以证明降价的真实性。

（2）商品提价的心理策略及技巧。一般来讲，产品价格的提高会对消费者利益造成损害，引起消费者的不满。但在营销实践中，成功的提价可以使企业的利润增加。提价策略的掌握对企业来说，既具有现实意义，又有较大的困难和阻力。

① 企业考虑提价的原因。由于通货膨胀，物价上涨，企业的成本费用提高，企业不得不提高产品价格；企业的产品供不应求，不能满足其所有消费者的需要，在这种情况下，企业就可适当提价；资源稀缺或劳动力成本上升导致产品成本提高。

② 商品提价应具备的条件。消费者的品牌忠诚度很高，是品牌偏好者，他们忠诚于某一特定品牌，不因价格上涨而轻易改变购买习惯；消费者相信产品具有特殊的使用价值，或具有更优越的性能，是其他产品所不能替代的；消费者有求新、猎奇、追求名望、好胜攀比的心理，愿意为自己喜欢的产品支付高价；消费者能够理解价格上涨的原因，能容忍价格上涨带来的消费支出的增加。

③ 提价的时机。商品在市场占据优势地位；商品进入成长期；季节性商品达到销售

旺季；一般商品在销售旺季；竞争对手商品提价。

总之，提价要掌握好时机，看准火候。提价后，可能有大批消费者将转向其他品牌，分销商也会因此而放弃商品的经营，这就给竞争对手抢占市场提供了可乘之机。如果企业提价失败，再想恢复原价，后果将更加严重，单单是企业品牌信誉的损失就足以使企业大伤元气。

④ 提价的幅度。提价的幅度不应过大。幅度过大，会损失一大批消费者。但是提价幅度并没有统一的标准，一般视消费者的价格心理而定。国外一般以 5%为提价幅度界限，认为这样符合消费者的心理承受能力。而我国某些商品以 30%、50%甚至更高的提价幅度出现，也能引起消费者的购买行动。但是企业应尽可能避免大幅提价情况的出现。

⑤ 提价原则。企业提价要信守谨慎行事的"走钢丝"原则。要尽量控制提价的幅度和速度，即提价的幅度宜小不宜大，提价的速度宜慢不宜快。要循序渐进，不能急于求成；要走小步，走一步看一步，而不能走大步，追求一步到位。

⑥ 提价技巧。在提价技巧与方式的选择上，企业有直接提价和间接提价两种方式。直接提价就是以一定幅度提高原有商品的标价。间接提价就是商品的标价不变，通过产品本身的变动，实际提高价格。企业通常的做法是暗地里更换产品型号、种类，变相提价，这种方法多用于家用电器，如减少一些不必要的产品功能等；另外一种是减少商品数量而价格不变，这种方法多用于食品上，如减少净含量。企业应尽可能多地采用间接提价，把提价的不利因素减到最低程度，使提价不影响销量和利润，而且能被消费者普遍接受。

为使消费者接受上涨的价格，企业应针对不同的提价原因，采取相应的心理策略。这些心理策略包括通过各种渠道向消费者说明提价的原因，做好宣传解释工作；帮助消费者寻找节约途径，组织替代品的销售；提供热情周到的增值服务；尽量减少消费者的损失等，以求得消费者的谅解和支持，增强消费者信心，刺激消费需求和购买行为。

总之，商品提价要充分考虑消费者的心理要求，提价幅度应与消费者对商品的觉察价值基本相符。只有这样，商品提价才会被消费者所接受。

【与相关课程的联系】

很多企业的促销手段就是降价，结果并不尽如人意。价格策划一定要考虑消费者的心理感受、竞争对手的反应和企业的利润目标。

单元三 商品定价的心理策略

相关链接 33 元一斤的橘子皮

橘子皮，中医称其为"陈皮"。罐头厂不生产中药，百货公司的食品部也不卖中药，但汕头某罐头厂在北京王府井百货大楼竟把橘子皮卖出了 33 元钱一斤的价格！这事谁听了都觉得有些"邪乎"，可你抽空到北京王府井食品部看一看，就会发现这是真的。身份不凡的橘子皮，堂而皇之地躺在玻璃柜台上，每大盒内装 150 克包装 10 小盒，售价 10 元，如此折算，每 500 克售价高达 33 元之多。

汕头这家食品厂原本生产橘子罐头，以前鲜橘装瓶后，橘子皮就被送进药材收购站，价格是几分钱一斤，近年来加工橘子罐头的多了，橘子皮几分钱一斤也卖不出去，于是他们就在橘子皮上打主意——难道橘子皮除了晾干后入中药做陈皮外，就没别的用场吗？他们组织人员开发研究其新的使用价值，终于开发出了一种叫"珍珠陈皮"的小食品。

产品开发出来了，要以什么样的价格将其投放市场？他们做了市场分析评估。

（1）这种小食品的"上帝"多为妇女和儿童，城市的女性和儿童多有食小食品的习惯。

（2）城市妇女既爱吃小食品又追求苗条、美容，惧怕肥胖。女孩子视吃小食品为一种时髦。

（3）儿童喜欢吃小食品，家长也从不吝惜花钱，但又担心小孩过胖。

（4）"珍珠陈皮"的配料采用橘皮、珍珠、二肽糖、食盐，经加工后味道很好，食后还有保持面部红润，身材苗条的功能，加之使用袋装，使消费者食用方便。

（5）市场上当前很少有同类产品。于是这种小食品采用高价策略进入了市场。一斤橘子皮卖 33 元钱，就是那些领新潮消费之先的年轻女士也称太贵。可是，当她们买过尝过之后，又介绍别人去尝、去买，儿童们更是口手不离。于是 33 元钱一斤的橘子皮，真的成了"挡不住的诱惑"，诱得求购者纷至沓来。亚运会期间，北京展览馆的亚运购物中心举办的商品展销，评定出的单项商品销售冠军，竟然就是这 33 元钱一斤的"橘子皮"——珍珠陈皮。

一、定价的方法

定价方法是企业为实现定价目标所采取的价格制定方式。企业制定价格是一项复杂的工作，必须考虑各方面的因素，企业产品价格的高低要受市场需求、成本费用和竞争情况等因素的影响和制约。成本是价格的最低点，竞争对手和替代产品的价格是公司在考虑定价时的出发点，消费者对公司产品独有特征的评价是价格的上限。下面重点介绍以下几种定价方法。

1. 成本导向定价法

成本导向定价法是一种以成本为主要依据，按卖方意图定价的一种方法，它主要包括以下几种方法。

（1）成本加成定价法。所谓成本加成定价是指按照单位成本加上一定百分比的利润来确定产品销售价格。成本加成定价法的公式为：

单位产品售价=单位产品成本×（1+成本加成率）

其特点就是计算方便，同行业加成率基本一致，若成本也接近，按此法定价可避免价格竞争；而且对买方较公平，不会因需求量大增而大幅度抬价。但其缺点也很明显：定价仅限于卖方市场,缺少对市场竞争的适应性和对市场供求反映的灵活性;加成率的确定缺乏科学的依据,而且单位产品成本是个估计值。

> **相关链接** 通用汽车的加成定价
>
> 加成定价法长期被美国汽车行业中的巨人通用汽车所采用。几十年来,通用汽车公司的加成定价法是以获得总投入资本的大约15%的利润(税后)为预定目标的。公司的管理者假定某年他们能销售足够数量的汽车来发挥其生产能力的80%,并在此假定基础上估算每辆汽车的成本。然后在成本上加上15%的加成以实现所想获得的回报,最后所得到的价格就是所谓的标准价格。通用汽车公司的标准价格政策委员会把这个标准价格作为第一个近似值,并且根据竞争环境、公司的长期目标和其他的因素进行小的调整。
>
> 资料来源:http://news.tom.com/1002/20040902-1270353.html

(2)售价加成法。这是商业企业普遍采用的一种定价方法,其公式为:

单价=单位产品成本÷(1-售价加成率)

式中,售价加成率=预期到期利润÷(价格×销售量)

这种售价加成法的特点基本同成本加成定价法。

(3)投资收益率定价法。投资收益率定价法也称为目标收益率法,企业希望确定的价格能带来目标投资收益率。例如,通用汽车公司就使用目标定价法,规定汽车的投资收益率为15%~20%,对于投资收益率限制在合理范围内的公用事业来说,也适用目标定价法。其计算公式为:

单位产品价格=总成本×(1+目标利润率)÷预计销售量

投资收益率定价法有利于加强企业管理体制的计划性,可较好地实现投资回收。但这种方法要求企业有较高的管理水平,能够正确地测算价格与销量之间的关系,以避免价格过高导致销量达不到计划水平的被动局面。同时,目标收益率法还有一个显著弱点,即企业以估计的销售量求出应制定的价格,殊不知价格恰恰是影响销售量的重要因素,应该注意到这一点。

(4)边际成本定价法。边际成本定价法也称为边际贡献定价法,该方法以变动成本作为定价基础,只要定价高于变动成本,企业就可以获得边际收益(边际贡献),用以抵补固定成本,剩余即为盈利。计算公式为:

单位产品价格=(总的变动成本+边际贡献)÷预计销售量

式中,边际贡献=预计销售收入-总的变动成本

如果边际收益(边际贡献)等于或超过固定成本,企业就可以保本或盈利。这种方法适用于产品供过于求,卖方竞争激烈的情况。在这种情况下,与其维持高价导致产品滞销积压、丧失市场,不如以低价保持市场,不计固定成本,尽力维持生产。

(5)盈亏平衡定价法。盈亏平衡定价法按照生产某种产品的总成本和销售收入维持平衡的原则,来制定产品的保本价格。计算公式为:

单位产品保本价格=(固定成本+总的变动成本)÷预计销售量

=固定成本÷预计销售量+单位变动成本

盈亏平衡定价使企业无利润可言，只是在市场不景气时，企业为了维持生产不得已而采取的定价方法。

2．需求导向定价法

需求导向定价法是一种以市场需求强度及消费者感受为主要依据的定价方法。它包括理解价值定价法、区分需求定价法、可销价格倒推法和拍卖定价法。

（1）理解价值定价法。该方法是适用于一般企业的认知价值定价法。越来越多的企业根据对产品的理解、认知价值来制定价格。它们认为定价的关键是消费者对价值的认知，而不是销售的成本，它们利用市场营销组合中的非价格变量，在购买者心目中确立认知价值，制定的价格符合消费者心目中理想的价值，这种方法与市场定位思想非常相符。企业要开发出一组新产品，就要对其质量和价值严格把关，并根据这个条件下能销售的产品数量等因素定出价格。

由于理解价值定价法的关键在于准确地评价市场对企业产品的价值认识，因此，如果卖方高估了自己产品的价值，则其产品定价就会偏高；相反，如果卖方低估了自己的产品价值，则其产品定价就会偏低。为了有效地定价，企业就必须考虑消费者的购买心理和需求价格弹性，有效地进行市场调查。因此，我们可以将其分为以下几个步骤。

① 以理解价值为基础确定初始价格。

② 预测销量。

③ 确定目标和税值。

④ 预测目标成本。预测目标成本=初始价格×预测销量-目标利税

⑤ 做出决策。若目标成本＞实际成本，初始价格可行；若目标成本＜实际成本，初始价格不可行；采取措施，降低目标利税或实际成本。

（2）区分需求定价法。区分需求定价是指同一质量、功能、规格的商品或劳务，对待不同需求的消费者采取不同的价格，但这种价格差并非以成本差异为基础，而是依据顾客需求的差异来制定。区分需求定价的主要方法如下。

① 以不同的消费者群为基础。同一产品在不同市场上以不同的价格出售，使每一市场的边际收入相等，以达到总收入最大的目的。另外，在同一市场中，针对不同的买方，同一产品可以定不同的价格，因为不同买方的需求是有差异的，甚至在定价时可以灵活运用讨价还价的技巧。

② 以产品特征为基础。对于外观、功能不同的产品规定不同的价格，有时为满足不同消费者的心理需要，对产品特征、功能、用途等予以不同的描述，制定不同价格。

③ 以地区效用为基础。不同地区由于存在自然环境、人文背景的差异，同一种产品的效用是有差异的，如空调器在夏季气温差异很大的不同地区其效用是不同的，针对这种差异对同一产品可以制定不同价格。

④ 以时间效用为基础。许多产品的需求有时间性，如服装、旅游需求有淡季旺季之分，经济周期的各个阶段，需求呈现明显的差异。利用时间差异企业可制定不同的价格。

> **相关链接** 公交车的差别定价
>
> 一些城市的公交车票价就是典型的差别定价。例如，普通票价1元，刷卡0.9元；60岁到70岁的老人半价；70岁以上的老人和1.3米以下儿童免费。

（3）可销价格倒推法。产品的可销价格，就是指消费者或进货企业能够接受的价格。该方法是根据消费者可以接受的价格水平或下一个环节的买主愿意接受的利润水平来倒推计算产品销售价格的定价方式。这种定价方法不以实际成本为主要依据，而是以市场需求为定价出发点，力求使价格被消费者或下一个环节的买主所接受，分销渠道中的批发商和零售商多采取这种定价方法。

（4）拍卖定价法。拍卖定价法一般用于文物、古董、旧货等物品，因为这些物品的成本与价值都难以确定。在拍卖时，消费者根据自己对被拍卖的物品的爱好和需求程度报出自己愿付的价格，大家互相竞争，价格可能越抬越高，到最后无人愿意再提高价格时，该物品即按已报出的最高价格卖出。

3. 竞争导向定价法

在竞争十分激烈的市场上，企业通过研究竞争对手的生产条件、服务状况、价格水平等因素，依据自身的竞争实力，参考成本和供求状况来确定商品价格，这种定价方法就是通常所说的竞争导向定价法。其特点是：价格与商品成本和需求不发生直接关系，商品成本或市场需求变化了，但竞争者的价格未变化，就应维持原价；反之，虽然成本或需求都没有变动，但竞争者的价格变动了，则相应地调整其商品价格。竞争导向定价主要包括如下几种方法。

（1）随行就市定价法。在垄断竞争和完全竞争的市场结构条件下，任何一家企业都无力凭借自己的实力而在市场上取得绝对的优势，为了避免竞争特别是价格竞争带来的损失，大多数企业都采用随行就市定价法，即将本企业某产品价格保持在市场平均价格水平上，利用这样的价格来获得平均报酬。此外，采用随行就市定价法，企业就不必去全面了解消费者对不同价差的反应，从而为营销、定价人员节约了很多时间。

采用随行就市定价法，最重要的就是要确定目前的"行市"。在实践中，"行市"的形成有两种途径。第一种途径是在完全竞争的环境里，各个企业都无权决定价格，通过对市场的无数次试探，相互之间取得默契而将价格保持在一定的水准上；第二种途径是在垄断竞争的市场条件下，某一部门或行业的少数几个企业首先定价，其他企业参考定价或追随定价。

（2）竞争价格定价法。区别于随行就市法，这是一种主动竞争的定价方法，一些实力雄厚、信誉好的企业多采用此法，这种定价法的关键在于知己知彼，勤于分析，随时调整。一般情况下，企业通过多方面因素与其竞争对手进行竞争定价。例如，比价格，与其他竞争对手的同类产品进行价差比较定价；通过对产量、成本、性能、品质、式样等产品的基本特点进行比较定价，明确本产品优势、特色，凭借本企业实力进行定价；根据定价目标确定产品价格。

（3）密封投标定价法。密封投标定价法主要适用于投机交易的方式，投标目的就在于中标并获利。故无需在预测竞争者的价格意向的基础上提出自己的报价，最佳报价应该是使预期收益达到尽可能高的价格。

在招标投标方式下，投标价格是企业能否中标的关键性因素。高价格固然能带来较高的利润，但中标的可能性小；低价格能使中标的概率增大，但中标机会成本可能大于其他投资方向。那么，企业应该怎样确定投标价格呢？

首先，企业根据自身的成本，确定几个备选的投标价格方案，并依据成本利润率计算出企业可能盈利的各个价格水平；其次，分析竞争对手的实力和可能报价，确定本企业各个备选方案的中标机会，竞争对手的实力包括产销量、市场占有率、信誉、声望、质量、服务水平等项目，其可能报价则在分析历史资料的基础上得出；最后，根据每个方案可能的盈利水平和中标概率，计算每个方案的期望利润，公式为：

预期收益＝（报价－直接成本）×中标概率－失标损失×（1－中标概率）

＝毛利×中标概率－失标损失×失标概率

显而易见，企业在报价时既要考虑实现企业的利润目标，也要结合竞争状况考虑中标概率。

二、定价的心理技巧

在对产品定价时，企业除了要考虑前面阐述的成本、需求和竞争等因素外，由于一种产品价格的推出，必须得到消费者的认可和接受，才能称为成功的定价。因此，企业制定产品价格时必须考虑消费者的心理，深入探求消费者的价格心理表现，采取适当的心理定价技巧，从而制定出令企业满意、让消费者易于接受的合理价格。

1．新产品定价的心理技巧

新产品定价是企业定价的一个重要方面，它关系到新产品能否顺利进入市场并站稳脚跟，能否取得较好的经济效益以实现预期目标。

对于新产品的价格，消费者缺少参照物，也没有形成习惯，因此，在企业制定新产品销售策略时，新产品的定价是最复杂、最困难的一个环节。

（1）撇脂定价。撇脂定价以在鲜牛奶中撇取奶油，先取其精华，后取其一般为比喻，是指在新产品进入市场初期，利用消费者的求新、猎奇和追求时尚的心理，将价格定得很高，大大超出商品的实际价值，其目的在于从市场上"撇取油脂"，以便在短期内获取厚利，尽快收回投资，减小经营风险。以后，随着竞争对手的日益增多，"奶油"已被撇走，此时企业可根据市场销售状况逐渐降低价格。

这种定价技巧的优点是：①能尽快收回成本，赚取利润，减少经营风险；②提高新产品身份，塑造其优质产品的形象，从而提高新产品的知名度；③扩大价格调整的回旋余地，提高价格的适应能力，有助于企业的盈利能力。

缺点是：①由于价格过高，在一定程度上有损消费者的利益；②当新产品尚未在消费者心中树立起较高声誉时，价格超过消费者的心理标准，可能会导致商品无人问津，不利于开拓市场；③利润丰厚迅速吸引其他竞争者进入，会诱发竞争，最终迫使企业降价；④长期占领市场或进一步提高市场占有率比较困难，除非具有绝对优势的产品迎合目标市场的需要，企业才能在快速赚取暴利的同时，提升市场占有率。

因此，在选择撇脂定价时，企业必须考虑自身的实际情况。适宜采取撇脂定价的情况有：①在市场上有相当一部分消费者对这种产品具有缺乏弹性的需求，这样，即使价格再高，人们也愿意购买；②小批量的生产和销售产品的成本和费用并不高，如果成本和费用高，将会抵消高价，难以实现厚利；③高价在一定时间内不致引起竞争者的加入，若较高利润引致更多企业加入，导致竞争激烈，则会引起价格暴跌，好景难以维持；④高价能给产品树立高级品的形象，这是对产品质量、档次方面的要求。在消费者心中高价产品应该是质量好、档次高的产品，如果新产品达不到档次和质量标准，高价不仅难以给产品树立高级产品的形象，反而会使人们认为企业唯利是图。

（2）渗透定价。渗透定价与撇脂定价相反，是以低价投放新产品，利用消费者求实惠、求价廉的心理，使产品在市场上广泛渗透，以便提高企业的市场份额。随着市场份额的提高调整价格，实现企业盈利。这种定价技巧特别适用于需求弹性较大的新产品。

采用这种技巧的好处是：①低价能迅速打开新产品销路，有利于提高企业的市场占有率，为新产品的生存打下根基；②物美价廉的产品能够争取到较多的消费者，使新产品一进入市场就能在消费者心中树立良好的价格形象；③低价薄利不易引发竞争，有利于企业长期占领市场。随着销售量的增加，市场份额的扩大，成本可随之降低，从而为增加利润提供了可能。再者，随着生产的扩大，市场占有率的提高，生产成本的逐步下降，企业可以提高产品的价格以赚取较丰厚的利润。这时，其他企业即使想加入，由于生产能力、技术水平、市场拥有量和生产成本等诸多因素的影响，难以与原有厂家相抗衡，也只能是望尘莫及了。

这种技巧的不足之处有：①投资回收期较长，且价格变动余地小，难以应付在短期内骤然出现的竞争或需求的较大变化，增大了企业的经营风险；②逐步提高价格会使消费者产生抵触心理，有些消费者会转而购买其他品牌；③要求新产品必须具备较高的品质，能够在一投入市场时，就迅速建立起良好的声誉，吸引大量的购买者，为今后逐步提高价格打下基础。由于低价商品往往给人一种档次较低的印象，所以这种印象一旦形成，很难改变。

适宜采取渗透定价的情况有：①对于价格弹性大的产品，低价会促进销售。虽然单位利润低，但销量增加仍会提高利润总额；②企业将之作为先发制人的竞争策略，有助于夺取市场占有率；③在成熟市场上竞争，往往要采取这种策略，以便和竞争者保持均势；④当大多数竞争者都降低了价格，尤其当消费者对产品价格很敏感，并且企业的主要竞争对手提供了本企业无法提供的附加价值时；⑤对于需求价格弹性大、购买率高、周转快的产品，如日常生活用品，适宜采用薄利多销、占领市场的定价技巧。

（3）满意定价。满意定价是介于撇脂定价和渗透定价之间的一种定价技巧。它既不像撇脂定价那样，一开始就把新产品的价格定得很高，也不像渗透定价那样，一开始就把新产品价格定得很低，而是根据消费者对该种新产品所期望的支付价格，将其定在高价和低价之间，兼顾企业和消费者的利益，使二者均满意的价格策略。这种定价策略适用于那些日常生活消费品和技术含量不高的新产品。企业选择这种定价策略的目的是在长期稳定的销售增长中获取平均利润。

由于撇脂定价把价格定得过高，虽然在一定条件下对企业是有利的，但它既有可能遭到消费者的拒绝，也有可能招致竞争者的加入，使企业的利益受损。渗透定价把产品价格定得过低，虽然从一般意义上讲对消费者有利，但也有可能引起消费者对产品质量、性能等的怀疑。而且，价低利薄，资金回收期长，增加了企业的经营风险。而满意定价使新产品价格介于高价与低价之间，考虑到了消费者的购买能力和购买心理，比较容易建立稳定的商业信誉，能较大程度地适应广大消费者的需要，增强消费者的购买信心，使消费者比较满意此种价格标准。在国内外定价实践中，对新产品定价采用这种策略者较多。

2. 一般产品定价的心理技巧

一般产品定价的心理技巧主要有以下几个方面。

（1）习惯定价。习惯定价是根据消费者的价格习惯心理而制定的符合消费者习惯的商品价格。由于某些商品如日用品、生活便利品及一些服务类的价格，在长期的销售实践中已形成了消费者习惯的价格，企业在确定这些商品价格时要尽量去适应这些消费习惯，一般不应轻易改变，以免消费者拒绝购买。采取这种定价技巧的特点是商品的质量和零售价格具有稳定性。像消费者经常购买的日用小商品，因消费者经常使用，对商品的性能、质量、替代品等方面的情况有详细的了解，形成了自己的购买经验、消费习惯和主观评价，从而在心理上对商品的价格有一个不易改变的标准。即使商品的生产成本略有升降，也不应过快地变动销售价格，否则容易引起消费者的逆反心理。提价，容易促使消费者去寻找代用品和替代品，导致市场占有率的下降；降价，往往容易造成消费者对产品质量的怀疑，反而使销售量下降。

（2）声望定价。声望定价是企业利用自己在长期的市场经营实践中，在消费者心目中树立起的声望，通过制定较高的价格，来满足消费者的求名心理和炫耀心理的一种定价技巧。消费者的求名心理通常表现为对名牌产品的追求，对去名牌商店购物的追求，对购物地点的追求，对某种特定服务的追求等。因此，这种定价策略只适用于高档名牌商品、奢侈品及确有特色的服务、商店或特定地点等。当消费者在得到某种特定服务或购买到某名牌商品时，心理上会感到自己的声望、地位也随之提高了，这样，求名心理和炫耀心理同时得到了满足，往往认为支付高价也值得。企业采取这种定价技巧时，必须注意以下几点。

① 经营的商品和服务必须保证高质量，以维持和巩固消费者对商品、服务和企业的信任，维护商品、服务和企业的声誉。

② 价格并不是越高越好，应将其定在买主愿意接受的适当水平上，否则，价格过高，会抑制消费。

③ 重视消费者对商品和服务的反应，不断改善商品的质量及功能，加强售后服务，提高服务质量，以增强消费者对商品、服务和企业的安全感、信赖感。

④ 切忌将这种定价策略滥用到一般的商品和服务上或一般商店中，造成消费者的反感，给企业经营招致不可挽回的损失。

相关链接　　　　　　　　　瓶装水的价格

产自英国艾塞克斯郡的 Elsenham 就只有 20 多年历史，它是产自一块厚度大约在 400

米的优质承压含水层的泉水。如今，一瓶 750 毫升的 Elsenham 已经卖到 30 英镑，是世界上最贵的瓶装水之一。另外，美国田纳西州的 Bling 瓶装水在包装上似乎已经做到了极致。它的瓶子上有数十颗手工镶嵌的施华洛氏奇水晶，每瓶售价 36.75 美元。这类高端品牌瓶装水的定价就是采用的声望定价法。

（3）尾数定价。尾数定价是指商品的价格处于整数和零头的分界线时，定价不能取整数而取零头的定价技巧。这是一种典型的心理定价技巧，利用消费者对商品价格的感觉、知觉的差异所造成的错觉来刺激他们的购买行为。一般情况下，多数消费者在购买日用商品时，比较愿意接受零头价格，而不喜欢接受整数价格，特别是对于购买次数频繁的日用品。求廉心理促使消费者更偏爱零头价格。例如，4 元钱一瓶的饮料，若定价为 3.95 元，虽然只减少了 5 分钱，但消费者会认为这是属于 4 元钱以内的开支，符合一般消费水平，从而激起消费者的购买欲望，使产品销售量增加。

目前，尾数定价技巧是国际市场上广为流行的一种零售商品的定价技巧。但是由于世界各地的消费者有着不同的风俗习惯和消费习惯，所以，不同国家和地区运用这种定价技巧时存在着一些差别，其关键在于零头部分的设计上。因受不同风俗习惯的影响，有些数字是人们乐于接受的，而有些数字却是人们忌讳的，为此，零头部分定得好，有利于促进销售，否则就会阻碍销售。一些商业心理学家的调查表明，美国市场上零售商品的价格尾数以奇数居多，以奇数为尾数的价格中又 9 为最多，一般是 9 美分、49 美分、99 美分等。在调查中还发现，49 美分的商品的销售数量远远超过 50 美分和 48 美分的商品的销售数量。对 5 美元以下的商品，零头为 9 最受欢迎，而 5 美元以上的商品，价格的零头部分为 95 的，销售效果最佳。在日本和我国的港澳台地区，人们喜欢偶数，认为偶数给人以稳定、安全的感觉，在商品价格尾数中尤以偶数 8 更受欢迎。因为 8 在日本被认为是吉祥如意的象征，而在港澳台地区则将 8 与"发"（发财致富）联系在一起。西方人则认为 13 是不吉利的数字，商品定价尽量避免使用 13。在我国，4、7 这样的数字因它们的谐音为"死"和"气"，有人认为不吉利而受到冷落。尾数定价给消费者如下几种心理感受。

① 商品价格非常精确。企业制定的商品价格非常精确，连角和分都计算得清清楚楚，工作是认真负责的，从而认为定价准确合理，企业是可信的。相反，把价格定在整数位上，如 50、100、200、500、1 000 等，则给消费者一种概略定价，不负责任的感觉。

② 尾数定价给消费者以价格偏低的感觉。消费者总希望能买到物美价廉的商品，尾数定价正是利用了这种心理倾向，如一件商品定价为 98.50 元与定价 100 元，虽只差 1.50 元，但给消费者心理上造成的差距远不止 1.50 元钱。

③ 尾数定价易使消费者产生价格下降的心理错觉。当一种商品价格在整数以下时，会使消费者产生价格下降的印象，而当商品价格在整数以上时，会给消费者造成商品可能提价的印象，从而抑制了购买。

尾数定价策略给人以计算精确，价格已达最低限度的感觉，而深受广大消费者欢迎。但这种定价技巧只适用于价值小、数量大、销售面广、购买次数频繁的日用消费品，且价格宜低不宜高。

（4）整数定价。整数定价指企业把商品价格定在整数上的一种定价技巧。它与尾数定价正好相反，其特点是舍零取整，价格宜高不宜低。这种定价技巧实质上利用了消费者的

"一分钱、一分货"的心理及炫耀心理，它主要适用于对名、优、特或高档耐用消费品的定价。消费者常常把价格看作商品质量的象征，如果价格定得较低，消费者会认为价低则质次，不愿意购买；相反，如果把价格定得稍高一些，而且是一个整数，可以在消费者心目中树立价高质优的产品形象，给人以可靠性强的心理感受。对一些高档耐用消费品，价格若为一个数目较大的整数，还可以显示购买者的高贵和富有，满足其炫耀心理，从而达到刺激购买的目的。例如，对于一套进口组合音响，将价格定为 9 800 元比定为 9 795 元更适合消费者的心理。

从经营的角度看，价格定为整数既便于记忆，又方便购买，免去了价款找零的麻烦，因此，对价值较低的方便商品也适合选择这种定价策略。例如，一些儿童食品定价为 1 元、2 元钱，就有利于吸引儿童的购买，起到了促进销售的作用。

（5）分级定价。分级定价是指企业根据市场细分理论，对不同档次的商品采取差别定价的技巧。即企业在出售商品时，将不同厂家生产的同一类产品，按品牌、规格、花色、型号和质量等标准划分为若干个档次，对每一个档次的商品制定一个价格，以适应不同消费者的不同心理需要。例如，冬季商场里出售的羽绒服，经常按品牌分为几个档次，每个档次之间都存在着差价，使消费者很容易相信这是由质量差别而引起的，给消费者以"一分钱、一分货"的感受。又如，我国一些国产名酒纷纷推出其二线、三线品牌以扩大市场面，适应不同层次的消费需求，如五粮液集团的"五粮春"、"金六福"、"浏阳河"等。这种定价策略既便于消费者购买合适的商品，也便于简化交易手续，通过制定不同档次的商品价格，来反映不同商品的品质水平，从而满足不同消费者的消费心理、消费习惯和消费水平。

选择分级定价时必须充分考虑不同消费者的心理需要，商品档次的划分应根据不同的商品而定，既不能过多，也不能太少，要便于消费者挑选；价差要符合消费者的购买心理，既不能过大，也不能过小，应以消费者能够接受，且有利于企业促销为原则。

（6）折扣定价。折扣定价是指企业在一定的市场范围内，以目标价格为标准，为维持和扩大市场占有率而采取的减价求销的价格策略。例如，我们经常见到的"全场商品六折起"，"六一"儿童节儿童用品打折，寒暑假期间学生购买飞机票打五折、教师打七五折等，均为企业在促销中利用消费者的折扣心理而常用的手法。消费者的折扣价格心理是一种求"实惠"、抓"机会"的心理，企业利用这种心理，采取低于原有价格的优惠价格来吸引消费者，使消费者感到有"利"可图，以激发购买欲望，促使消费者大量购买，重复购买，甚至超储购买。在实际运用时，折扣定价策略有以下几种不同的形式。

① 数量折扣价。数量折扣是企业根据消费者所购商品数量的多少，给予不同的减价优惠，即批量作价。消费者购买的数量越多，折扣越大。数量折扣有累计数量折扣和一次性数量折扣两种具体形式。累计数量折扣是指在一定时期内（如一个月、半年、一年等），消费者的购买数量累计达到一定数量时，按总量给予一定的折扣，目的是在企业和消费者之间建立起长期的、较稳定的合作关系，有利于企业合理安排生产经营。一次性数量折扣是按一次性购买数量的多少而给予的折扣，目的在于鼓励消费者加大一次购买的数量，便于企业大批量生产和销售。

② 付款折扣。付款折扣是指企业按照消费者在不同的约定日期付款而给予不同折扣

的一种定价技巧。

在我国房地产经营企业的商品房销售中经常采取这种策略。例如，购房者若一次性付款，则给予10%～15%的优惠，若分期付款或通过银行按揭，则不给折扣。

③ 季节折扣。季节折扣是企业为了促进当季商品的销售，利用优惠价格，激发消费者违时购买热情的一种价格技巧。对于过季商品，若不采取一定的措施促进销售，往往会造成积压，有的要积压半年、一年，而有的可能会成为永久性积压品。例如，时装有着较强的流行性，一旦过时，处于淘汰期，则会成为滞销品，影响到企业的资金周转。如果在临近换季时或换季以后，在价格上给予一定的减让，仍可刺激那些追求实惠的消费者购买，从而减轻企业的滞销压力。

相关链接　　　　　　对谁打折？

公司总是很好心地给爷爷奶奶、学生提供特价优惠。实际上，在美国，大多数的年长消费者比30多岁的夫妇有更多的钱可以花，30多岁的夫妇上有老下有小，要付房贷、车贷、学费贷款、信用卡。但是，老人有更多的时间进行挑选，货比三家，所以公司会给老人折扣，不管他们有钱没钱。学生也会花很多时间进行挑选，货比三家，因为他们没钱。所以，给老人和学生折扣不是公司发善心，而是尽量根据每一个人的支付意愿程度进行定价的一种体现。

(7) 招徕定价。招徕定价是指企业为了招徕更多的消费者，有意将某些日用消费品的价格定得很低，甚至远远低于成本，以吸引消费者由此及彼购买其他商品，从而增加总盈利的一种定价技巧。这种定价技巧利用了消费者的从众、求廉、投机的心理。

相关链接　　　　　　纽约"99"商店

美国纽约有一家招牌为"99"的商店，店中经营的绝大部分商品的售价都是99美分，甚至连一些耐用消费品，如彩电也是如此。当然，每天出售的数量不过是几台、十几台，但消费者总是怀有侥幸心理，时常光顾。我国一些家电专卖店也常常推出"100元彩电"、"10元微波炉"以招徕顾客。

餐饮企业经常推出特价菜，如鲍鱼每一只一元钱以招徕顾客。你还能举出几个招徕定价的例子吗？

值得注意的是，采用招徕定价技巧时，选择用来招徕消费者的"特价"商品应该是消费者熟悉的、质量得到公认的或容易鉴别的日常用品或生活必需品。

(8) 组合定价。组合定价是指企业在生产经营两种或两种以上的互相关联、互相补充的商品时，根据消费者的心理而采取的相互补充的定价技巧。一个企业一般要经营多种产品，而这些产品之间往往具有替代或互补关系。企业在定价时，对那些价值大、购买次数少、消费者对价格变动较为敏感的商品价格定得低些，以吸引消费者；而对与他们补充使用的、价值小、购买次数多和消费者对价格变动反应迟钝的商品，价格可适当定得高些。例如，有一家企业生产一种新型的高档圆珠笔，同时生产专用笔芯，根据这两种产品的互补关系和消费特征，厂家把圆珠笔的价格定为5.80元，低于正常价格0.20元，使消费者感到便宜，愿意购买。同时，把笔芯的价格定为1.20元，高于正常价格0.10元。由于笔芯是"低价易耗品"，价格高一角、两角钱、消费者并不在意。圆珠笔的价格较低，促进了销售，从而将带动笔芯的销售。这样，圆珠笔销售上的损失可以从笔芯的销售中得到弥补，盈亏相抵后，甚至还可以增加总利润。

三、影响定价的因素

1. 影响定价的一般因素

（1）产品价值量。产品的价值量是凝结于产品中的社会必要劳动时间，是产品价格的内在决定因素之一，其外在形式则通过货币表现为某种产品的价格，也就是说，价格是价值的货币表现。因此，价值成为产品价格的支配性因素。在实际中，产品价格由于受供求等多种因素的影响而表现活跃，并不总是与其价值相一致，而是常常与其价值相背离。但这种背离始终以价值为中心，是围绕价值上下波动的，从长远的发展及波动的平均值考察，价格与价值应是基本吻合的。

（2）货币价值。这是除了产品价值量之外，决定产品价格的另一个内在要素。当货币代表的价值发生变化时，即使产品本身的价值不变，其价格也必然发生变化。一般来讲，货币价值量的变动会引起产品价格的反向变动。一旦货币的发行量超过了流通中实际需要的货币量，就会引起货币贬值，从而导致市场物价普遍上涨，这就是通货膨胀。反之，通货紧缩会使物价下降，也可能造成流通不畅，市场不景气，从而导致经济萎缩。

（3）产品供求关系。在现实购买行为中，价值并不能直接决定价格，直接影响现行市场价格的是产品供求关系。一般来讲，当产品供给量高于市场需求量时，价格呈下降趋势；反之，则价格呈上涨趋势，只有当二者基本持平时，产品的市场价格才是均衡价格。因此，产品供求关系对产品价格表现出最直接、最外在的影响。

（4）市场竞争。在充分竞争的市场条件下，竞争对企业产品定价有较大的影响和限制作用，一个企业在决定其产品价格时，自主权的大小在很大程度上取决于生产者竞争和消费者竞争的强度。从生产者角度分析，生产某产品的企业数量、产品质量、产量及采取的营销策略，都直接影响企业对该产品的价格决策。从消费者角度分析，消费者对产品的认知程度、需求迫切性、价格心理标准及消费偏好等，同样对企业的价格决策有重要影响。如果企业是市场上唯一的产品提供者，在确定产品价格时就有广泛的自主决策权。如果某产品的弹性系数较小，企业甚至可以不考虑消费者的心理倾向；反之，如果市场上有多个企业参与竞争且实力相当，那么其中任何一家企业都无法对价格产生决定性影响，而只能接受市场上由消费者心理倾向所反映出的价格标准。这时，企业应按照消费者心理标准决定的市场价格来调整自身的生产与经营，公式化的价格策略将会受到极大的限制。

相关链接　　　　　与顾客共享三百万

某家眼镜店为了在激烈的竞争中取得胜利，别开生面地在商店的玻璃橱窗上张贴出一个醒目的告示。告示写道：凭本店的气魄和规模，本可以用每月花300万元广告费，以保持产品的声望不衰。可是为了让顾客买到价廉的眼镜，本店决定不在电台和电视上做广告了，而把这笔300万广告费与顾客共享。

这一告示向人们暗示，该店由于没花广告费，眼镜售价肯定要便宜。

（5）国际市场价格。随着改革开放步伐的加快，特别是中国加入WTO后，产品的国际市场价格对国内产品价格的影响越来越大。在不考虑通货膨胀和供求关系等因素的情况下，国际市场价格高的产品，会拉动国内产品价格的攀高；反之，国际市场价格低的产品，会迫使国内价格趋降。

2．影响定价的社会心理因素

社会心理是指人们在一定的社会环境、文化和社会条件影响下，通过人员传播、潜移默化等作用，由社会现象引起的感情、意识等心理现象。消费者的社会心理因素对市场价格的调整、涨跌起着明显的影响和牵制作用，对企业价格策略的制定和调整产生抑制或推动作用。影响定价的社会心理因素主要有如下几个方面。

（1）价格预期心理。价格预期心理是指在经济运行过程中，消费者群体或消费者个人对未来一定时期内价格水平变动趋势和变动幅度的一种心理估测。从总体上看，这是一种主观推测，它是以现有社会经济状况和价格水平为前提的推断和臆想。如果形成一种消费者群的价格预期心理趋势，就会较大地影响市场某类产品现期价格和预期价格的变动水平。因此，企业在制定价格策略时，必须考虑这一重要心理因素。

相关链接　　　　　　　　　价格的"锚定"效应

罗伯特·西奥迪尼（Robert Cialdini）做了个实验，对于来买台球桌的客户，有的先给他们看3 000美元的台球桌，有的先给他们看价格1 000美元的台球桌，结果，前者最后买的台球桌平均价格为1 000多美元，而后者买的台球桌平均价格为550美元。

心理学上，这种效应被称为"锚定"。3 000美元的台球桌也许大大超过客户的预算，但是它会使得客户购物时愿意增加开支。古董家具店打折的货品标的原价总是高得离奇。客户进来一看，嗤之以鼻，自以为聪明，觉得傻瓜才会花这么多钱去买这个东西，然后花两倍于预算的钱买了一堆其他东西，还挺乐。

（2）价格攀比心理。攀比心理是人们普遍存在的一种常见的心理活动。价格攀比心理常表现为不同消费者之间的攀比和生产经营者之间的攀比。消费者之间的攀比心理会导致抢购、超前消费乃至诱发和加重消费膨胀态势，成为推动价格上涨的重要因素。拍卖市场中的竞相抬价就是这种心理的突出表现。生产经营者之间的价格攀比会直接导致价格的盲目涨跌，进而冲击消费者在正常时期的消费判断能力，使市场出现较突然的盲目波动。

（3）价格观望心理。价格观望心理是指消费者对价格水平变动趋势和变动量的观察等待，当其达到自己期望的水平时，才采取购买行动，从而取得较为理想的对比效益，即现价与期望价格之间的差额。价格观望心理是价格预期心理的一种表现形式，是以主观臆断为基础的心理活动。它一般产生于市场行为比较活跃的时期。消费者往往根据自身的生活经验和自我判断及社会群体的行为表现来确定等待、观望的时间。消费者观望心理对企业营销活动的影响多表现为隐形的。但这种心态一旦成为消费者群体的意识，会对企业乃至社会造成很大的压力，可表现出社会性的购买高潮和社会性的拒绝购买两种极端行为。这种心理在耐用消费品及不动产的消费方面表现较为突出。

（4）倾斜心理与补偿心理。倾斜心理在心理学中反映了某种心理状态的不平衡。补偿心理则反映掩盖某种不足的一种心理防御机制。二者都是不对称心理状态的反映。这两种心理状态来自利益主体对自身利益的强烈追求。在日常生活中，许多人都可以被认为既是营销者又是消费者。对营销者而言，这两种心理状态可导致价格决策中的心理矛盾和选择错误。他们总希望自己产品的价格越高越好，而他人产品的价格则越低越好；购入价格越低越好，而销售价格则越高越好。而作为消费者，总希望自己的收入越多越好，产品价格越低越好。这两种不平衡的心理态势，会促使人们成为"价格两面人"。这两种心理态势如果在社会群体中不断强化，就会产生一种社会的冲动，在法制不健全的情况下，这种冲动将演变为市场上的假冒伪劣、低质高价、以次充好、短斤缺两等不正当行为，扰乱多年来消费者心目中形成的价格心理标准，使消费者失去对价格质量的信任感。

相关链接　　　　对定价策略的认识

- 打折时讲绝对金额，收费时讲百分比。
- 开发价值，宣传价值。
- 要谈价值，而不是价格。
- 价格永远不是第一个P。
- 低价格信号对买方管用，所以对卖方也管用。
- 价格实际是低的，但是看着不低，这招可能对你管用。
- 价格尾数是9，很好，5也不错，在亚洲，8也很好。
- 不要自作聪明。
- 价格要因人而异。
- 价格歧视是生财之道，要运用创造力、新发明、研发来寻找价格歧视新方法。
- 定价的重要性再怎么强调也不为过。

模块小结

价格是消费心理中最敏感的因素。深入研究价格对消费者的心理影响，把握其价格心理特性，是企业正确制定价格策略的基础和前提。价格的心理功能主要有衡量商品价值、自我意识比拟、调节消费需求。

价格心理是指消费者在购买过程中对价格刺激的各种心理反应及其表现。它是由消费者自身的个性心理和对价格的知觉判断共同构成的。消费者的价格心理特征主要有习惯性心理、敏感性心理、感受性心理、倾向性心理和逆反性心理。消费者的心理随着商品价格变动而变化，因而，企业无论是降低还是提价，都应清楚地认识到各种调价方式的优势和不足，选准适当的时机进行价格变动，以免超越消费者对价格变动的心理接受程度。

商品价格是影响商品销售的重要因素，制定价格要讲究策略。除了依据商品的成本、需求和竞争等因素外，还要考虑消费者的各种心理因素，针对不同种类的商品及不同的购买对象选择正确的价格策略，以达到促进销售，提高市场占有率的目的。

主要名词

价格　需求弹性　价格功能　价格心理　成本导向定价法　需求导向定价法　竞争导向定价法

自测试题

一、单项选择题

1．在市场上影响消费行为的主要因素是（　　）。
　　A．营销活动　　B．促销手段　　C．消费心理　　D．货币收入
2．比较适宜于消费者地位显示心理的定价策略是（　　）。
　　A．反向定价策略　　　　　　B．组合定价策略
　　C．尾数定价策略　　　　　　D．整数定价策略
3．消费者对某种商品的心理需求越强烈，该商品价格的调节作用越（　　）。
　　A．强　　　　B．弱　　　　C．真实　　　　D．隐蔽
4．针对消费者对新产品的求新、好奇心理而在定价时采用先高价后低价的方法是（　　）。
　　A．撇脂定价法　　　　　　　B．渗透性定价法
　　C．满意定价策略　　　　　　D．习惯性定价法

二、多项选择题

1．迎合消费者求廉心理的定价策略是（　　）。
　　A．整数定价　　B．尾数定价　　C．招徕定价
　　D．习惯定价　　E．撇脂定价
2．商品价格的功能包括（　　）。
　　A．商品价值功能　　　　　　B．比拟功能
　　C．减少支出功能　　　　　　D．调节需求功能
3．产品定价的方法主要有（　　）。

A．成本导向定价 B．需求导向定价
C．竞争导向定价 D．任意定价
4．消费者的价格心理特征主要有以下（　　）几个方面。
A．消费者对价格的习惯性 B．消费者对价格的敏感性
C．消费者对价格的感受性 D．消费者对价格的倾向性
E．消费者对价格的逆反性
5．（　　）是影响定价的一般因素。
A．产品价值量 B．货币价值
C．产品供求关系 D．市场竞争
E．国际市场价格

三、简答题

1．什么是商品价格？商品价格有哪些功能？
2．消费者的价格心理主要有哪些特征？
3．简述消费者对价格调整的心理及行为反应。
4．价格调整的心理策略及技巧有哪些？
5．简述常用的商品定价方法？
6．商品定价有哪些主要的心理技巧？
7．简述影响定价的因素？

四、论述题

试论述影响商品定价的因素。

案例分析

百分比和绝对数字

工厂的职责是确保低成本，市场营销的职责是确保高价格。定价的重要性再怎么强调也不为过。

平均来讲，一个公司的产品价格哪怕只上涨1%，利润就会上升11.3%，所以你在定价策略上花再多的精力也不算过分。相比于促销和品牌打造，定价得到的注意力和尊重是远远不够的。公司都会聘用广告公司和公关公司等，但是却没有定价公司。

有一个实验，让精神病学家决定要不要释放某一精神病患者，当精神病学家被告知"100个相似的病人中有20个"会在被释放后6个月内发生暴力行为时，59%的精神病学家会选择释放这个病人；而当被告知"相似的病人中有20%"会在被释放后6个月内发生暴力行为时，79%的精神病学家会选择释放这个病人。

因此，如果你希望人们把一个数字想得大一点，你就讲绝对数字，而不是百分比；如果你希望人们把一个数字想得小一点，你就讲百分比。汽车公司搞促销，优惠条件是如果你在月底前买车，那么可以享受"2 000美元的现金折扣"，2 000美元听起来比8%的折扣

（假设汽车售价为 25 000 美元）要大得多。相反，华尔街金融怪才——基金经理们每年只收取 1.9%的"费用"。

打折时讲绝对金额，收费时讲百分比。

案例讨论

1．对于"定价公司"，你认为是否可行？

2．打折时讲绝对金额，收费时讲百分比，利用了消费者什么定价心理？

实训练习

1．到各大零售商场进行调查，了解目前他们主要采取的定价技巧有哪些。

2．调查身边同学最近的消费行为，分析学生对商品价格变动的心理反应与社会普通消费者有何异同？

3．你在商品降价时参与过抢购吗？如果参与过，请分析当时的消费心理。

模 块 八
追求卓越产品赢得顾客之心

内容提要

模块八主要介绍商品名称、品牌和包装等因素对消费者心理的影响，包括产品名称的心理策略、品牌策略，以及产品设计及包装的心理策略。

教学重点和难点

商品品名、商标、包装装潢等与消费者心理的关系。

产品设计、商标设计的实际应用。

学习目标

知识点：掌握商品品名、商标、包装装潢等与消费者心理的关系。

能力点：掌握新产品命名、商标设计和商品包装策略的实际应用技巧。

导入案例　"SONY"为什么会成为世界驰名商标

早期的索尼公司叫"东京通信工业公司"，改为现名的过程令人深思。

（1）改名缘由。20世纪50年代中期，日本东京通信公司生产的磁带录音机开始打入欧美市场。由于日本语读起来拗口，欧美商人难以记住该公司的名字，盛田昭夫和他的智囊团决定给公司起个朗朗上口、易读易记的新名，并希望与全世界任何国家新公司名称发音均相同。他们苦苦思索，什么样的名称才能满足这个通向胜利的要求呢？

（2）"索尼"的诞生。当时，"SONNY"在欧美国家十分流行，是"SONNY BOY"的简称，意为"可爱的小家伙"，这引起了盛田昭夫的注意，他认为这一含义正是日本东京通信工业公司的象征，美中不足的是，这个词的发音正好与日本的"损"字相同，令人忌讳。他们突发奇想，灵机一动，在原词五个字母中去掉一个"N"字，成为"SONY"，于是一个价值无法衡量的商标诞生了。

（3）完善"索尼"。索尼公司最初设计的索尼商标是在四方形图案里写着"SONY"，使用一段时间后发现，这种商标的广告效果并不十分令人满意，花钱费力也达不到使世界上所有人都记住的目的，于是公司毅然删去商标图案，只用"SONY"四个字母作为产品标记，并一直沿用到现在。

（4）保护"索尼"。索尼品牌在市场打响后，被日本一家食品公司侵权盗用，该公司叫作索尼食品公司，产品牌子也改为"索尼巧克力"。许多消费者知道索尼公司以生产电器著称，以为索尼现在因财务困难去生产巧克力了。索尼为捍卫公司声誉，进一步树立公司形象和产品形象，与那家食品公司打了四年的商标官司，最后以胜诉告终。目前，索尼在全世界200多国家和地区都进行了商标登记，以保护索尼商标。

资料来源：田义江. 消费心理学. 北京科学出版社, 2005.

索尼商标——SONY成功地运用了哪些心理策略？索尼商标四部曲给你哪些启发？

正像我们每个人都有名字一样，所有的商品都有名称。不然的话，我们怎么能把那么多的商品区分出来呢？何为商品名称呢？

单元一 商品名称与消费心理

商品名称就是企业为产品取的名字，是运用语言文字对商品的主要特性概括反映的称号。商品命名的主要目的就是能引起人们的注意并容易让人记住，最好还要能激起人们的联想，以激发消费者的购买兴趣。

一、商品命名

商品命名就是选定恰当的语言文字，概括的反映商品的形状、性能、用途等特点。在现实生活中，消费者对商品的认识和记忆不仅依赖于商品的外形和商标，而且还要借助商品的名称。因此，一个易读易记、引人注意，引发联想的名字能刺激消费者的购买欲望。

顾客认知商品，不仅通过第一信号系统，还必须依靠第二信号系统的作用。商品的实物形态如造型、款式、颜色、气味、声音等特征，还必须和商品以语言、文字形成的信号紧密地结合起来，才能给顾客传递准确的信息，使顾客对商品形成较完整的印象。而商品的命名必须首先能概括地反映或描述商品的性质特征，能与其他商品相区别。如果在一只玻璃瓶中装入一瓶酒，不贴任何文字标签，顾客根本不知道是什么东西，也不会引起顾客的注意。如果贴上了"黑宝熊胆酒"的标签，配以适当的装潢、包装，就向顾客传递了这是适合老年人饮用的、品质较高的酒，引起某些顾客的注意，进而促使他们实施购买行动。

商品的名称包含两类内容。一类是指某类商品共同的名称，它不体现具体生产企业的差别，如冰箱、轿车、电视机、西装、裙子等；另一类是与生产或销售企业有联系的品牌如"海尔冰箱"、"宝马轿车"、"创维彩电"。

1．商品命名的一般作用

商品命名一般有以下几个方面的作用。

（1）标志作用。给商品命名以后，产品的名称与实体两者就紧密联系在一起了，名称成了商品的标志，取名得当能使顾客切实感到商品名副其实，闻名如见物，给顾客留下深刻的印象，如"麦当劳"、"星巴克"等。

（2）显示作用。商品的名称常常用以显示商品的功能、用途、生产企业、生产地点等方面的特性，如"茅台酒"、"王麻子剪刀"等。

（3）记忆作用。商品名称对顾客能起到记忆方面的功能。通常，商品取名简单扼要、易读易记，使顾客不必记住商品的形体，只需要记住名称就行。例如，提到"全聚德"消费者都知道它是北京的著名烤鸭品牌。

（4）传递作用。企业要向顾客传递商品信息，无论采用广告等大众媒体，或是雇佣人员推销等人际传播，都必须借助于商品的名称来传递信息。

（5）激励作用。企业借助给商品所取的有吉利寓意的名称，来激发消费者的兴趣、欲望，使消费者对商品产生好奇、好感，进而产生购买行为，如"好运来"、"驴打滚"、"健力宝"等。

相关链接　　　　　日本胶卷的命名

20世纪50年代，樱花公司在胶卷市场上有极高的占有率，然而后来富士公司的市场占有率越来越大，樱花公司节节败退。根据市场调查，发现问题不在产品的质量上，原因是樱花牌胶卷受到商标的拖累。在日文里，"樱花"这个字代表软性的、模糊的、桃色的象征；相反，"富士"这个词则与日本圣山的蓝天白雪联想在一起。由于樱花牌胶卷受制于这一不幸形象，以致各种的广告宣传均无济于事。名称可以引起愉快的联想，也可以产生不愉快的联想。企业在给商品命名时尤其要注意。

2．商品命名的注意事项

商品的命名必须要遵循一定的原则，如果步入误区，很可能导致失败。商品命名中需注意的事项如下。

（1）忌用偏字。商品名称是供消费者呼叫的，应考虑到用字的大众化问题，使用冷僻字取名，很难使其成为名牌商标，也很难设想这种商品能够在市场上畅销，如西泠冰箱、开譬山矿泉水、蕈汁。好的产品名称正像好的文章一样，是在平淡中见神奇，"四通"、"方正"、"金利来"、"康师傅"这些悦耳动听的名字，都是很常用的字。

（2）忌用多音。取名使用多音字，就像使用冷僻字一样会给人们的呼叫带来不便，寓意本身也不够明朗。以多音字取名，名字中有两个或更多读音时，容易让人感到无所适从。例如，乐海餐馆的"乐"有两种读音，一种读 lè，另一种读 yuè，使人不知读什么更好。

（3）忌语意隐晦。语意隐晦就是语音过于深奥，没有人懂，寓意再好也没有意义。企业的商标名称具有标明企业性质、暗示产品功能等作用，要求有较强的可读性。

（4）忌名称冗长。商品的命名不能过于繁杂、冗长，要给人简洁、易读、易记的形象。如果命名过长，则不容易被呼叫，也不利于广泛传播，人们记忆它不会太久，更不要说宣传产品、树立企业形象了。

（5）忌与其他品牌相仿。两种商品的名字有时会有相近性，这有偶然因素也有人为的故意模仿，但如果太相似，有时会给一方造成巨大的损失或使双方两败俱伤。例如，美国的"固特立"和"固特异"，两家公司不但名字相似，而且都生产销售汽车轮胎。二者在市场上竞争时，"固特立"有一些不利，为了扭转局面，他们推出一则引人注目的广告来加强品牌——"我们是另外一类人"，广告虽然得到注意，然而并没有得到用户的实际认同与支持，每当"固特立"发明产品时，"固特异"就会坐享其成。因为"固特异"规模更大，知名度更高。避免名称相近这一误区，就要标新立异。

（6）忌随便使用缩略语。缩略语可能会导致认知上的混乱，如果都用缩略语，消费者可能无法理解和识别，如"H"按拼音可以理解为"黄河"，也可理解为"黄海"、"红河"、"红海"等。因此，为了增强商品的认知度，就应尽可能地避免使用缩略语。IBM、GE等不是因为缩写而出名，而是在极端出名后才有了缩写。品牌以缩略语形式出现必须具备一定的条件，即商品有较高的知名度并取得了较大的成功，其他的商家不具备而消费者又迫切需要和认知，这些商品才使用缩略语。

相关链接　　产品名称犹如进入市场的通行证

美国福特汽车公司推出一种中型客车，取名为"艾特塞尔"，新产品投入市场后销售不畅，原因是车名"艾特塞尔"与市场上的一种名为叫"阿特塞尔"的伤风镇咳药的读音极其相似，给人一种"此车有病"之感。更有趣的是，美国一家救护车公司，一直以"态度诚实、可靠服务"为其宗旨，并将这四个词的英文首字母"A、I、D、S"印在救护车上，作为公司的标志，深受患者及亲友欢迎，生意一直很好，可自艾滋病流行以来，此公司的生意却一落千丈，因为艾滋病的缩写正是"A、I、D、S"，于是这家救护车公司不得不更换已使用了三十多年的老招牌。

20世纪60年代中期，美国通用汽车公司向墨西哥市场推出新设计的汽车，车名为"雪佛莱——诺巴"，结果销售受阻，波多黎各的汽车商们对新推出的"雪佛莱——诺巴"牌轿车极不倾心，这使得该公司大为困惑不解。"诺巴"一名的字面意思应为"新星"，但其发音"诺"、"巴"在西班牙语中则意味着"走不动"。显然，这种"跑不起来"的新车是唤不起消费者热情的。为转变被动局面，公司急忙将车名改为"卡力布"（驯鹿），才使销售状况有所改观。

【与相关课程的联系】

商品名称是产品策划的重要内容。例如，特仑苏、莫斯利安等开创了牛奶的概念营销之路。

二、商品名称的消费心理效应

1. 商品名称的消费心理要求

一个脱离实际、晦涩难记、缺乏特点的名称不可能引起顾客的购买兴趣，而一个易读易记、富于联想、引人注意、引起顾客心理共鸣的商品名称就能激发顾客的购买欲望。因此，企业给商品名命名时应注意以下几个方面的心理效应。

（1）准确反映商品特性。商品的名称首先必须能体现出商品的基本功能和主要特性。应采用概括简介的文字、语言表达商品的称谓、用途、特点，使顾客一目了然、顾名思义地知道该商品的用途初步感觉商品，如"生发灵"、"皮炎平"、"保龄参"、"健美裤"等。

（2）便于顾客记忆。商品取名应易读、易懂、言简意赅、发音响亮、有韵味，使顾客能过目不忘。因此，取名的字数不宜多，三至五个字即可，多了不便记忆。修饰语要通俗易懂，能发挥重要的提示作用，如"茅台王子酒"简单几个字告诉顾客此酒是生产于贵州茅台。取名用词应尽量避免拗口、冷僻、复杂、费解的生字，亦应避免采用乡音、土语的或者非常专业的技术术语。例如，某药品化学名称为"复方磺胺甲基异唑片"，顾客见后如入五里雾中，不知所云，而采用"S.M.Z"就简单易记多了。

（3）能诱发情感，引人注意。商品的名称是否具有感情色彩，常常对顾客产生不同的心理影响，导致对商品产生不同的态度与情绪，影响其购买行为。因而许多厂商努力使商品名称具有强烈的感情色彩，使顾客产生心灵共鸣，对商品产生注意、信任乃至偏爱，如"青春宝"抗衰老片、"太太口服液"等。

（4）商品名称能启发联想。商品取名常给顾客某种特定的心理感受。如果能使名称新鲜脱俗、寓意深远、内容丰富、风趣幽默、情调动人，能够启发顾客产生对美好事物的联想，就能增强对商品的好感，进而促使顾客实施购买行为，如"可口可乐"、"开口笑"等，简单数语就给人以联想。"可口可乐"初到中国时的译名为"口渴口辣"，销路平平。20世纪30年代，公司出重金招标取名，一位中国留洋硕士以"可口可乐"四字一举中标，从此名声大振，沿用至今。以后，类似软饮料都称"XX可乐"，如"百事可乐"、"非常可乐"、"幸福可乐"……因为这类取名精辟至极，所以引得众企业竞相模仿。

相关链接　　　　　雪碧的高明

"雪碧"是可口可乐公司"sprite"饮料，在美国十分畅销，但译成汉语的意思为"魔鬼"、"小妖怪"。为了推进中国市场，他们多方面征求意见，反复进行论证，经过几十个方案的筛选，最终决定将其直接音译为"雪碧"，意为纯洁清凉之意，具有雪的凉爽、水的碧绿的感觉，使人联想到在酷暑盛夏，碧波绿水，皑皑白雪，带给人们清爽舒适、怡然自得的享受，加之"晶晶亮，透心凉"的广告语，因而深受中国人的欢迎。

可口可乐公司最终将雪碧进行直接音译，就是因为雪碧本身符合该商品的诸多特征，让人产生积极的联想，进而能够促进商品的销售。

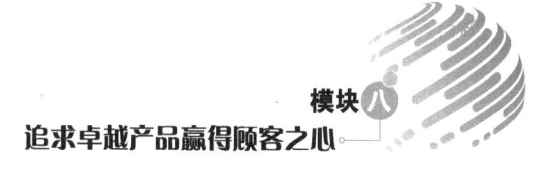

2. 商品名称的消费心理策略

（1）根据商品的功能与效用命名。这种命名方法使商品名称直接反映商品的功能与用途，突出商品的本质特征，使顾客一见就明了商品的功能、效用，满足顾客追求商品使用价值的心理。例如，人们日常用的消费品、医药保健用品、文具、家具等，常采用此法命名，如"祛斑灵"、"碳素墨水"、"皮沙发"等。

（2）根据商品的产地命名。因为某些地方出产的产品声名显赫，历史悠久，有特色，所以以产地命名可以使商品体现地方特色与质量上乘，如"北京烤鸭"、"孝感麻糖"、"上海五香豆"、"孔府家酒"、"龙井茶"等。这类以地名命名的产品可以增强顾客的信任感，易使顾客认同其特殊风味，从而刺激他们购买。

（3）根据商品的外观形态或色彩来命名。这种商品命名方法注重使商品的实体形态、颜色相一致，突出商品的款式、造型、颜色，吸引顾客的注意和兴趣，使顾客有美的感受，满足顾客的审美心理需求，启发顾客的形象思维，使顾客对商品留下深刻的印象，久而不忘。食品、服装、工艺品等商品常用此法命名，如"蝙蝠衫"、"喇叭裤"、"宝塔糖"、"棒棒糖"、"金丝蜜枣"、"景泰蓝"等。

（4）根据商品的重要成分命名。这种商品的命名方法注重构成实体商品的原料或主要成分。它向顾客传递商品的实质构成信息，使顾客对商品的价值或特色有一个清晰的认识，让顾客在心理上感到踏实，增强对商品的信任。服装、面料、食品、医药等商品，较多采用此种命名方式，如"八宝饭"是由糯米、莲子、青梅干、红绿瓜丝、蜜枣、桂圆、桂花、白糖八种原料制成的；又如"蜂皇浆"、"参茸酒"、"羊绒衫"、"全毛华达呢"、"松花粉"等。

（5）根据商品的制作方法命名。这种商品的命名方法注重商品的制作加工方法，突出商品的精良工艺和上乘质量，增强顾客对商品的喜爱、兴趣与信任，也体现商品的特色与威望。例如，北京著名白酒"二锅头"就是根据制作方法命名的，其产品原来的烧制方法是用装冷水的锅作为冷却设备，逐渐被酒蒸气烘热后再换上冷水，第二次换水后蒸出的头批白酒香气醇厚，品味超群，故取名"二锅头"。菜肴中用加工方法命名的也很多，如"粉蒸肉"、"走油蹄盘"、"清蒸鳜鱼"等。

（6）根据名人命名。这种商品命名方法注重用首创此商品的人名，或以历史人物、当代知名人士的名字来命名。它使商品与特定人物紧密相连，体现出商品的品牌、历史传统悠久、质量可靠、工艺独特、名家推崇等，使顾客产生崇敬、向往、追求的心理，促进商品的销售。例如，"中山装"是孙中山先生首创设计出来的，故以中山先生名字命名；"东坡肉"以苏东坡得名；"张小泉剪刀"是清朝末年张小泉开的著名剪刀店而得名；一种原名为"曲阜老酒"的黄酒改名"孔府家酒"后，名声大振，销量大增。

（7）根据褒义词来命名。这种商品命名方法注重商品名称的用词寓意美好，使商品与美好的愿望与事物紧紧相连，采用适当的文学夸张与比喻，暗示商品的质量、性能良好，功效显著，给顾客一种愉快、高兴、喜爱、欢乐的心理感受，增加顾客购买商品的积极性。此命名法在食品、药品等商品中用得较多，如"长寿面"、"龟苓膏"、"万金油"等。

（8）根据外来语命名。这种商品命名的方法是将国外语言的译音用作商品的命名。这是外来文化在中国的交流与渗透而带来的命名方法。例如，水泥，以前称"斯门汀"（cement）；"咖啡"来源于 coffee；"比萨饼"（pizza）是意大利风味的馅饼；"三明治"（sandwich）是夹心面包；"维他命"（vitamin）是维生素等。现在有些本土商品采用外来语，也能激发顾客的好奇心，满足了顾客求新、求变、求异的需要。例如，"昂立一号"是地地道道的中国本土产品，其得名是用了英语"only one"，即"唯一"的意思也颇具影响力。但是如果外来语乱用，或者用得过多、过滥，效果则会适得其反。

单元二 品牌与消费心理

商品的品牌是市场条件下商品的重要组成部分之一，也是商品的无形资产。它与商品的市场声誉、销售数量有很大的关系，也会对顾客心理产生重要影响。

相关链接　　　　　　　　Acer 品牌命名策略

世界著名的宏基（Acer）电脑在 1976 年创业时的英文名称为 Multitech，经过十年的努力，Multitech 刚刚在国际市场上小有名气，却被一家美国数据厂商指控宏基侵犯该公司商标权，必须立即停止使用 Multitech 作为公司及品牌名称。前功尽弃的宏基只好另起炉灶，委派著名广告厂商进行更改品牌名称的工作。历时大半年时间，前后花去近 100 万美元，终于决定选用 Acer 这个名字。与 Multitech 相比，显然 Acer 更具有个性和商标保护力，同时深具全球的通用性。它的优点在于其蕴涵的意义（Acer 在英文中，源于词根 Ace，有优秀、杰出的含义），富有联想（源于拉丁文的 Acer 代表鲜明、活泼、敏锐、有洞察力），有助于在出版社资料中排名靠前（第一个字母是 A，第二个字母是 C），易读易记（Acer 只有两个音节，四个英文字母），可增加消费者对 Acer 的印象。如今 Acer 的品牌价值超过 1.8 亿美元。

一、品牌的内涵

世界著名市场营销权威菲利普·科特勒教授把品牌定义为："品牌是一种名称、术语、标记、符号或设计，或是它们的组合运用，其目的是借以辨认销售者或某个群体销售者的产品或服务，并使之同竞争对手的产品和劳务区分开来。"

品牌俗称牌子、厂牌，是制造商或经销商加在其商品上的标志。它通常由两部分组成。一部分是品牌名称。它是品牌中可以被读出声音的部分，即可读文字，如"上海大众"、"海尔"、"同仁堂"等，都是著名品牌的名称。另一部分是品牌的标志（商标）。它是品牌中可以识别但不能读出声音的部分，常常为某种符号、图案或其他独特的设计（如图 8.1

所示）。

图 8.1 某些企业的商标

显然，品牌是一个符合概念。它由品牌名称、品牌认知、品牌联想、品牌标志、品牌色彩、品牌包装等要素构成。品牌内在包含了商品或服务的个性和消费者认同感，象征生产经营者的信誉，具有区别于其他商品或服务的名称、标志、色彩、包装等符号的组合。

品牌的目的从本质上说是传递一种信息。一个品牌能表达以下六层意思。

1．属性

一个品牌能给人带来特定的属性。例如，"宝马"代表高档、制作精良、耐用和声誉。

2．利益

品牌不仅是一种属性，购物时消费者不是购买属性而是购买利益，因此属性应当转化为功能利益或情感利益。例如，"耐用"这一属性，可转化为功能利益——"几年内不需要再购买"。品牌要体现利益，说明企业在确定赋予品牌属性时，应当考虑这种属性是否提供了消费者所需要的利益。

3．价值

品牌在提供属性和利益时，也意味着企业所提供的价值。消费者购买产品时希望获得利益及他认为有价值的品牌。因此，企业必须确定或推测那些对品牌的价值感兴趣、正在寻找这些价值的特定购买群体。

4．文化

品牌可能附加和象征了一种文化。这种文化更易使消费者产生心理认同和情感共鸣，从而让产品深植于消费者脑海中，达到稳固和扩大市场的目的。例如，"百事可乐"代表美国崇尚个人自由的文化，"孔府家酒"代表中国人极为重视亲情的文化。

5．个性

品牌也具有一定的个性，品牌个性是产品在消费者心目中的感性形象，它代表特定的生活方式、价值取向和消费观念。品牌的个性是消费者自我实现的工具。例如，"金利来，男人的世界"这一广告语利用男人的性格魅力塑造出一个格调高雅的品牌形象，使得"金利来"深受白领男士青睐，拥有"金利来"几乎成了男人事业有成的标志。

6. 使用者

品牌还体现了购买或使用这种产品是哪一类消费者，这一类消费者也代表一定的文化、个性，这对于公司细分市场，进行市场定位有很大的帮助。例如，王老吉凉茶定位于功能性饮料——"怕上火，喝王老吉"，其独特的价值在于喝红色王老吉能预防上火，让消费者无忧地尽情享受生活——煎炸、香辣美食、烧烤、通宵达旦看足球……

消费者感兴趣的是品牌的利益而不是属性，一个品牌最持久的含义是它的价值、文化和个性，品牌的价值是存在的基础。

【与相关课程的联系】

品牌策略、品牌策划都是《市场营销》和《市场营销策划》的重点内容。

二、品牌的消费心理效应

相关链接　　　　　皮尔·卡丹的品牌盈利之道

许多人都知道，皮尔·卡丹是一个著名的服饰品牌，但是很少有人知道皮尔·卡丹还是其他商品的品牌，如皮带、家具、箱包等。皮尔·卡丹是法国著名的时装设计师，他赚的钱只有少部分是通过卖服装赚来的，大部分是靠名气获得的。皮尔·卡丹大卖特卖商标使用权，他每年1亿美元的纯收入主要是靠这种方式获得的，庞大的皮尔·卡丹帝国通过授权的方式迅速扩张，而这种扩张又促使皮尔·卡丹名气的进一步上升。据统计，全世界以皮尔·卡丹作为商标的商品年利润达数亿美元。皮尔·卡丹商标授权方式在21世纪的营销史上掀起了一场革命。皮尔·卡丹既是这场革命的领头羊，也是最大的受益者。

1. 消费心理的品牌意象

消费心理的品牌意象即一种品种在消费者心中的印象，以及加之于消费者的一切特性和信念。

在日常生活中，消费者自觉或不自觉地受到各种各样促销活动的影响，由此可能会对特定品牌产生认识、评价和信念，尤其通过对该产品的体验，会加深消费者对该品牌的印象。在此基础上，个体的需求、期望、态度、价值观、情感等，很自然地投射到该产品上，形成消费者的品牌意象。例如，女士营养口服液中的"太太"品牌，使消费者联想到能有效预防和消除黄褐斑、皮肤干涩萎黄等，令肌肤细腻、红润、有光泽、有弹性。这种联想符合了目标消费者的追求或渴望，消费者将这些期望和价值观等投射到"太太"品牌上。在现代市场经济中，许多同类产品的品牌，其商品特性的差距甚小，一般消费者难以区分。因此，品牌意象受到了特别重视。

消费者对某商品品牌一旦形成良好的意象之后，就会引起积极的心理效应。

（1）产生偏好。产生于消费者心目之中的对品牌的偏好和忠诚度是品牌的精髓。一般而言，消费者在选购商品时，注重的是心中对商品的一种无形的感觉，即商品品牌偏好和品牌忠诚度。

（2）产生防御。消费者良好的品牌意象具有一定的防御力量。也就是说，消费者对某一产品品牌的信赖程度较高，认定这种品牌是可靠的，从而对其他品牌的刺激不会轻易受到影响。

2．消费者的品牌忠诚

品牌忠诚度是指由于商品质量、价格、性能等诸多因素的影响，使消费者对某种品牌产生信赖、偏爱和感情，表现为对该品牌商品长期使用、重复购买的行为。品牌忠诚度是消费者对品牌感情的度量，反映了消费者从一个品牌转向另一个品牌的可能程度。

对品牌的忠诚可通过消费者购买比率、重复频率及偏好的长期性来表现。具有一定忠诚性的消费者，认品牌倾向强烈。当他们没有买到所忠诚品牌的商品时，宁愿以后再来或到别的商店去购买他们喜爱的品牌商品，也不会轻易改变初衷而选择另一个品牌。从商品角度来看，对某些商品的消费行为分析表明，有专一品牌忠诚性的商品一般是日用生活用品、食品等，而多数消费者倾向于选择自己喜爱的一种或几种品牌的商品。

影响品牌的忠诚性，除了产品利益这个重要因素外，还有其他几个方面的因素。

（1）社会交往的相互影响。

（2）个体的特点。例如，自信心被认为是许多对品牌忠诚的家庭主妇们的共同特点。通常，缺乏自信心的消费者对品牌的忠诚性较低。

（3）商品的档次。有学者进行的一项调查搜集了我国消费者购买商品前的已定品牌情形（购买前已定品牌是对品牌忠诚的一种表现），结果发现，消费者购买中、高档的商品，事先已定品牌的人数比率，大于购买小商品和低档商品的比率。

三、品牌对消费的重要作用

1．品牌对生产商与销售商的作用

在现今的市场条件下，品牌的意义已超越了仅仅是标志的范畴。在企业发展过程中，品牌是企业强烈发展愿望的代表，体现了企业精神和企业文化，在社会文明的形成和发展过程中，它们是重要的组成与推动力量。具体而言，品牌对厂商们的作用有以下几点。

（1）品牌的建立，有利于制造商管理订货，及时发现并处理销售业务方面的问题，为经销商经营销售提供方便。

（2）品牌商标经注册登记，受法律保护，对维护企业的合法权益，以及防止假冒伪劣产品有积极作用。

（3）有利于经销商借助品牌识别供应商，并掌握好产品质量标准。

（4）使用品牌能促进企业产品销售。名牌企业和名牌产品能造就一支庞大的忠诚的顾客队伍，在竞争中取得优势。使用品牌也有利于企业细分市场，占领多个特定的细分市场，还有利于企业统一品牌产品系列的市场拓展。

（5）良好的品牌有助于实力企业形象。品牌上印有厂商的企业名称，能起到宣传作用，有利于企业创品牌。

（6）品牌是企业的无形资产，名牌企业的品牌无形资产价值很高，甚至超过其有形资产，是企业的巨大财富。例如，2014年苹果的品牌价值位列全球第一，达到1 242亿美元。

2. 品牌对顾客的作用

（1）识别商品效能。品牌通过特定的文字、图像、符号，使该企业某种商品区别于其他企业的同类产品，有助于顾客在购买商品时分辨商品的制造商、经销商，从同类商品中确认自己所选择的厂商的商品。同时，品牌给顾客提供知觉线索，使其形成产品质量、声誉、用途与价值的认识，建立起对企业与其产品的信任，促使企业保持、维护和提高产品质量及市场信誉。

（2）建立企业形象效能。品牌代表着企业的经营特色与形象，知名品牌常能给顾客以良好的市场形象，使顾客有深刻的感受与难忘的印象。这种记忆印象随时都在发挥影响，逐步发展成为购买习惯，持之以恒，乃至终生不变，成为"铁杆顾客"；反之，若品牌给顾客以不好的形象，企业将痛失顾客，最终与市场挥泪告别。

（3）质量保障效能。品牌是商品生产与进入市场的通行证，使顾客对商品建立信心，顾客的利益得到保障。若产品发生故障，在维修、更换零部件等方面都可获得便利，顾客有放心、保险的安全感。同时，顾客还可以根据品牌、商标对产品质量实施监督。

（4）传播促销效能。品牌作为企业及其产品的形象标志，可以充分发挥其促销能效。通过媒体或顾客之间的信息交流，不断扩大品牌的知名度、美誉度，使企业及其产品深入人心，引起顾客的品牌偏好，促使其实施追求名牌、认准老牌等各种"认牌购货"的消费行为。从市场情况反映，名牌企业产品的市场占有率高达80%左右。

> **相关链接**　　　　　　　　　雅诗兰黛的魅力
>
> 明天就是王林女朋友的生日了，他还没有给她买生日礼物呢！但是他一点也不着急，因为他早有打算。吃完午饭后，王林来到附近的商场。一进大门，他就直奔一楼的雅诗兰黛专柜。因为他觉得这个牌子给人的感觉是高贵典雅，正适合自己的女友。他打算为心爱的人买一瓶香水。在听了售货员简短的介绍后，他选择了一款标价为七百多元，淡雅香型、外形别致的香水。这样，不到二十分钟的时间，一切都解决了。
>
> 王林为女友选择的是他认为有价值的、符合她的个性的品牌。由于获得了心理上的认同，他才会毫不犹豫地花上七百多元钱购买一份礼物。这就是品牌的魅力在消费者心理上所产生的微妙作用。

四、品牌策略

品牌策略是企业产品策略的重要组成部分，产品策略适用于不同的产品特点、不同的顾客心理需求及不同的市场环境。企业可以采用的品牌的策略有以下几种。

1. 品牌标准化策略

对新产品而言，企业首先必须决定是否为产品设立品牌。客观上，企业并非要为所有产品都设立品牌。不适用品牌的产品有电力、煤炭、矿石、木材等能源与初级原料产品。这些产品不因制造商不同而形成质量特点。此外，还有顾客习惯上不注重品牌的商品，或生产工艺简单、无技术标准、易耗低值的商品，还有一次性交易的商品，都不一定需要建立品牌。但是，随着企业之间竞争性扩大，现在已有给西瓜、鸡蛋等商品申请注册品牌商标的情况。目前，世界市场上出现两种倾向：原来传统上不用品牌的商品纷纷品牌化，如食盐、水果等；而某些原来有品牌的商品却不再使用品牌，如卫生纸、肥皂、通心粉等。某些食品、家庭用品等行业，发现无品牌比使用品牌价格便宜，对顾客吸引力大。孰是孰非，应具体问题具体分析。

2. 品牌归属策略

产品一旦决定使用品牌，制造商就会面临品牌归属的三种选择。

（1）使用制造商品牌（即生产者品牌）。产品由制造商生产出来，产品质量由制造商确定，因此绝大多数制造商都采用自己的品牌。品牌也是制造商的工业产权。著名品牌的无形价值高，还可以租借给其他企业使用，收取一定报酬。

（2）使用经销商品牌（也称中间商品牌）。近年来，某些大型零售企业声名显赫，在顾客心目中信誉颇高，市场销量可观，而生产企业声名低下，若采用经销商品牌，则销量可大大增加。因此，有的制造商愿意让利给中间商而采用中间商的品牌以求扩大销量。而中间商也致力于打造自己的品牌，以期可以吸纳更多制造商的产品，降低流通成本，分得制造商的利润。虽然打造自己品牌的经销商要承担风险，增加订货、库存、广告等费用，然而经营得法的经销商，打响自己品牌后的获利，远远高于这些费用支出，因此，经销商们还是愿意打造自己的品牌的。例如，"华联"、"联华"、"农工商"等国内著名超市就是这样做的。

（3）制造商和经销商品牌混合使用。

① 制造商品牌与经销商品牌同时使用，双方品牌均有各自的优势，同时使用可以起到优势互补、形成合力的作用。

② 制造商在部分产品上使用自己的品牌，另一部分则大批量卖给经销商。其好处在于制造商把原来已在市场上有名声、销路好的产品使用自己的品牌，而知名度低的新上市产品卖给经销商，利用经销商的品牌作用来扩大新产品的销路。

③ 为使产品进入新市场，首先采用经销商的品牌，以便让顾客能更多地接触到实体产品，使顾客心理上产生信任感，然后再采用制造商自己的品牌，有利于自己品牌在新市场中扩大声誉。

3. 品牌质量策略

该策略又称为等级品牌策略。这是企业根据所生产的产品质量、档次不同，分别采用不同品牌的形式。这样，可以使顾客根据消费习惯和消费能力选购不同质量、不同档次的商品,实行认牌购买。

4. 家族品牌策略

该策略是指企业对产品分别使用不同品牌还是统一品牌或集中品牌的策略。通常,有以下五种选择。

(1)各种产品分别采用不同品牌,即个别品牌策略。例如,美国宝洁(P&G)公司在中国市场生产销售的洗发水就有"飘柔"、"海飞丝"、"潘婷"等品牌。不同品牌的产品,功能、价格均有差异。

(2)对公司所生产的所有产品均采用同一品牌。例如,美国通用电气公司的产品均使用"GE"这个品牌;上海万象集团公司在1997年将公司原来107个品牌取消106个,所有产品均采用"恒源祥"一个品牌。这样,统一品牌策略的优点是:可以运用企业的人力、物力、财力,集中宣传某一品牌,以造成强大的声势,提高企业的知名度,也有利于企业与产品进入新市场,使新产品在市场上能较快地取得销售成果。老牌号、知名度高和信誉好的品牌市场影响大,其他产品可借助其声誉来扩大影响。但是,如果新产品或者各种产品中某一产品的质量出现问题,将对整个家族品牌产生极坏的影响,甚至"倒牌子"。例如,原上海衬衫厂生产"大地牌"衬衫,市场声誉极佳,企业将外销的衬裤也采用"大地牌",由于质量差,倒了牌子,"大地牌"衬衫受到严重影响而退出市场。

(3)各大类产品单独使用不同的品牌名称。这是指企业根据产品类别不同,分别采用不同品牌的策略。有许多企业产品组合范围广,同时生产和销售不同类别的商品分别采用各类不同的品牌,这种做法有以下优点。

① 便于顾客区分产品大类,顾客一见品牌便知是哪一类产品。

② 可以避免各类商品均用一个品牌商标的风险。即某一类商品出现质量问题,其影响范围仅限于本类产品,不会波及其他类产品。而各类商品可以利用自身的品牌优势,参与市场竞争。然而,这种策略也有不足之处——要为企业产品设计不同商标,费用较大;各类商品的营销活动分散,难以形成合力;一类产品品牌市场声誉好,信誉高,其影响范围也仅限于本类商品,不能延伸到其他类商品。

(4)企业名称与个别品牌结合策略。这是指在企业各种产品的个别品牌名称之前冠以企业名称,使产品正统化,享受企业已有的声誉;而个别品牌又可使产品各具特色。例如,通用汽车公司生产的各种小轿车采用"别克"、"凯迪拉克"、"雪佛莱"、"赛欧"等品牌,但每个品牌前均加上"GM"字样,以表示该品牌汽车为通用公司的产品。

(5)企业名称与品牌完全统一策略。这是指在企业品牌设计中,把简化的企业名称直接作为品牌设计的主体内容的策略。这样做的优点是利用企业本身的声誉、知名度、美誉度来销售其产品,宣传企业的同时也宣传了产品,宣传产品的同时也宣传了企业,有利于扩大企业的知名度与市场影响力。我国许多著名企业均采用此种策略,如"海尔"、"长虹"、"春兰"、"海信"等。

5. 品牌延伸策略

该策略也称为品牌扩展策略,是指企业把已经成功的品牌再用于新产品或改进型产品

的策略。这种策略可以使原来品牌的声誉延伸到本企业的其他产品,取得较好的市场效果,可节省新产品的促销费用,易被顾客所接受。然而,应根据新产品的特点、功效及质量水平,慎重地采用这种策略,否则,简单机械地延伸可能有副作用。20 世纪 90 年代后期,"娃哈哈"公司将"娃哈哈"品牌延伸至矿泉水、八宝粥等商品,在社会上曾引起争议。

6．多品牌策略

该策略是指对同类商品使用两个或两个以上的品牌商标的策略。制造商之所以采取这种策略是基于以下理由。

（1）可以在零售商的商店中占有更多的货架面积,使竞争对手的商品陈列空间相对减少。例如,宝洁公司仅清洁剂的品牌就有九个。

（2）提供多个品牌可以赢得品牌转换者从而扩大销售。

（3）通过品牌差别,将产品定位于不同的细分市场,每一个品牌都能赢得不同细分市场的顾客。

（4）促进企业内部形成相互激励、竞争的局面。

然而,品牌多亦有许多不足之处:成本高、力量分散、难以集中精力创品牌。故具体采用此策略时应谨慎处置。

7．品牌再定位策略

该策略是指由于某种因素的变化需要对品牌重新定位。它可能是企业面临竞争者的压力、顾客偏好转移、顾客对公司产品需求的降低等原因,企业应对品牌重新定位。

七喜公司对其品牌重新定位是一个成功的范例。七喜牌饮料是许多饮料中的一种,主要顾客是老年人,他们要求饮料刺激性小,有柠檬味。经调查,大部分顾客偏好"可乐",但并非始终如一,还有许多顾客不喝"可乐"饮料。七喜公司进行了一次出色的宣传,标榜自己生产的是非可乐饮料,从而获得了非可乐饮料市场的领导地位。

单元三　包装与消费心理

相关链接　　　　　　　　　　不同的包装形式

两种品牌的洗衣粉在超市中出售,消费者都意识到当前市场上的洗衣粉的效力都差不多,价格也基本一样。但在这样的前提下,A 品牌的洗衣粉只是普通的塑胶袋包装,而 B 品牌的洗衣粉除以塑胶袋包装外,还有开口裂缝,另外,开封以后塑胶袋本身带有齿和封条,每次用完后可以封闭起来,防止洗衣粉受潮或掉出来。而相比之下,A 品牌的洗衣粉的包装就没有任何特色了。结果显示，B品牌的顾客再次购买率很高。

一、包装内涵

1. 包装的含义

菲利普·科特勒教授对包装下的定义是："包装是指设计并生产容器或包扎物的一系列活动。这种容器或包扎物称为包装。"这里，"包装"有双重含义：第一，是指为产品设计、生产包装物的活动过程；第二，是指盛装产品的容器或其他包装物。今天，这个定义已经无法包括包装的全部内涵。包装明显还有如何应用包装物，将商品包裹起来或包扎起来的含义，即包装活动或包装作业的含义，也就是动态的含义。包装的这些含义在实际工作中是紧密联系在一起的。一般商品的包装含义可以有三个层次甚至更多。

2. 包装的功能

（1）保护商品功能。这是商品包装的首要功能。在商品的流通过程中，必然要经过运输、储存等过程，通过科学的包装，可以起到保护商品安全、防止损坏的作用，如防止散落、破损、变质、挥发、污染、虫蛀、鼠咬、受潮、跌撞、防尘、防热、防晒、防冻、防锈、防腐、防震、防爆、防毒等，以维护商品的质量、卫生和安全。液态、粉末状、气态产品，借助包装可以防止溢出、挥发、失散。易燃、易爆、有毒等商品，通过包装可以避免引发燃、爆、毒物挥发等事故、灾害。

（2）便于运输、携带和存储。商品从制造商经过经销商最后到顾客买回家使用，要经过装卸、运输、储存、携带等诸多环节。通过包装，化整为零，便于从生产者到销售者间的储运工作高效开展，而在销售过程中，则有利于顾客携带回家。

（3）吸引顾客注意。顾客在购买商品时（如在超市购物），常常首先接触商品的包装，再接触商品的实体。因此，商品包装给顾客形成第一印象。而且包装常常成为吸引顾客注意的一个重要诱因。顾客识别、认知商品越来越依赖于包装。包装能否吸引顾客的注意、激发顾客的兴趣、引发顾客的联想，成为顾客选择商品的重要因素。美国杜邦化学公司曾经提出著名的"杜邦定律"，即有63%的顾客是根据商品包装、装潢而做出购买决策的。在产品质量、价格、款式基本相同的条件下，顾客常常选择包装色彩鲜明、构图精美、文字醒目、造型别致、材料新颖的产品。

（4）传递信息功能。许多商品的外包装上印有商品的实体图片、商品质量、用途、功效、成分、使用操作方法、注意事项、品牌商标、企业名称、地址、电话号码、商品条形码、出厂日期、保质期、产品优点特色、重量、体积等相关文字、图形、符号、信息，顾客借此可增加商品的相关知识，增进对商品的了解与认识，加深对商品的印象，学会正确使用的方法，以消除顾客对商品的疑虑，增强对商品的信任，尽快做出购买决策。此外，包装上印有识别标志，也使顾客容易识别商品。

（5）提高商品价值功能。包装是商品价值的组成部分，质量好的商品加上精美的、别致的、新颖的高档的包装，能使好商品与好包装相得益彰，价值更上一层楼。我国古代就十分重视通过包装来提升商品价值。据史书记载，早在秦汉时期就采用漆盒作为化妆品的包装。唐宋时代，以绫绢装裱书画相当普遍，还有人采用名贵上好木材如楠木、樟木、檀木等作为存放珠宝的匣子。社会上也会有"货卖一张皮"的经商谚语。景德镇的瓷器虽然世界闻名，但以往却不太注意包装，其出口的某种咖啡茶具价格低廉，精明的外国商人将其换上自己特制的包装，放入零售商店销售，价格一下子高出数倍。商品的包装应与商品的质量、档次、价值相协调，价格昂贵的高档商品应采用精美的高档包装，而质量一般的商品，包装也不必过于考究。历史故事"买椟还珠"借用过度包装来讽刺某些人做事喧宾夺主，而现在部分厂商在其产品包装上，却大有过度包装之势。例如，在月饼包装、药品包装、保健品包装等方面，都有过度包装的情况。某些企业为了提高商品价格，不惜采用价格昂贵的材料，采用过量的加工工艺，把产品包装成工艺品式样，使价格扶摇直上，结果导致顾客怨声载道。若这种状况任其发展，则不仅浪费大量自然与社会资源，增加城市垃圾的数量，而且也给广大顾客增加了额外的费用负担，于国、于民均属不利，应采取必要措施予以纠正。

（6）引发顾客联想功能。产品包装的画面或标志能使顾客产生有关产品属性的联想，从而促进产品的销售。例如，快餐业巨头麦当劳曾经想放弃用 M 型双门作为店面的建筑特色，著名包装设计师切斯金经过大量的调查研究后指出，那些双门"对潜意识具有弗洛伊德式的暗示作用"，是绝佳资产，是"母亲麦当劳的厨房"——如果你要在外面吃一餐"家庭烹饪"，这是很强的联想。又如，柯达胶卷的黄色图案包装容易使人想起温暖的阳光或金色的太阳从而精神振奋；富士胶卷的绿色包装则容易使顾客联想到层峦叠翠或碧绿草原从而心旷神怡。

（7）象征顾客身份功能。包装还具有表明顾客身份地位的象征性功能。许多商品的包装物本身就是一种具有一定价值的艺术品，体现出使用者地位不凡。例如，名贵的巴黎高档香水的包装瓶盒放在梳妆台上，体现了女主人善于修饰和雅致的气质；人头马、马爹利、轩尼诗等高档白兰地酒放在客厅的玻璃酒柜中，则体现了主人对高档酒的推崇。

（8）具有加强与顾客情感交流的功能。例如，有许多商品的包装盒外印有向顾客表示祝福的吉祥语文字，或者在包装盒中放入顾客意见反馈表，又或者在其中或包装盒外放上免费赠送的礼品，这些措施使顾客感到高兴、心情舒畅，他们更愿意购买这类商品。

（9）有利于刺激顾客的心理需求。企业根据不同的购买对象、购买动机，采用相应的包装策略，可以有效地刺激顾客的心理需求。例如，在儿童食品包装上印有卡通动物和英雄人物，或者在透明包装中放入一些小玩具，对刺激儿童需求有较大的作用；某些商品包装中放入标签，可以有抽奖的机会；包装盒上开透明窗，可以使顾客看清里面的商品等。这些措施都能激起顾客的购买欲望。

（10）促进销售功能。上述九种功能的综合作用就是包装促销功能的最终体现。现在许多厂商都认识到包装对商品促销的重要作用，纷纷采取有效措施来改进包装。1991 年，意大利某生产干酪的公司为了提高其产品在欧洲市场的销售额，投资 10 万英镑，请设计公司为其设计了 10 种不同的包装。采用新包装后，半年企业未做任何广告宣传，其干酪销售量在美国上升了 22%，在德国上升了 33%，在法国上升了 50%。

【与相关课程的联系】

物流课程、市场营销课程中，包装在防止串货、市场定位等方面有重要意义。

二、包装对消费心理的影响

1. 引起重视和诱发兴趣

在琳琅满目、品种繁多的商品市场里，醒目的包装能够吸引和诱导消费者惠顾商品。具有艺术感、时代感和名贵感的商品包装，能够激发消费者的购买兴趣和购买行为。在市场上，一些高质量的商品附和高品位的包装，即使价格较高，消费者也往往出于对该商品的某种购买动机而乐于选购。

2. 促进对商品的认识

商品包装上一般都以图案和文字说明来显示商品的种类、规格、型号、式样，以及性能、特点、使用方法等内容。消费者能够在接触商品包装的同时获得商品的相关信息，对需要了解的商品的各种情况一目了然，从而加快了认识商品过程的感知、思维、情感、意志等心理活动的速度。因此，在提供信息这一点上，包装是"缄默的售货员"。

3. 有利于形成商品意象

包装和品牌一样，也是一种知觉线索。它通过可视的商品实物或逼真的彩色图案，使消费者产生"眼见为实"的心理效果，比一般的广告更容易产生信任感和留下深刻的印象。例如，食品包装图案用彩色实物照片，就能比较形象逼真地显示内包装食物的形状、色泽、质感，使人容易根据这些外观形象去联想食品的质量、口感、香味，以及想象食用之后所产生的满足感。又如，在一次试验中，把相同质量的芦笋分别装于透明的玻璃瓶和不透明的罐子内。前者的销售价格虽然比后者略高，但消费者更愿意购买的却是用透明瓶子盛装的。由此看来，好的文字和图案根本不能替代直接看见的产品的真实情况的效果和作用。

4. 产品质量的知觉线索

消费者到商店购物是用眼睛观察商品的，但实际上最先进入视线的不是商品本身而是商品的外包装。因此，商品的包装就成了消费者判断商品质量的一种知觉线索，这一线索包括包装上的信息、设计、颜色等要素。

根据有关的调查与研究，商品的必要信息体现在包装上众多的信息类别中，最常用的不外乎是商品名称、价格、规格、风味、特点、产品合格率、使用期限、商品条形码等。

包装的设计和材料的选用，对形成消费者的商品意象具有直接作用。这种作用以联想为中介。一般情况下，精美华丽的包装会使人产生高档精品的联想，朴素简单的包装容易引起经济实惠的感受。

包装设计中的知觉线索更是十分微妙。例如，葡萄酒瓶的可旋密封盖比传统的软木塞

盖开启时方便得多,而且,用可旋的瓶盖还能很方便地重新封上。但是,长期以来,消费者在观念上总是把葡萄酒与软木塞盖联系在一起。于是,软木塞盖和可旋瓶盖在消费者心目中成了名贵酒与廉价酒的不同知觉线索。

包装上的色彩是另一个重要的知觉线索。在视觉效果上,色彩先于形状,而且比形状更具吸引力。一项相关试验表明,质量完全相同的洗涤剂,分别装入红、黄、蓝色的瓶子里,消费者产生的联想是:黄色瓶装的洗涤剂柔和,蓝色瓶装的洗涤剂适用性强,而红色瓶装的洗涤剂对顽固的污垢最有效。

三、包装设计的心理策略

包装设计涉及多方面的知识,如材料学、美学、心理学、社会学、运输学等,包装设计要思考两方面的内容:其一是技术设计,现已发展成一门专门学科;其二是心理思维,主要思考包装给消费者心理上的影响,采用有效的心理策略。

1. "感觉转移"现象

"感觉转移"现象是著名消费心理学家路易斯·切斯金发现的。他从20世纪30年代就开始从事消费者对商品包装情绪反应的研究。他曾经把两个相同的产品装在不同的盒子里,甲盒用许多圆环作为装饰,乙盒全用三角形作为装饰,他发了1 000张调查表给各种类型的消费者,问他们喜欢哪一种盒子装的产品?为什么喜欢?结果80%以上的人选择甲盒产品。他们认为甲盒产品的质量会比乙盒好。起初,切斯金对结果不太相信,后来经过对5 000人的调查,他不得不承认多数消费者会把对包装的感觉转移到产品上。更令人感到有趣的是:实际试用过包装不同但内在质量相同的产品之后,绝大多数人还是喜欢圆环图样盒子里的产品。切斯金就把上述现象称为"感觉转移"。

虽然,如今消费者的消费行为愈来愈理性化,但切斯金的发现仍然是正确的。例如,把同种体香止汗剂装在甲、乙、丙三种不同颜色的包装容器里,给一测试组试用,告诉他们这是三种不同的制剂,问他们喜欢哪一种?结果乙种包装被评为"正好",丙种被评为"味重"效果不佳。质量完全一样,而结论却大相径庭,这完全是个人心理作用所造成的。华尔特·斯特恩在讨论这个问题的一本名著中说得好:"消费者一般分不出产品与包装。对很多产品来说,产品即包装,包装即产品。"

2. 包装设计的心理要求

商品包装要获得广大消费者的认同和喜欢,不仅需要结合化学和物理学等科学原理进行设计,而且还必须结合心理学、美学、市场营销学等基本知识,特别是要充分利用包装外观形象,满足消费者对包装及其内容的心理要求,一般有以下几点。

(1) 方便、安全。包装设计必须考虑消费者适用的场合,力求具有科学性和实用性。例如,提包式、折叠式包装便于携带;笨重物品在其包装上安置把手,以便运输;方便即食面用碗形包装,罐头使用拉环式包装,香水采用喷雾式包装,以方便使用;易燃、易挥发、易受潮等物品使用密封包装;有的家用电器、药品在包装上标明保管方法、安全使用注意事项或"无毒"、"无副作用"字样等,使消费者产生安全感和方便感。

(2)形象。要让消费者满足"先入为主"的心理,商品包装必须形象突出。例如,独特奇异的包装容易与常规的包装形式形成对比和反差;开窗式包装往往能满足那些急于了解商品"真面目"的消费者的求知和好奇心理;系列式包装的商品陈列,具有统一格调,给人以集中、完整的印象,比零星点缀的商品更能吸引消费者的注意力和唤起购买欲望;用鲜明、真实的实物彩色照片作为包装,其形象逼真引人入胜。

(3)美感。力求从包装的形状、图案到色彩,浓缩欣赏价值和美感享受,满足消费者的审美心理。实践证明,富于艺术魅力的商品包装,可以促进潜在的消费者变为实际的消费者,甚至变为习惯或长久的消费者。

(4)联想。包装中的式样、构图、文字、数字、线条、符号、色彩的任何一项设计,都会引起消费者的不同看法,产生不同的心理联想。因此,包装设计者必须高度注意这种心理现象,全面考虑消费市场的各种因素,充分掌握消费者的兴趣爱好与忌讳,力求包装的各项内容都表达积极、健康、美好的含义,符合消费者的心理愿望。

相关链接　　　　　　　　**罗林洛克啤酒的独特包装策略**

美国啤酒行业的竞争变得越来越残酷。像安豪斯·布希公司和米勒公司这样的啤酒行业巨人正在占据越来越大的市场份额,从而把一些小的地区性啤酒商排挤出了市场。

生产于宾夕法尼亚州西部小镇的罗林洛克啤酒在20世纪80年代后期勇敢地进行了反击。营销专家约翰·夏佩尔通过神奇的经营活动,使罗林洛克啤酒摆脱了困境,走上了飞速发展之路。而在夏佩尔的经营策略中,包装策略发挥了关键性作用。包装在重新树立罗林洛克啤酒的形象时,扮演了重要角色。他为罗林洛克啤酒设计了一种绿色长颈瓶,并漆上显眼的艺术装饰,使包装在众多啤酒中引人注目。夏佩尔说:"有些人以为瓶子是手绘的,它跟别的牌子都不一样,独特而有趣。人们愿意把它摆在桌子上。"事实上,许多消费者坚持认为装在这种瓶子里的啤酒更好喝。

他也为啤酒重新设计了包装箱。"我想突出它的绿色长颈和罗林洛克啤酒使用山区泉水酿成的这个事实。"夏佩尔解释道:"包装上印有放在山泉里的这些绿瓶子。照片的质量很高,色彩鲜艳,图像清晰。消费者很容易从9米外认出罗林洛克啤酒。"包装对罗林洛克啤酒的销量有多大作用呢?夏佩尔说:"极为重要,那个绿瓶子是确立竞争优势的关键。"

3. 包装设计的心理策略

所谓包装设计的心理策略,是指针对消费者的购买需求与动机、行为方式与特点进行包装设计,以充分发挥包装的各种心理功能,满足不同顾客的多样化需要。包装心理学家认为,顾客购买商品80%是在购物现场决定的,包装发挥着重要作用。因此,在包装设计中,通常要研究四大要素问题即色彩、形状、字号和商标。在四大要素中,外包装形状因为有运输的要求,常有标准的尺寸。设计人员主要考虑的是在内包装、色彩、字号、字形、商标等方面做文章,要在满足顾客的心理需要、吸引顾客注意、引起顾客好感等方面下工夫。

（1）根据顾客的消费习惯，设计便于使用、易于识别的商品包装。

① 惯用包装。为适应顾客易于识别和记忆，便于拆封或开启，遵从传统等心理要求来设计包装。例如，用透明塑料瓶作为饮料、食油、糕点等食品包装；用易拉罐作为饮料的包装；用造型别致的玻璃瓶或瓷瓶作为酒类包装。

② 分量包装。为了能适应顾客的不同消费习惯、特点及家庭规模大小差异的顾客需求，设计不同容量的包装。例如，饮料、食油，可有大小不同规格的包装供顾客自行选择；油漆、涂料等装潢材料亦可以设计不同容量的包装。

③ 配套包装。为适应顾客对某些商品消费的关联性、配套性的需求，将有关联的若干种商品组合在一起包装。例如，某类工具的组合，把不同规格的螺丝刀、钢丝钳、尖头钳等家庭常用工具包装在一起出售。又如，将新生婴儿系列用品（奶嘴、奶瓶、小衣裤、袜子、护肤品等）包装在一个"宝宝包"内销售。亦可将常用药品放入一个包装中出售。

④ 系列包装。为了适应顾客易于识别、便于记忆、信任名牌等心理需求，将同一企业生产的用途类似或花色各异、规格不同的同一品牌的商品，使用一致或类似的图案、色彩、形状的包装。

（2）根据顾客的消费水平，设计质量有别、价格各异的包装。

① 等级包装。根据产品质量的高、中、低档次分别设计与其价值相匹配、协调的包装（材料、结构、装潢），或分为精装、简装两种等级，以适应消费能力、社会地位不同顾客的需求。例如，英国某肥皂公司对其所生产的 70 种肥皂分别采用 70 种不同色彩的包装。

② 特殊包装（即名贵包装）。为了适应某些顾客的特殊需要，对价格昂贵的工艺品、艺术品采用专门制作的特殊包装，一方面体现商品价值的不菲，另一方面也使包装与产品的艺术氛围相协调，并更妥善地保护商品。此外，还有一些名贵的药材如高丽野山参，常常用丝绒垫在精致木盒中，以衬托野山参的名贵。

③ 礼品包装。为适应顾客开展人际交往，参与各类礼仪活动时馈赠礼品的需求，使某些包装的色彩、图案、造型能与喜庆、祝福等气氛相协调，而制作的精美程度超过一般常规的包装。这类包装新颖别致，漂亮美观，引人注目，惹人喜爱，对体现情感有一定价值。

④ 简易包装。这类包装为适应顾客日常生活消耗，满足勤俭节约、求廉、求实的需求而设计，成本低廉、结构简单、用后即丢，如牙膏、食盐、酱油、洗衣粉等低值易耗的家庭用品的包装。

⑤ 复用包装。为了节约社会资源，减轻顾客的支出，或实现一物多用的要求，设计能重复使用或有多种用途的包装。例如，啤酒瓶、牛奶瓶，顾客可以退瓶给企业重复使用；某些酒瓶造型美观，酒喝完后可以用它作花瓶；印花铁制糖果盒，糖果吃完后可以用它盛放小物品。这些包装有不同程度的实用性、耐用性和一定的艺术性、观赏性。

（3）根据顾客年龄、性别不同，设计适应个性特点的商品包装。

① 儿童用品包装。这类包装迎合少年儿童的心理需求，造型、图案、色彩生动、新奇、有童趣，有知识性，形象逼真，与童话、历史故事相配合，体现少年儿童的特色，能激发儿童购买的欲望。

② 青年用品包装。这类包装迎合青年顾客追求新颖、时尚、美观、变化、求奇、求

趣、体现个性等心理需求，尽可能使实用与流行相结合，与青年人活泼、充满朝气的精神风貌相适应。

③ 女性化商品包装。这类包装适应女士们追求温柔、典雅、清新、纤秀等心理需求，包装图案线条柔和、有韵味、能体现女性魅力。例如，采用粉红、淡蓝、淡绿等明亮温馨的色彩，用心形、圆形、花形等造型，更能体现女性的特点，博得女士们的青睐。

④ 男性化商品包装。这类包装主要适应男士们刚劲、庄重、坚毅、粗犷等心理需求，使包装体现出强度、力度与男性的阳刚气质。色彩浓重、线条刚劲、造型棱角分明，往往受到男士们的欢迎。

⑤ 中老年用品包装。这类包装适应中老年庄重、朴实、醇厚等特点，注重中老年求实、求廉的心理。这类包装不可华而不实，要体现出方便、牢固、舒适、多用途的特点。

（4）根据顾客消费心理特征设计的商品包装。这是指为满足不同顾客消费心理需求特点而专门设计的产品包装形式，它要求构思新颖、造型独特、能激发顾客的情感，以达到促销目的。这类包装主要有以下几种类型。

① 趣味包装（又称幽默包装）。这是目前国际上较为流行的一种销售包装。这类包装主要在造型及装潢上采用比喻、拟人等手法，别出心裁地构思设计，增加包装的趣味性及幽默感，以吸引顾客，达到促销目的。例如，某家饮料公司在饮料包装上印上动人而富有诗意的爱情故事，商品上市后，吸引众多青年男女，许多人边喝饮料，边欣赏包装，产品销路极佳。美国某食品公司在水果罐头的罐盖上印有一个谜语，而谜底待吃完罐内食品后才能知晓。我国某企业在商品包装盒、罐上印上唐诗、宋词或彩绘的历史故事如"红楼梦"、"西厢记"等，亦深受顾客喜爱。上海"杏花楼"月饼包装盒上印有月中嫦娥与白兔等形象，沿用数十年经久不衰。绍兴的加饭酒、茴香豆采用毛竹筒作为包装容器，外绘头戴绍兴毡帽的"老乡"形象，既富浓郁的乡土气息，又具幽默的情调，很吸引人。

② 怀旧包装。这类包装主要利用人们热爱大自然、返璞归真、怀念过去的心理，制造历史上曾经出现过的"旧式"包装形式。包装采用天然材料，装潢粗糙、简朴，具有历史传统风格。例如，我国无锡特产油面筋、小笼馒头，用竹篾篓作为包装，既简单又体现地方特色与怀古情调。法国的调味品、酱料、渍菜等食品，用粗加工的木片盒、木罐、木筒或木丝编织盒包装，顶面贴有一帧印刷的旧报纸，上面印有几行说明文字，看起来像是几个世纪以前的产品。

③ 品牌包装。这类包装是把产品的品牌及商标与包装设计紧密地联系起来，尽可能地突出产品的个性或企业形象，给顾客留下深刻的印象。例如，上海交大昂立生物制品有限公司的四瓶装纸盒外面，"昂立1号"品牌印得很大，占盒面的三分之二，给人印象深刻。

④ POP包装。这类包装的结构形式大多数采用"展开式"折叠纸盒形式，在盒盖外面印有精心构思设计的图案与文字，打开盒盖，就会形成与顾客视线成90°的图形画面，与盒内盛装的商品互相呼应，相得益彰，从而在销售现场给顾客直接施加影响，促其购买。此类包装起源于欧美，近几年在日本、东南亚、香港等地兴起。采用POP包装的商品有各种各样，如食品、玩具、文教用品、化妆品、医药用品、纺织品、五金产品、日用品、电器、水果、蔬菜等。

⑤ 利用错觉现象设计包装。错觉表现形式多种多样，有线条错觉、图形错觉、颜色错觉、运动错觉等。错觉是人们对外界事物不正确的知觉，虽然它会给人们正确认识事物造成妨碍，但在包装设计上，人们可以利用错觉使包装产生意想不到的效果。

利用颜色错觉设计商品包装。在包装设计中，色彩的运用十分重要。此外，不同的色彩能引起人们不同的视觉反应，会给人不同的心理感受，引起人们不同的心理活动。例如，红色体现热烈喜庆，黄色体现明亮欢快，白色体现清洁纯真，蓝色体现宽广宁静，黑色体现庄重肃穆，紫色体现华贵高雅，绿色体现青春和平等。包装的颜色能左右人们对商品的看法。白色适用于药品的包装，能给人们卫生、清洁、疗效可靠的感觉。化妆品包装适宜中间色，如米黄、宝绿、水蓝、银色、乳白等。食品包装适宜用红、黄、橙等颜色，以体现色香、味美，加工精细，但不适宜用黑色、蓝色、白色。酒类包装适用于浅色，以体现香醇、浓厚、制作考究，但不适宜用蓝色。有一些商品对色彩应用限制较少，可以随流行色变化而变化。

利用颜色错觉进行包装设计可以采用灵活多样的处理方法。例如，笨重的商品采用浅色包装，会使人感到轻巧，舒适；质量轻的商品，可采用深颜色包装，给人以庄重，结实的感觉。此外，可根据商品的不同用途及本身的颜色设计包装的颜色。

利用几何图形的错觉设计商品包装。利用人们对几何图形的错觉来设计商品的包装，能给顾客形成商品数量多、体积大等良好感觉。例如，一些酒瓶底部设计成凹状，使人看起来似乎容量多。两个同等容量的瓶子，设计成下部高而扁，底部较宽的瓶子，看起来要比圆柱形的瓶子装得多。包装图案采用近体画面，配以粗大字体，要比画面小、字体纤细的看起来要大一些、多一些。两个同样形状的纸盒，图案简单、色彩明快的要比图案复杂、色彩凝重的看起来要大一些。

此外，在利用错觉形状设计包装时，出口商品的包装应特别注意图案设计、造型设计与当地文化背景、宗教信仰等环境相协调。例如，三角形包装在香港顾客看来是消极情调的，方形、圆形才具有积极情调。捷克人认为三角形是有"毒"物品的标记。土耳其人认为三角形是"免费样品"的标记。罗马尼亚人则认为三角形有正、反两方面含义。尼加拉瓜人认为三角形是国家形象，是庄重的标记，不得滥用。有些国家却把三角形作为警告的标记等。这些都是在包装设计中应加以注意的。

模块小结

商品名称是消费者认识和识别产品的重要指示器，在消费者的购买行为中发挥着重要作用。企业在给商品命名时应注意遵循名实相符、便于记忆、引人注意、诱发情感和启发联想的原则。企业既可以根据商品的主要效用、主要成分命名，也可以根据商品的产地、发明人的名字或历史人物的名字命名，还可以根据商品的制作方法命名，或根据以美好形象的事物或形容词命名，对于外来商品还可以根据外文译音命名。

在现代市场经济当中，品牌已被公认为是企业极为重要的无形资产，其价值甚至远远超过企业的有形资产,品牌对消费有重要的作用。企业在选择品牌策略时,首先要确定要不要为产品选择品牌,进而确定品牌的归属策略、品牌的使用策略。

商品包装既是指在流通过程中保护商品,方便运输,促进销售,按一定的技术方法而采用的容器、材料及辅助等的总体名称,也是指为了上述目的而在采用容器材料和辅助物的过程中施加一定技术方法的操作活动。包装主要在识别功能、便利功能、增值功能上对消费者的消费心理产生影响。

主要名词

商品名称 商品命名 品牌 包装

自测试题

一、单项选择题

1. 为商品适当命名,能够诱发的消费心理是(   )。
   A. 购买欲望　　B. 积极情感　　C. 消极情感　　D. 特殊情感
2. 按照商品数量、大小的不同设计包装为(   )。
   A. 分量包装　　B. 系列包装　　C. 方便包装　　D. 再使用包装
3. 等级包装策略主要是针对消费者不同的(   )。
   A. 消费水平　　B. 消费习惯　　C. 消费心理　　D. 消费特点
4. 某些消费者购物时追求名牌,忠实于著名商标的商品,这样的消费心理是(   )
   A. 时髦心理　　B. 优越心理　　C. 偏好心理　　D. 求名心理
5. 商品名称的首要心理功能是(   )。
   A. 认知功能　　B. 记忆功能　　C. 情感功能　　D. 联想功能

二、多项选择题

1. 商品名称的心理功能主要表现为(   )。
   A. 认知功能　　　　B. 联想功能　　　　C. 自我表现功能
   D. 情感功能　　　　E. 便利功能
2. 企业采用多重商标策略的意图包括(   )。
   A. 降低费用　　　　B. 扩大宣传面　　　C. 扩大产品销售
   D. 稳定老顾客　　　E. 获得规模效益
3. 为诱发消费者的美好情感,在商品命名时应当注重(   )。
   A. 科学性　　　　　B. 艺术性　　　　　C. 禁忌性
   D. 简明性　　　　　E. 通俗性

4. 企业名称商标化策略比较适用于（　　）。
   A．大企业　　　　　B．知名度低的企业　　C．小企业
   D．信誉好的企业　　E．知名度高的企业
5. 品牌策略包括（　　）。
   A．品牌化决策　　　　　　　　　　B．品牌归属决策
   C．品牌质量策略　　　　　　　　　D．品牌使用策略

三、简答题

1. 商品命名的含义。
2. 商品命名时应遵循的心理原则及心理方法。
3. 品牌的含义及特征。
4. 品牌的心理效应。
5. 品牌的重要作用。
6. 品牌策略。
7. 包装的含义及功能。
8. 商品包装的心理策略。

四、论述题

试述如何针对消费习惯的差异性采用不同的商品包装策略？

案例分析

麦当劳的名牌之路

首先，确立鲜明而富有特色的公司形象。麦当劳公司金色的拱形"M"标志和可口可乐一样，成为来自西方国家不用翻译的大众文化。这种金色的拱形"M"商标风靡世界，深入人心，是麦当劳质量和信誉的象征。

其次，除了"M"这一特定的推销标志之外，麦当劳公司还在全球范围内推出了"麦当劳叔叔"的形象，而这个形象的推出对儿童消费者有巨大的吸引力。

再次，麦当劳公司还用独特的营销观念吸引顾客。麦当劳快餐店懂得怎样向顾客提供适当的产品和服务，并不断满足随时变化的顾客需要。克劳克在买下麦当劳的当初，就立下了"QSCV"的经营原则（Q代表产品质量；S代表服务；C代表清洁；V代表产品价值；分别是英文"quality"、"service"、"clearness"、"value"的缩写）。

麦当劳快餐的所有汉堡包都执行严格的质量和配料，连炸薯条的马铃薯也是精挑细选后，再通过适当的储存时间调整一下淀粉和糖的含量，放入可以调温的炸锅内油炸，立即供给顾客的。若炸出后七分钟尚未售出，按规定进行报废处理，不再供应给顾客，以保证质量。

麦当劳公司的服务质量和效率都非常高，总是在人们需要的地方出现，特别是高速公路周围。有的标志牌旁边还有通话器，顾客可以预先报上食品的名称和数量，驱车赶到时

就可以立即取货。凡是能为顾客想到的地方,麦当劳公司都想到了。例如,饮料杯盖预先为顾客划上十字口,如此周到的服务,自然使顾客满意,使麦当劳的品牌产生巨大的亲和力。

麦当劳公司的卫生条件不仅表现在窗明几净上,而且公司还规定工作人员不准留长发,女性必须戴发网等。

据估计,95%的美国人每年至少光顾麦当劳公司一次,一般顾客每年大约光顾20次,全公司每天要接待1 700万名美国顾客。因此,麦当劳公司对于美国人来说已不是简单的快餐店,而是一种"文化",一种生活方式。如果哪一天麦当劳公司突然消失了,也许会在美国社会引起巨大的震动。麦当劳公司之所以能成为世界上最著名的食品公司,无疑得益于其独具特色的品牌营销观念。麦当劳公司由于有了鲜明的品牌个性和优质服务,因而具备了向外发展的客观条件,而麦当劳公司在旅游业上也大做文章更加快了它迅速崛起的进程。

麦当劳公司创造的是奇迹,但不是神奇,因为奇迹的背后有最现实的东西——优质的服务。应该看到,消费者的心理也经历了一个从单单满足物质需求而消费到更要求、更注重消费物以外的附加消费及心理感受的过程,而这一切正是消费者对服务的呼唤。

案例讨论

1. 根据上述案例,分析消费者购买麦当劳公司的食品时的心理需求。
2. 联系实际,谈谈在品牌的塑造中应注意哪些问题。

实训练习

手机营销与购买心理调研。

1. 实训内容与要求。

(1) 试对某一手机商场进行一次社会调查,搜集有关的广告宣传品,了解基本信息。就各种品牌手机的名称、外形、基本功能、定价进行比较。

(2) 分析这些手机的命名、品牌、包装运用了哪些心理方法,起到了什么作用。

(3) 对所在班级的同学进行手机持有率、持有者所持手机品牌的调查,了解同学当初为什么购买该款手机,现在感觉如何。

(4) 在全班组织一次交流与研讨。

2. 成果与检测。

(1) 写出调研与分析报告。

(2) 依据报告与研讨会的表现为每位学生评估、打分。

模 块 九
做好商业广告实现双赢

内容提要

模块九主要介绍广告的相关知识,包括广告的含义、功能、原则;从广告媒体的选择、增强广告效应的方法、广告心理效果的测定方法三个方面阐述广告的传播策略;从注意、联想、情感、记忆、广告诉求五个角度介绍广告的心理策略。

教学重点和难点

广告媒体的选择、增强广告效应、广告心理效果的测定方法。

注意、联想、情感、记忆、广告诉求的心理策略。

学习目标

知识点:掌握广告的含义、功能、原则。

能力点:掌握广告媒体的选择、增强广告效应、广告心理效果的测定方法;注意、联想、情感、记忆、广告诉求的心理策略。

导入案例　　　　　雀巢咖啡的广告诉求

2011年11月,雀巢咖啡启用韩寒作为首个国内代言人,携手奥美广告公司、创作全新广告片,以"活出敢性"取代原来耳熟能详的"味道好极了"的广告语。广告片由香港导演关锦鹏执导,用韩寒最为人们所熟悉的两个角色诠释雀巢咖啡的新理念,激励年轻人活出自己的精彩人生。

首先是"印有雀巢咖啡LOGO杯子"的镜头,画面下方介绍韩寒:"作家、车手、博主"。接着韩寒喝一口雀巢咖啡,继续写作,手轻轻一挥,稿纸顿时四散飞扬。旁白:"写作最快乐的事,莫过于让作品成为阅读者心中的光芒"。一串一闪而过的镜头之后,韩寒放开双手从摩托车上站起来,展开双臂,巧妙地表现出了"敢"的主题。接着是韩寒边喝

咖啡边回忆自己对"勇敢、梦想、希望"的理解,穿插着残疾人参加马拉松比赛的镜头,小女孩在观看追梦女孩的表演,他自己去希望工程做志愿者奉献的画面。而雀巢咖啡总是陪伴左右,它已经成为他自己生活不可分割的一部分。最后韩寒说道:"只要你敢,总会有光芒指引你。活出敢性,雀巢咖啡。"

广告一经打出,效果出奇得好。请问:雀巢采用了怎样的广告诉求?

单元一 广告概述

一、广告的含义、特点和构成要素

1. 广告的含义

所谓"广告",就是广而告之,使人周知共晓的意思,是指广泛地告知公众某事物的宣传活动。与现代信息社会相联系,广告已经成为维持、促进现代社会生存与发展的大众信息传播工具和手段,这是广义上的广告。随着商品经济的高度发展,商品交换的层次和领域不断加深和扩大,广告逐渐成为专门传递商品信息和经济信息最有效的工具和手段,这是狭义上的广告——商业广告。

所谓商业广告,是指特定的广告主(企业)有计划地以付费方式通过大众传播媒体向其潜在消费者传递商品或劳务信息,以促进销售的公开宣传方式。在整个市场营销活动中,广告是促进销售的一种手段,是企业营销活动的有机组成部分。伴随着信息社会及市场经济的发展,大量生产、大量销售、大量传播和大量消费形成相辅相成的循环,广告的概念也在发展,商业广告的内涵和外延在不断扩大。现代广告活动不仅指广告本身,而且还包含以广告为轴心的一系列营销活动。

2. 广告的特点

(1)广告是企业开拓市场、进行营销的一种有目的的手段。
(2)广告是企业作为广告主进行的一种付费宣传方式。
(3)广告是通过大众传播媒介进行的。
(4)广告是传递商品、服务、观念等信息的。
(5)广告的对象是广大消费者,是面向大众的传播。
(6)广告的目的是使广告主受益。

3. 广告的构成要素

（1）广告主。广告主是指发布广告的主体，一般是企业、团体。在特定情况下，也包括个人。广告主从事市场经营活动，需要向目标顾客传递商品或服务信息。

（2）广告媒介。广告媒介是信息传递的中介。它的具体形式有报纸、杂志、路牌、信函、广告资料等文字媒体；还有广播、电视、电子显示屏等电子媒体。

（3）广告信息。信息是广告的具体内容，包括商品、服务、观念等。商品信息主要是指出售商品的质量、性能、价格、地点等信息。服务信息主要是指提供服务活动，如交通、住宿、旅游、休闲、咨询、娱乐等信息。观念信息主要是指倡导某种消费观念或消费意识，引导消费潮流的信息，如宣传健康营养、休闲度假、旅游观光等，以引起人们的消费欲望。

（4）广告费用。从事广告活动要支付必要的费用，包括制作费、播出（或刊登）费、代理费等。广告主支付费用是一种成本支出，目的是为了增加销售和利润。

（5）广告受众。广告受众是广告信息的接收者，包括目标顾客和一般公众。目标顾客又分为现实顾客和潜在顾客，即可能需要并有能力和意愿购买商品或劳务的人，或是将来可能购买商品的顾客。广告要选择正确的目标顾客作为主要受众才有价值，才能收到实际效果。

【与相关课程的联系】

消费心理学来源于广告学，反过来，又对广告的发展提供了帮助。

二、广告的功能

作为一种大众传播活动，广告对传播的对象、环境必然产生一定的作用和影响。这些基本作用和影响，称为广告的功能。随着商品经济的发展，广告的功能也在不断多样化。

1. 沟通功能

沟通信息是商业广告最基本的心理功能。广告信息可以突破时空限制，及时、广泛地渗透到各地区和各消费群体。对于销售者来说，商业广告是一种将产品（服务）信息传递给潜在消费者的有效手段；对于消费者而言，它是购买商品的最佳指南。广告所提供的信息应具备以下特性。

（1）信息的刺激性。人们每天通过各种媒体可接触到成百上千的广告信息，这些信息中的大部分都被忽略了。据研究，只有其中约5%的信息才能引起人们的注意。这些引起注意的信息首先是对人们的感官有较强的刺激，从而引起人们的注意。例如，表演展示活动中模特身上穿的服装就比橱窗中挂着的服装更容易引起人们的注意。

（2）信息的趣味性。人们对有趣味的信息会表现出兴趣，更加注意。据统计，美国某刊物的广告阅读者中，男性读者阅读汽车广告的比例比阅读女士服装广告的要高出四倍，而女性读者阅读女装和电影广告的比例比阅读旅游广告和男士服装的广告要多出一倍。这是由于男性、女性读者对不同种类物品的兴趣具有明显差异的缘故。

（3）信息的有用性。凡是能够帮助人们做出满意购买决策的信息，就是有用的信息。尤其是当商品的价格比较高，人们对它又不熟悉的时候，这一点就显得更为关键。例如，保健品种类繁多，功效各异，人们往往不知如何选择。"生命1号"之所以能在激烈竞争中脱颖而出，就在于它十分注重对商品性能效用恰如其分的客观宣传，开展知识营销，让消费者对其产品增强了解。

2. 诱导功能

随着现代传播媒介的普及和发展，人们每天都接触到大量的广告。虽然广告难以改变消费者根深蒂固的价值观念和态度，但是它可以将人们对某种产品的否定态度转变为肯定态度，从而影响消费者的购买决策并引导新的消费需求。良好的商业广告或以理服人，或以情动人，注重艺术感染力，讲究人情味，能诱发人们积极的情感，抑制消极的情感。一般来说，积极的情感有利于强化购买欲望，坚定购买信心。符合自己需要，消费者会感到喜欢；不能满足自己愿望，消费者会感到失望。例如，派克公司在广告宣传策略上就采用了这一手法，举出了像柯南·道尔写作《福尔摩斯探案集》，艾森豪威尔将军在二战停战协议上签字等使用的都是派克笔，来诱导消费者购买。

3. 促销功能

商业广告可以改变人们的消费观念，引发新的消费需要，创造新的需求。例如，日本巧克力商人借助广告的倡导，使日本人接受西方"情人节"的风俗，改变原来的生活方式，从而打开巨大的巧克力市场。而海飞丝、飘柔等洗发水广告，使越来越多的人改变了对头皮屑的忽视态度，扭转了人们对这类商品的消费观念，创造出极大的需求。

4. 制造流行

商业广告的宣传可以造成社会消费热点，某些产品或观念为社会所接受而成为流行、时尚。例如，日本东洋螺萦公司原丝库存多、销路差，适逢美国明星泰勒赴日，东洋螺萦公司立刻为这位因主演《黑色闪电》一片而闻名的明星制作黑色滑雪衣，然后利用多种媒体宣传以"泰勒的黑色是今年的时尚"为主题的广告，并大获成功——原来一年只卖七八十件的滑雪衣，这一回竟卖出了四万件。

5. 便利功能

通过各种媒体反复地传递某一商品信息，使消费者在众多的商品中可以用较少的时间搜集或选择到适合自己需要的产品或信息。

6. 记忆功能

记忆是以往经历过的事物在人大脑中的反映。记忆有助于人们加深对广告商品的认同。广告能否在受众心目中留下深刻的记忆，受到以下一些因素的影响。

（1）重复程度。心理学家研究证明，人的感觉记忆时间很短，只能保持不足2秒，受到注意的感觉记忆可转化为短时记忆。短时记忆的时间略长于感觉记忆，但最长也不超过

1分钟，容量只不过有7±2个记忆单位。重复可以使短时记忆转化为储存时间超过1分钟的长时记忆。多次的重复可以使人对所接触到的信息在大脑中留下深刻的印象，直至保持终生的记忆。

（2）形象化程度。一般来说，直观的、形象的、具体的事物比抽象的事物更容易给人留下印象，加深记忆。直观形象是人们认识事物的起点，它有助于掌握事物的概貌，使人一目了然，增强知觉度，提高记忆效果。如果说图文并茂、色彩绚丽的画面能比只有文字的页面给人以更深的印象，那么，原因就在于它的具体视觉形象所起到的独特作用。枯燥无味的电话号码人们很难记得住，而旧上海强生出租40000叫车电话以"四万万同胞拨四万号电话"的广告语曾使其号码妇孺皆知，现在它的62580000叫车电话以谐音"依让我拨四个零"作为顺口溜，可帮助人们容易地进行形象化记忆。

相关链接　　脑白金广告的记忆功能

脑白金送礼广告中那些可爱的老头儿和老太太边舞边唱，一次一次地出现在电视的各个频道，毫无美感，甚至还有些滑稽。但观众就在怒气冲冲的情绪中记住了这个产品的名字：脑白金。随着时间一天天过去，记忆渐渐淡化，留在脑海中的也就只有产品的印象，而由广告引起的不愉快的情绪早被遗忘了。

在广告中，产品品牌和标志的反复曝光，哪怕没有合理的解释和费时费力的辩论，也会使观看它的人感到动摇，广告就能超越态度改变而诱发购买行为。

7．教育功能

好的广告用文明、健康、生动活泼的表现形式传递有效的信息，可以增加消费者的知识，丰富人们的文化生活，具有潜移默化的教育作用。一则好的广告，还可以给受众以美的享受，提高其文化艺术修养。商业广告不仅指导消费，而且也影响着人们的消费观念、社会道德等。

三、广告发布遵循的原则

广告是商品经济发展的产物，生产的社会化和商品化程度越高，越离不开广告来沟通信息，这在任何社会制度下都无例外，广告已经成为当今社会经济生活的重要组成部分。广告的性质和目的，决定了它的基本原则。在广告实践中，只有遵循这些规律和原则，才能取得良好的经济效益和社会效益。

1．真实性

真实性是商业广告的目的所直接要求的，是商业广告的最基本原则。传播失真的信息违背广告传播的真正目的，也会使企业失去信誉。

2．思想性

广告不仅是一种经济现象，也是社会教育的重要组成部分，注重广告作品的思想性，是坚持物质文明和精神文明共同发展的必然要求，对于提高整个民族素质、倡导社会主义新风尚有很好的作用。

3．合法性

开展商业广告活动，必须遵守国家的法律规范。例如，我国为了保护人们的身体健康，在《广告法》中规定不允许宣传烟草和烈性酒。

4．效益性

商业广告应有计划、有目的地安排广告费用，以取得最大的经济效益和社会效益。

5．科学性

广告是一门科学，从制作到运用和管理都应与现代化科学技术、手段相结合，并从宏观、微观上进行定性、定量的科学研究。

6．艺术性

广告也是一门艺术，艺术性越强，越有吸引力、表现力和感染力。广告的真实性和思想性应在其艺术性中得到集中体现。

单元二 广告的传播策略

相关链接 "雀巢咖啡"决胜"麦氏咖啡"

20 世纪 80 年代初，"雀巢咖啡"与"麦氏咖啡"同时在中国电视媒介展开了一场声势浩大的广告大战，最终"雀巢咖啡"在中国取得了成功，并赢得了绝大部分的市场占有率。为什么"雀巢咖啡"会取得成功？这主要是因为其广告定位、广告策略紧紧抓住了中国受众的文化心理特点。

"雀巢咖啡"的第一个广告抓住了中国人好客的心理作为市场难题的突破点，以待客热情与敬客得体作为主导，以通俗的"味道好极了"作为诉求，使受众得到情感共鸣。

"雀巢咖啡"第二个广告在第一个广告的基础上抓住了中国人重人情的特征，提醒人们这是送礼佳品，融入人际交往的礼尚往来。

"雀巢咖啡"的第三个广告则是抓住了家庭这个群体，以家庭主妇为突破点，以"爱"与"温馨"作为诉求点，赢得市场目标的实现。

最近几年的广告又紧跟潮流，抓住年轻消费者时尚潮流的特点，覆盖面越来越大。

以上广告紧紧相扣，紧紧抓住了时代节拍与中国人的文化心理，引起了消费者的情感共鸣与消费欲望。

"麦氏咖啡"第一个广告强调"注重健康"，在第二个广告中突出"美国名牌咖啡"，广告播出后，虽然有较大的知名度，但却未能获得与"雀巢咖啡"一样的购买率。接下来的广告通过改变新产品的形态，推出礼品包装，注重中国受众的文化心理，诉求"款款皆精品，浓情由此生"，才使"麦氏咖啡"在中国占领了部分市场。

"雀巢咖啡"广告的成功实质上得益于对中华文化的深刻了解与把握，把中华民族文化与消费潮流相结合，达到商业上的成功。

一、广告媒体选择的心理特征

广告传播是通过媒体来进行的。广告媒体是指所有使广告接受者产生反映的物质手段和方法，即广告信息和广告创意的物化形象的载体，广告信息和广告创意只有通过媒体才能传递。广告媒体的使用直接关系到信息传播的影响范围和准确程度，也影响到策划创意的广告形象的渲染力和影响力。

广告媒体的种类很多，主要的广告媒体有报纸、杂志、电话簿、画册、广播、电影、电视、商业信函、网络、电子显示屏、包装物、POP广告等。随着市场竞争日益激烈，广告媒体还有不断扩大的趋势。凡是能够起到传播作用的事与物，都可能被用作广告媒体。下面主要分析报纸、杂志、广播、电视、直接函件广告、POP广告、网络广告媒体具有的心理特征。

1. 报纸广告

报纸是我国当前使用最普遍的广告媒体。据统计，我国报纸已有数千种，其中，地方报纸和专业报纸约占90%，这些报纸差不多都做广告。报纸广告的心理特征主要有如下几个方面。

（1）消息性。报纸向来以刊登消息为主，因此，其消息性也反映在广告方面。尤其是新产品研制成功的消息在报纸上刊登以后，可以促进新产品的销售。

（2）准确性。报纸广告以传播及时、准确著称。它能用最快的速度把广告信息准确地传递给消费者，并可以反复地、连续地传播，给消费者留下深刻的印象。

（3）广泛性。我国报纸发行范围大，读者众多，因此，报纸广告也越来越广泛。

（4）信赖性。报纸在群众心目中素有威望，权威性高，广大群众对报纸传递的广告信息往往比较信任，具有一定的信任感。

但是，报纸广告也有其不足之处。报纸时效短，内容繁杂，不易引起读者的注意；报纸不能清晰、完整地反映商品的款式、色彩等外观品质，对消费者的视觉刺激较弱，在一定程度上影响了广告的效果。

2. 杂志广告

杂志也较早地用作广告宣传，是仅次于报纸的第二大广告媒体。杂志与报纸同属印刷型媒体，其心理特征分析如下。

（1）读者集中，针对性强。无论是专业性杂志还是一般消遣性杂志，都拥有较集中的读者阶层，如音乐杂志的读者多为音乐爱好者或从事音乐工作的人，服装杂志吸引对时装感兴趣的读者。广告主应当对特定的读者群有选择地利用杂志广告宣传产品。例如，在音乐杂志上刊登音响、唱片等广告，甚至刊登咖啡广告，因为边欣赏好音乐边品尝好咖啡，其乐融融；在女性杂志上刊登家庭用品、服装、化妆品广告，比同类产品的报纸广告更能引起女性读者的注意。

（2）吸引力强，宣传效果好。杂志广告印刷精美、色彩鲜艳、制作讲究，多采用彩色摄影技巧，使商品的外在品质得以生动、逼真地体现。杂志广告一般有固定集中的位置，如封面、封底等，并且大多独占一页，不夹杂其他内容，故清晰整洁、引人注目。这些都使杂志广告具有较好的宣传效果。

（3）阅读从容，保存期长。杂志多为月刊或季刊，阅读周期长，可用充裕的时间详尽地阅读，也可分为多次阅读，还可互相传阅，从而起到累积复加的宣传效果。

杂志广告也有不足之处。杂志广告制作复杂，成本高，价格昂贵；收稿排版周期长，灵活性差，信息反馈迟缓，减少了时间价值；篇幅少的杂志，广告数量有限等。

3. 广播广告

广播用作广告媒体虽然比报纸、杂志晚，却在短短的几十年间遍及全球、风靡世界。广播广告的心理特征如下。

（1）传播迅速。与报纸、杂志及电视广告相比，广播广告不需要复杂的编排制作过程，可以在很短的时间内把信息传递出去，而且修改方便，可以灵活地适应市场环境。

（2）覆盖率高。广播电台遍及城乡，收音机可以随身携带、随时收听。因此，广播广告几乎无时、无处不在，是传播范围最广、覆盖率最高的媒体。

（3）针对性强。广播在特定的时间播出专题节目，届时都有相对稳定的听众，广播广告可以针对收听专题节目的听众的特点进行宣传。例如，坚持收听《体育节目》的听众大多是体育运动的爱好者，他们对运动类产品的广告会感兴趣。

（4）表现力强。作为声媒广告，广播广告以声音来传递信息，配以音乐，穿插对话、情节等独特的广播艺术，很有表现力，可引发听众的美好联想。

（5）费用低廉。与报纸、杂志及电视广告相比，广播广告制作便捷，费用最低。

广播广告的不足之处在于，听众非常分散，数量在减少，效果难以测定；声音转瞬即逝，难以记忆，有声无形的形式限制了某些产品的宣传效果，故需反复灌输。

4. 电视广告

电视集听觉形象和视觉形象于一身，集图像、声音、色彩、动作、文字等于一体。电视广告可将信息进行综合性、立体化的高效传播。迄今为止，电视广告是最能打动人心，又最能反映商品特色的大众传播媒体。电视广告的心理特征可概括为如下几个方面。

（1）传播面广，影响力大。电视有很高的普及性，不识字的人也能看懂并理解。电视还具有集体共享性，通过收视者的相互影响进一步扩大宣传范围和效果。因此，电视广告的覆盖率很高，成为最大众化、最通俗易懂、最能赢得观众的媒体。

（2）视听结合，诉求力强。电视具备同时播出影像、声音，以及色彩、文字的功能，并且可以有情节、有故事，能够充分、真实且艺术性地反映商品全貌，感染力和说服力很强。

（3）表现手段、方式灵活多样。作为一种视听结合的媒体，电视可运用多种艺术形式与表现手段，内容上可多可少，时间上可长可短，创意上可有故事型、证明型、生活型、联想型等多种结构，形式上可采用戏剧、摄影、诗歌、电影、舞蹈、音乐等多种形式。

电视广告虽然能将广告意图进行最大限度地表现，但也存在不足之处。电视广告制作复杂，费用昂贵；时间短促，难以保存；适应性不强，尤其对专业性强、目标市场集中的商品来说，传播面太宽，可能造成浪费。

5. 直接函件广告

直接函件广告又称为邮寄广告，在发达国家的使用率很高，在我国由于互联网使用频率的增加，近几年呈现下降趋势。直接函件广告具有以下几种心理特征。

（1）具有针对某一特定阶层的选择性。不同的消费者具有不同的消费需求，形成了若干特定的阶层。商业信函广告的对象主要针对特定阶层，如有关医学的书籍，其读者多为从事医务工作或医学理论研究工作的人员，要做这方面的广告，主要是针对这些读者。

（2）有"只有我一张"的亲切感。消费者收到函件后，心中会产生"只有我一张"的亲切感，这种感情有利于激发消费者的购买欲望。

（3）并排性少。消费者一天收到数封直接函件的情况一般比较少，即使一天收到数封直接函件，也具有单独阅读性。

但是，商业信函广告的不足之处也较明显。商业信函广告的广泛性不如广播、电视、报纸、杂志等媒体；显露性小；反应不太敏感；回收反馈时间长，回收率低，"直送纸篓"的概率也较高。

6. POP 广告

"POP"是英语的缩写形式，译为购买地点，现实中常译为售点或卖点。POP 广告又称为现场销售广告，是指在超级市场、百货商场、连锁店、药店、杂货店等零售店的橱窗里、走道旁、货架、柜台、墙面甚至天花板上，以消费者为对象设置的彩旗、海报、张贴宣传画或在门口设置的大型夸张物等广告物件。

POP 广告的使用可以弥补其他媒体广告的不足，强化零售终端对消费者的影响力。现场的 POP 广告能唤起消费者的记忆，进一步激发购买欲望，特别是在自助商店、超级市场等无人售货的现场中，POP 广告可以代替销售人员起到直接诱导说明的作用。该广告媒体的选择具有如下几种心理特征。

（1）直接性。POP 广告在消费者购置货物的时间和地点上对消费者产生影响，从而对消费者的最终决策产生最直接的宣传和诱导作用，并能快速帮助消费者知晓有关商品的价格、用途、促销方法等信息。

（2）视觉性强。POP广告充分利用销售现场的三维空间关系及整个色调、光线、照明等环境情况，配合所陈列商品的大小与展示情况，使广告形象突出，视觉效果最佳，从而刺激消费者的购买欲望。

（3）诱导性。POP广告是其他广告的延伸，对消费者已有的广告意向能产生强烈的诱导功效，激发起消费者的冲动型购买欲望。据统计，一般情况下，目的性非常明显的购买仅占总购买行为的28%～30%，而其他多数购买行为都是受POP影响和驱动的。

（4）亲切感和认同感。制作精致的POP广告直接向购物现场的消费者宣传和介绍商品，容易使消费者产生亲切感和认同感，并将这种好感转移到商品上，产生购买行为。特别是随着市场竞争的日益激烈，消费者对铺天盖地的电视广告习以为常、无动于衷，大众传播媒体的效果日益减退，POP广告的地位就显得更加突出。

（5）系列性和多种类。POP广告可以补充报纸、杂志、广播、电视广告的不足，混合应用多种类型的POP广告媒体，可以营造热烈的销售和促销气氛；同时采用多种表现手法，形成系列性整体广告，有助于塑造商品的整体形象。

总之，POP广告是购物场所广告的总和，其心理功能是以激发消费者的冲动型购买为主，并营造购物气氛。使用POP广告必须注意整体协调一致，不可杂乱无章。

7. 网络广告

近几年来，国际互联网（Internet）作为广告媒体，以超常的增长速度，独特的诉求方式，受到世人瞩目，它具有以下几种心理特征。

（1）超越时空。网络广告可以一年365天，1天24小时不间断地开通传递信息，消费者什么时间愿意看就可以随时点击并选择收看。互联网的信息传播还打破了国界限制，网络广告几乎是"无国界"的。

（2）网络广告范围广，手段多样。网民数量的猛增，网络广告的传播范围在不断扩大，表现手法上以图像、色彩、声音、文字相交融，具备形象、直观、生动的特点。

（3）网络广告具有交互技术的功能。可以在网上回答受众提出的问题，现场解释说明，可以更有效地传递信息。

（4）网络广告具有可检索性。网络广告不像电视、广播广告那样被动地接受，图像、声音转瞬即逝，而是可以随时检索、查阅，保留较长时间。

（5）网络广告具有统计性。网络广告可以有效地进行访问者研究，可以在网站或网页中准确记录来访者数量和点击（访问）次数，甚至可以记录访问者情况，以获得双向的广告效果信息。

当然，网络广告也受到一定限制，有些上网者目的是浏览新闻，搜索信息，收发邮件，看到广告时，不去点击、观看，甚至产生反感，影响了广告的传播效果。

【与相关课程的联系】

广告策划要考虑产品因素、广告内容和媒体的选择。

二、增强广告效应的方法

生活在当今社会的人们无时无刻不在自觉或不自觉地接受着广告文化的浸染、熏陶，甚至受其影响人们的行为已有所改变。因此，如何强化广告的传播效果，成为广告人与企业非常关注的问题。利用受众的心理效应提高广告的传播效果，是企业首选的方法。

1. 提高广告的威信力

传播学研究认为，当受众把传播者或信息来源确定在高权威性、高可靠性的位置上时，这种认定就会转变为对信息内容的相信。例如，高露洁牙膏的广告就是利用医生的权威性，来赢得人们对于广告产品的信任，从而达到了商家预期的广告效果。如果将广告片中的医生换为其他职业人，那么广告的传播效果会怎样？人们还会这么信任这款产品吗？答案应该是否定的。因此，传播者威信的高低与受众被影响程度之间存在着某种正比的关系，同时与广告的传播效果也成正比。

2. 运用名人的影响力

名人广告具有晕轮效应，它是指当人们在广告中看到自己喜欢的名人为其代言的产品进行宣传时，会不由自主地把自身对偶像的喜爱，嫁接到广告商品上，于是对广告商品也产生信任感，并予以推崇。名人广告的晕轮效应实际上就是一种"爱屋及乌"的心理，这种心理决定了广告的效应。

> **相关链接**　　　　　　"美的"广告的名人效应
>
> 《山楂树之恋》在张艺谋的艺术指导下成为红极一时的纯美电影。而影片中的男女主角在这部片子的衬托下也成为人们众所周知的名人。美的公司抓住这次机遇，签约《山楂树之恋》主角窦骁、周冬雨作为新的形象代言人，为美的冰箱、洗衣机打造年轻、健康、清新、时尚的形象，加速对未来消费群体的布局。广告画面继续了《山楂树之恋》纯净的场景与纯美的爱情，使得喜欢该片的消费者对于"美的"印象不断加深。这则广告的传播效果因为窦骁、周冬雨两位名人而提高不少。由此可知，晕轮效应不仅可以提高消费者对于明星本身的关注度，也可以提高受众对于广告的关注度，从而提高广告的传播效果。

3. 提升广告的从众效应

从众效应是指作为受众群体中的个体在信息接受中所采取的与大多数人相一致的心理和行为的对策倾向。例如，王老吉这则广告抓住了中国人从众的心理特征，邀请了庞大的演员群体，集体喝王老吉，为广告的从众效果做铺垫。好多人会产生这样的想法："这么多人喝王老吉，我没试过，是不是落伍了？"让受众有一种想加入其中的冲动。而且，在广告画面中不仅有年青人、小孩还有老人，说明王老吉这款饮料适合任何年龄阶段的人，告知人们王老吉的消费层次与消费群体是非常广泛的，很容易让受众产生从众效应。从众效应不仅可以提高广告的传播效果，而且还可以增加更多受众对于产品的了解。

4. 明确广告的定位度

在广告行业，若要提高广告的传播效果，必须给自己的产品一个明确定位。例如，当人们的思想还停留在手机是各种人通用的阶段时，朵唯女性手机出现在人们的视线中，这一现象，让女性消费者知道自己可以拥有具有女性特点的手机，如眼影外形的手机。朵唯女性手机的定位被大众所接受，并且不断传播，让消费者对于手机有了进一步全新的认识，打破了以前那种模糊、多义的理解。朵唯女性手机这款特殊手机广告赢得了不少受众的关注，大大提高了广告传播效果。

5. 塑造广告的亲和力

塑造广告的亲和力是指让受众感觉传播者是"自己人"，从而对广告中传播的内容更信赖、更容易接受，提高了传播者的影响力。如何提高广告的亲和力必须做到以下几点。

（1）立场相同。传播者与受众在世界观、阶级立场、信仰、理想等方面大致相同，从而容易建立起一种特殊的、亲近的"自己人"关系。

（2）背景相同。传播者与受传者在民族、籍贯、经历、职业、年龄等方面相同点越多，就越容易形成"自己人"效应。

（3）个性相投。传播者和受传者之间的兴趣、爱好、性格、气质等相近或投合，也容易产生好的沟通效果。

（4）观点一致。传、受两者对社会事务和当前面临的问题看法一致、观点相同，也容易提高传播效果。

（5）利益一致。传播者若能让受众相信他们的利益是共同的，一损俱损、一荣俱荣、唇亡齿寒，那么就易于形成"自己人"效应。

例如，2008年对于中国人来说是成功的一年，也是自豪的一年。而当年的可口可乐广告是以中国奥运会为素材，彰显了中国人的团结一致。广告中大家的团结，让每个中国人都有想加入其中来为自己的国家出点力的冲动与激情。广告中的人们和中国人民有着一样的民族；身体里流的都是中华儿女的血；他们的母亲都是黄河；他们对中国有着同样的热爱与敬仰；他们在2008年都要和祖国一起迎接这一辉煌的时刻……太多太多的相同，让受众感觉到自己和广告画面中的人们是亲人，是自己人，这样就使得广告传播的效果得到了极大的提高。

三、广告心理效果的测定方法

广告的效果是指广告活动实现其目的的程度，涉及经济效果、社会效果和心理效果三个方面。广告效果的测定是指运用科学的方法来分析、研究和评价广告的效果。

广告旨在通过影响消费者的心理活动与购买行为来促进产品的销售，因此，广告信息的传播与消费者的心理活动过程有着必然的联系。我们把广告引起消费者心理反应的程度称为广告的心理效果。

1. 事前测定方法

事前测定是广告作品未经正式传播之前的预测，主要是对印刷广告中的文案，广播、电视广告中的脚本及其他广告形式信息内容的检验与测定，搜集消费者对广告作品的反应，以便修改广告作品或从多个广告作品中选择较好的样本，也可以及时纠正在广告策划和传播战略中的不当之处，起到预审、预防的作用。事前测定主要有下列六种方法。

（1）等级法。将关于同一商品但主题或形式不同的广告展示给被测试者看，请他们判定最感兴趣的广告、最具有说服力的广告和最能促成购买的广告，并用1～5这五个数字代表等级评价每一则广告，取平均等级最高的为优，再吸收其他广告的优点补充完善。这种方法投资小、速度快。

（2）评分法。邀请有一定评判能力的消费者和专业人员，对广告打分。可将广告的各要素列表，发给测试对象当面评分或邮寄给他们。广告内容在表格中可分为主题、创意、语言、品牌与商标、布局谋篇五个方面，也可按另一种角度分为吸引力、有用性、清晰度、感染力和敦促力五个项目。每项最高20分，满分100分，取最高分者为正式传播广告。

（3）询问法。事先拟定好调查事项，当面征询测试对象的意见，并观察其反应，然后综合分析和判断。询问时可以与个人面谈，也可以组织座谈会，在将同一种商品的广告样本给受测试者看后，询问他们"您最喜欢哪一则广告？为什么？"、"您认为这则广告是说明什么的"、"能否回忆一下您印象最深的那一则广告"等问题。这个方法可以面对面地了解较多的情况，找到广告号召力和传播能力的最优方案，但对调查者要求很高，需要具备很高的组织能力和谈话技巧，而且调查成本较高。

（4）试验法。对重要的、规模较大的广告，一般首先通过小型试验，然后再正式推出。例如，在小型试验场地陈列或播放广告，待消费者做出肯定评判后，再大规模地发布，这种方法比较科学，但时间长、成本高，受外界环境影响因素比较大。

（5）态度法。首先，请测试对象在看到广告之前对产品及同类产品试用，并做出评价。然后，请他们看过广告之后，再对产品重新评价，看看他们的态度有何转变，以及转变的方向，从而找到其中反映的问题。

（6）实验室法。这是利用先进科学仪器在实验室中测定消费者心理反应的方法。目前正在研究和试用的大体有两种。一种是根据人脑电波的变化，来判断测试对象是否对广告宣传感兴趣。当测试对象受不同广告刺激而产生不同情绪反应时，仪器可以敏锐地抓住他们大脑兴奋时不同的电波。另一种是按照被测试者注视广告时瞳孔扩张的程度来判定广告的吸引力。医学上认为，当人们感觉到有自己感兴趣的东西出现时，瞳孔会放大。把瞳孔摄像机安装在广告媒体上，就能自动记录瞳孔的变化情况，还可以反映眼球的移动时间和顺序，从而得到测试对象感兴趣的部分及视觉流程轨迹。这种方法在我国尚未采用，但国外不少广告公司已经利用电子技术来测试广告心理效果。表9.1是一份广告心理效果评价表，评价结果可以量化，并根据不同的参加人员进行分析。

表 9.1 广告心理效果评价表

心理影响	外部表现	满分	评分
吸引力	该广告吸引顾客的注意力如何	15	
	该广告对潜在顾客的吸引力如何	5	
可读性	该广告使人们能进一步阅读的可能性如何	20	
认识力	该广告主题明晰度如何	20	
亲和力	满足顾客众多欲求的可能性如何	10	
	该广告激起顾客的购买欲望、动机的有效程度如何	10	
行为力量	该广告激起购买行动的程度如何	10	
	该广告促使顾客产生购买心理倾向的程度如何	10	
合计		100	

测评结果综合得分为 80 分以上，可视为广告效果非常有效；60～80 分为有效；40～60 分为一般；20～40 分为基本无效；20 分以下可认为无效。

2. 事后测定方法

事后测定是在广告作品正式传播之后，对其效果的最终评定，也是对整个广告活动是否达到预定计划与目标的测定，它可以总结经验和教训，为下一个广告活动提供"前车之鉴"。事后测定主要有下列两种方法。

（1）认知测定法。给测试对象看一份广告，问他是否看见或听到过，若回答是肯定的，则说明他对这个广告有认知。在这种方法中，最著名的是美国斯塔夫阅读率调查。斯塔夫将测试对象分成三类：第一类是看过该广告但不曾留心广告内容的人；第二类是关心过该广告，对广告宣传的商品和企业大致了解，其他则不甚了解的人；第三类是精读过该广告，能知道并记忆该广告中 50%以上内容的人。计算这三类人占读者总数的百分比，并统计分析出这三类人在单位广告费成本中每类所占的人数，即广告的阅读效率=杂志（报纸）销量×每类读者的百分比÷所付的广告费用，以此来体现该广告的认知效果。

（2）回忆测定法。这种方法主要用于测定广告心理效果中的理解记忆程度，可以利用询问或问卷法，探索消费者对看过的广告是否留存了印象，以及能回忆起多少广告信息。在提出问题时，可以全面地问"还记得某则广告吗？记得多少内容？"；也可以具体地问"某则广告的主题或口号是什么"；或提供某种辅助，如提示测试对象该广告中的商标或厂商名称后，询问广告的其他内容如插图等。项目越具体，反馈的信息越多，越能够查明消费者对商品或创意等内容的理解与联想能力，乃至对广告的确信程度。有的专业调研公司在广告播出的第二天，打电话给随机选择的调查对象，询问一些问题，如是否在电视中看过某则广告，广告说明些什么，你认为广告做得怎么样等。另一些公司也进行类似调查，只是他们采取上门访问法，请被拜访者首先看一份昨天播出的电视广告名单，然后让他们指出对哪些广告有印象，以及对广告内容的看法。

事后测评是以广告投放后销售量是否上升，来推测受众心理效果的方法。表 9.2 是美国一家超市以 POP 广告短语的形式进行促销以后进行的促销效果调查。从调查数据可以得出结论：这些 POP 广告短语的运用取得了良好的宣传效果。

表 9.2 POP 广告促销效果比较表

商品种类	广告投放前 1 周销量	广告投放后 1 周销量	销售增加率（%）	陈列位置高度	POP 广告短语
麦芽啤酒	51	75	47.1	脖子	味道丰实的麦芽啤酒创造了味道丰实的晚餐
饭前水果	2	8	300.00	脖子	代替水果色拉的饭前水果，简单的水果冷盘
浓缩桶汁	7	15	114.30	眼睛	浓缩桶汁是有益于健康的冬天饮料
番茄汤	37	63	70.30	眼睛	想把你家的汤做得更好吃吗
洗衣粉	8	21	162.50	腰	到浴室洗短裤时可以带去的分量
芥末	23	42	82.60	膝	芥末是每户的必需品
清洁剂	123	222	80.50	最下层	你家清洁剂该不是快用完了吧

总之，任何一种测定方法都不是尽善尽美的，心理活动本身的复杂性使测定工作有一定的困难。但是，心理效果测定能切实说明广告的真实效果，并能提供广告创作应遵循的消费者心理活动规律。

单元三 广告心理策略

相关链接

"送礼就送脑白金！"相信有不少人对此广告深恶痛绝，然而在厌恶之余，却无法否认它的影响力，至少在选购礼品时，"条件反射"下你会有意无意地想到这句广告词。而最"可恨"的是有很多人在其影响下居然真的就买了。理由便是"我想不出还有什么更合适的礼品。"这便是"条件反射"的作用，无比强大。就像一个有钱人去买车，他的第一选择往往是宝马或者奔驰，因为在无数人的眼中那就是有钱人的象征。

广告要达到预期的效果，不仅要研究消费者的心理，而且还要研究如何有效地说服消费者。因此，在广告宣传中，我们要恰当运用心理策略。广告心理策略运用得好，就会使广告成为市场营销活动的重要促销手段。企业广告在设计时要注意消费者的心理特点，推出符合心理学规律的广告。增强广告效应的方法主要有引起注意、增强记忆、启发联想、增进情感等几个方面。

一、注意在广告中的心理策略

引起注意是广告心理策略中十分重要的问题，是广告产生效应的首要环节。广告若不能引起消费者的注意，效果就无从谈起。广告界流行这样一句话："使人们注意你的广告，就等于你的商品推销出去了一半。"因此，调动人们的注意是广告成功的第一步。

根据注意的引发因素和形式不同，广告可以采取多种策略来引起消费者注意。

1. 加大刺激的强度

通过增大刺激强度可以引起消费者注意。在广告设计中，可以有意识地增大广告对消费者的感觉刺激效果和明晰的识别性，使消费者在无意中引起强烈的注意。例如，"曹雪芹家酒"广告画面的设计就符合这一心理原理。在主要画面内容中，前景对象是一个大大的酒瓶，甚至超过背景林立的高楼，用这种醒目突出的图景，加上异常鲜明的色彩，给消费者以强烈的刺激，使其心理处于一种积极的、兴奋的状态之中，引起了消费者较大的注意。

广告色彩艳丽，文字优美，音乐悠扬悦耳，画面清新脱俗，表现方式别出心裁等，都能较好地引起消费者注意。在广告设计过程中，应该特别注重对色彩或光线、字体或图案及音效的合理利用，以达到强化信息的影响程度，引起高度注意的效果。

2. 加大刺激元素间的对比

刺激物各元素间显著的对比也容易引起人们的注意。在一定限度内，广告中刺激物各组成部分的对比度越大，人们对刺激物所形成的条件反射也就越明显。因此，在广告设计过程中，可以有意识地处理各种刺激物的对比关系和差别。

采用的方法包括在画面布局上动静对比和黑白对比，图案的大小对比与色调对比，色彩和光线的明暗对比与强弱对比，音响和语调的节奏对比与高低对比，文字语句的长短对比与轻重对比等。除了广告本身各元素之间的对比外，还有与周围环境的对比，使色彩相映、浓淡相间、大小对比、高低错落、轻重有别，目的是形成产品的独特形象，增大广告的易听、易视、易读、易记的效果。

3. 运用刺激物的运动变化

运用刺激物的运动变化引起消费者的注意，动画片的效果远远胜过幻灯片就是一个典型的例子。例如，在"旭日升冰茶"广告中人物的跃动，罐中饮料喷薄而出等都分外惹人注目，吸引着人们的注意，这种用动态示范来表现产品的方式很有感染力。影视广告、大屏幕自动化广告中忽明忽暗的光线，户外不断闪烁变化的霓虹灯，忽隐忽现往返移动的图案等，都是常用的运动刺激的手段。

4．力求刺激的新奇性

相同或相近的刺激接受过多，消费者就会慢慢变得迟钝起来。罕见的、奇异的、一反常态的事物，却能给人以较强的刺激力度。广告刺激的新奇性通常还表现在其形式和内容的更新上。所谓"语不惊人誓不休"不仅是文人墨客诗词歌赋的特点，更是现代广告创作人员的追求。

5．增强广告的感染力

厂商应该有意识地增大广告中各个组成部分的感染力，采取多种艺术手段，激发消费者对广告的兴趣，以保持他们对广告和产品的持续注意。

二、联想在广告中的心理策略

联想是由一事物想到另一事物的心理过程，包括由当前事物想到其他事物，或是由想起的某一事物联想到相关的其他事物。广告运用联想能够使人们扩大和加强对事物的认识，引起对事物的兴趣，产生愉悦的情绪，并敦促他们去为满足需要而购买商品。

联想的广告手法有以下几种。

1．形象法

形象法是指利用消费者熟知的某些形象，来比喻和提高广告商品的形象，明星广告就是典型的例子。

2．暗示法

暗示法是指通过语言和画面创造出一种耐人寻味的意境，给消费者留下宽广的联想空间。例如，在宝洁公司舒肤佳的一则电视广告中，一个调皮可爱的小男孩玩耍之后，手上沾满了污渍，年轻的妈妈用其他的香皂为他洗手之后残留下不少细菌，但使用舒肤佳香皂后，他的小手被洗得干干净净，而且广告中切合时机地打出广告语："爱心妈妈，呵护全家"。广告中的"小孩子玩耍"、"去除细菌"、"爱心妈妈"都是很好的联想点，这些"点"都容易让人联想到"舒肤佳"。

3．反衬法

反衬法是指广告商不直接对传播对象展开诉求，而以其他形式来表现广告商品的特点，以此间接达到影响真正传播对象的效果。例如，法国的"克隆堡"啤酒为了打开美国市场，广告商在美国电视中安排了这样的广告画面：法国人特别爱喝"克隆堡"啤酒，当这种啤酒被装船运往美国时，法国男女老少都依依不舍地流下悲伤的眼泪。这种反衬手法，使该酒打开了美国市场。

4．讲述法

讲述法是指利用文字或者画外音述说一个传说和典故，来表现广告商品的名贵和历史悠久。不少传统名酒即采用此种广告手法。

5．比喻法

比喻法是指利用恰到好处的比喻来宣传商品和服务。例如，某眼镜广告写道："眼睛是心灵的窗户，为保护您的心灵，请给您的窗户安上玻璃吧。"

三、情感在广告中的心理策略

情感是由一定的客观事物引起的，情感既受客观事物的影响，但又是人的主观思维的体现。情感反映了客观事物与人的主观需要之间的关系，是人的需要是否获得满足的反映。以情绪和情感为诉求的策略在广告中极为普遍。亲情、友情、爱情是人类情感的主旋律，因此，我们可以在广告中利用人们身边的点滴情意为主，进行感性诉求，一下子拉近广告与观众的距离，使观众自然卷入广告所设置的情境当中。

一则好的广告，应该有助于促进消费者形成以下几种积极的情感。

1．信任感

广告通过自身的媒介行为激发消费者对所宣传商品的依赖心理。消费者对广告的信任，是产生购买欲望的前提条件。如果不存在值得信任的宣传内容，则无从谈起购买该商品。实事求是、客观公正的广告，往往能达到消费者信任的目的。

2．安全感

消除消费者对商品的不安全心理，增强心理安全感是广告宣传的重要任务。广告应该让消费者感到安全可靠，保证无毒、无害、无副作用，并有益于增进人体健康。食品、药品、保健品的广告尤其应该注意安全感。

3．亲切感

广告宣传要设身处地为消费者着想，表现出对消费者的关心爱护，或者创造出一种温馨的意境，从而给人以亲切感，使消费者加深记忆，达到增加信任的目的。例如，我们以前非常熟悉的孔府家酒的电视广告组合："千万里我追寻着你……"；海外游子，回归故里，家人亲友，济济一堂；"孔府家酒，叫人想家"。在这则电视广告中，思乡情、爱国情、亲友情、情情相连，归心、爱心、心心相印。也正是因为它的温情策略，孔府家酒在当时的市场上享有很高的知名度。

4．美感

爱美是人类的天性，美是促使人类社会生活日益丰富的心理因素。广告应该运用语言、色彩、画面等手段增强宣传内容的艺术欣赏性，使消费者赏心悦目，得到美的享受。

5．好奇感

好奇心是人们认识事物、探求真理的一种内在驱动力，是一种大众心理。广告若能利用人们普遍存在的好奇心理，激发消费者的好奇感，就能有效地吸引消费者的注意，大大提高宣传效果。

四、记忆在广告中的心理策略

消费者在注意到某种产品的广告之后，不可能马上就去购买，从引起注意到产生购买行为总会有一段时间。因此，在广告的设计与传播中，有意识地增强消费者的记忆是非常必要的。经常采用的增强消费者记忆的策略有如下几种。

1．减少材料数量

尽量减少广告记忆材料数量是增强广告记忆的策略。在同样的时间内，需要记忆的材料越少，记住材料就越容易，记忆水平就越高。例如，"露露一到，众口不再难调"、"旭日升冰茶，爽口爽心"、"今年过节不收礼，收礼就收脑白金"、"怕上火就喝王老吉"这些脍炙人口的广告语，充分利用广告有限的时间，做到了广告标题、文稿的短小精悍、简明扼要，在突出产品特性的同时，让人们记住了最重要的内容。

2．适当加以重复

在广告宣传中，有意识地采取重复的方法，反复刺激消费者的视觉、听觉，加强有关信息的印象，延长信息的储存时间，有利于增强消费者的记忆。例如，恒利集团生产的感冒药"康必得"的广告在这方面做得很好，他们广告宣传的反复刺激没有局限于机械地重复，而是适度重复并有变化，这种增添广告新信息的形式，加深了消费者的理解和记忆。

3．增进理解

理解是记忆的前提。通常，人们对于理解的事物才能深刻记忆，所以广告要根据消费者记忆的特点，善于将抽象的事物形象化。同时，通过深入浅出的说明解释，来增进消费者的理解和记忆。

4．运用多种艺术形式

广告中适当运用各种艺术表现形式，也能够帮助人们加深记忆。例如，将广告词写成诗歌、顺口溜、对联等形式，可以使之合辙押韵、朗朗上口；使用成语、双关语可以做到语义相关、引人入胜；运用相声、漫画、卡通动画等形式，会令人忍俊不禁、会心一笑。

通过对增强广告效果策略的分析，我们可以更好地把握消费者的心理活动，了解其消费活动，从而顺利地实现企业的营销目标。

五、广告诉求的心理策略

广告诉求是指在广告的策划和设计中，通过对人的知觉、情感的刺激和调动，对人们观念、生活方式的影响，以及对厂商、商品特点的宣传，来迎合和诱导人们，以最终激发消费者购买动机的过程。广告诉求的基本目标是唤醒或激发消费者对自身潜在需求的意识和认知。

1. 广告情感诉求的心理策略

在广告诉求的各项内容中，尤以情感的诉求更为重要，更受到人们的重视。

（1）抓住消费者的情感需要。情感诉求要从消费者的心理需要出发，紧紧围绕消费者的情感进行诉求，才能产生巨大的感染力和影响力。需要是情感产生的直接基础，若消费者没有类似的需要，任何刺激也无法激发起他的这种情感。在情感广告中，广告刺激必须以消费者的需要为中介才能发挥作用。广告要想打动消费者，必须针对消费者的需要进行诉求。同时，把产品与消费者的需要紧密联系，使消费者一出现类似需要就联想到该产品，这样才能取得良好的促销效果。

（2）增加产品的心理附加值。人类的需要具有多重性，既有物质性需要，也有精神性需要，并且这两类需要常处于交融状态。一方面，物质需要的满足可以带来精神上的愉悦，另一方面，精神上的满足又可以强化物质需要的满足，甚至会代替物质需要的满足。从这种意义上说，产品的质量是基础，附加值是超值。作为物质形态的产品或服务，本来并不具备心理附加值的功能，但适当的广告宣传，会给产品人为地赋予这种附加值，甚至使该产品成为某种意义或形象的象征——购买这类商品时可以获得双重的满足，一是物质上的，二是精神上的，这对于有条件购买该产品的消费者会产生极大的吸引力。例如，"派克钢笔"是身份的象征，"金利来"代表的是成功男人的形象，而"万宝路"则是独立、自由、粗犷、豪放的男子汉的象征。

（3）利用暗示，引导消费。消费者的购买动机是多种多样的，有时购买者并不一定是使用者，许多产品是用来馈赠亲友的，通过馈赠礼品，以表达某种情感。如果某产品正好符合这种愿望，他们就会主动去购买，而较少考虑产品的质量、功效等具体属性。当厂商通过广告传播把购买这种产品变为一种时尚或风气后，消费者就会被这种时尚所牵引，去购买这种产品。例如，"脑白金"广告被称为一种广告现象，"今年过节不收礼，收礼只收脑白金"的广告语被高频度播放后，几乎妇孺皆知，但该广告并没有引起人们的积极情感，甚至引起很多消费者的反感，2002年被评为中国十大恶俗广告之首。但不可否认，通过暗示，引导消费，该广告在促进销售方面还是比较成功的。

2. 广告理性诉求的心理方法

广告诉求除了情感的、感性的方法以外，还常使用理性的方法。理性心理方法根据人们的心理，充分说明商品的好处，以促使消费者购买。这类广告方法重视证据，逻辑性强，以理服人，常采用权威机构或专家的鉴定或赞许来使人们信服。

（1）证明的方法。这是指用事实证明广告所介绍的商品性能可靠、质量优越。例如，1992年，OPEL飓风摧毁了AT&T公司卡兰·克瑞安女士的屋顶，使她的HP激光打印机在风雨中听天由命……飓风终于过去了，打印机已浸透雨水，聪明的克瑞安女士并没有把它扔到垃圾堆里去，而是给惠普打了咨询电话。按惠普的建议，克瑞安女士先用电吹风机将打印机烘干，24小时之后再开机。她试探着打印了一份文件，你猜怎么样，结果实在令人惊喜，一张精美的彩色文件竟被打印出来，而且毫无缺憾。

（2）对比的方法。广告诉求若不适宜采用证明的方法，则可采用对比的方法，即通过提出使用或实验的证据来证明商品的特性。例如，天真无邪的孩子在大庭广众之下揭了母亲的心病："妈妈，你的肩膀上有一粒粒白点。"头皮屑使年轻的母亲十分难堪。海飞丝广告模仿母亲的口吻叙述到："还好，我看到了海飞丝的广告。"然后再利用图像进行证实的同时继续介绍："四个星期以后，用普通洗发水这边还有头皮屑，用海飞丝这边就完全没有了。"从而告诉消费者：海飞丝护发去头皮屑，更胜一筹。

（3）申明经营宗旨的方法。这是一种阐明厂商经营宗旨和经营目的的方法。例如，"信谊，除了好药，还有信誉和友谊。"信谊药厂推出的这一广告词巧妙地将品牌名称拆开，组成另外两个词，恰到好处地阐明了企业的宗旨。芦荟排毒胶囊原有的广告语为"排毒肠动力，美颜新主张"，给人大而空的感觉。为击中消费者内心最需要的那个"点"，公司围绕"深层排毒"的销售主张，最终从100多条广告语中选出"一天一粒，排出深层毒素"作为广告诉求语。

（4）论证的方法。这是利用说理向人们诉求的方法。例如，宝洁公司在中国市场上取得了辉煌的业绩，其电视广告最常用的方法之一就是论证中的专家法。首先指出你面临的一个问题来吸引你的注意，然后，便有一个权威的专家来告诉你，有一个解决的方法，那就是使用宝洁的产品，最后，你听从专家的建议后问题就得到了解决。

相关链接 常见的广告诉求

常见的广告诉求见表9.3。

表9.3 常见的广告诉求

利益	让消费者知道产品是否能使他们省钱、赚钱或不浪费钱
健康	吸引那些注意身体或期望健康的人
爱与浪漫	通常用于化妆品的广告中
害怕	集中在社交尴尬、变老或失去健康方面，这种作用要求广告商在表述中运用关心的情感
羡慕钦佩	这就是为什么名人经常作为代言人被用于广告之中的原因
方便	通常用于宣传快餐店或超市
趣味与愉快	做度假啤酒、公园、游乐场等广告的关键
虚荣与自我	常用于宣传昂贵或引人注目的商品
对环境的关注和觉悟	围绕环境保护和为社区着想

模块小结

　　商业广告是指特定的广告主为了扩大销售或树立形象,以付费的形式,通过大众传媒,向目标市场传递商品和劳务信息的经济活动。成功的广告必然是遵循消费心理规律的广告,广告心理研究包括广告媒体、广告设计、广告传播及广告效果的心理分析。广告的主要媒体(报纸、杂志、广播、电视、直接函件、网络等)有不同的心理特征,要求企业选择和应用媒体时与之相符。广告设计一定要恰当运用增强广告效果的方法,广告的心理效果是广告效果的重要方面之一,其测定工作(事前、事后)直接影响到广告管理的效率。广告传播要遵循注意、联想、情感、记忆、广告诉求等心理原理,在传播技巧上要适应消费者的心理特征,力求以"奇、新、巧、诚、情"取胜。

主要名词

　　广告　商业广告　广告诉求　形象法　暗示法　反衬法　联想　情感　广告主　广告信息　广告媒介　广告受众　广告费用

自测试题

一、判断题

1. 广告的对象是广大消费者,是面向大众的传播。(　　)

2. 人们每天通过各种媒体可接触到成百上千的广告信息,这些信息中的大部分都被忽略了,据研究只有其中约15%的信息才能引起人们的注意。(　　)

3. 一般来说,直观的、形象的、具体的事物比抽象的事物更容易给人留下印象,加深记忆。(　　)

4. 从众效应是指作为受众群体中的个体在信息接受中所采取的与大多数人相一致的心理和行为的对策倾向。(　　)

5. 评分法是指邀请有一定评判能力的消费者和专业人员,为广告打分。(　　)

6. 运用刺激物的运动变化引起消费者的注意,动画片的效果远远胜过幻灯片就是一个典型的例子。(　　)

7. 为了避免引起消费者的反感,广告宣传切忌重复。(　　)

8. 爱与浪漫通常用于化妆品广告中。(　　)

二、多项选择题

1. 广告的构成要素有（　　）
   A．广告主　　　　　　B．广告媒介　　　　　C．广告信息
   D．广告费用　　　　　E．广告受众
2. 报纸广告的心理特征主要有（　　）
   A．消息性　　　　　　B．准确性　　　　　　C．广泛性
   D．信赖性　　　　　　E．广告性
3. 广播广告的心理特征有（　　）
   A．费用低廉　　　　　B．覆盖率高　　　　　C．针对性强
   D．表现力强　　　　　E．传播迅速
4. 联想的广告手法有以下几种（　　）
   A．形象法　　　　　　B．暗示法　　　　　　C．反衬法
   D．比喻法　　　　　　E．讲述法
5. 一则好的广告，应该有助于促进消费者形成以下积极的情感（　　）
   A．信任感　　　　　　B．安全感　　　　　　C．亲切感
   D．好奇感　　　　　　E．美感

三、简答题

1. 什么是商业广告？有哪些特征和功能？
2. 广告发布遵循的原则有哪些？
3. 广告可以采取什么策略来引起消费者注意？
4. 广告中增强记忆的策略有哪几种？
5. 增强广告效应的方法有哪些？

四、论述题

1. 请比较主要广告媒体的心理特征。
2. 论述广告诉求的心理策略。

案例分析

粽子广告对消费观念的引导

粽子作为一种时令性非常强的传统食品，有着极其鲜明的淡旺季划分，以端午节为中心的两个月是粽子的传统旺季，这段时间大约能占到全年销售的50%以上，所以粽子历来的广告运动大战都基本上集中在3月和4月这两个关键时段。思念竹叶青香粽子打破常规广告操作策略，在侧重端午旺季密度投放的同时，合理规划全年广告行程，参考日常消费品的媒介策略与促销规划，将整合营销推广运动继续开展下去。其中，重要的策略之一就是对粽子消费观念的引导与改变。（1）早餐概念，将粽子作为早餐的替代品或补充来确定新的定位。早餐概念的提出打破了只有端午节前后才吃粽子的习惯，倡导了一

种新鲜早餐、营养早餐的消费理念，思念竹叶青香粽子的直观属性又一次证明这一概念的正确性。（2）休闲食品概念，将粽子作为日常的休闲食品、方便食品来定位。随着人们消费水平的提高，休闲越来越成为都市人的生活方式，休闲食品市场不断扩大。而思念竹叶青香粽子抓住了这样的消费趋势，予以有利的引导，向消费者传达粽子其实是一种休闲食品的观念，逐渐使其获得消费者的青睐。自从整合推广开始以来，思念竹叶青香粽子的销量急剧增长。

案例讨论

思念竹叶青香粽子广告是如何打破常规广告操作策略的？

实训练习

1．广告心理策划与实施。

实训内容与要求。

（1）邀请某收录机厂商（或某食品公司）到自己所在学校为在校师生（或到某社区为市民）进行服务促销。

（2）事先进行顾客情况分析。

（3）拟定简单的营销策略文案，包括场所的选择、产品品种数量的准备、价格的确定、时间和人员的安排等。

（4）提出广告宣传词、广告设计方案，以及广告效果调查内容。

（5）组织现场实施，销售有关产品。

成果与检测。

（1）统计销售额。

（2）向顾客调查广告效果，并提出改进建议。

（3）进行评估。

2．地铁广告心理分析。

实训内容与要求。

（1）现今地铁车厢内的荧屏广告已经在有地铁运行的大城市广泛推广，它具有"强制性"、"无选择性"的特点。人们在车厢中的时段内，无论是否愿意看广告内容，都只能无可奈何地接受它。调查现有车厢荧屏广告在乘客中的接受度和满意度。

（2）向乘客调查广告效果，分析乘客对车厢荧屏广告不接受、不满意的原因。

（3）如果让你来制作这类广告，你打算从哪些方面加以改进？

成果与检测。

（1）写出分析报告，并提出改进建议。

（2）组织交流，并对学生的表现进行评估。

模块十

改善消费环境让顾客满意

内容提要

模块十主要介绍影响消费者生活方式与商店选址、店容店貌等营销环境因素，以及与消费心理之间的关系。

教学重点和难点

生活方式、商店选址、商店招牌、橱窗设计、商品陈列、辅助设施等与消费行为的关系及影响。

学习目标

知识点：掌握生活方式、商店选址、商店招牌、橱窗设计、商品陈列、辅助设施的含义，以及与消费行为的关系。

能力点：生活方式、商店选址、商店招牌、橱窗设计、商品陈列、辅助设施等在市场营销过程中的实施及有效运用。

导入案例　　家乐福要做最中国化的跨国企业

号称"欧洲第一"、"世界第二"的零售业巨头"家乐福"，目前拥有 11 000 多家营运零售单位，业务范围遍及欧洲、亚洲、拉丁美洲等 30 个国家和地区，其国际化程度远远超过了零售排名第一的沃尔玛。2012 年家乐福集团营业额约为 27.5 亿美元，在《财富》杂志评选的全球 500 强企业中排名第 39 位。

在世界零售业市场竞争日趋激烈的今天，家乐福之所以能够取得如此出色的成绩，不仅与伯纳德二十余年采取的一系列诸如"以顾客为主导的经营理念"、"低廉价格策略"、"超大规模经营战略"等举措有关，而且还有赖于其重视跨国经营的本土化工作。在每次决定开分店时，家乐福都对当地的文化、生活习惯、购买力等因素进行详细而严格的调查与论证。伯纳德认为："一个零售分店就是它所处国家的缩影，该分店必须适应当地的文化氛围。"家乐福分店一般有85%的商品从当地采购,商品结构也会因不同国家或地区的消费习惯和消费心理做出相应调整。家乐福每家分店都有所不同。在上海古北店,高收入群体和外国侨民占到了家乐福消费群体的40%,所以古北店里的外国商品特别多,如各类葡萄酒、奶酪和橄榄油等,这都是家乐福为了这些特殊的消费群体特意从国外进口的。家乐福上海南方商城店因为周围居住小区较分散,干脆开了一个迷你 Shopping Mall,在商场里开了一家电影院和麦当劳,以增加自己吸引较远处人群的力度。在河南郑州北环店开张前,家乐福就对郑州的生活、饮食习惯做过仔细的调查,正式营业时,卖场内专门准备了适合河南人口味的烩面面粉、大米等。而青岛的家乐福做得更到位,因为有15%的顾客是韩国人,干脆制作了许多韩文招牌。

截至 2011 年 12 月 31 日,家乐福在中国内地门店总数超过 200 家,遍布 30 余个城市,家乐福能在中国的各个角落站稳脚跟,充分说明了企业对区域文化的重视。

资料来源:http://www.dianliang.com

消费行为作为人类借以满足消费个体需要的手段,除了受消费者生活方式等主观因素的影响,还受到客观因素、企业内外部购物环境(社会政治环境、经济环境、社会文化、宗教等环境)因素的影响与制约。

单元一 生活方式与商店选址

一、生活方式与消费选择

所谓生活方式,是指人们为了满足生存和发展的需要而进行的全部活动的总体模式和基本特征。作为涉及人们吃、穿、住、行等方面的稳定而系统的行为系列,生活方式在消费者的消费行为中扮演着重要角色。由于消费者年龄、职业、收入、学历、民族等方面的不同,消费者在心理、行为方面存在较大差异,从而使生活方式也呈多样性、多层次性。通常,生活方式决定着我们的消费决策,消费决策又改变着我们的生活方式。

1. 生活方式的测量

生活方式的研究为营销人员提供了了解消费者日常需要的途径。从生活方式的视角解读消费者行为,有助于进行市场细分。企业经理人士和决策人员常用 AIO(行为、兴趣、看法)清单调查法和 VALS(价值与生活方式)来测量消费者的生活方式。

> 生活方式：一种群体现象；覆盖了生活的各个方面；反映了一个人的核心生活利益；不同人群存在差异。

（1）AIO 清单调查法。AIO（Activities，Interests & Opinions）清单调查法是指研究人员以问卷的形式对消费者活动、兴趣、观点三个维度的调查，以区别不同的生活方式类型。问卷分三部分。第一部分是有关活动方面（工作、爱好、购物、运动和社交）的问题，用于了解消费者从事哪方面的活动，如何花费时间和金钱。第二部分是关于兴趣方面的问题（食物、时尚、家庭和娱乐），用于了解消费者的爱好等。第三部分是观念方面的问题（自我、社会事件、商品和产品），用于了解消费者对世界观、道德观、人生观等看法。生活方式可以捕捉除了人的社会地位和个性以外的更多内容，可描述一个人活动和交流的全貌。

研究人员通过分析统计消费者问卷答案，以识别不同的生活方式群体，描述不同的生活方式，从而进行市场细分，制定相应的营销策略。

AIO 清单调查法集中对消费者的活动、兴趣、观点进行测量，覆盖面较窄。现代的心理测量试图全方位了解消费者的生活方式，于是增加了态度、价值观、人口统计特征、媒体使用情况等测量内容，以弥补 AIO 清单调查法的不足。消费者态度、兴趣和意见测量表见表 10.1。

表 10.1 消费者态度、兴趣和意见测量表

态　　度	兴　　趣	意　　见	人口统计项目
工作	家庭	自我表现	年龄
爱好	住所	社会舆论	性别
社会活动	工作	政治	收入
度假	交际	业务	职业
文艺活动	娱乐	经济	家庭规模
俱乐部会员	时尚	教育	寓所地理区域
社交	食品	产品	教育
采购	媒介	未来	城市规模
运动	成就	文化	生命周期阶段

资料来源：龚振. 消费者行为学. 沈阳：东北财经大学出版社，2002.

- 态度：对他人、地点、想法和产品等方面的评价性描述。
- 价值观：消费者的信念。
- 活动兴趣：活动内容、兴趣倾向及时间分配。
- 人口统计数量：年龄、性别、收入、职业、住所、家庭结构、民族背景等。
- 媒体使用特征：消费者使用哪一种或哪几种特征的传播媒体。
- 使用频率：对该类产品使用情况（即大量使用者、中度使用者、少量使用者和未使用者）的说明。

（2）VALS 调查法。VALS（Values and Lifestyles）即价值观和生活方式结构法，是迄今为止最具影响力的关于生活方式的测试系统，1978 年由美国标准研究协会（简称 SRI）开发使用。该调查法的做法是在对消费者进行调查的基础上，首先确定消费者的活动范围、利益观点，然后再对生活方式进行分类。数年后，美国标准研究协会又在此基础上补充开发了 VALS2 分类系统。VALS2 根据人们的心理特征、教育程度、收入状况、资信程度、购买欲望等因素将消费者分为八个群体。

① 实现者：指成功的、主动的、具有高度自尊与丰富资源的复杂消费者。他们重视自己的形象，关注社会热点问题，对新产品、新技术接受程度较高，兴趣广泛，不相信广告。

② 满足者：指成熟的、满足于生活现状的消费者。他们重视商品的功能、耐用性及价格，讲究实际，不太注重自己的形象、名望，喜好阅读。

③ 成就者：指有成就、职业与工作导向型的人。他们喜欢自己主宰生活，偏好对风险的预测和有威望的产品，以表示自己的成功。通常，他们乐于阅读与自己事业或成长历程相关的杂志。

④ 体验者：多为年轻、热忱、好冲动的消费者。他们追求冒险，喜欢新鲜奇特的具有挑战性的产品和活动。同时，他们比较关注广告，爱听摇滚。

⑤ 信奉者：信守传统、社会道德观念，行事遵守原则的人。他们偏好熟知的产品和有影响力的品牌，阅读兴趣广泛，爱看电视。

⑥ 奋斗者：关心他人的认同，追求自我认同的成功形象，但资源受到限制的人。他们注重个人仪表，消费多用于个人服饰和个人护理，看电视多于看书籍。

⑦ 制造者：指行动型的、有建设性技能、崇尚自给自足的人。该类人偏好实用的、功能性产品，并喜欢自己动手设计、制造自己使用的产品。他们购买的产品多为工具，喜欢通过修理、装饰等方面的工作来体验生活。

⑧ 挣扎型：处于生活的最底层，受教育程度低，缺乏技能，追求安全谨慎的消费者。他们关注特卖消息，相信广告。

相关链接　　　　　铁城啤酒的重新定位

铁城啤酒是个匹兹堡的著名品牌，希望通过 VALS 更新它的形象并提高销售量。铁城啤酒的销售量正在不断下降，其核心顾客群由于年龄的增大而逐渐减少了对啤酒的消费，而年轻人又不购买这个牌子的啤酒。通过 VALS 研究发现，体验者消费的啤酒最多，其次是奋斗者。为了评估铁城啤酒的形象问题，公司对这两个组群的人进行了访谈。他们给被访者许多不同类型人的图片，然后让他们从图片中挑选出他们认为的铁城啤酒最核心的消费者，然后再挑选出他们认为与自己最相似的人。被访者把铁城啤酒消费者描绘成在当地酒吧喝酒的蓝领钢铁工人，然而他们把自己描绘成更时尚、勤奋、风趣的人，他们强烈排斥这种过时的重工业人的匹兹堡形象。在这个调研基础上，铁城啤酒拍了新广告，将其啤酒与目标顾客的新形象联系起来。广告把古老的匹兹堡形象同年轻的体验者和奋斗者在充满活力的新城市里尽情娱乐并勤勉工作的现场相融合，仅一个月，这个新的广告宣传互动就使铁城啤酒的销售额飙升了 26 个百分点。

资料来源：http://auto.search.msn.com

2．生活方式与消费选择

生活方式影响着消费者的需求、愿望及购物行为。生活方式具有民族性、阶层性和时代性。了解不同民族、不同阶层、不同时代的消费者的生活方式，有助于企业选择目标消费者，进行恰当的市场细分与定位。

（1）生活方式的民族性。不同民族有不同的生活方式，在消费方式也存在较大差异。每个民族在长期的生存与繁衍过程中，都逐步形成了特有的、稳定的亚文化，表现在衣食住行、婚葬嫁娶、待人接物等方面有着各自的生活方式、消费习俗。例如，在就餐习惯上，西方人喜欢自助餐，而在我国，人们则喜欢聚餐形式。表现在消费行为上，西方人习惯采用 AA 制，而我国人则习惯于一起结算。

（2）生活方式的阶层性。社会阶层的差别是客观存在的，因社会经济角色、条件、地位的不同及相应的生活方式、价值观念的差异，导致了处于不同阶层的消费者在需求内容、需求特点、购买行为等方面存在较大差异。不同收入阶层的家庭具有不同的消费结构与消费方式。例如，高收入者喜欢光顾精品店，购物范围广泛，甚至很多是奢侈品；而低收入者则喜欢到廉价的批发市场购物，更多的是生活必需品。

（3）生活方式的时代性。改革开放以来，我国的消费市场发生了重大变化，消费者已从重视生活的"量"逐渐转向重视生活的"质"。如今的消费者更加追求个性化的发展，更加注重娱乐和高层次的享受。任何有助于消费者实现这些需要的商品，都会受到青睐。例如，随着居民收入水平的提高，闲暇的时间增多，外出度假旅游已成为许多家庭消费计划的重要内容之一。

相关链接　　打造新型生活方式的咖啡屋

喝咖啡是一种时尚。当坐落在日本东京滨松町的一家咖啡屋首次推出 5 000 日元（约值 400 多元人民币）一杯的咖啡时，轰动了全日本。闻者无不为之震惊，就连一掷千金的东京豪客也不禁大惊失色。可是，被好奇心驱使的消费者还是蜂拥而至，一时间，该店应接不暇。5 000 日元一杯的咖啡，事实上与敲诈或攫取非法利润毫无关联。其原因在于该店盛咖啡的杯子名贵而豪华，都是法国制造的，每个杯子价值 4 000 日元。当客人享用完咖啡后，店员会将它包好送给客人，而且每一杯的咖啡均是由名师当场炮制而成，味道可口而特殊。店内的装潢更是豪华如宫殿。穿着古代皇官服装的女侍，把顾客当成帝王一样殷勤侍候。许多被好奇心所动的客人，起初只是想来光顾一下，作为茶余饭后炫耀的谈资，然而光顾一次之后，便被这种令人顿感身价百倍的气氛牢牢吸引，对这一杯 5 000 日元高价的咖啡也就不以为然了，于是带着女伴、朋友、家人再度光临。这家咖啡屋的独特的经营风格、令人难以忘怀的气氛被流连忘返的客人所称道。

这家咖啡屋凭借出售气氛相当赚钱，他们不仅出售 5 000 日元一杯的咖啡，也同时出售 100 日元左右的咖啡、果汁或汽水等。据老板森元二郎说，该咖啡屋主要的收入主要来源于这些廉价的饮料。然而，一杯 5 000 日元的咖啡，比做任何的宣传都有效，因为它能吸引无数好奇的客人前来光顾。这就是一杯咖啡5000日元的奥妙所在。

资料来源：世界商战. 北京：红旗出版社，1993.

二、商店的选址

商店的选址是从市场营销的角度出发，权衡消费者需求与商业利益的商业布局安排。商店的地理位置是否符合消费者的购买心理，对商店的销售额具有极大影响。我国有一句谚语叫"一步差三市"就道出了店址选择的重要性。商店选择的地理位置要综合考虑所在区域人口、地理环境、消费习惯及地段，并掌握与此相关的消费者心理。

（1）根据商业活动的频度选择店址。商业闹市区多处于城市中心或繁华地段，这里交通便利、人口密集、客流量大，商店类型多而集中，集购物、观光、娱乐、餐饮于一体，商业活动频繁，对消费者极具吸引力。在这样浓厚的商业氛围内建店选址，可以借助优越的地理位置，提升商店的形象和知名度。此地适用于百货公司、购物中心、专卖店等大型商厦的建设。

（2）根据区域的人口密度选择店址。在居民聚集、人口集中的生活区开店，容易形成规模大而稳定的消费者群。如生活便利店、日用品商店、食品超市等，以经营生活必需品为主，24 小时全天候服务以满足居民的日常生活需要，竞争小，风险少，销售量稳定，销售额不会骤起骤落。

（3）按照方便消费者的原则选址。许多消费者购买日常生活用品都有求近、求便的心理。据有关资料表明，商场内50%的消费者来自距商店250米以内的区域，因此，交通的便利性成为吸引消费者购物的重要因素。火车站、码头及公共汽车停车站附近，行人来往较多，客流量大，具有很高的设店价值。另外，交叉路口，四通八达，能见度高，也是设店的好位置。仓储会员店、大型超市、大卖场商店的位置应位于人流集散最方便的地区，一般以吸引行车10～20分钟以内的人流最为理想。

（4）根据目标市场选择店址。在人口密集的区域选址建店固然重要，但还要考虑目标市场。企业在选择目标市场时，要结合众多细分变量，综合考虑该地区消费者的年龄结构、消费习惯、现实消费水平与购买力。消费水平取决于经济收入与消费倾向。

（5）根据竞争环境选址开店。商场周围的竞争环境是影响消费者心理的重要因素，也是商场选址的重要组成部分。商场选址要考虑业种、业态分布或与其周围商店类型相协调，或起到互补作用，或有鲜明特色。同类型商店集中在一起，可以形成别具特色的商业街，如"女人街"、"食品街"、"电器街"等，以满足消费者到特色街购物的特定心理。

（6）创造良好的商店环境。据调查显示，50%的人去商场不一定是购买东西，而是去休闲散心。优雅的购物环境、特有的商场文化、周到的服务是他们频繁光顾的真正原因。因此，商店周围如缺乏天然的景致或商业气氛，就应该自己动手努力去挖掘、创立优雅的环境，以吸引人气。

商店的选址办法很多，但总的原则是设法招揽消费者，在满足消费者各种精神和物质需求的同时增加商品销售额。

【与相关课程的联系】

商店的选址涉及了渠道的分布、物流、仓储、售后服务等内容。

相关链接　　麦当劳全球布点六大秘诀

第一，选择人潮涌动的地方。例如，在地铁、客站附近布点或在广场等交通集散点周边设点，增加入店的客流量。

第二，在年轻人和儿童经常出没的地方布点。例如，儿童用品商店、青少年活动中心等附近设点，方便儿童出没就餐；在百货商厦和大卖场开店中店，吸引逛商店的年轻人就餐。

第三，着眼于今天和明天，麦当劳布点原则坚持20年不变。他们对每个点的开与否，都要通过3个月到6个月的考察，再进行决策评估。重点考察是否与城市规划发展相符合，是否会出现市政动迁和周围人口动迁，是否会进入城市规划中的红线范围。进入红线的，坚决不碰；老化的商圈，坚决不设点；有发展前途的商街和商圈、新开辟的学院区、住宅区，是布点考虑的地区；纯住宅区则往往不设点，因为纯住宅区居民消费的时间有限。

第四，讲究醒目，便于顾客寻找。麦当劳布点一般都选择在一楼的店堂，透过落地玻璃橱窗，让路人感知麦当劳的餐饮文化氛围，体现其经营宗旨——方便、安全、物有所值。

第五，不急于求成，黄金地段黄金市口布点渐进跟进。黄金地段黄金市口的业主往往要价很高。当要价超过投资者的心理价位时，麦当劳不急于求成，而是先发展其他地方的布点。通过其他网点的成功，让"高价"路段的房产业主感到麦当劳的引进有助于提高自己的身价，于是再谈价格，重新布点。

第六，优势互动。麦当劳开"店中店"选择的"东家"，不少是牌誉较高的，如家乐福、百盛购物中心、上海广场、时代广场等。知名百货店为麦当劳带来客源，麦当劳又吸引年轻人逛商店，起到优势互补的作用。

资料来源：市场报

单元二　店容店貌与消费心理

如何根据消费者在进店前的预期心理要求设计商场的外观形象，是成功实施商业经营的第一步。在繁华的商业街，消费者首先浏览的是大大小小、风格各异的商店招牌，以及构思精巧、通透亮丽的橱窗、店门。独具匠心的店面设计往往体现了一个企业的形象、精神，以及它的经营特色，从而容易在消费者心目中树立起特有的外观形象，使之不由得产生入店观光及购物的动机。

一、商店名称与消费心理

商店的名称，又称为商店的招牌，一般包括店名和店徽，它既是消费者借以识别商店的标志，也是商店树立形象与风格、招揽消费者的牌号。一个设计精美、具有高度概括性和吸引力的招牌会对消费者视觉刺激和购买心理产生重要影响。

1．商店招牌命名的心理作用

消费者首先是通过商店招牌，寻找自己的购买目标。醒目、易记、具有强烈吸引力的商店招牌对消费者购买活动会产生以下心理作用。

（1）引起注意、激发兴趣。设计新颖独特、富有艺术气息，能够强化店面形象与风格。突出主题和卖场文化的招牌往往能快速抓住消费者的视觉，激发消费者的兴趣。例如，闻名的"江阿狗"老店招牌上只画有"一口缸、一只鸭子和一条狗"，别无他字，消费者见了就格外好奇，都想进去看个究竟；山西名吃"老鼠窟"店名新颖独特，增加了招牌的吸引力，最终名满三晋。

（2）目标引导，方便消费者。富有商业气息，突出服务项目和商场文化的招牌更有利于消费者寻找购物目标。例如，"儿童用品商店"、"体育用品商店"、"万民药店"等都在招牌上清晰显现了商店的经营范围与经营项目，给消费者购物提供了极大方便。

（3）突出传统，反映特色。我国各地都有一些老店，这些老店在招牌设计与命名上还都保留着传统的经营特点。例如，"稻香村食品店"、"六味斋食品店"、"六必居酱菜园"等，这些老店的招牌古朴典雅，民间气息浓厚，常给人留有敬慕信任之感。

（4）朗朗上口，易于传播。一些店面招牌的设计易读、易记，给消费者留下了深刻的印象。例如，"傻子瓜子店"、"陶陶居茶楼"、"胖姐服饰店"等，招牌名称朗朗上口，消费者津津乐道。

2．商店招牌命名的要求与方法

商店招牌设计必须符合消费者心理。好的商店招牌不仅要便于消费者识别，而且要有助于记忆。

（1）以商店经营项目命名法。招牌与商店经营项目、经营范围相联系，使消费者对经营商品一目了然，如"千里鞋业"、"大明眼镜店"、"天天日杂"等。

（2）以服务宗旨命名，如"薄利小吃店"、"一分利便利店"、"百信鞋业"等店的命名，清晰地表达了商场的服务宗旨、服务精神，极易引起消费者好感及光顾。

（3）以名人轶事、名牌命名法。招牌以名人、轶事、名牌命名容易满足消费者求名求奢的心态，如"李宁运动服专卖店"、"东坡酱肘店"等店的招牌，对求名、求奢心切的消费者具有很强的吸引力，易于激发消费者自我表现的动机与欲望。

（4）以寓意良善与美好愿望命名。招牌寓意美好的词句、吉祥数字，迎合了消费者追求喜庆、吉祥的心理，如"999花店"、"全聚德烤鸭店"、"龙凤银楼"都因美好的名称给消费者留下深刻的印象。

3. 招牌表现与设置的心理策略

招牌的表现与设置应与商店门面和谐统一，招牌的大小、造型、字体、色彩、位置、安排诸方面应有机结合，才能起到良好的宣传效果，给消费者留下深刻的记忆。招牌的表现与放置应根据商场的具体情况而设置。招牌的表现形式主要有以下四种。

（1）广告塔式招牌。广告搭式招牌一般牌面较大、色彩简洁鲜明，通常设立在商场超市的顶部或高处，使人远远就能望到，以吸引消费者注意，如麦当劳店上的"M"标志。

（2）横置招牌。横置招牌的牌面大小一般应与商场正面比例和谐为好，往往装饰在商场店门上方，有时还加装各种灯饰，以吸引消费者。

（3）竖式招牌。通常采用灯箱、物体或人物造型等方式引起消费者兴趣，一般放在商场、饭店、超市门口或街道旁，如饭店前常常放置一个憨态可掬的"大厨"来迎接客人。

（4）遮蔽式招牌。商家通常在商场橱窗的遮阳篷或门前休闲区放置的遮阳伞上印有文字、图案以宣传产品，如在冷饮店橱窗遮阳篷上印制的"康师傅饮料"等字样。

相关链接　　　　　　　同仁堂

"同仁堂"是我国中药行业的金牌老店，迄今为止已有三百多年的历史。在长达三个多世纪的岁月里，"同仁堂"历经风风雨雨，逐渐发展壮大，并以1997年在深圳证券交易所挂牌上市为标志，开始了崭新的发展历程。

"同仁堂"创始人为清代名医乐显扬，他崇尚"可以养生，可以济世者唯医药为最"的信条，把行医卖药作为养生、济世事业，创办了"同仁堂"药室。他说："同仁，二字可以明堂名，吾善其公而雅。"在随后的经营中，他一直遵循无论贫富贵贱，一视同仁的原则。"同仁堂"不仅是一个只言商利的商家，更是一个救死扶伤、济世养生的医家。实际上，商与医的结合正是"同仁堂"经久不衰的秘诀。"同仁堂"利用了医学优势，将"同仁同德"的中国儒家思想融入日常点滴之中，形成了济世养生的经营宗旨，并在此基础上创造了崇高的商业信誉，形成了同仁堂独树一帜的企业文化。

"同仁堂"虽以经营传统产品而闻名于世，但并不故步自封，而是注重采用先进的营销方法，除旧布新，以奇取胜，使企业保持了旺盛的进取势头。

好药也怕巷子深。"同仁堂"店处大栅栏内，地理位置很不理想，为了方便顾客，扩大影响，他们一反自尊厌动的官商作风，注重与市场和顾客的联系。为了克服地处偏僻之处的不足，他们在大栅栏胡同东口树立起一座金光闪闪的铜楼牌，上面写着斗大的"同仁堂药店"五个字。人们一看到牌楼上的字，便知道鼎鼎有名的"同仁堂"在胡同里面，纷纷前来抓药。旧时的北京，市政荒疏，没有电灯照明，晚上一片漆黑，污秽遍地。"同仁堂"别处心裁，巧妙地利用中华民族挂红灯笼的传统习俗，在北京的一些主要街头巷口挂起红灯笼，五只一排，每只上书写一个金色的大字，合起来就是"同仁堂药店"，使药店的名号深深印入人们的脑际。这种装缀市井、惠及行旅、别致典雅的宣传手法，成为北京最早的市政广告。

我国有一批像"同仁堂"一样的老字号,在长期的发展中,形成了独特的经营理念,充满了儒家礼、义、仁、德的思想。在店铺的命名上寓意深长,充满了为民服务的理念与服务精神,如"内联升"、"瑞蚨祥"、"全聚德"等店铺的招牌朗朗上口,具有厚重的古风古韵。

资料来源:单凤儒. 营销心理学. 北京:高等教育出版社,2001.

二、商店店门设计

商场的店门是商场内部与外部的分界线,它可将内外环境隔离开来,从而形成独特的内部购物环境。同时,商店店门也是商店外部店貌吸引消费者的一个重要场景。门体的设计不仅要从装饰的角度来考虑对消费者心理的影响,而且还要方便消费者的进出。

1. 店门的设计原则与消费心理

(1) 出入方便原则。商店店门是消费者进出商场的过道,在设计上应以方便消费者出入为基本考虑点。大型商场消费者流量大,店门设置形式应大而宽阔,出入口应开设多个,以满足消费者从不同方位便利进出的要求。

(2) 审美原则。商店店门应具有独特的风格,与相邻商场形成显著差异。店门造型、大小、图案与景致要与周围环境相协调,浑然一体。门面在设计上应大胆、标新立异,要善于捕捉目标消费者的审美观念,使目标消费者能与商家产生共鸣。

(3) 便于宣传商品原则。商店店门的设计不仅要注意提高商店的外观形象,还要注意增加能见度与动感,以加大实效。运用透明的玻璃门、旋转门或门面画面,吸引行人注意力,帮助消费者快速识别商店经营范围、商品种类和档次,使之产生入店观光及购物的兴趣与动机。

2. 店门的设计方法与消费心理

商店店门按开放程度可以划分为以下几种情况。

(1) 开放型。商店临街的一面完全开放,出入口与店面基本同宽或尽可能大,顾客在过往中很容易看到店内的商品陈设。这种设计方案适用于经营日常生活用品、食品、水果、蔬菜等商铺门脸的设计,以满足消费者方便、实用、经济的心理需求。

(2) 半开放型。商店店门占建筑门面的一半左右,出入口两端临街的一面通常设有橱窗,以陈列各种商品。这种设置主要是突出橱窗陈列的商品,起到宣传商品的作用,以招揽消费者。该种设计适宜经营时髦服饰、化妆品、医药用品和体育文化用品等商店的门脸设计,便于消费者浏览和购买商品。

(3) 封闭型。商店店门出入口较小,临街的一面有时设有有色玻璃橱窗。这种封闭的出入口设计,容易使消费者产生神秘、典雅、高贵的感觉。此类型的店门设计适用于经营金银首饰、名贵工艺品、咖啡等高档、特殊商品的店铺。由于消费者多为具有特定消费意向的人群,因而客流量不多,一般不会影响消费者出入。

(4) 畅通型。该设计通常考虑多个店门,一般还会明确标识"出口"、"入口"。此种门脸的设计适用于规模大、客流量多的大型商场,以最大限度地满足消费者进出方便。百货商场、大型超市、大卖场等店门多采用通畅型的设计方案。

> **相关链接** 店门设计的几种形式
>
> 经营贵重商品的商店应采取两小一大的总体设计方案,小店门、小橱窗、大招牌。
> 经营日用品的百货商场、大型零售店应遵循"三大"的总体设计方案,即大招牌、大店门、大橱窗。
> 超市、自选市场应采取两大一小的总体设计方案,即大招牌、大橱窗、小店门。
> 农副产品、副食品店、菜市场的店门多遵循大门、多门的设计方案。

三、橱窗设计心理

现代商业活动中,橱窗既是一种重要的广告形式,也是装饰商店门面的重要手段。它是以商品为主体,通过装饰画面及布景道具的衬托,在特定的空间里配合灯光、色彩、文字,进行商品介绍和宣传的综合艺术形式。一个布置精美的橱窗,往往集中了商场中最敏感的信息,成为商店内精华商品的演示台,起到指导消费、促进销售的作用。

1. 橱窗设计对消费心理的影响

(1)引起消费者注意与兴趣。橱窗是费用最低、见效最直接的广告媒体。在熙熙攘攘的商业街上,行人穿梭在琳琅满目的各种橱窗前,一个构思精巧、独具匠心的橱窗布置很容易引起消费者的注意,使其不由自主地产生打量整个商店的动机。

(2)激发消费者的购买欲望和信心。商家通常会把精选出的重要商品放在橱窗里进行陈列。根据消费者的兴趣、爱好、季节性变化把热销商品突出展示出来,并配以真实文字,形象说明该类商品的品质、价格以增强消费者的购买欲望和购买信心。

2. 橱窗设计的种类

橱窗的设计类型可以从不同角度划分,按建筑结构可分为独立橱窗、非独立橱窗;按所陈列商品的品种可分为专项商品橱窗、综合商品橱窗;按表现手法可分为想象型、抽象型。不同类型的设计方案,带给消费者不同的心理感受。

(1)独立橱窗。只有临街的一面透明,其他三面均呈封闭状态的橱窗,称为独立橱窗。独立橱窗内部空间与商品售货现场隔离,自成一体,便于展示商品,突出宣传效果,以吸引消费者的注意。

(2)非独立橱窗。橱窗除临街面呈透明状态外,另外几面也呈透明或半透明状态,这种透明橱窗与商品内部销售现场连为一体。此种虚实相映的透视效果就是要使消费者间接观察到售货现场。非独立橱窗设置不在于突出商品本身,而在于加大商店的景深感,让消费者获得商店外观和内部状况的整体认识,从而激发入店动机。这种橱窗设计多被小商店、综合商店所采用。

（3）专项商品橱窗。用来陈列同种类商品、专用商品或同品牌商品的橱窗。例如，单独陈列儿童、体育、医疗保健等专用品，或专门陈列服装、饰品、床上用品等同种类产品。这种橱窗设计多被大中型商店或专业商店所采用。如能选择抓住消费者心理的主题，便可产生意想不到的效果。

（4）综合商品橱窗。此类橱窗陈列的商品种类或数量较多，目的是使橱窗的空间表现得更加饱满。从整体上带给消费者品种多而全的感受，一般大型的综合类商店多设置此类橱窗。

（5）想象型橱窗。此种橱窗旨在引起消费者联想，激发其潜在的购买欲望。例如，橱窗以碧海蓝天为背景，橱窗底铺一层细沙，看似一望无际的大海，身着各式泳衣的模特正在尽情嬉戏，使人也不由自主地想穿着其中一件，畅游一番。

（6）抽象型橱窗。用几种图形或简单的线条组合装饰的橱窗。这种橱窗设计简洁、清晰、流畅，易于突出主题，展示商品个性、品质。例如，几何图形的不同版面上陈列的首饰、手表，排列层次鲜明，疏密有致，极具时代感，给消费者新奇和谐的视觉印象，彰显诉求效果。

3．橱窗设计的心理原则

（1）突出商品，吸引消费者注意。橱窗宣传的重点是商品，商品应放在显眼的位置，切忌其他装饰喧宾夺主。商品的摆放要到位，尽可能使消费者从不同的角度看到所陈列商品的全貌。突出商品的形象，可借助灯光、色彩、动感设计等手段，进行渲染衬托。

（2）整体和谐统一，满足消费者情感需要。橱窗陈列商品要与窗内环境浑然一体。一般应根据橱窗的高矮、深浅、宽窄来确定陈列商品的品种与数量。橱窗的构图可运用对称均衡、不对称均衡、主次对比、大小对比、虚实对比、远近对比等手法勾勒出均衡和谐、层次鲜明、疏密有致的整体陈列图，以增强橱窗艺术魅力，给消费者鲜明和谐的视觉艺术享受。

与相关课程的联系

商店名称的命名与商品的命名类似，店门和橱窗的设计与广告密切相关。

相关链接　　"蒂芙尼"与"劳伦泰勒"的橱窗设计

美国著名的珠宝公司"蒂芙尼"是全球知名的奢侈品公司之一，开设于1837年，坐落在纽约第五大道最繁华的路段。大门外两侧墙壁的面积，足足有12幅宽银幕大小，而它的橱窗却仅仅只有一个手提公文箱大小，里面只摆放了一件首饰，毫无疑问，墙壁与橱窗颜色的对比、情调、比例及格局，都是经过艺术家精心设计的。据此店不远处还有一家经营高档珠宝的礼品店"劳伦泰勒"，其橱窗的设计更是别具匠心，它的橱窗通常在每年的圣诞节前一个月就被蒙上了华丽的彩布，艺术家们按照一年一度的设计方案确定主题，精心布置一周左右的时间。当圣诞节前夕，购物高潮开始时，在乐队的伴奏下，摄影师镁光灯的闪烁中以及观众们翘首期盼的欢呼声中，橱窗帷幕徐徐拉开，瞬间产生的轰动效果令人惊奇。相关媒体的记者争相报道这一橱窗的艺术风姿。这种充满精心设计、创意独特的橱窗，营造了一种高档、雅致的营销环境和购物氛围，无形中吸引了广大消费者的注意并激起了强烈的购买欲望，起到了鲜明的塑造企业形象的效果。

资料来源：王官诚. 消费心理学. 北京：电子工业出版社，2013.

单元三 商店内部陈设与消费心理

商场内部环境设计是商场整体布局、内部装饰、货架陈设、色彩、照明、音响、空气质量等状况的综合体现。方便、舒适、温馨、和谐的购物环境，可以使消费者心情愉快，甚至产生流连忘返之感。同时，良好的购物环境也是促使营业员情绪高涨、热情服务的重要前提。

一、商品陈列与消费心理

商品陈列包括商品位置的选择、排列方式的设计及陈列的装饰衬托等方面。商品陈列是商店内部陈设的核心内容，一个好的商品陈列不仅要从经营者角度去考虑，更要从消费者需求的角度出发，以全面达到商品陈列的目的。

1. 商品陈列的基本原则与心理效应

陈列就是"不说话的售货员"，它的主要任务是向消费者提供商品的各种信息，商家要想真正利用陈列完成销售任务，就必须掌握商品陈列的基本原则与方法。

（1）美观整洁，吸引消费者。商品陈列既要讲究层次、密度，以保持货架商品的丰满，又要讲究干净、整洁，合理利用有效空间。消费者习惯把明亮清洁的货架与新鲜优质的商品联系在一起，随意堆放，是抓不住消费者心理的。

（2）合理陈列，提高商品的能见度。要想使货架上的商品让消费者看得见，柜台设置的高度要适应消费者的习惯视觉高度。一般来说，普通身高顾客无意识的展望高度为0.7～1.7米，可视宽度为1.5～2.0米，观看不在视线之内的商品，会引起消费者种种不适应感。

（3）方便消费者挑选，增加购买欲望。商品不仅要让消费者看得见，还要让消费者触摸得到，以增加对商品的感性认识，增加购买欲望。一般来讲，人手最易触摸到的高度是从地面算起0.8～1.2米之间的高度，最易拿取商品的有效范围为0.3～1.8米。

（4）适应购买习惯，便于选购。大型商场，经营的商品品种繁多，商品的摆放应有一定的规律性，以方便消费者选购。有规律的摆放要考虑三个方面：①分类摆放，如超市里的食品、服饰等应摆放在不同的货架上；②组合配套，即要考虑到商品与商品之间的连带性，把牙膏与牙刷、洗衣粉与肥皂组合摆放，既可扩大销售，又给消费者带来方便；③商品的陈列要顺应消费者的行走习惯，据观察，不少国家消费者的购物流动路线是顺时针方向，而我国消费者购物的习惯流动路线，多为逆时针方向。商场根据消费者的习惯购物路线把经营的商品按主次依次陈列，更利于消费者选购商品，扩大商品销售量。

相关链接　　　　　　　商品陈列的窍门

通常，人们无意识的观望高度为 0.7~1.7 米，上下幅度为 1 米，往往与视线大约成 30 度角范围内的物品最引人注意。有些商品仰视角度更能吸引人，如工艺品、时装，位置应高些。而有些商品俯视角度更能吸引人，如化妆品、金银首饰，尤其是儿童用品，陈列位置过高，反而不会引起他们的注意。一般来讲，传统商店柜台后面与视线等高的位置，中靠左的货架位置，柜台展示位置；超市入口处、出口处逆时针通道左边货架位置，与一般消费者视线等高的货架位置；专卖店展厅中间或入口对面的悬挂位置最佳。商品陈列一般应遵循以下原则：上浅下深、上小下大、上便宜下贵、左浅右深、左小右大、左便宜右贵、前暗后亮、前浅后深、前小后大、前便宜后贵等。

2. 商品陈列的方法

根据商场类型、经营特点、出售商品和服务对象的不同，在商品陈列上也表现出不同的形式。针对消费心理可以从不同角度对商品进行陈列。

（1）量感陈列法。量感陈列法着重突出商品的量，以此来显示商品的廉价性和丰富性。这种方法适用于食品类、日用品类等大众化、特价的、大量上市的季节性商品或与节假日相关的商品。量感陈列法为消费者提供了自由选择的广阔空间，这种陈列法多被食品店和超市广泛采用。

（2）质感陈列法。质感陈列法着重强调商品的品质与特色，一般展示商品的数量较少，甚至为一件商品。多借助道具或艺术手段来烘托商品极富魅力的一面，以显示商品的稀缺性。此类陈列法适用于珠宝、瓷器、艺术品等贵重商品，一般被商品专卖店所采纳。

（3）垂直陈列法。依照货架的纵向层次分布，将同类或同种商品垂直陈列的方法。这种方法便于消费者在不同式样、不同质地、不同型号乃至不同产地的商品之间进行挑选，以满足消费者的不同需求。

（4）关联陈列法。将非同类商品，但在使用价值上有关联的商品组合陈列的方法。例如，节假日超市食品柜里将酒水、饮料一同展示；日用品货架上将鞋油、鞋刷一同展示等方法，既增加了消费者的购买概率，又为消费者提供了方便。

（5）悬挂式陈列法。将商品展开悬挂或借用一个支撑物向消费者展示商品的方法。例如，将服饰穿在模特身上，把床上用品铺在床上展示，使消费者能直接看到商品的全貌，以增强对商品的感性认识，从而激发购买欲望。

（6）专题陈列法。结合某一特定事件、时期、节日，集中陈列有关的系列产品，以营造一个特定环境、渲染气氛，促进商品销售。例如，中秋节设置的月饼、酒品、礼品专柜；春、秋季开学期间增设的文具用品专柜等。

商品陈列要注意研究消费者的购买心理，既要美化商店又要扩大商品的销售。商品陈列的方法各种各样，目的是吸引消费者注意，把商品成功地推荐给消费者。有创意的展示方法往往能取得更大的效果。

> **相关链接** 　　百货商场商品陈列原则
>
> 　　百货商场商品陈列绝不是简单的商品堆放,科学合理的商品陈列不仅能够最大限度地美化商场,还能刺激消费、增加销量。以下为百货商场商品陈列原则。
> 　　(1)方便顾客找到商品。在百货商场入口处张贴商品布局分布图,使其发挥导购员的功能,尽量做得人性化,方便顾客找到相应的商品。
> 　　(2)保证商品先进先出。百货商场内的商品,尤其是食品,要注意在保质期内得到及时补充,让生鲜食品、冷冻食品和保质期短的食品先进先出。
> 　　(3)注意货架与商品的安全。商品的摆放要考虑货架的承重能力,注意货物摆放的位置,较大、较重的货品要摆放在货架的下方,在货架及地面堆积商品时不要堆积过多。
> 　　(4)商品按业绩分配。百货商场的货架宝贵,商品陈列不可能平均分配,通常要把销售好的产品放在好的地段,反之,把销售差的商品放在不起眼的地段。
> 　　(5)同类商品垂直陈列。产品按照不同的功能、不同的价格、不同的分类会有不同的陈列方法。因此,我们可以按照同一小类产品价格由低到高从上往下纵向陈列,而同类产品则按照销售程度高低横向陈列。
> 　　资料来源:http://manage.tbshops.com/Html/news/85/42138.html

二、辅助设施与消费心理

　　目前,许多现代大型商场、新兴商厦在实现基本商品交换、满足销售的同时,还在刻意追求给予消费者"快乐消费"的共享空间,旨在为消费者提供多功能、个性化、高层次的消费需求。商家这些没有直接商业目的,为消费者提供的非商品销售的服务性设施或特色服务,即为辅助设施,以满足消费者消闲、娱乐、学习、交际等精神和心理的需要。

1. 硬环境辅助设施

　　现代大型中高档商场为消费者提供的服务性空间包括消费者小憩的场所、男士吸烟室、商品导购处、临时幼儿托管中心、购物停车场、公用电话等多方面设施,这些辅助设施的建设与提供是消费者选择购物场所的重要因素。商场在这方面安排得越周到就越能使消费者感到购物的方便、舒适与温馨。从表面上看,这些辅助设施的建立似乎加大了商场成本的投入,减少了销售空间,但无形中却增加了商业功能,延长了消费者停留的时间。商家这种辅助设施的建设有助于培养消费者积极的因素,并鼓励其采取接近行为,强化商场形象。

2. 软环境辅助设施

　　商场中服务设施的气氛也是影响商场形象、吸引消费者光顾的一个重要因素。当前商场之间的竞争,已由产品、价格的竞争转向服务的竞争,服务设施的气氛已成为一种特殊的竞争手段。影响"气氛"的一些因素包括气味、声音、色彩等。

（1）气味。气味会影响商场服务和服务产品的形象，就像糕点坊巧妙地使用风扇将刚出炉的糕点香味吹散到街道上让消费者去品味一样，气味对渲染商场的购物气氛常常起到举足轻重的作用。

（2）声音。商场的声音包括店堂内播放的背景音乐，营业员亲切的导购语言信息，提示语，以及花店的风铃声或涓涓流淌的水声等，这些都是创造商场气氛的一项有效途径。用声音来促进销售，可以达到以下效果：①吸引消费者加强对商品的注意，如电视、音响、磁带的播放；②指导消费者选购商品，如商场向消费者播放商品展销的信息；③增强营销的特殊气氛，促进产品销售，如书店轻松舒缓的背景音乐，往往起到刺激消费者购书的兴趣。当然，背景音乐播放的音质要清晰，题材要适合特定场所和购物环境。

相关链接　　　　背景音乐让店堂与众不同

在购物环境中，店堂的背景音乐是影响消费者购物感受的一个重要因素。背景音乐将随着声波的传递，直接体现店铺的定位和店主的文化品位，对消费者是否停下脚步进店消费起着推动或阻碍作用。据调查，当前一些大型商场或超市如家乐福、沃尔玛等都在卖场里播放背景音乐，背景音乐不仅为店铺制造了热情的销售氛围，展示了店铺的魅力，还满足了消费者愉悦的购物心理。

心理学家曾经做过这样一个实验，在一家超市，在两个月的时间内每天随机地播放两种背景音乐（一种是每分钟108节的快节奏音乐，另一种是每分钟60节的慢节奏音乐），或者不播放任何音乐。结果发现，播放快节奏音乐时消费者的平均行走速度比在慢节奏音乐下快17%，没有音乐播放时的行走速度介于两者之间。更让超市经理感兴趣的是播放慢音乐的时间内营业额比播放快节奏音乐时的营业额高出38%，同样，不播放音乐的营业额介于二者之间。由此可见，轻松优美的背景音乐的确让人流连忘返，即便大多数的消费者在被问及他们是否意识到购物时播放的背景音乐时，回答都是否定的。这就是环境在潜移默化中对人的心境的作用。

（3）色彩。商场内部色彩装饰既是一种营销手段，又是一门艺术。心理实验证明，在感知事物、认识形象上，色彩起着重要的识别作用，它会对消费者产生不同的心理感觉。因此，商场应选择一种有代表性的颜色，用于营业场所的主色调。另外，在商场标志、建筑物装饰、包装袋、员工服饰等方面也应选择能代表企业发展或经营理念的色彩，以形成商场特有的色彩形象。总之，商业色彩的设计，要结合自身的经营性质、经营特点及商店周边的环境，适当地组合与搭配，才能达到预期的效果。

在色彩的选择中，每一种色彩都会使人产生一定的心理感觉，从而产生联想。一般黄色、橘色能使人产生食欲，作为食品商场的标准色彩效果最佳；绿色适用于蔬菜、水果、保健类商品的经营；紫色、黑色易突出高档商品的形象；对于儿童用品经营来讲，橙色、蓝色、粉色、红色为主色调，能特别引起儿童的注意与兴趣。

> **相关链接**　　色彩的视觉与心理效应

色彩可以改变人们对营业场所温度的感觉。例如,冷饮店利用蓝白的色彩基调会使消费者在烈日炎炎下产生清凉的感觉。

色彩可以改变消费者的视觉效应,弥补营业场所的缺陷。例如,商场天花板涂成蓝色会给人一种高大之感,墙壁涂成白色会给人一种辽阔之感。

不同的色彩带给消费者的感觉不同。暖色使人神经紧张,冷色使人精神抑制。例如,医院接待室的蓝色和粉色可以减轻病人焦虑;快餐店的橘色桌椅使人精神兴奋,食欲大增;赌场的红色让人失去时间感。

不同的色彩还会使人产生不同的联想。例如,黑色会使人感到严肃庄重、悲哀;红色象征喜庆吉祥;绿色象征青春生命。

(4) 照明。照明直接作用于消费者的视觉,恰当的照明效果对增强消费者吸引力、调动消费者购物情趣具有良好的心理作用。商场内部照明可分为自然照明、基本照明、特殊照明三种类型。

① 自然照明。自然光柔和、明亮、使人心情舒畅,是最为理想的光源,商场应尽量考虑最大限度地利用自然光源。商场中自然光的获得一般要借助宽大、明亮的天窗和通透的玻璃墙等。自然光容易受到季节、营业时间、气候等众多因素的影响,不能满足商场内部照明需要时,要考虑使用其他的照明作为补充。

② 基本照明。基本照明通常是指商场为保持店堂内的能见度,方便消费者购买商品而在天花板上以安装荧光灯为主的一种照明方式。设计该种灯组的原则是灯光不宜平均使用,照明光线的强弱要以经营商品的特性和销售对象而定。例如,质地考究,需要精挑细选的商品要考虑照明光度强些;结构简单,购买频率较高、挑选性不强的日用品的光度可以弱些;销售对象是老年消费者的商品的照明要强些;销售对象为青年消费者的商品的照明可以弱些。

③ 特殊照明。也称为商品照明或装饰照明,它是营业场所现场广告的组成部分,一般用霓虹灯、电子显示屏或用旋转灯突出商品的特性,以吸引消费者注意。例如,钟表店、首饰店中采取定向聚光、探头灯,可以显示商品的晶莹耀眼、名贵华丽;在出售时装的柜台上,则采用底灯、背景灯,以显示商品的轮廓线条。

(5) 微气候。商场内部的特有气候,也称为室内的体感气候,主要包括温度、湿度、空气质量。这些因素也会直接或间接地影响消费者的购物情趣。空气清新畅通,容易使消费者产生舒适、愉悦的感觉。

三、内部消费环境的发展

随着消费者消费观念和商业竞争的推动,现代商场经营者越发注重突出自己的商业形象与商业行为。他们深知消费者需求是物质需求和精神需求的统一体,购物不仅是获得商品的使用价值以满足某种生理上的需要,同时更希望获得一种美好的、愉悦的心理享受。

于是，在内部消费环境的设计与建设上已从经营商品转向经营顾客，从出售商品转向出售温馨的感觉、愉快的体验。各大商场的内部消费环境已呈服务全面化、设计人性化、生活艺术化、和谐化的发展趋势。

1. 专业化与综合化

未来商场提供的服务将更多地表现为综合性服务，即集购物、休闲娱乐、餐饮为一体，让你足不出店，就能享受到全程的服务。商场内部的画廊、健身俱乐部、创作坊，如今已成为青年人新的生活消费内容。为进一步满足消费者购物休闲，促进其体验，以便于贴近消费者，商场在提供综合性服务的同时，还必须开发各种专业化服务，以提高服务质量。

2. 艺术化与生活化

越来越多的消费者评价和购买商品时更注重商场的第一印象、综合感觉。商场的品位、格调、空间视觉、背景音乐、气氛等组合的综合感觉所产生的情感、态度影响着消费者的购买决策。随着消费需求的多功能化、个性化、高层次化的发展，商场空间的营造应该富有一定的情感和精神，只有这样，消费者才能触景生情，并产生情绪化的愉悦感受。

3. 人性化与科学化

随着经济与生活环境水平的提升，人们休闲购物的时间越来越充裕，如何在有限的商业空间内提供合理的、人性化的且有效率的商业环境，是抓住消费者心理的重要因素。未来商场的售货方式是应尽可能地让消费者直接与产品接触的开架式的销售方式，在设计展台、展柜及商品的摆放上，应充分考虑消费者购物的体验与感受。

4. 自然化与和谐化

营造安全、公平交易、重视节能与环保的自然的、和谐的内部消费环境，让广大消费者敢于消费、乐于消费，不仅关系到广大人民群众的健康，也是扩大内需，促进经济发展的现实需要，同时也是实现政府、企业、消费者三者共赢的必备条件。

当前，人类已进入了一个以经济全球化、信息化、网络化为标志的历史时期，在这一背景下，商场给消费者提供的消费环境已发生了新的变化。自动收款机、电子商务、物流配送等现代化经营手段，将进一步推动消费者的消费内容与消费方式的更新。

相关链接 　　　　　　　星巴克的情境享受

美国人在家里喝了上百年咖啡，星巴克在市场卖了十多年咖啡豆。星巴克弄明白一个道理，放松的环境、空间、心情转换才是咖啡店真正吸引顾客一来再来的精髓。大家要的不是一杯咖啡，而是渴望享受咖啡的时刻。星巴克不仅懂得这个道理，而且尽心地去经营。它不只是在卖一杯咖啡，而是在卖喝咖啡的体验，致力于占领人们在家庭与办公室之外的第三个滞留空间。走进星巴克现场，钢琴演奏、欧美经典音乐背景、流行时尚刊物、精美欧式饰品等配套服务，柔和的灯光、软软的大沙发与木制桌椅，找一张随便就可以坐下，就可静静地放松在音乐混着纯净咖啡香的气氛中。如果你是常客,不用开口,店员就会送来你习惯的饮料,在陌生人群中享受一点熟悉的礼遇。

让消费者感到轻松、安全的地方也是归属感的地方——这就是星巴克。

资料来源:(美)德尔I·霍金斯.消费行为学.北京:机械工业出版社,2011.

模块小结

本模块介绍影响消费者行为的社会文化因素与营销环境因素。文化具有后天习得性、动态性、共享性、规律性等特点。文化价值观念对消费行为会产生重要的影响。根据人口特征、地理位置、政治信仰、宗教等因素的不同,可以将文化划分为几个亚文化,如民族亚文化、地域亚文化、职业亚文化、性别亚文化、年龄亚文化等几个方面。同一亚文化群内的消费者在购买决策、购买习惯上有相似的特征。

营销环境包括商场地理位置、商场外部形态、商场内部布置与陈设等几个方面,它们对消费者心理与行为有直接的影响。商场选址要考虑商圈内商业活动的频率、交通状况、发展潜力等原则。商场店名、店门、橱窗要根据商场经营范围、经营特性来设计,要遵循消费者识别、记忆、审美等原则,以达到宣传、销售商品的目的。商场的内部陈列要讲究方法,注意清洁整齐、疏密有致,方便消费者观看、挑选。

营销环境的完善还包括辅助设施系统的建立。辅助设施是指商场内为消费者提供非商品销售的服务性设施。分为硬件系统与软件系统,硬件包括休闲坊、儿童托管、商品咨询等设施的建设与配备;软件系统包括气味、音响、色彩、灯光等方面的设置。提供良好的购物环境与服务设施,有助于商场吸引消费者,扩大销售。

主要名词

生活方式　商店选址　商店招牌　橱窗设计　商品陈列　辅助设施

自测试题

一、判断题

1. 消费者行为主要受主观因素的影响,与客观因素、企业内外部环境无关联。(　　)
2. 生活方式对消费者行为具有一定的影响,不同生活方式的消费者在消费行为方面存在的差异不大。(　　)

3．商品陈列要注意提高商品的能见度，便于消费者挑选。（　　）

4．企业选择目标消费者要注意了解不同消费者的生活方式。（　　）

5．商店不仅销售商品，还应当销售愉悦。（　　）

二、单项选择题

1．商店外观设计的前提是进行（　　）。
　　A．消费心理研究　　　　　　　　B．消费经济研究
　　C．消费环境研究　　　　　　　　D．交通设计研究

2．不同地区的人们的生活方式（　　）。
　　A．大体相似　　　B．差异较大　　C．差异较小　　D．完全不同

3．在购物环境的研究中，一般认为对消费者的购买行为产生直接作用的是（　　）。
　　A．店内环境　　　B．店外环境　　C．经济环境　　D．社会环境

4．自选商场店面设计大多采取的方式是（　　）。
　　A．大招牌、大店门、大橱窗　　　B．大招牌、小店门、大橱窗
　　C．小招牌、大店门、大橱窗　　　D．小招牌、小店门、大橱窗

5．农民的消费心理和行为具有的主要特征是（　　）。
　　A．强调商品的实用性　　　　　　B．具有强烈的求廉动机
　　C．具有强烈的现代性　　　　　　D．比较偏爱规格较大的商品

三、多项选择题

1．随着市场经济的繁荣发展，消费群体表现出的新的消费文化心理特征包括（　　）。
　　A．低俗化　　　　B．新俗化　　　C．市场化
　　D．氛围化　　　　E．庸俗化

2．商业企业店外环境设计的内容包括（　　）。
　　A．店址选择　　　B．照明设计　　C．橱窗陈列
　　D．建筑物造型设计　　E．建筑物结构设计

3．经营耐用消费品或特殊商品的大型综合商场宜设置在（　　）。
　　A．社区中心　　　B．商业中心　　C．金融中心
　　D．文化中心　　　E．市场中心

4．店内软环境设施主要包括（　　）。
　　A．气味　　　　　B．声音　　　　C．色彩
　　D．照明　　　　　E．微气候

5．商品陈列一般应遵循（　　）的原则。
　　A．上浅下深　上小下大　　　　B．上便宜下贵，左便宜右贵
　　C．前浅后深　前小后大　　　　D．前暗后亮　　　　E．前便宜后贵

四、简答题

1．简述影响商店选址的主要因素。

2．简述商品陈列的方法。

3．简述店内装饰设计的心理效应。

4．简述音响促销时应注意些什么。

五、论述题
试分析比较不同类型商店顾客的购买心理。

案例分析

改善营销环境，满足"上帝"情感需求

某超市营业面积约260平方米，位于居民区的主要街道，附近有许多同类商场和超市，与同等面积的商场相比，该超市营业额与利润并不理想。通过询问部分顾客得知，顾客认为店内拥挤杂乱，商品质量差、档次低。听到这种反映，该超市的经理感到很诧异：我们超市的顾客没有同类超市多，生意较差，怎会拥挤呢?本店的商品货真价实，与其他超市相同，怎么会质量差、档次低呢？经过对超市购物环境分析发现：该超市商品柜台放置不合理，顾客不易找到所需商品，因而显得杂乱；为了充分利用商店空间，柜台安放过多，过道过于狭窄，购物高峰时就会显得拥挤，顾客不愿入内；商场灯光暗淡，货架陈旧，墙壁多年未粉刷，优质商品放在这种背景下也会显得质量差、档次低。为了提高竞争力，超市的经理很快拿出一笔资金对商店的购物环境进行了彻底改造。整修重新开业便取得了很好的效果，第一个星期的销售额和利润就比过去增加了70%。

案例讨论

1. 该超市原先的购物环境存在哪些问题？忽视了营业现场设计的哪些心理效应？
2. 该超市购物环境改造后满足了消费者的哪些心理需求？

实训练习

1. 了解你所熟悉的商店，说明该店的布局设计和内外部装饰是如何迎合消费者心理的。
2. 选择大家熟悉的几家大型商场，对其店址的选择、商店的建筑、招牌的命名、内部装饰进行调查分析，比较其优势。

模块十一

巧妙沟通消除消费障碍

内容提要

模块十一主要介绍营销服务售前、售中、售后三阶段的心理及策略；公共关系、营销人员与消费者的沟通；以及消费者拒绝购买态度的分析与转化。

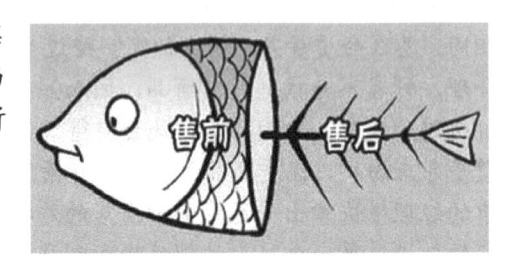

教学重点和难点

营销服务售前、售中、售后三阶段的心理及策略；营销人员与消费者的沟通技巧及接待技巧、消费者拒绝购买态度的转化。

学习目标

知识点：售前服务、售中服务和售后服务；沟通技巧；顾客拒绝购买态度的形成与化解。

能力点：掌握营销服务基本策略的应用能力；掌握沟通技巧及接待技巧；工作中接待好不同类型拒绝购买的顾客，满足消费者的心理需要，合理转化。

导入案例　　奔驰服务培养忠诚

德国奔驰公司是享誉世界的汽车制造商，它之所以能屹立于汽车业界长盛不衰，除了引进领导潮流的创新技术，推出新卖点（大打"安全牌"、环保至上）之外，与其无处不在的服务促销是分不开的。

（1）奔驰公司的服务促销从生产车间开始。一般的服务促销都是售后的，而奔驰公司的服务从生产车间就已经开始了。厂里在未成型的汽车上挂有一块块的牌子，分别写着顾客的姓名、车辆型号、式样、色彩、规格和特殊要求等。不同色彩、不同规格、乃至在汽车里安装什么样的收录机等千差万别的要求，奔驰公司都能一一给予满足。据统计，奔驰车共有 3 700 种型号，极大地满足了顾客的需要。奔驰公司十分重视争取潜在的客户。它瞄准未来，心理争夺战竟从娃娃开始做起。每个来取货的顾客驱车离去时，"奔驰"赠送一辆可作为孩子玩具的小小奔驰车，使车主的下一代也能对奔驰车发生兴趣，争取一代代都成为奔驰车的客户。这样，顾客买奔驰车首先买到了满意的质量和服务。

（2）奔驰公司的售后服务无处不在。周到的售后服务，使奔驰车主没有半点烦恼。在德国本土，奔驰公司设有1 700多处维修站，雇有5.6万人做保养和修理工作。在公路上平均不到25千米就可以找到一家奔驰维修站。国外的维修点也很多。据统计，它的轿车与商业用车在世界范围内共有5 800个服务网点，提供保修、租赁和信用卡等服务。国内外搞服务工作的人数竟然与生产车间的职工人数大体相等。

奔驰一般每行驶7 500千米需要换机油一次，行驶1.5万千米需检修一次，这些服务都可以在当天完成。从急送零件到以电子计算机开展的咨询服务，奔驰公司的服务效率令顾客满意、放心，并因此培养出大批品牌忠诚的消费者。

资料来源：卢泰宏等著. 实效促销SP. 广州：广东旅游出版社，2000.

结合上述案例，想一想你在日常消费过程中，营销服务对消费者心理有什么影响？营销服务在企业核心产品中起着什么作用？等等。

学习完本模块的内容，你就可以知道营销服务的重要意义了。

单元一 营销服务

营销服务是指商品在销售前后，为最大限度地满足消费者需要而采取的各种措施，是伴随商品流通（商流和物流）而提供的劳动服务。营销服务是售前、售中、售后服务构成的体系。正如杰克·韦尔奇所说："企业的存在就是向客户提供服务，发现客户的需求并满足它，任何企业最重要的问题都是如何做好客户服务。"

相关链接　　　　　　　　海尔的服务营销优势

海尔的营销网、物流网、服务网，覆盖了全国大部分城市社区和农村市场，海尔在全国建设了7 600多家县级专卖店，2.6万个乡镇专卖店，19万个村级联络站，可以保证农民不出村就知道家电下乡，不出镇就能买到下乡产品。海尔在全国建立90余个物流配送中心，2 000多个二级配送站，可以保障24小时之内配送到县，48小时之内配送到镇，实现即需即送、送装一体化。海尔在全国共布局17 000多家服务商，其中，在一、二级市场建立了3 000多家服务商，三级市场建立了4 000多家服务商，四级市场建立了1万多家乡镇服务站，可以保障随叫随到，为用户提供及时上门、一次就好的成套精致服务。海尔的三网融合的优势保障了企业与用户的零距离，不仅有效支持海尔产品的营销，还成为国际家电名牌在中国市场的首选渠道。

一、售前服务的心理策略

1. 售前服务的含义

售前服务是指产品从生产领域进入流通领域，但还未与消费者见面之前提供的各种服务。例如，为消费者提供产品说明书，根据用户的需要提供勘察、设计，代为用户设计合适的型号、规格；进行技术咨询；售前技术培训；一些大商厦提供销售路引说明；一些食品商店实行先尝后买、提供盛器等便民措施，都是主动拉住消费者的售前服务工作。

售前服务是整个商品交换过程的重要活动，是争取消费者的重要手段，通常要抓好三件事：一是搞好市场调查与预测；二是采购适销对路的商品；三是搞好宣传，加强消费引导。售前服务工作主要包括货源供应、商品的运输、贮存保管、再加工、广告宣传、拆零分装、柜台布置、商品陈列、咨询、培训等服务工作。开展这些服务项目，可以使消费者购买目标由模糊到明确，做出买与不买、买什么牌子的决策，可以使许多潜在的消费者变成真正的消费者。

相关链接　　　　自动洗碗机

美国通用汽车公司、惠普公司、威斯汀豪斯公司及西尔斯公司等在初期推销自动洗碗机时没有得到顾客的青睐——人们不相信洗碗机能洗好碗。无论这些公司怎样宣传，都不能消除人们的偏见，销售情况很不妙，甚至已经威胁到洗碗机的生存。在这种情况下，通用公司经研究后，果断地改变了推销策略，由全面出击改为重点突破，转向建筑公司和建筑承包商，把洗碗机打折卖给他们，将其装在建筑的楼房里，供那些家庭主妇们免费使用。这一招果然奏效，洗碗机慢慢地被家庭主妇们接受，并在她们的大力支持下迅速进入了千家万户，遂渐成为家庭不可缺少的生活用品，从而大大打开了销路。

2. 售前影响消费者心理的因素

营销之父菲利普·科特勒把消费者在购买消费之前的心理活动称为"神秘的暗箱"。经营者只有打开暗箱、洞悉消费者的心理活动，才能在商战中占有一席之地。一般而言，售前影响消费者心理的因素主要有以下几个方面。

（1）社会文化。文化是人类生存和发展方式的体现，人们要进行怎样的消费、优先满足哪些需要、如何满足、采取什么行为，无时不受到文化的影响。人们在生存、发展过程中，会有各种各样的需求，而需求的内容则是由文化影响或决定的。同样，人们会产生各种行为活动，但活动的方式也是文化的。文化通过满足人们的心理需要、个性，为人们解决问题，参与社会活动，确定了顺序、方向和指南。

（2）流行时尚。流行所包含的内容十分广泛，有物质产品的流行、精神产品的流行及思想观念的流行等。在消费活动中，没有什么比消费流行更能引起消费者的兴趣了。例如，

在 2001 年 APEC 上海峰会上，APEC 的领导人身上穿"唐装"亮相，迅速引发了全国甚至全世界范围内的"唐装热"。

（3）消费群体。不同的群体往往有不同的价值观念、生活方式、行为准则，从而形成不同的群体规范，而这一切对消费者的消费心理与购买行为有着重要的影响。由于相关群体的范围非常广泛，所以消费者无时无刻不受到它的影响，其大小取决于消费者在群体中的地位、对群体的忠诚与信任等因素。

（4）商品设计。在商品的设计过程中，要特别重视研究商品能否适应消费者的心理需求、功能需求，能否引起消费者的兴趣与购买欲望。例如，日本汽车制造商把出口欧美国家的轿车设计为车内宽敞，座位靠背的角度可自动调节的形式，适应了欧美人身材高大的特点，乘坐极为舒适，很受进口国消费者的欢迎。

（5）商品广告。随着商品经济的发展，广告已成为人们经济生活中不可缺少的组成部分。人们每天要接受大量信息，其中主要是广告信息。这些广告信息不仅对人们的购买行为产生了重要影响，甚至连人们的消费习惯、生活方式也受到了不同程度的冲击。

3. 售前服务策略

（1）文化策略。文化环境对消费者行为的影响是潜移默化的，由于文化背景、宗教信仰、道德规范、风俗习惯及社会价值标准不同，在消费观念及消费行为方式上会表现出明显的差异。例如，日本彩电制造商在美国推销其新产品时，用了一个穿三点式的美女形象，获得了成功。随后，其在中东地区开辟新市场时，仍沿用了在美国的做法，结果一败涂地。究其原因是阿拉伯地区的妇女非常保守，身着比基尼的美女形象很容易引起当地人的反感。由此可知，企业应主动适应目标市场所在国的文化传统，尊重消费者特有的风俗习惯、宗教信仰和消费偏好等。

（2）流行策略。流行是社会生活中的重要现象，也是影响消费者购买行为的重要因素。由于流行具有一种特别的性质——从众性，所以，特别适合用作促销策略。20 世纪 90 年代，风靡京沪等地的跳舞毯就是一个很好的例子。商家利用青少年喜欢跳舞这一卖点，开发了跳舞毯这一新产品，投入市场后立即受到青少年的青睐，并迅速蔓延开来，一时之间非常流行。

（3）家庭策略。消费者购买活动很多是以家庭为单位进行的，但是，购买决策是由家庭中的某一个或某几个成员决定。虽然一件商品从需求到购买、使用往往会受到全部家庭成员的影响，但每个成员在其中所起的作用是不同的。企业可以印刷一些有关产品的小册子或单页资料，分发给消费者，让家庭成员更好地了解企业产品或服务从而诱导消费。

（4）设计策略。新产品的设计与生产应做到：符合社会流行，满足消费者的求新心理；具有艺术魅力，满足消费者的审美需求；具有多种功能，满足消费者的享受心理；具有象征意义，满足消费者的个性心理；赋予威望特征，满足消费者的自尊心理。例如，海尔冰箱的多区精准控温技术，可以将食物按照不同的存储温度要求分置于各温区，满足各类食物对温度保鲜的不同要求，自然赢得人们的青睐。

(5) 广告策略。广告作为企业与消费者之间的重要媒介，具有诱导、认知、教育、促销等功能。随着广告业的不断发展，广告的形式越来越多，应用越来越广泛，作用也越来越大。例如，"鄂尔多斯羊绒衫，温暖全世界"、"人类失去联想，世界将会怎样？"……这些广告触动人心，打动受众。

二、售中服务的心理策略

1. 售中服务的含义

售中服务是在商品销售成交过程中为消费者所提供的各种服务工作。其主要内容包括介绍商品、充当参谋、付货与结算。其核心是为消费者提供方便条件和实在的物质服务，让消费者体会到占有商品的愉悦。由于消费者对商品的需求是千差万别的，所以对商品的售中服务的要求也是多方面的，重要的是为消费者提供受尊重感，从而增强购买的欲望，在买者与卖者之间形成相互信任，建构融洽而自然的气氛。

2. 售中影响消费者心理的因素

（1）商品价格。商品价格是商品价值的货币表现，是消费者购买活动中最重要、最敏感的因素。价格合理与否，不仅关系到企业的生产经营，也关系到广大消费者的切身利益。价格是影响消费者购买心理的最重要的因素。它具有以下几点心理功能：①商品价格具有衡量商品价值的作用；②商品价格具有消费者自我意识的比拟作用；③商品价格具有刺激或抑制消费者需求的作用。

（2）柜台服务。柜台服务即销售服务，是商店营业员销售商品的过程，也是为消费者服务的过程。良好的柜台服务不仅会扩大商品销售、增加企业盈利，而且还会增加消费者的信赖，树立企业的声誉。柜台服务不仅包括营业员的服务技巧、服务态度、服务方式，更重要的是要研究、分析营业员的服务会对消费者行为产生哪些影响，以及如何针对消费者心理活动的变化提供恰当的服务，满足消费者多方面的需求。

（3）商品包装。商品包装在现代市场销售活动中的地位越来越令人瞩目。企业正是靠包装才把成千上万的商品装扮得五彩缤纷，更富有魅力。包装不仅成为商品本身的一个重要组成部分，也成为影响商品销售的主要因素，成为现代商品推销的最有效的方法和手段之一。商品包装对消费者购买心理的影响主要表现为：①指示功能；②信任功能；③便利功能；④美化功能；⑤联想功能。

（4）商品名称与商标。商品名称不仅是消费者借以识别商品的主要标志之一，而且是引起消费者心理活动的特殊刺激物。一个好的商品命名，不仅有助于消费者了解商品的特点、记忆商品的形象，还会引发消费者的兴趣，增强对商品的喜爱。

商标是指在商品或服务项目上所使用的，用以识别不同生产者、经营者所生产、制造、加工、拣选或者经销的商品或者提供的服务，由显著的文字、图形、字母、数字、三维标志、颜色组合或者上述要素的组合构成的可视性标志。商标具有排他性、标记性、地域性和竞争性的特征。

商标是区别不同商品生产者、经营者和经营商品的特定标志。正因为商品具有多种功能，所以它不仅起着把某一商品与其他同类商品区别开来的作用，同时也起着传达商品信息、促进商品销售的作用。因此，有人将商标称为"微型广告"。

【与相关课程的联系】

《商标法》第3条规定：经商标局核准注册的商标为注册商标，商标注册人享有商标专用权，受法律保护。《商标法》是经济法课程中的重要内容之一。

（5）店容与店貌。所谓店容与店貌是指商店内外的容貌、面貌。这是给消费者在购买活动中第一印象的客观事物，往往会引起消费者的不同感受，对经营效果产生微妙的影响。好的店容与店貌就是好的广告，它会招徕更多的消费者，使其对商店所经营的商品产生一定的信任与偏爱，引起购买欲望。因此，研究店容与店貌及其对消费者心理的影响，是一个很重要的课题。

3. 售中服务策略

（1）价格策略。价格策略在家电销售中可以称得上是使用最为频繁的策略，"降价销售"、"限时特价"、"限量低价销售"、"买一送一"等，都是商家惯用的招数。价格策略并非一味强调低价，高价促销也是方法之一，并已逐渐成为近年来国际、国内市场上较为流行的定价策略。消费者的消费水平提高后，其购买心理也发生了较大的变化，"不怕价格高，但求产品好"已成为一种主要的购买趋向。

（2）包装策略。包装作为商品的附属物，其作用已不仅是保护商品，更重要的是起美化商品、诱导消费的功能。据一些经济发达国家对消费者购买行为的研究表明，有60%的人在选购商品时，是受包装的吸引而来的。例如，某空调的外包装以一幅清新明快的自然风景为背景，给人一种凉爽自在的感觉，自然就容易引起消费者的注意和好感。

（3）服务策略。服务的内容非常广泛，包括营业员的仪表、言语、举止以及态度等很多方面。而在销售过程中，服务的好坏往往会直接影响到消费者最终的决定，有一位成功的企业家曾写下过这样一个颇具哲理的等式：100-1＝0，其寓意是：职员一次劣质服务带来的坏影响可以抵消100次优质服务产生的好影响。

（4）便捷策略。消费者对售中服务期望的一个重要方面是追求方便、快捷。主要体现为：减少等待时间，尽快受到接待，尽快完成购物过程；方便挑选、方便交款，方便取货；已购商品迅速包装递交，大件商品送货上门，安装、调试。

（5）品牌策略。品牌策略既包括企业形象，又包括商品形象。企业形象的好坏会直接影响消费者的选择。举个简单的例子，提到手机，我们马上就会想到三星、苹果手机等知名品牌，原因很简单，即这些企业平时给消费者留下的是良好的印象，而它们的产品也都是家喻户晓，市场占有率颇高。因此，如果消费者想买手机，首先考虑的就是这些品牌。这些其实都是成功地塑造了企业形象所带来的结果。

三、售后服务的心理策略

相关链接　　售后服务将成为汽车竞争胜败的关键

以服务促市场，历来是现代汽车品牌的制胜法宝。1999年，现代汽车在美国推出所谓的"现代优势"，对其所有新车免费提供10年/10万英里的动力系统保修计划，计划一出台，市场哗然。但是市场效果却远超预期，到2003年，现代汽车在美国的市场销售已超过40万台，五年中平均年增长率高达35%，现代汽车也从此走出了困境。

1. 售后服务的含义

售后服务是指生产企业或零售企业为已购商品的消费者提供的服务，也就是在商品到达消费者手中、进入消费领域后，还要继续提供的各项服务。售后服务的主要内容有：其一是提供知识性指导及咨询服务；其二是帮助运输、进行安装、调试、维修及培训操作人员；其三是维持和增加消费者的软性服务。这些都是使商品真正发挥效用的必不可少的服务工作，实际上是企业生产功能的延伸。许多商品的缺陷，正是通过这种服务工作才能得到弥补，恢复其使用，同时挽回企业的信誉。

售后服务既是促销的手段，又充当着"无声"的广告宣传员的工作。而这种无声宣传所达到的境界，比那些夸夸其谈的有声宣传要高明得多。例如，小天鹅的"12345"特色服务，海尔的"三全"服务，都成为企业走向成功的一把金钥匙。

2. 消费者购后心理

消费者购物后的心理活动，主要是指在要求退换商品、反映商品的质量、询问使用方法、要求对商品进行维修、保修服务等过程中产生的心理感受，大致有如下几种心理。

（1）评价的心理。消费者在购买商品或接受服务后，会对商品的性能是否良好，使用是否方便，实际效果与预期是否接近等方面进行评价，进而获得满意或后悔等心理体验。

（2）试探的心理。消费者在要求退换商品时，由于各种因素的影响，消费者对所购商品的评价可能会出现摇摆不定的情况，首先试探商店的态度，以便进一步做出决断。

（3）求助的心理。消费者在要求送货安装、维修商品、询问使用方法和要求退换商品时，多会表现出请求给予帮助的要求，购买心理不稳定的消费者容易发生这种情况。

（4）据理力争的心理。消费者在要求退换商品和进行商品维修时，大吵大闹，摆事实讲理由，性格活跃、激进和自尊心强的消费者容易发生这种情况。

"真正的销售始于售后"。在成交之后，销售人员应当关心消费者，向消费者提供良好的服务。这样既能够保持老顾客，又能够吸引新顾客。

3. 售后影响消费者心理的因素

商品售出之后，并不意味着厂商已经完成了任务，因为仍有不少因素会影响消费者的心理，以至对产品将来的销售和厂商在消费者心目中的形象产生直接的影响。其中，"售后服务"是最为重要的因素。

（1）运输与安装。提供从销售到运输、安装、回访一条龙的服务，对商家而言可能会增加一定的成本，但对消费者而言，既避免了运输途中不必要的损耗，又省去了安装的烦恼，着实方便了不少。这样会消除消费者的后顾之忧，促进购买行为的实现。

（2）维修与保养。对于高档消费品的维修与保养特别重要。例如，家电商品运输不易，所以绝大多数厂商均采取上门维修与保养，这也为消费者提供了不少方便。

（3）承诺与兑现。企业要兑现在广告中或在销售过程中对消费者所做的口头或书面的服务保证。因此，承诺与否，以及承诺的内容应该根据厂商的实际情况量力而定，做诚实守信的商家，提供超值服务。

（4）真诚与持久。生产企业或零售企业以恰当的媒介渠道准确、真实、易于理解地进行信息传递、沟通，关心消费者需求，始终如一地坚持提供优质服务。有很多消费者反映自己原来购买的商品生产厂家已不存在或与其他厂家合并了，产品牌子也换了，他们担心其售后服务会发生变化。企业重组或强强联合已成为一种趋势，做到"换品牌不换服务"才能赢得消费者的信任。

4．售后服务营销策略分析

（1）服务网络。企业可以通过建立广泛的服务网点，开通800免费电话等方式，向消费者提供及时有效的售后服务。例如，飞利浦公司先后在北京、上海、苏州建立技术服务中心，在全国400多个城市设置500个特约维修站。以技术中心为枢纽组成的服务网络，可以为全国用户提供技术服务、售后服务。同时，在22个城市开通了24小时免费服务热线，服务站提供的服务包括免费安装调试和保修期内的彩电上门服务。

（2）优质服务。现代企业的服务体系虽然在日趋完善，但消费者还是欣赏优质、可靠的服务。①送货服务。对购买较笨重及体积庞大的商品，或一次购买量过多、自行携带不便以及有些特殊困难的消费者等，要提供送货服务。②"三包"服务。"三包"服务是指包修、包换、包退。包修是指对消费者购买本企业的商品，在保修期内实行免费维修，超过保修期限则收取维修费用；包换是指消费者购买了不合适商品可以调换。包退是指在消费者对购买的商品经两次修理仍未达到要求或对购买的商品有其他约定时，能保证退换。③安装服务。消费者购买的商品，有的在使用以前需要进行安装调试，由企业派人上门服务，免费安装，当场试用，保证出售商品的质量，这也是售后服务的一种主要策略。④包装服务。商品包装是为消费者服务中不可缺少的项目。商品包装的形式多种多样，如单独商品包装、组合商品包装、散装商品的小包装、礼品包装等。⑤提供知识性指导及产品咨询服务。消费者在购买后的商品使用中，经常遇到这样或那样的问题，企业要负责解答、指导，以保证商品的使用寿命。⑥承诺与赔偿策略。"缺一罚十"、"假一罚百"等广告语大家想必都不陌生，这正是商家做出的保证消费者售后利益的承诺，也是典型的赔偿策略。

美国IBM的经营主旨是"IBM就是最佳服务的象征"。公司坚信："争取订单其实是最容易的一个步骤，售后服务才是真正的关键所在。"

（3）创新服务。企业通过服务创新，向消费者提供超过预期的、更周到的服务。其一，提供个性化服务。随着生产技术的进步，柔性制造系统已能按客户的个性化需求生产个性化产品。例如，DELL 通过客户化定制满足了不同客户的个性化需求，使企业一跃成为名列前茅的 IT 供应商和服务商。其二，构建网络服务平台。充分利用网络优势，发布和获取信息，在网络上帮助客户解决问题，提供服务。例如，海信集团第一个在家电业推出了自己的服务品牌——"天天服务系统"。"天天服务系统"超越了传统的维修服务，把服务当作贯穿企业经营全过程的理念。

（4）爱心服务。企业销售人员应在售货后继续不断地关心消费者，了解他们对商品的满意程度，虚心听取他们的意见；对产品和推销过程中存在的问题，采取积极的补救措施，满足消费者的合理要求。与消费者保持密切联系，可以赢得他们的信任，战胜竞争对手。例如，美国著名推销大王乔·吉拉德每月要给他的 13 000 名顾客每人寄去一封不同大小、格式、颜色的信件，以保持与顾客的联系，他的做法赢得了顾客的信赖，取得了骄人的销售业绩。

【与相关课程的联系】

营销服务在《企业战略管理》提高竞争力、《推销技术》、《网络营销》和《销售管理》等课程中都被广泛重视，还有的学校专门开设《服务营销》课程。

单元二 营销关系与消费心理

相关链接 迪士尼乐园的电子等候牌

著名的迪士尼乐园在娱乐设施方面受人称道，它在顾客满意度创造与控制方面也非常独到。各种节假日迪士尼往往人满为患，排队成了一大问题。迪士尼为此设计了一个电子等候牌，放置在通道口，上面显示了如果从此处开始排队，大约还需要多少时间。这项设施可以方便顾客自由选择那些等候时间相对较少的项目，同时可以减少排队人员的心理焦躁感，但奥秘还不止于此，当终于轮到你的时候，你会惊喜地发现，你实行排队的时间与电子等候牌提示要少了十分钟左右。其实，这是迪士尼的一个巧妙设计，目的就在于"做到的比承诺的多一点"，让顾客感受到额外的惊喜和收获。

一、公共关系心理

公共关系是企业经营与发展的重要战略内容，是企业或组织为了促进其产品的销售，使用信息传播手段，与企业内外公众进行双向信息沟通，寻求消费者对其产品的了解、信任、支持和合作，以树立企业及产品良好的形象和信誉而采取的有计划的公关活动。公共关系之所以引起企业的重视，主要是因为公共关系除了具有其他促销方式同样的沟通作用外，还具有其他方式不能替代的功能，是现代企业的重要管理职能。

1. 公共关系心理及特点

公共关系心理是指与公共关系行为，以及与公共关系活动相关的心理现象。公共关系心理的基本特征是不受年龄、性别、社会角色的制约，也不是某种心理过程或某种个性心理的专论，而以是否与公共关系行为和公共关系活动相关为依据。作为特定的公共关系领域中的心理现象，公共关系心理本身具有四个特点。

（1）可知性。公共关系活动的过程，从心理学的角度来看就是寻求沟通、理解和支持的过程。能否达到互相沟通、互相理解和互相支持的目的，首先取决于正确地认知和把握公众心理；同样，根据公众心理和公共关系活动的要求，有意识地调整和改善自身的心理，也需要以认识自身的心理为前提。

（2）情感性。公共关系活动是情感色彩很强烈的活动。公共关系主体为了与公众建立良好关系而开展公共关系活动，提高知名度，树立和改善自身的形象，通俗地说就是扩大影响，获得好感。感情沟通不能像进行思想工作那样把"以理服人"当作主要的手段，而应把"以情感人"放在第一位。"精诚所至，金石为开"，用真情来感染公众、感化公众，是开展公共关系活动的要旨。

（3）自利性。公共关系心理的自利性不是指狭隘的个人主义的自利性，而是指公共关系主客体双方维护自身利益的自然要求。公共关系主体谋求的是自身的知名度，而不是客体的知名度；它要树立和完善的是自身的形象，而不是客体的形象。公共关系客体在双边进行的活动中也不是被动的，它可以把自己看作公共关系的主体，以主体的身份出现。公共关系活动作为双边的活动，以维护各自的自身利益为前提。维护自身利益的心理贯穿于公共关系活动始终，渗透和作用于公共关系活动的全过程。

（4）广泛性。公共关系心理的广泛性较之其他心理学分支的研究对象更明显、更突出。例如，与管理心理学、宣传心理学和商业心理学比较，公共关系心理兼容管理心理和宣传心理；公共关系又不仅是商业范围内的公共关系，公共关系心理的外延比商业心理外延的覆盖面更广。随着我国改革开放的发展，人们对公共关系的地位、功能、作用的认识将更加深化，自觉地开展公共关系活动将成为越来越多组织机构的要求，公共关系心理的广泛性也将得到进一步的显示。

2. 消费者公众的心理特征

（1）信誉和形象是企业生存之基。企业形象就是指社会公众和企业职工对企业整体的印象和评价。现代企业都十分重视企业形象，良好的企业形象是企业无形的资产和财富。另外，当企业树立了良好的信誉和形象之后，它又反作用于消费者公众的心理，促进其对本企业的信任和依赖；或者通过消费者的相关群体传播这方面的信息，使众多的消费者对本企业的良好信誉和形象取得认同。这样，广大消费者就会成为本企业的忠实顾客，他们通过购买本企业商品达到心理上的满足。

（2）信息和沟通是企业发展之道。信息对现代企业来说是至关重要的，没有信息，企业就寸步难行。在现代企业经营管理中，要建立自己的信息系统和信息网络，有计划地、长期地向公众传递企业的真实信息，也要随时监测环境变化，对外界的信息及时做出反应，做好危机处理。在信息的收集、传播中，既要报喜，也要报忧；既不能文过饰非，又不能哗众取宠，使消费者产生信任，营造产品和企业的知名度，树立企业形象。

（3）承诺和保证是企业成功之要。承诺和保证是企业的权利，也是消除消费者公众各种疑虑的手段。例如，保证商品的质量完全符合说明书所表明的功能和效果，则能消除消费者对商品质量的疑虑；保证商品的售价在本地区是最低的，则能消除消费者上当受骗的怀疑等。在产品推销中，要根据消费者公众的心理疑虑采取多种形式的保证措施，废除虚假的所谓"保证"和毫无意义的诺言，做到言必行、行必果。

3. 公共关系心理的策略

公共关系心理的策略是企业公共关系策略的重要组成部分，对现代企业来说，采取一系列促进消费者公众认知的策略，有利于树立良好的企业信誉。

（1）增加企业的透明度。企业的透明度是指企业各项决策和行为能被公众感知和理解的清晰程度。公众只有对企业看得清，才能看得准；只有看得准，才能同企业建立良好的关系。因此，企业应当注意增加透明度，提倡开诚布公。为了增加企业的透明度，让公众更多地了解企业，可以考虑以下具体策略。

① "敞门"。不少企业为了搞好社区关系和员工关系，实行一种"敞门"（Open House）政策，即有计划地组织社区居民和员工家属参观企业，以增进这些公众对企业的理解和感情。例如，我国的一些企业组织消费公众参观企业、座谈，听取合理化建议，加深了公众对企业的印象，增进了消费公众的信任。

② "对话"。我国不少企业近年来在企业内外广泛开展了"对话"活动，并逐步形成了制度。企业通过与公众对话，可以清楚地解释企业的经营方针、经营决策、发展规划和企业面临的困难等，从而博得公众的谅解和支持。例如，某日用化学品厂就一种洗发液的含铅量问题同电视台记者对话，通过一问一答，只花几分钟就把问题解释清楚了，消除了消费者公众的疑虑，也维护了产品的声誉。

③ "安民告示"。企业可以经常地、主动地向公众发布企业的情况，以求得公众的理解和信任。例如，广东大亚湾核电站为了消除香港公众对这个项目的疑虑，坚持向香港居民公布工程建设的质量情况。有一次，施工中少放了几根钢筋，虽然当时如果不公布，外界也不会知道，但大亚湾核电站仍然坚持公布，并坦率地做了检讨、提出了措施。这种做法，深得香港各界人士的称赞。

相关链接　　　　　　　　鸽子事件

美国联合碳化钙公司有一幢 52 层的新大楼竣工了。如何尽快地将这个消息告知公众当然事关企业的知名度。可是新盖大楼对于社会来说根本不算什么新闻。他们想过诸多办法均不如意。

正在此时，一大群鸽子飞进大楼的一个房间，把那儿当作了自己的家，并把粪便弄得到处都是，管理人员建议尽快把它们轰出去。公关顾问却立刻找到了灵感：一大群鸽子飞进52层大楼本身就是件不错的新闻，于是下令关闭那个房间的门窗开始导演一出好戏。

首先，电话联系动物保护委员会，请其派人处理此事。此时鸽子已经成了自觉保护动物、维护生态平衡的一种象征。接着，通知记者。各大媒体都认为确是一条挺有价值的新闻，纷纷前来。鸽子三天才被捕完，新闻报道也进行了三天，比竞选总统还热闹。

结果，联合碳化钙公司大楼声名大振，公司领导频频亮相，大大增强了公司的知名度。"鸽子事件"也促成了闻名遐迩的公关策划。

（2）培养企业的特色。根据认知规律，人们对事物的认知有选择性，一个企业越有特色，就越能引起公众的注意，就越能在公众心目中留下难忘的印象。因此，培养企业特色是促进公众认知的一项重要策略。

① 产品特色。产品特色包括质量、原材料、技术性能、外观、寿命、使用、维修、产品包装、规格和组合等方面的特色。例如，在产品组合方面，有的企业具有产品成套的特色，有的企业具有多系列、多品种的特色等。企业开创产品特色的活动，不仅要有技术人员参加，也要有公共关系人员参加，以便将技术上的考虑同公众心理有机地结合起来。

② 广告特色。有特色的广告会给公众留下深刻的印象。例如，"金狮足球"广告就体现了较高的创造性。"狮子滚绣球"是中国的传统，但"绣球"换以足球，就有了奇特的创意：金狮象征着中华民族，金狮踩足球象征着睡狮猛醒的中华足球健儿走向世界的气魄，象征着金狮足球"愿为中华足球的腾飞贡献力量"。看到这样有创意、有气势的广告，人们自然不会怀疑生产"金狮足球"企业的创造力。

③ 企业外观或环境特色。日本酒井派经营成功的秘诀之一是工厂环境的艺术化。酒井派认为："能懂得真正的艺术，才能成为有独立创造经营能力的经营者。""工厂脏，只能做与其相称的脏工作。如果摆设了罗丹或布鲁列尔作品的雕刻，挂上毕加索的版画，人走起路来也就不一样了。这是作家汇集精力所作的作品支配了观赏者的缘故。"

④ 企业命名（或产品命名）特色。企业的名字要引起公众对企业历史、传统、个性、精神和威望等的兴趣、回忆和联想。例如，人们听到福特汽车公司的名字，就容易联想起当年福特创建流水线作业的情景；"四通"是英语单词 Stone 的谐音，它象征着四通集团公司为发展我国高新技术产业甘当铺路石的坚忍不拔的精神。

相关链接　　　　　　　　　　"红豆"衬衫

无锡红豆集团以王维的"红豆生南国，春来发几枝，愿君多采撷，此物最相思"中的"红豆"为产品命名，注册商标。结果，"红豆"衬衫一上市，就受到消费者的青睐。许多海外华侨和熟悉中国文化的日本人，竟把"红豆"衬衫当成收藏品和馈赠的佳品。朋友相送，情人相别，夫妻分离，都爱送上"红豆"衬衫，原因在于"此物最相思"。

（3）重视公众的印象。企业给公众的印象有三类：真实的企业形象、想象的企业形象和隐含的企业形象。真实的企业形象存在于公众与企业直接的交往中，想象的企业形象存在于企业的宣传广告中，隐含的企业形象存在于企业的某些象征性行为中。

公众对企业的印象中，最重要的是真实的企业形象，即公众通过直接接触而产生的印象。新产品的推出、新员工的报到、新消费者的上门、新用户的接待和各级检查团的第一次到来都需要认真对待、周密组织，不可草率从事。广告宣传或其他象征性活动对促进公众印象有一定的效果，但其作用是间接的。因此，企业的公共关系不仅要善于搞宣传广告，更重要的是应当督促企业的有关部门和人员注意给公众的直接印象。"听其言不如观其行"，在我国，宣传广告对公众的影响不像西方那样大。因此，企业的公共关系意识应当渗透在每一个实务环节，通过每一件产品，每一项服务，每一种业务活动体现出来。

（4）增进公众的交往。企业与公众之间交往的面越广，交往的频率越大，交往的时间越长，公众对企业的印象自然越深。

拓宽企业的交往面是公共关系的一项主要任务。为了保持和发展企业的交往面，不能忽视哪怕是意义不大的邀请，更不能对消费者厚此薄彼。现在，有不少企业鼓励企业职工为社会办好事（如组织免费修理服务、共青团义务劳动等），这也是拓宽交往面的一个好办法。另外，如前所述，企业与公众之间的对话，也是加强交往的一个途径。

企业不仅要加强同公众的直接交往，也要增加间接接触的机会，如向公众邮寄广告、贺年卡、征询表等。对公众来信、来电应当十分重视，并及时处理和予以答复。

（5）加强信息的沟通。企业可设立消费者来访接待室，欢迎消费者上门反映他们对企业产品、服务的意见；企业可派出专业人直接走访消费者，或者派人到产品经销商店征求意见，向消费者宣传企业的宗旨、政策和历史，产品性能及使用方法。为了建立良好的消费者关系，企业应该实行开放政策，热情欢迎消费者到工厂参观，参加座谈会，甚至公开征求消费者的意见。这样做不仅可以搜集到有价值的信息，还能促使消费者建立对企业的信任感，有效地联络消费者与企业双方的感情。

【与相关课程的联系】

《公共关系》是市场营销专业的必修课之一，公共关系也是促销的四种手段之一。

二、营业员与消费者的冲突

所谓冲突，就是两种目标的互不相容和互相排斥，是矛盾激化的一种表现。冲突有些是有害的，有些是有益、建设性的，不能一概否定。在营销过程中，销售人员难免与消费者发生冲突，要分清是非，公正解决冲突，杜绝、消除破坏性、有害冲突。因此，这里我们分析一下冲突的根源，以及如何排除和防止冲突。

1. 冲突产生的原因

由于影响营业员与消费者发生冲突的因素很多，所以发生冲突的原因也多种多样。既有主观因素，也有客观因素。其中主要的原因有以下几个方面。

（1）买卖关系的不对等。销售人员期望把手中的商品卖出去，而不在乎谁是买主；而消费者追求的是称心如意的商品，在某种程度上说不在乎谁是卖主。卖方竭力推销的商品并不被它的买主欣赏时，买卖不成怨恨生，冲突也就有可能爆发。利益的差距也会导致冲突，销售人员希望多销售商品，卖高价多赚钱，而消费者则愿意以最低价格购买最满意的商品。生产厂家、推销员和商店的售货员对该产品或同类产品的生产、销售有较全面的了解，熟知产品的性能、操作或维修。消费者多数是对商品销售状况、质量好坏不了解。二者信息不对等，冲突容易发生。

（2）文化背景的不同。销售人员与消费者存在着文化差异，各自的风俗不同，价值观不一样，特别是在国际交往中，双方存在着语言障碍，就可能引起冲突。

（3）心理因素的不信任。由于消费者和营销人员在个人利益上具有不一致性，这就使得双方在进入商业交往的过程时往往会产生不信任的心理定势。有的营销人员往往认为消费者都是"斤斤计较"的或"缺少公德"等，这实际上就是一种常见的"职业病"。消费者也会认为营业员都态度生硬、蛮不讲理，或硬性推销商品等。

（4）销售工作的原因。有的是由于商品质量不过硬，价高质低；有的是由于节假日消费者拥挤，服务人员人手不足，消费者等待时间较长；有的消费者要求退换产品，服务员不愿接受；也有的是由于服务员违反职业道德，服务态度恶劣，以次充好，引起冲突。

（5）现象预测的差异。在商品买卖的活动过程中，无论是消费者还是销售人员都希望能够愉快地成交，买卖双方对交易过程中可能出现的现象的预测是不同的。

2．冲突的排除与防止

冲突是商品销售过程中十分不利的影响因素。它不仅会影响购买行为的完成，而且还会对冲突双方当事人的心理、情绪、行为产生长久的不良影响。同时，也会影响企业的形象。因此，必须采取措施，尽量避免或消除购买行为中的矛盾冲突。

（1）双方互相体谅。销售人员要发挥吃苦耐劳的精神，处处为消费者着想，树立长远的经营观念，不要为眼前利益而放弃了长远利益。消费者也要"角色互换"，尊重他人，才能得到别人的尊重。

（2）隔离冲突双方。当买卖双方有冲突迹象时，把销售人员暂时换走，由另一位销售人员接替其工作；也可以把消费者请到办公室，耐心听取意见。在规劝冲突双方离开时，要注意讲究艺术，避免冲突双方认为自己是祸端而不愿离开。

（3）提高业务能力。营销人员要提高自己的思想修养增强自我控制能力，在任何条件下都能保持冷静的头脑，即使遇到消费者的无理指责和挑剔，也能平静对待，语言和气，还要提高自己的业务知识，更好地解答消费者的疑问，解决消费者期待的问题，避免冲突的发生。

（4）承诺补偿措施。商家做出的保证消费者售后利益的承诺，当商品未达到要求或有其他约定时，经营者要依法维护消费者的合法权益，对于消费者的损失要及时合理的给予补偿、赔偿，不能因小失大，使双方冲突升级。

（5）权威解决。由领导者或权威部门在调查研究的基础上，采取强制性措施加以解决，维护消费者的合法权益，树立良好的企业信誉。

（6）仲裁解决。由上级或第三者（如仲裁机构）调停解决，公平公正，合理维护双方的利益。

三、营业员与消费者的相互沟通

营销沟通就是营销企业或人员通过一定的媒介向消费者传递和交流消费观念、情感、意向、信息的过程。营销沟通有多种渠道，主要体现为店容店貌，商品陈列、广告、营销服务、导购与咨询、宣传等。营销沟通的任务就是促进消费者对企业及其产品的了解，达成交易，取得经济效果与社会效果双赢。

1. 营销人员对消费者心理的影响

营销人员在从事经营活动过程中所体现的以消费者为中心，并不是一个消极被动地适应消费者需要的行为，而是一个积极主动地创造良好经营环境、满足不同消费者心理活动需要的能动过程。

（1）仪表形象与消费者的心理。消费者对企业的判断和评价往往是从对经营人员仪表的感觉开始的。因此，经营人员的仪表犹如企业的"门脸"，其整洁美观的仪容和明朗良好的风度不仅表现了个人的精神面貌，而且反映了文明经商的企业风貌。

一般来说，营销人员的服饰着装整洁大方、美观合体、端庄舒适，并能与特定的营业环境相和谐，给消费者以安全、信任、愉快的感觉，对购买行为具有积极的影响。反之，如果营销人员萎靡不振、蓬头垢面，则难以给消费者留下良好的印象，而只能给予不快之感。整洁合体、美观大方的服饰能够给消费者以清新明快、朴素稳重的视觉印象和舒展端庄的感受。营销人员的形象规范为：统一着装、佩戴工号、衣着整洁、仪表大方。

（2）言谈举止与消费者的心理。营销人员的言谈举止主要是指在接待消费者过程中语言的声调、音量、语速，语言的恰当、准确及站立、行走、表情、动作等。良好的言谈举止能够给消费者以亲切的感觉，有利于缩小与消费者的距离感。在接待消费者的过程中，营销人员的言谈举止往往是消费者最为注意的因素，直接影响消费者心理活动过程的发展。一般来说，营销人员言谈清新文雅、举止落落大方、态度热情持重、动作干脆利落，会给消费者以亲切、愉快、轻松、舒适的感觉；相反，举止轻浮、言谈粗鲁，或者动作拖拉、漫不经心，则会使消费者产生厌烦心理。

（3）服务方式与消费者的心理。在营销活动中，营销人员应关心、热爱、尊重顾客，一切为顾客着想，真正从职业意识上认识到"顾客永远是对的"。根据消费者的不同个性特点及需要，适时地向消费者展示商品、介绍商品，并有针对性地进行现场演示，更多地向消费者传递有关商品的信息，诱发消费者的积极联想，必要时帮助消费者进行决策，做好消费者的参谋。主动、热情、方便、周到、优质的服务不仅可以吸引更多的顾客，还能有效地消除各种疑虑，从而使消费者对企业产生积极的评价，提高企业的竞争能力，对实现重复购买起到积极的促进作用。

2．消费者对营销人员心理的影响

消费者需求的多样性、层次性、伸缩性、发展性等特点，直接影响营销人员的个性心理特征和情感发展，能力要求，这就对营销人员各方面提出更高的要求，需要不断改进、创新提高，以便适应、引导、改善和优化其消费行为。

（1）明确需求与指导的能力。一方面根据消费者需求的多样性、层次性、伸缩性、发展性等特点，要求企业营销人员能够分辨不同消费者群的不同需求，善于根据消费者的穿着打扮判断其身份和爱好，从消费者的言谈举止分析、判断其个性心理特征，全面综合地观察消费者，确定其购买意图，从而根据消费者的不同特点采取有针对性的服务；另一方面，大部分消费者在购买活动中表现出的非理智性特点，要求营销人员要具有充分的商品知识，不仅要了解所经营商品的一般性知识，更要了解其专业知识，懂得认识、辨别、挑选、使用及简单的维修常识。

（2）提高适应能力与修养水平。在经营活动过程中，消费者在态度、兴趣、能力、气质与性格等个性方面存在着一定的差异性，而营销人员本身也有自身的个性特征，这就要求营销人员一方面要以消费者为中心，处处体现出企业的经营观念，努力提高自身的适应能力，适应不同个性消费者的心理特点，最大限度地减少与消费者之间的冲突；另一方面要努力在经营活动的实践中规范职业行为，树立营销人员良好的职业道德。

（3）加强注意力与沟通能力。营销人员经常是同时面对数名具有不同购买动机的消费者，为了节省消费者的等待时间，提高接待消费者的效率，营销人员必须具有较强的注意力，做到在没有差错的前提下至少同时接待三名消费者。另外，由于动机存在的内隐性，难以正确判断消费者的真实购买动机，这就要求营销人员具有较强的语言表达能力，善于通过与消费者的语言交流，引导消费者流露出其真实的购买动机，以便有针对性地采取措施，为消费者提供满意的服务。

（4）摆正位置与改进、创新服务。在消费者与营销人员的互动过程中，消费者的一举一动、一言一行也对营销人员的情感过程产生明显的影响。消费者对购物的认真与执着，以及对商品知识的研究与掌握，可能有助于强化营销人员的敬业精神和岗位责任感；消费者文明、热情、礼貌，可能会使营销人员心情愉悦，获得尊重心理需要的满足；交易的成功和消费者对企业人员的尊重和感谢，可能会使营销人员受到激励，并获得一种成功感；而消费者的反复挑选，可能会使营销人员出现厌烦感；消费者的挑剔或出言不逊，会使营销人员感到心中不快，恼羞成怒，无端与消费者发生冲突。这就要求营销人员能摆正位置，消费者的需求和期望不是一成不变，要根据消费者的动态变化，不断改进、创新服务方式，使之转变为现实的忠诚消费者。

3．营销人员与消费者的沟通技巧

营销人员与消费者的心理沟通直接影响着企业经营的优劣。如果双方情感融洽、心情愉快，一方面能够促进成交，提高消费者的满意度；另一方面，即使没有成交，也会使消费者对企业产生良好的印象，为以后在该企业实现购买创造了条件。

（1）技巧性。产品介绍要清楚、准确，语言要清晰、明白无误，使消费者易于理解，并且应当用消费者易懂的语言进行介绍。若销售人员对一个不懂行的消费者谈论技术细节，满口技术名词，则会使消费者不知所云、印象模糊、兴趣全无。在回答消费者的异议时，应避免使用"大概如此"、"也许"、"可能"等模棱两可的词，以免引起消费者的不信任感。

（2）针对性。销售人员应当根据消费者的不同性格和需求心理"对症下药"。只有针对性地说服，方能诱发消费者的购买动机。

（3）参与性。销售是买卖双方的事，因此应鼓励引导消费者发表自己的意见，请消费者动手试用产品。有关调查显示，若销售人员只是单方面地讲述，而消费者只是单方面地"耳听"，事后，谈话内容在消费者的脑海中只能留下10%的印象和记忆，而让消费者参与面谈，给消费者的印象则会深刻得多。

（4）情理性。晓之以理，就是理智地帮助消费者算细账，向消费者详细指出使用这种产品能够得到多少利益，确信决策是合理的。动之以情，就是销售人员应努力渲染气氛来打动消费者的心，激发购买欲望，采取购买行动。研究表明，消费者的购买习惯遵循一个90∶10的公式，即感情的分量与理智的分量分别占90%和10%。消费者的许多购买行动绝非深思熟虑的结果。

四、营业员接待消费者的技巧

营业员接待服务技巧与消费者的购买心理活动是密切联系的，针对消费者的心理需求，掌握各阶段的接待技巧。

1. 消费者进店购买动机类型

消费者到商店购买商品，从感受店容店貌，到观察商品、询问、挑选直至成交的过程中，其表现是多种多样的。消费者进店购买动机大致有以下三种类型。

（1）有明确购买动机的消费者。消费者事先有确定的购买目标，进店的消费者脚步较快，临近柜台时眼光比较集中，或向营业员明确表示来意，指定品名购买。对这种消费者，营业员要主动招呼先行接待，即使一时没有空，也要做到人未到、语先行，尽量让他们减少等候的时间。

（2）无明确购买动机的消费者。消费者无具体的购买计划，也无确定的购买目标，是抱着碰运气、希望能买到某种商品的想法进商店的。其特点是：进店的消费者一般脚步不快，神情自若，东瞧西看，随便环视商品；临近柜台也不急于提出购买要求，只是看看有什么值得购买的。对这类消费者，营业员应让其在轻松自由的气氛下任意观赏，要把握接近良机，视其心理状态伺机向其介绍商品的特点，注意说话的分寸。如果急躁而过早地去接触，因为消费者没有购买的情绪与兴趣，不仅会影响其对商品的注意度，冲淡选购情绪，甚至因破坏其自由自在地观看而产生某些紧张心理和戒备心理，从而放弃购买。

（3）无购买动机的潜在消费者。消费者根本没有打算购买任何商品。他们进店后缓步参观浏览，一会儿观赏商品，一会儿结伴说说笑笑，甚至对商店工作加以评论，有的进店

后乱跑乱找，专往热闹处瞧看。对这类消费者，如果不临近柜台，就不必急于接触，但应随时注意其动向，当其突然停步察看商品时，或在店内转了一圈后再转回来看，并停步凝视商品时，或在柜台前缓慢地观察商品时，营业员就应适时地与其接触，主动打招呼，并询问其要买什么东西，这样做有可能使他们由潜在购买者变为现实购买者。

2. 营业员接待消费者的技巧与方法

（1）正确判断进店意图，抓住时机接近。首先要判断消费者的来意，抓住与消费者搭话的时机：①消费者长时间地凝视某一商品时；②消费者目光离开商品抬起头时；③消费者突然止住脚步，盯着某一商品时；④消费者用手触摸商品时；⑤消费者在四处搜寻什么时；⑥消费者与营业员迎面相视时；⑦消费者欲向营业员询问时。"接近客户的最初三十秒，决定了销售的成败"，这是成功销售人员共同的体验。其次是推销自己，让消费者信任你、尊重你、接受你。营销人员让消费者产生好感要注意的是①关注服饰；②注意言谈举止；③注意礼节。营销人员获得信赖和认同，就会拉近距离，易于沟通和交流，为接待工作奠定基础。

（2）适时展示商品，激发购买兴趣。营销人员在与消费者接触后，了解到消费者的购买指向，就应及时向他们展示介绍商品。展示商品可以促进消费者的联想，刺激购买欲望。展示商品要遵循如下几条原则。①使用状态示范。据消费者的意愿，采用使用的状态的展示商品，实际使用尝试，激发其浓厚的兴趣，留下较深刻的印象。②感受体验商品。高明的商品展示，不仅使消费者从不同的角度和方向把商品看清楚，还要提供一定的实际体验，才能达到理想的展示效果。例如，试驾，试穿、亲自品尝等。③陈列多样化。在展示商品时，为了使商品陈列做到醒目、便利、美观、实用，根据消费者的需要陈列多样化，如醒目陈列，重点陈列、专题陈列、连带陈列，艺术陈列法等。④展示举止规范。营销人员在展示商品时，要注意展示的动作、语调与神态。首先，展示动作快捷稳当。商品的拿递、搬动、摆放等展示动作，要稳当轻巧，不要随手乱扔，给消费者以郑重其事、尊敬买方的心理感受，并从中认同商品质量的保证，从而增强购买信心。其次，气氛和谐。语调和口气必须恰如其分，简明扼要，速度平稳。不能言过其实，又长又冗，快嘴快舌，吞吞吐吐，以免引起消费者的厌烦、疑虑等心理。还要注意用关心的、诚意的、喜悦的神情表态与动作语言相配合，否则也难以获得消费者的好感。例如，营业员虽说："不要紧，您随便看。"但脸上却毫无笑容，视线移到另处，表情显露烦意，消费者就感觉不到营业员诚心诚意的态度，反而会引起抑制选购的心理活动。

（3）正确启迪与诱导，刺激购买欲望。在购买过程中，消费者对商品有了一定的感知后，往往会随之表露出方向不同、程度不同的感情态度，如喜欢与讨厌、默许与怀疑、欣喜与欢喜等。营业员要注意消费者这些方面的感情流露，判断引起消费者某种感情的心理因素，给予正确的启迪与诱导工作。可以采取以下方法。①强调优点。为了满足消费者反复权衡利弊的心理需要，站在消费者立场上委婉如实地解释商品的优缺点。②产品知识。重点介绍商品的有关知识，尽量提供参考资料，如商品的制造原料、使用方法、保养方法和修理方法等，满足消费者的求知欲望。③优势比较。让消费者对同类产品进行比较，给予较多的思考机会，避免价格上的心理阻碍，满足消费者求方便和实惠的心理。④感受体验商品。尽可能地让消费者实际使用一下,体验目标商品的好处,如让其试听、试看、试穿、试戴、试玩、试装和试尝等,加强对消费者各种感官的刺激,满足消费者对商品实际使用效果的深入理解。⑤个性化需求。根据不同购买对象的购买心理,有的放矢地提示商品消费或使用时带来的乐趣和能满足其某种心愿的程度,激发消费者对使用或消费商品以获得物质享受和心理满足的美好憧憬。⑥社会象征。从商品的命名、商标、包装、造型、色彩和价格等方面,适当揭示某些迎合消费者心意的有关寓意或象征,丰富消费者对商品的联想,满足消费者向往美好事物的心理欲望等。

在启迪与诱导购买过程中,顾客会有这样那样的抱怨,营业人员要正确处理好消费者的抱怨。可以采取以下措施:①顾客并非总是正确的,但让顾客认为他是正确的往往是必要的,也是值得的;②要以真诚、友好的态度对待顾客的抱怨,不要将他视为对自己的指责与刁难,注意搜集信息;③认真听取顾客的抱怨,让顾客把怨气不满发泄出来,不合理之处最好用婉转的语言解答,待其理智平静后再商谈;④站在顾客的立场上来看待顾客的抱怨,以便做出正确的判断、处理。

相关链接　　如何对待不同类型的客户?

沉默的客户:详细了解其背景,认真观察其言行,鼓励其发言,提供样品,详细介绍,表现热情、耐心、持重、谦虚的态度,打消其顾虑,争取客户的信任和支持。

虚荣心强的客户:称赞客户的眼光,告诉其商品所具有的豪华、罕见、高级等特性,满足其虚荣心。

吹毛求疵的客户:不可直接与之争辩,可以委婉地说:"是的,您讲得很有道理,值得我们在今后的工作中改进。然而,正如您所知,尽管我们的产品还存在某些缺陷,但是在目前,我们的产品在市场上还是具有相当的竞争力的,这一点您还是认可的吧?"

犹豫不决的客户:正面介绍产品,示范操作,让客户自己动手,给客户权威部门的鉴定书。对客户的正确意见给予积极的、及时的肯定。

很有主见的客户:记住客户的地址和姓名,下次对方再来的时候直呼其名,使其感觉受到尊重。重视客户的自我见解,巧妙应答接待。

豪爽干脆的客户:介绍产品时要开门见山,简明扼要,突出重点。如果客户明确回答不需要,切不可纠缠不休,要尊重客户的意愿。

(4)加深对商品的印象,促进购买行动。通过感知商品、比较选择之后,就应帮助消费者确立购买信心,促进其采取实际的购买行动。这一步通常是在消费者购买过程中的"比较评价"到"采取行动"两个阶段之间进行的。营业员必须抓住机会加深消费者对欲购商品的信任,坚定购买决心。促使消费者购买商品的动力是多种多样的,有来自内部的动力,也有来自外部的动力。当消费者购买心理上产生某些矛盾冲突,下不了购买决心时,营业员应有意识地促进购买行为,要善于向消费者提供诱发需求的揭示,强化商品的综合吸引力,促进其购买行动。例如,把该商品在社会流行和畅销的状况,其他消费者对商品的评价意见,以及营业员自身试用和观察获得的资料等信息传递给消费者;或者把商品售后服务的有关项目与方法,商店的经营传统、服务精神和信誉保证等方面的要点反映给消费者,

也可以向伴随选购者同来的客人征求意见，让有影响力的陪客发表见解。在柜台服务中，注意了解消费者家庭成员或有关人员对购买决策的影响力，对促进销售是很有帮助的。要确切地分辨出几个顾客中哪个对购买决策的影响力大，这是不容易的。一般情况下，如购买家电之类的商品，男同志的意见影响力大些；青年伴侣顾客中，女同志的意见影响力大些。诸如此类的外部动力，往往对消费者购买行为的进行给予很大的甚至是决定性的影响。

（5）办妥成交手续，话别送行。消费者购买信心的确立，就把购买的决定转化成现实。一般来说，这是柜台接待的最后一步，主要的工作就是包装结算，它往往在消费者购买过程中的"采取行动"到"购后感受"两个阶段之间进行。

消费者选定商品决定购买后，营业员首先应表示谢意，对其明智的选择给予恰当的赞许、夸奖，增添达成交易带给双方的喜悦气氛。然后进行商品的结算和包装工作，结算必须严肃认真、清楚准确；包装商品要力求安全牢固、整齐美观、便于携带、快捷妥当。包装前还要特别注意对商品进行严格的检查，如有破损或脏污，应另取商品给消费者重选。同时，还应当主动征求消费者对商品包装的要求，采取适应消费者的携带习惯、使用习惯、购买目的和某些心理需要的包装方法。包装时要轻放、小心、不错包、不漏包，尽可能在消费者的监视下作业，使其更为放心，交付商品时应稳当慎重、亲切文雅，并关照注意事项，表示感谢光顾与欢迎惠顾的情感言语。这一步虽然是服务的最后一步，但如果做不好，往往会"前功尽弃"，破坏购买行为的完成，甚至给消费者留下不良的印象，使其产生成见。因此，更应以温和的态度和高超的技巧来完成，使消费者自始至终在融洽和谐的交易活动中满足购买的欲望，并影响其购后感受的方向与程度，树立商店和营业员的良好形象。

【与相关课程的联系】

《商务谈判》、《谈判与沟通》、《谈判技巧》等课程的关键就是如何提高沟通技巧，化解障碍和异议，达成交易。

单元三 拒绝购买态度的分析与转化

相关链接　　"动感地带"的魅力空间

中国移动的"动感地带"（M-Zone）业务以客户需求为导向，目标直指 15~25 岁的年轻时尚族群，倾力营造"时尚、好玩、探索"的品牌魅力空间，推出仅 15 个月就"感动"了 2 000 万目标人群，也就是说，平均每 3 秒钟就有一个动感地带新用户产生。"动感地带"业务的成功，与其紧紧抓住年轻人的消费心理特征的营销策略密不可分。

"动感地带"最吸引人之处就在于其灵活的定价措施。"动感地带"设置了不同的短信套餐标准。如果每月支付 20 元就可以发 300 条短信，而每月支付 30 元就可以发 500 条短信，这样，"动感地带"的最低资费额度可以达到每条短信 0.06 元。由于目前国内手机用户发送短信的资费基本上没有低于每条 0.1 元这个价位的，所以"动感地带"的定价方式一经推出，就受到了收发短信的主体人群——年轻人的欢迎。

在品牌传播方面，"动感地带"选择在 15～25 岁的年轻人中极具号召力的周杰伦作为代言人，不仅有效提升了"动感地带"在年轻人中的知名度，而且使得年轻人感觉加盟"动感地带"不再是简单地打电话、发短信、玩游戏，而是获得属于自己的"年轻人通信自治区"体味"我的地盘，我做主"的良好感觉，而频频出现在报纸、杂志、电视、广播、网站上的"动感地带"广告无不惟妙惟肖地传播该品牌的核心价值与定位。触动用户内心世界的品牌定位和以此为核心的一系列推广活动，引起了广大"动感地带"用户的共鸣，"动感地带"得到了越来越多年轻人的认可。

资料来源：叶敏. 消费者行为学. 北京：北京邮电大学出版社，2008.

一、拒绝购买态度的形成

1. 拒绝购买态度的概念

拒绝购买态度就是指消费者在接受外部刺激后，会逆转刺激方向和强度，改变行为方向，做出相反决策，引起反感、抵触、排斥的心理。通常情况下，消费者在购买过程中经过对商品的观察和了解，特别是对商品进行接触、比较和选择，以及在营销人员的介绍、启发下，会不断地加深对商品的认识程度，从而产生一定的购买欲望，进入"选择评价"阶段直至购买行为的完成。然而，消费者有时尽管已对商品欲想拥有，或早有心理需求与购买动机，但在多种因素综合作用下也可能改变行为方向，终止购买过程。

消费者拒绝购买主要由认知、感情和行动构成心理表现。例如，某个消费者对某一商品有想法与看法（认知性因素），认为该商品质量不好，价格又高，感到很不满意（情感性因素），由此对商店提出意见，不买就离去（行为性因素）。

2. 形成的原因

从消费者的心理特性和经营活动中的客观情况来分析，消费者拒绝购买的原因，既有来自外在的刺激因素，也有来自内在的刺激因素。在购买活动中，引起消费者拒绝购买的因素是复杂多样的：一是个人因素，包括个性心理特征、需要、动机、情感和意志，消费习惯、消费水平、消费观念等；二是社会因素，包括政治、经济、文化、伦理道德、价值观等；三是产品因素，包括性能、价格、款式设计、色彩、使用方法、整体风格等；四是营销因素，包括环境气氛、销售方式、服务态度、广告、售后服务等；五是其他因素。在多种因素中，商品品质的影响力是最主要的。消费者拒绝购买，归结起来就是在多种因素综合作用下，改变行为方向，对购买某种商品产生不信任、反感、抵触、排斥情绪，这些情绪很难扭转和改变。

二、拒绝购买态度的类型

消费者拒绝购买的态度，由于其强弱、深浅的程度不同，可以分为不同类型。从购买心理的角度分析，拒绝购买态度的类型主要有一般的拒绝、真正的拒绝和隐蔽的拒绝三种。

1. 一般的拒绝

一般的拒绝是指消费者虽然拒绝购买某一商品，但不是经过深思熟虑做出的最后决定，而是带有随意性地做出的初步决定。在购买活动中，有的消费者对某一商品虽有一定的购买欲望，但由于对商品注意的指向性不集中，未能建立对商品稳定的见解，特别是在心理上的疑虑较重，购买信心不足；有的消费者通过认识活动和感情活动，对商品的某些方面，或质量、性能，或款式、花色，或包装、价格，认为还不能完全满足其心理需要；有的消费者购买时间不紧迫等，因而在买与不买的心理活动过程中，不买的决定占了主导地位，由此做出拒绝购买的一般决定。但是，由于产生这种态度的消费者已具有一定的购买欲望，对商品也有一定的认识，如能采取适当的心理方法，促成其购买态度的转变是有可能的。

2. 真正的拒绝

真正的拒绝是指消费者拒绝购买某一商品，是经过思考、想象等心理活动而采取的最后决定。在购买活动中，有的消费者由于对某种商品根本没有需求的欲望；有的消费者因商品的某些方面与心理要求相差太远而很不合意，甚至产生反感；也有的消费者由于对商品认识产生偏见，对使用上的安全、效能等极不信任等，都会采取真正的拒绝行为。要转化这种拒绝购买的态度，一般是比较困难的，但也不是完全没有转化的可能性。

3. 隐蔽的拒绝

隐蔽的拒绝是指消费者拒绝购买某一商品，出于某种心理需要不把真正的原因说出来，其拒绝购买的理由是不真实的，甚至有时是违心的。消费者不愿意说出拒绝购买的真实理由，大致有如下几种情况：一是购买能力不足，如因商品价格昂贵而支付条件不够拒绝购买，但出于自尊心理不愿意说出是价格的原因；二是出于对商品的认知程度低，而又不愿意显露个人对商品的知识水平；三是购买的欲求不强，只是随意看看，或是打听价格行情，但是不愿意说出真实的目的意图；四是对商品或服务的某个方面印象不好，但又怕引起不必要的争执，因而不愿说出真正的原因；五是由于购买者或使用者之间意见不一致，或受决策者的影响，难以做出购买决定，但又怕旁人取笑，于是只好说出冠冕堂皇的理由等。由此可见，隐蔽拒绝的理由大多受自尊心理需要、习惯心理需要和社会心理需要的影响，对于这类拒绝行为，若能迅速、准确地判断其拒绝购买的真正原因，因势利导，是有可能转变的。

三、拒绝购买态度的转化

在营销服务中，遇到消费者拒绝购买时，关键的问题在于转化消费者的购买态度。转化消费者的购买态度，一般有两个基本的指导原则。一是转变购买态度的方向，使拒绝购买的态度转变为实行购买的态度，如以信任感取代疑虑心理，以满意感取代厌恶情感，以赞同行为取代反对行为等，由此促成购买态度的根本性转变，实现促销的目的；二是转变购买态度的强度，使拒绝购买态度由强向弱转化，如由强烈反对变为稍微反对，由极不满意变为不太满意等。这种购买态度的转变，虽然其方向没变，但对消费者的心理影响，对延期实现购买会产生一定的效应。

1. 一般拒绝购买态度的转化

一般拒绝购买的消费者，往往是由于对商品缺乏全面、深入的认识而采取的初步决定，其拒绝的态度还不是很坚决的。因此，应着重向此类消费者多提供商品的新知识，改变消费者对商品的心理印象，使其转化拒绝购买态度。对于这类消费者使用的基本方法有以下几种：第一是加强消费教育与指导，灌输商品新知识，提高商品吸引力；第二是帮助消费者确认需求；第三是积极充当消费者的参谋。这些工作做得好，即使不能实现立即的行动转化，也可能实现延期购买。

2. 真正拒绝购买态度的转化

真正拒绝购买的消费者，通常是一种最后的决定，要转化这种态度的方向是不容易的。因为，如果消费者对某一商品根本没有需求，或由于商品款式过时、花色老套、质量低劣引起反感与抵制，要改变消费者的行动倾向，由对商品的不喜欢变为喜欢，是难以实现的。对于这类消费者使用的基本方法有以下几种：第一是转移其注意目标，创造新需求与兴趣，介绍他希望了解的商品；第二是创造宽松的环境，减轻其心理压力；第三是耐心细致地服务，留给其良好的印象。如果还认为其有转变态度方向的可能，则应尽力解除其心理障碍；如果不可能转变态度，与其交谈他乐意谈及的话题，以避免形成僵局，不欢而散，产生负效应。

3. 隐蔽拒绝购买态度的转化

对于隐蔽拒绝购买的消费者，应尊重其心理需要，强化商品的物理性能与心理功能，增加购买意愿。隐蔽拒绝购买的消费者，其原因复杂多样，在处理中应更为慎重，不宜乱猜测、硬说服，有些心理现象也难以了解和解释。但应看到，这类消费者都具有一定的购买需求，只要正确引导，加强其购买意愿，也有可能转变其拒绝购买的态度。对于这类消费者使用的基本方法有以下几种：第一是对消费者拒绝购买的隐蔽理由，不应当面指出，买与不买是消费者的权力，更不应讽刺、嘲笑和挖苦；第二是若消费者以某种不恰当的理由而拒绝购买，则不应为此与其发生争吵，也不要盲目附和，以免造成消费者对商品的不良印象；第三是要信心十足地提示商品的物理性能与心理功能，增强消费者购买信心、意愿。只有信心十足而准确地解答消费者的疑难问题，才能使消费者比较全面正确地认识商品的物理性能。同时，营业员还应以情感与形象去介绍商品，运用易于消费者理解、易于引起联想的说明方法，明示或暗示商品的心理功能，满足消费者的心理欲求，这样就可以转变消费者不信任或不太信任的态度。

总之，消费者的一次拒绝购买，不是永远的拒绝，要动态、辩证地看待，一次接待不成功，要为下一次的成功打下基础。对拒绝购买态度的转化与排除是一项非常复杂的工作，营销人员要学会运用恰当的心理方法，不断提高接待艺术，努力满足消费者的需求，争取更大的经济效果与社会效果。

模块小结

营销服务是指商品在销售前后，为最大限度地满足消费者需要而采取的各种措施，是伴随商品流通（商流和物流）而提供的劳动服务。营销服务是售前、售中、售后服务构成的体系。顾客满意是营销服务的核心理念，服务不仅是交换的形式，而且是商品交换的手段、内容和条件，是实现销售目标的途径，是竞争的手段，贯穿于商品流通的全过程。

公共关系心理是指与公共关系行为，以及与公共关系活动相关的心理现象，有可知性、情感性、自利性、广泛性等基本特点。企业的良好信誉和形象是企业生存之基，信息和沟通是企业发展之道，承诺和保证是企业成功之要。企业使用信息传播手段，与企业内外公众进行双向信息沟通，寻求顾客对其产品的了解、信任、支持和合作，才能有效克服冲突发生，积极转变购买态度的方向，创造和谐气氛，争取和赢得消费者公众。

消费者拒绝购买的态度形成有多种原因，消费者的一次拒绝购买，不是永远的拒绝。从购买心理的角度分析，拒绝购买态度的类型主要有一般的拒绝、真正的拒绝和隐蔽的拒绝三种。对拒绝购买态度的转化与排除是一项非常复杂的工作，营销人员要学会运用恰当的心理方法，不断提高接待艺术，努力满足消费者的需求，取得理想的推销业绩。

主要名词

营销服务　公共关系　企业形象　冲突　营销沟通

自测试题

一、判断题

1. 商标是区别不同商品生产者、经营者和经营商品的特定标志。（　　）

2．"真正的销售始于售后"。在成交之后，销售人员应当关心消费者，向消费者提供良好的服务。（　　）

3．在营销过程中，销售人员难免与顾客发生冲突，冲突是绝对有害的。（　　）

4．消费者的一次拒绝购买，不是永远的拒绝，要动态、辩证地看待，为下一次的成功打下基础。（　　）

二、单项选择题

1．（　　）是营销人员针对消费者购买主导动机指向，运用各种手段和方法，向消费者提供商品信息，使消费者购买动机强化，进而采取购买的过程。

　　A．热情接待　　　　B．诱导　　　　C．信息　　　　D．展示

2．以下选项不是影响消费者情绪的因素是（　　）。

　　A．营业环境的物理条件　　　　B．国庆放假
　　C．消费者的心理准备　　　　　D．服务人员

3．你在购买牙膏、牙刷等生活必需品时的购买决策主要依据已往的经验和习惯，较少受广告宣传和时尚的影响，在购买过程中也很少受周围气氛、他人意见的影响，你的购买类型属于（　　）。

　　A．习惯型　　　　B．冲动型　　　　C．疑虑型　　　　D．理智型

4．对于消费者满意表现叙述错误的是（　　）。

　　A．消费者满意是消费流行的方式
　　B．消费者满意是提高企业获利能力的重要途径
　　C．消费者满意有利于形成良好的口碑
　　D．消费者满意是消费者重购的基础

三、多项选择题

1．销售服务是指商品在销售前后为最大限度地满足消费者需要而采取的各种措施，按照服务时间分为（　　）。

　　A．售前服务　　　B．售中服务　　　C．售后服务　　　D．个性化服务

2．售中服务是在商品销售成交过程中所提供的各种服务工作，其主要内容为（　　）。

　　A．介绍商品　　　B．充当参谋　　　C．付货与结算　　D．柜台服务

3．公共关系心理是指与公共关系行为，以及与公共关系活动相关的心理现象，其基本特征是（　　）。

　　A．可知性　　　　B．情感性　　　　C．自利性　　　　D．广泛性

4．从购买心理的角度分析，拒绝购买态度的类型主要有（　　）。

　　A．一般拒绝　　　B．真正拒绝　　　C．隐蔽拒绝　　　D．无理拒绝

四、简答题

1．营销服务的核心理念是什么？

2．售前、售中、售后服务的策略有哪些？

3．举例说明公共关系心理策略的运用。

4．怎样从心理学的角度解决营业员与消费者的冲突？

5．营业员应该怎样接待消费者？

五、论述题

试述消费者拒绝购买态度的类型有几种?如何进行转化?

案例分析

美国当代最伟大的推销员麦克曾经是一家报社的职员。他刚到报社当广告业务员时,不要薪水,只按广告费抽取佣金。他列出一份名单,准备去拜访一些很特别的客户。

在去拜访这些客户之前,麦克走到公园,把名单上的客户念了100遍,然后对自己说:"在本月之前,你们将向我购买广告版面。"

第一个星期,他和12个"不可能的"客户中的3人谈成了交易;在第二个星期里,他又成交了5笔交易;到第一个月底,12个客户只有一个还不买他的广告版面。

在第二个月里,麦克没有去拜访新客户,每天早晨,那个拒绝买他的广告版面的客户的商店一开门,他就进去请这个商人做广告,而每天早晨,这位商人却回答说:"不!"每一次,当这个商人说"不"时,麦克假装没有听到,然后继续前去拜访,到那个月的最后一天。对麦克已经连着说了30天"不"的商人说:"你已经浪费了一个月的时间来请求我买你的广告版面,我现在想知道的是,你为何要这样做?"麦克说:"我并没浪费时间,我等于在上学,而你就是我的老师,我一直在训练自己的自信。"这位商人点点头,接着麦克的话说:"我也要向你承认,我也等于在上学,而你就是我的老师。你已经教会了我坚持到底这一课,对我来说,这比金钱更有价值,为了向你表示感激,我要买你的一个广告版面,当作我付给你的学费。"

案例讨论

1. 营销人员应怎样对待顾客的拒绝意见?
2. 联系实际,谈谈营销人员应具备哪些素质。

实训练习

1. 3～5人一组,到商场的某一柜台附近进行观察,注意隐蔽性和不要影响他人,总结服务人员的售前、售中、售后服务的策略有哪些优缺点。

2. 调查同学们最近的消费活动中,是否有拒绝购买行为,属于什么类型?原因是什么?营销人员采取什么方法可能转化或降低拒绝购买态度?

模块十二

消费心理学的发展方兴未艾

内容提要

模块十二主要介绍目前消费心理的发展变化，消费者在电子商务和绿色消费过程中的消费心理状况，以及企业应该采取的营销策略。介绍消费者自身的权利和义务，消费者如何进行消费心理的保护。

教学重点和难点

消费心理的发展变化，电子商务消费心理策略，绿色消费心理策略和消费者心理保护。

学习目标

知识点：掌握消费者消费心理和行为的变化；电子商务消费心理特征；绿色消费及5R原则；影响绿色消费的因素；消费者权益及保护方法。

能力点：运用消费者的心理变化、电子商务消费心理策略和绿色消费心理策略进行有效营销；掌握消费者心理保护的具体措施。

导入案例　　消费者的"十买十不买"

消费者的消费心理出现了变化，人们在购买行为上出现了"十买十不买"。

"十买"是指①名牌、质高、价格适中的商品买；②新潮、时代感强的商品买；③新颖别致、有特色的商品买；④迎合消费者喜庆、吉祥心理的商品买；⑤名优土特商品买；⑥拾遗补缺商品买；⑦卫生、方便、节省时间的商品买；⑧落实保修的商品买；⑨价廉物美的商品买；⑩日用小商品买。

"十不买"是指①削价拍卖商品不买；②宣传介绍摆"噱头"的商品不买；③不配套服务的商品不买；④无特色的商品不买；⑤缺乏安全感的商品不买；⑥一次性消费的商品不买；⑦无厂家、产地、保质期的"三无"商品不买；⑧监制联营的商品不买；⑨粗制滥造的商品不买;⑩不符合卫生要求的商品不买。由此可见,近年来人们的消费心理和行为明显地更加理性化。

思考题
1. 消费者在购买行为中出现"十买十不买"的原因何在?
2. 运用自我观察法剖析个人消费心理的特点。

不同社会时期,人们的消费心理与行为有不同的特点。随着我国经济水平的提高,家庭结构的变化,人们需求的多样性,消费心理与行为和以前相比,发生了很大的变化。

单元一 消费者消费心理与行为的变化

一、消费观念的改变

随着我国 GDP 跃居世界第二,居民收入得到大幅度的增长,市场商品供应充裕,短缺现象基本改变,我国市场形势由此发生了重大的变化,买方市场基本形成,消费者面对琳琅满目的商品,消费心态、消费价值观和消费行为都发生了巨大的变化。

1. 消费热点的变化

有专家分析指出,居民消费将逐步进入新一轮消费周期:主要标志是家电在农村普及,电脑、轿车、住房逐步进入城市家庭。即农村从百元级向千元级、万元级消费发展;城镇居民消费从千元级向万元级、十万元级消费发展。消费倾向从吃与穿转到住与行,从商品类转到服务类。

2. 消费心理的变化

(1)面子心理。中国的消费者有很强的面子情结,在面子心理的驱动下,中国人的消费会超过甚至大大超过自己的购买或者支付能力。营销人员可以利用消费者的这种面子心理,找到市场、获取溢价、达成销售。

脑白金就是利用了国人在送礼时的面子心理,在城市甚至是广大农村找到了市场;当年的 TCL 凭借在手机上镶嵌宝石,在高端手机市场获取了一席之地,从而获取了溢价收益;终端销售中,店员往往通过夸奖消费者的眼光独到,并且产品如何与消费者相配,让消费者感觉大有脸面,从而达成销售。

(2)从众心理。从众是指个人的观念与行为由于受群体的引导或压力,而趋向于与大多数人相一致的现象。消费者在很多购买决策上,会表现出从众倾向。例如,购物时喜欢到人多的商店;在品牌选择时,偏向那些市场占有率高的品牌;在选择旅游点时,偏向热点城市和热点线路。

以上列举的是从众心理的外在表现，其实在实际工作中，可以主动利用人们的从众心理。例如，现在超市中，业务员在产品陈列时故意留有空位，从而给人以该产品畅销的印象；电脑卖场中，店员往往通过说某种价位及某种配置今天已经卖出了好多套，从而促使消费者尽快做出销售决策。

（3）推崇权威。消费者推崇权威的心理，在消费形态上，多表现为决策的情感成分远远超过理智的成分。这种对权威的推崇往往导致消费者对权威所消费的产品无理由的选用，并且进而把消费对象人格化，从而达成产品的畅销。

现实中，营销对消费者推崇权威心理的利用，也比较多见。例如，利用人们对名人或者明星的推崇，大量的商家在找明星代言、做广告。

（4）爱占便宜。"便宜"与"占便宜"不一样。价值50元的东西，50元买回来，那叫便宜；价值100元的东西，50元买回来，那叫占便宜。消费者不仅想占便宜，还希望"独占"，这给商家有可乘之机。例如，"马上要下班了，一分钱不赚卖给你！"这些话隐含如下信息：只有你一人享受这样的低价，便宜让你一人独占了。面对如此情况，消费者鲜有不成交的。除了独占，另外消费者并不是想买便宜的商品而是想买占便宜的商品，这就是买赠和降价促销的关键差别。

（5）害怕后悔。每一个人在做决定的时候，都会有恐惧感，他生怕做错决定，生怕他花的钱是错误的。消费者购买之后容易出现怀疑、不安、后悔等不和谐的负面心理情绪，并引发不满的行为。

"国美电气"针对消费者的这个心理，提出了"买电器，到国美，花钱不后悔"，并作为国美店的店外销售语。进一步说明在销售的过程中，要不断地提出证明，让消费者百分之百地相信。

（6）心理价位。任何一类产品都有一个"心理价位"，高于心理价位也就超出了大多数用户的预算范围，低于心理价位会让用户对产品的品质产生疑问。因此，了解消费者的心理价位，有助于市场人员为产品制定合适的价格，有助于销售人员达成产品的销售。

以服装销售为例，消费者如果在一番讨价还价之后，最后的价格还是高于其心理价位，可能最终还是不会达成交易，甚至消费者在初次探询价格时，如果报价远高于其心理价位，就会懒得再看扭头就走。

（7）炫耀心理。消费者炫耀心理，在消费商品上，多表现为产品带给消费者的心理成分远远超过实用的成分。正是这种炫耀心理，创造了高端市场。一些非常有钱的女士为了炫耀其极强的支付能力，往往会买价值几千甚至上万的世界名牌手袋。对消费者来说，炫耀重在拥有或者外表。

（8）攀比心理。消费者的攀比心理是基于消费者对自己所处的阶层、身份及地位的认同，从而选择所在的阶层人群为参照而表现出来的消费行为。相比炫耀心理，消费者的攀比心理更在乎"有"——你有、我也有。

在购买手机时，也多见学生出于羡慕某些同学们有最新款手机的心理，也要求父母为自己购买。对营销人员来说，当然可以利用消费者的攀比心理，出于对其参照群体的对比，有意强调其参照群体的消费来达成销售。

（9）投机心理。投机心理也称为赌博心理，是凭着侥幸、运气，期望在尽可能短的时间内获取尽可能大的收益。在经济富裕的情况下，很多人都进行投资理财，以获取更多的经济利益。在利益的驱动下，不少人开始了非理性的投资理财，投机心理愈发膨胀，时刻梦想"一夜致富"。

曾几何时，中国大妈"提着菜篮子买黄金"、艺术品投资市场等更是鱼龙混杂。曾几何时，天价翡翠曾在国内风靡一时，投机和炫耀心理，使得翡翠的原石价格高过了成品价格的两至三倍，出现了"面粉价格高于面包"的怪现象。随着市场的变化，人们的消费行为也趋于理性。翡翠价格的大起大落，反映出消费者消费行为从盲从回归理性。

（10）占有心理。商品价值的大小，主要体现在其使用价值方面。有些消费者购买商品并不是最关注商品的使用价值，而是为了能拥有或者占有该商品。房子本来就是为了居住的，但是很多消费者宁可当"房奴"，也不愿意花更少的钱租赁，而是贷款购买，其目的主要是为了拥有，体现消费的占有性。国内的汽车租赁市场不发达，也是占有心理作怪。

二、支付方式的改变

1. 电子货币异军突起

传统的交易一般是一手货一手钱，传统意义上的货币，如纸币、支票、汇票等的使用在逐步下降。随着互联网和电子商务的快速发展，电子货币作为新的支付手段，越来越被消费者接受和广泛使用。

截至 2014 年第二季度末，全国共办理非现金业务 150.38 亿笔，金额 456.20 万亿元，同比分别增长 3.35%和 17.42%。全国累计发行银行卡 45.40 亿张，人均持有银行卡 3.35 张，人均持有信用卡 0.31 张。

从小的购买日用品，到大的买房购车，消费者携带纸币的数量越来越少，网上支付刷卡消费已经被广泛使用。

2. 移动支付发展迅猛

2012 年，以"金融移动支付标准正式确立"为重要标志事件，被业界认定为移动支付发展的"新元年"，商业银行、支付机构、电信运营商和终端提供商等各路大军均加大投入力度，争抢和拓展移动支付市场。

在移动支付方面，2012 年，银行共处理移动电话支付业务 5.35 亿笔，金额 2.31 万亿元，支付机构共处理移动支付业务 21.13 亿笔，金额 1 811.94 亿元。

随着手机上网客户的增加，手机购物和转账、嘀嘀打车、快的打车、微信支付等移动支付平台的建设和发展，移动支付在不远的将来必然会超过网上支付，成为新一代的支付领军手段。

消费者的消费心理和行为除了上述的一些变化外，消费习惯也发生着变化，先花钱后还款，贷款、按揭消费越来越多；随着电子商务的发展，消费者更加追求便利性消费，在绿色浪潮的冲击下，消费者越加重视自身健康，对自我保护意识也越来越强。

【与相关课程的联系】

《电子商务概论》和《电子商务支付》等课程，将介绍电子支付的具体方法。

单元二 电子商务与消费者心理

"绿"色的月饼

王明是北京某一大学的在校学生，2014 年的中秋节之际，王明在某知名网站上看到了一则销售月饼的信息，包装精美，是绿色有机食品，虽然价格比市价高许多，但是王明考虑到食品安全的特点，以及为了使远在外地的父母在中秋节收到一份惊喜，他当即在网上签订合同，购买某一品牌和包装的月饼，并用银行卡向对方账户打入款项，约定在 2014 年的 9 月 8 日中秋节之前将月饼送到王明父母家。可是，中秋节过后一周，王明父母才收到货，打开包裹令他们非常吃惊：包裹内的月饼竟然长了"绿毛"！

王明于是与网络公司联系，该公司则称货已经送出，对于收到长了"绿毛"月饼表示质疑；并认为如果属实，也应是快递公司做了手脚，对此事不予负责。

在这则案例中我们看到，电子商务已经越来越普及了，连月饼这类传统食品都可以在网上购买了，消费者对食品等日用品的消费也更青睐于绿色、安全，消费者的消费心理和行为正在发生着剧烈的变化。然而，"绿毛"月饼事件给王明一家带来了伤害，王明应如何维护自己的合法权益呢？你有什么好的建议？

人们通常把基于 Internet 平台进行的商务活动统称为电子商务，英文为 Electronic Commerce，简写为 E-Commerce 或 EC。由于 Internet 的全球性、开放性、即时性、全天候、虚拟性等特征，消费者面对发展如此迅速的电子商务，与传统商务活动相比其消费行为和消费心理也在发生着剧烈的变化。

一、电子商务中消费心理的变化趋势和特征

相关链接　　　　双十一购物狂欢节

从 2009 年开始，每年的 11 月 11 号，以天猫、京东（为避免利益冲突，有些电商会在 11 号前开始促销）为代表的大型电子商务网站一般会利用这一天来进行一些大规模的打折促销活动，以提高销售额度，成为中国互联网最大规模的商业活动。

2014 年天猫双十一交易额突破 571 亿元，比去年大增 59%。其中，移动交易额达到 243 亿元，物流订单 2.78 亿，总共涉及 217 个国家和地区，新的网上零售交易纪录诞生。

在电子商务业务方面，网络教育、网上银行、在线交易、网络广告、网络新闻、网上视频服务、收费邮件服务、IP 电话、短信服务、网上人才服务、网络资讯服务、网络游戏等服务业务快速发展。同时，宽带互联网和手机移动用户的数量也在以几何级数增长。这都充分显示出我国电子商务市场的巨大潜力。

消费者为什么选择网上购物？网上消费的行为特征是什么？网上购物的消费心理如何？商家和企业具有什么服务利器，怎样使用并赢得消费者的青睐？

1．电子商务消费心理的变化

（1）追求文化品位的消费心理。消费动机的形成受制于一定的文化和社会传统，具有不同文化背景的人选择不同的生活方式与产品。美国著名未来学家约翰·纳斯比特夫妇在《2000 年大趋势》一书中指出：人们将来使用的是瑞典的伊基（IKEA）家具，吃的是美国的麦当劳、汉堡包和日本的寿司，喝的是意大利卡普契诺咖啡，穿的是美国的贝纳通，听的是英国和美国的摇滚乐，开的是韩国的现代牌汽车。尽管这些描写或许一时还不能为所有的人理解和接受，但在互联网时代，文化的全球性和地方性并存，以及文化的多样性带来消费品位的强烈融合，人们的消费观念受到强烈的冲击，尤其青年人对以文化为导向的产品有着强烈的购买动机，而电子商务恰恰能满足这一需求。

（2）追求个性化的消费心理。消费品市场发展到今天，多数产品无论在数量上还是质量上都极为丰富，消费者能够以个人心理愿望为基础挑选和购买商品或服务。现代消费者往往富于想象力、渴望变化、喜欢创新、有强烈的好奇心，对个性化消费提出了更高的要求。他们所选择的已不再单是商品的实用价值，更要与众不同，充分体现个体的自身价值，这已成为他们消费的首要标准。由此可见，个性化消费已成为现代消费的主流，消费者可以很方便地在海尔的网站上订购自己设计的家电产品，在 DELL（戴尔）网站上订购自己配置的笔记本电脑。

（3）追求自主、独立的消费心理。无论是在对产品或服务需求的表达，还是在信息的搜集或售后的反馈上，网络环境下的消费者主动性都大大增强。消费者不再被动接受厂商提供的产品，对传统的单项的"填鸭式"、"病毒式"营销也感到厌倦和不信任，而是根据自己的需要主动上网寻求，甚至通过网络系统要求厂商根据自己对产品的要求或准则量身定做，从而满足自己的个性化需求。

（4）追求表现自我的消费心理。网上购物是出自个人消费意向的积极的行动，通常会花费较多的时间到网上商店浏览、比较和选择。独特的购物环境和与传统交易过程截然不同的购买方式会引起消费者的好奇、超脱和个人情感变化。这样，消费者完全可以按照自己的意愿向商家提出挑战，以自我为中心，根据自己的想法行事，在消费中充分表现自我。

（5）追求方便、快捷的消费心理。对于惜时如金的现代人来说，在购物中即时、便利、随手显得更为重要。传统的商品选择过程短则几分钟，长则几小时，再加上往返路途的时间，消耗了消费者大量的时间、精力，而网上购物弥补了这个缺陷。调查数据表明，基于节省时间进行网络购物的人数占网上消费总人数的一半以上。

（6）追求躲避干扰的消费心理。现代消费者更加注重精神的愉悦、个性的实现、情感的满足等高层次的需要满足，希望在购物中能随便看、随便选，保持心理状态的轻松、自由，最大程度地得到自尊心理的满足。但店铺式购物中商家提供的销售服务却常常对消费者构成干扰和妨碍，有时过于热情的服务甚至吓跑了消费者。

（7）追求物美价廉的消费心理。即使营销人员倾向于以其他营销差别来降低消费者对价格的敏感度，但价格始终是消费者最敏感的因素。网上商店比起传统商店来说，能使消费者更为直接和直观地了解商品，能够精心挑选和货比三家。

（8）追求时尚商品的消费心理。现代社会新生事物不断涌现，消费心理受这种趋势带动，稳定性降低，在心理转换速度上与社会同步，在消费行为上表现为需要及时了解和购买到最新商品，产品生命周期不断缩短。产品生命周期的不断缩短反过来又会促使消费者的心理转换速度进一步加快。传统购物方式已不能满足这种心理需求。

2. 电子商务消费心理特征

（1）自主选择权——我的地盘我作主。电子商务的消费者主要是年青一代，他们个性鲜明，追求时尚，与以往的被动接受不同，他们习惯于主动选择。这种选择权源自于媒体从单向传播的电视向互动的互联网的转变。在电视时代，限于传播内容的有限及传播方式的单向，人们缺乏足够的选择权，往往只能在几个电视频道间徘徊，而网络时代的情形则大不相同。从一定意义上讲，网络提供了一个无限选择的世界，人们可以根据各自的兴趣主动选择信息。由于掌握着选择大权，对不感兴趣的信息可以视而不见。因此，"地毯式"的营销宣传策略在网络时代未必奏效。

（2）量身定做——柔性化消费。在网络时代，借助于网络的交互式功能，消费者对定制化的要求更为强烈，消费观念从刚性化向柔性化转变。他们会把自己对产品外形、颜色、尺寸、材料、性能等多方面的要求直接传递给生产者，而不再愿意接受商店内有限范围的选择。在电子商务的购买过程中，由于消费者亲身参与生产设计，所以有人把电子商务的消费者称为"产消者"。电子商务量身定做的要求将对现有的营销模式产生冲击，相应地，一对一营销、数据库营销、互联网营销等新的电子商务营销模式将会逐渐风行。

（3）消费多样化——品牌忠诚度下降。电子商务消费者追求品牌但又往往不会死守一个品牌，渴望更换品牌，体验不同的感受。互联网为这种改变又提供了方便，在网络环境下，可以通过点击鼠标立即改正错误。网络的这种"宽容性"使得电子商务消费可以随意改变心意，这种心意的随意改变使得网络成为一个自由轻松的购物空间，也使得他们缺乏传统的品牌忠诚感。

（4）渴望体验的感觉——先试后买。体验电子商务消费者非常注重的一种消费利益，通过消费实现体验也是他们渴望的，如喜欢由卡通人物给他们造就的轻松、幽默的氛围。他们比较青睐小巧玲珑的商品，如软饮料、移动终端、流行服饰等，而不喜欢笨重、体积庞大的耐用品。

传统的营销宣传策略（如证言广告等）很难在电子商务消费者身上奏效，而一个有效的策略就是样品试用。试用策略的本质是让产品自己说话，让消费者自己判断价值，以此符合电子商务消费者独立自主的个性。

（5）选择的效用性——注重功能而非形式。以往消费者会把高新科技看得高高在上，对披着高新技术外衣的产品也奉若神明。相比之下，电子商务消费者是更关心功能而非形式。他们在电脑的陪伴下成长，视电脑为家用电器之一，对新科技天生缺乏畏惧感，更不会被高技术的时髦外表迷惑。他们是非常现实的一代，只在乎产品提供的价值与利益。

二、制约电子商务发展的心理因素分析

制约电子商务发展的心理因素主要表现在以下几个方面。

1．受到传统购物观念束缚

长期以来消费者形成的"眼看、手摸、耳听"的传统购物习惯在网上受到束缚；网上消费不能满足消费者的某些特定心理，网上购物很难满足消费者的个人社交动机。消费者在购买服装时，不仅要看衣服的花色、式样，还要用手摸一摸面料的质地，进行试穿，感觉尺寸是否合适等，这些需求电子商务很难满足。

2．价格预期心理得不到满足

据统计，消费者对网上商品的预期心理比商场的价格便宜30%～40%，而目前网上商品仅比商场便宜20%左右，加上配送费用，消费者所享受到的价格优惠是有限的。另外，网上产品鱼龙混杂，仿冒产品多，增加了消费者的购物心理负担。

3．个人隐私权受到威胁

目前阶段，网上的许多服务都可以是免费的，如免费电子邮箱、免费下载软件、免费登录为用户或会员以接收一些信息，以及一些免费的咨询服务等，然而我们发现在我们接受这些免费服务时，必经的一道程序就是登录个人的一些资料，如姓名、地址、工作、兴趣爱好等，至于这些信息的用途，最起码的是为了管理起来方便，但也不排除相关服务者将这些资料用作他用甚至出卖的可能。随着电子商务的发展，商家不仅要抢夺已有的客户，还要挖掘潜在的客户，而现有技术不能保障网上购物的安全性、保密性。隐私权不能得到保障，使许多消费者担心自己的个人信息被泄露，不愿参与网上购物。

4．对网上支付机制缺乏信任感

现阶段，网上支付无论邮局汇款还是在线支付，步骤烦琐且存在漏洞，而且成本较高，消费者还是习惯于一手交钱一手交货的传统交易模式。电子商务缺乏网上有效的支付手段和信用体系，在支付过程中消费者的个人资料和信用卡密码可能会被窃取盗用，有时还会遇到虚假订单，没有订货却被要求支付货款或返还货款，使消费者望而生畏。

5．对虚拟的购物环境缺乏安全感

在电子商务环境下，企业在网上均表现为网址和虚拟环境，网络商店很容易建立，也容易作假，很多人比较担心的问题是产品质量、售后服务及厂商信用、安全性得不到保障，使消费者心存疑虑。另外，互联网是一个开放和自由的系统，目前仍缺乏适当的法律和其他规范手段，如果发生网上交易纠纷，消费者举证困难，权益不能获得足够的保障。

6．对低效的物流配送体系缺乏保障感

我国现在还缺乏一个高效成熟的社会配送体系，缺乏为电子商务网站配套服务的实物配送企业，或者具有电子商务体系的物流配送企业。商品配送周期长、费用高、准确率低。我国仓库周转率仅为发达国家的30%，而差错率几乎是发达国家的三倍。低效的物流配送体系离消费者的实际要求相距甚远，影响了电子商务的发展。

三、电子商务中消费心理的策略

电子商务中消费者的特殊心理给企业的经营理念带来了新的挑战，商家必须摆脱以往传统的经营思维局限，在营销策略、方式、手段上有所突破，建立一套适合电子商务的运作机制。

1．电子商务营销策略

（1）建立品牌知名度。在互联网上，要尽可能使消费者了解你的产品或服务，了解你的人数越多，知名度越大，成功的希望也就越大。可以通过热门网站的广告作用，增加自己品牌的曝光率，吸引相关社会群体的注意力；还可以通过热门网站将自己企业的网站宣传出去，诱导上网者前来浏览你的产品和服务，并让他们确信你的网站值得一访。据美国广告公司的一项调查显示，通过多维立体的电子商务建立品牌知名度的效果，远远胜过其他常规途径。无论是在男性成衣、电信器材还是妇女用品的品牌上，利用网上广告的宣传，其知名度都提高了12%～200%，大大超过电视或平面广告的效果。

（2）激发浏览者的直接反应。除了建立品牌知名度，企业在网站上更希望唤起浏览者的即时反应。即时反应包括鼓励消费者下订单，促使消费者提出更进一步的产品资讯，强化消费者与产品之间关系的行为。这就要求企业努力保证网络下单的便利性与安全性，一方面激发消费者直接上网购物，另一方面也可以把网站作为一个传播媒体，宣传企业的促销活动，起到吸引消费者上门的作用。

（3）用网站建立良好的企业形象。吸引消费者上网，在了解企业的产品品牌、服务内容的同时，也是在消费者中间尽快建立企业完美形象的最佳时机。必须坚信，成功的网络营销是建立在一个基本互惠的原则上的，即企业必须提供免费的信息或服务，才能吸引消费者与你建立更进一步的关系。关键在于如何向你的目标市场提供真正有价值的东西，让他们在学习与了解中对你的企业产生更好的印象。

（4）纸上谈兵不如实物展示。在屏幕上，文字说明不如实物展示，只有图文并茂才能达到最佳效果，这是教育理念的实现。网络有平面媒体的深度与资料保存的价值，实物展示结合多维立体效果，将是最理想的商品展示媒介。企业不仅可以把产品服务的信息传达到消费者那里，还可以动态地展示产品的使用方法和特点、功效。网上营销可以经济实惠的方式向消费者提供试用品，如将软件的试用版本免费提供下载等。

（5）利用网络做好市场调查。网络营销活动不仅成本低廉，更主要的是它具有时效性。通过网络向众多消费者做市场调查，能够起到吸引受访者的作用；不仅能够征求消费者的

意见，了解消费需求，还可以分析市场环境、人为因素，开阔企业的视野，增进与消费者之间的沟通与联系。

2. 电子商务消费心理策略

（1）坚持虚拟商店的便利性。便利性是消费者从事网上消费的主要因素之一。既然向消费者提供快捷、便利的服务是上网企业的宗旨，那么，协调好企业与消费者之间的相互关系，坚持让消费者完成满意的购物活动，向消费者提供快捷便利的服务，就是每个上网企业追求的目标。

（2）保持消费渠道的顺畅。书籍、音乐、电影等是购物中较受消费者欢迎的网站。调查显示，有 19%的消费者会顺道拜访百货公司的网站，有 39%的消费者也会同时拜访书籍、音乐及电影网站。因此，商家应该尽可能地在相关网站上增加通往购物消费网站的链接，保持消费者购物消费的渠道顺畅。

（3）重视女性消费群体。2014 年《中国女性生活状况报告》的调查显示，女性消费者的购物热情已经从大街上、商店里转移到了互联网上。2013 年，被调查者家庭月消费 9 899.7 元。被调查的女性消费者中 78.3%的人经常网购；超过六成的人使用过网络金融服务。2014 年第二季度，我国网购用户性别结构中女性消费者占 49%，女性消费者已经成为电子商务消费的主力军。

（4）维持良好的网站管理。维持良好的网站管理，遵守承诺，讲求信誉，提高售后服务质量，是企业成功的又一关键所在。网站有了良好的管理机制，统一指挥，统一调配，充足货源，售前、售后服务有机衔接，一定会给消费者带来购物与消费的充分信心。

（5）保障客户交易的安全性。网上交易的安全性包括相关的法律、政策、技术规范及网络安全，加速商品防伪保真、网络系统工程的建设，以及提高电子商务网站的信誉度，是网上安全交易的关键。商家必须通过电子支付制度、规约，使双方发生纠纷时做到有章可循、有法可依、有据可查；建立完备的法律依据、权威的认证机构，维护电子商务的交易秩序，保障交易安全，使更多的消费者放心购物和消费。

【与相关课程的联系】

《网络营销》是一门新兴的课程，也是目前企业采取最为广泛的营销模式之一。

相关链接　消费者行为：从"AIDMA"到"AISAS"，以搜索代替欲望和记忆

根据日本电通广告公司提出的新的消费者行为模式：消费者行为已经从传统的 AIDMA（Attention（注意）→Interest（兴趣）→Desire（欲望）→Memory（记忆）→Action（行动））模式，转变为基于网络时代市场特征的 AISAS（Attention（注意）→Interest（兴趣）→Search（搜索）→Action（行动）→Share（分享））模式。

在 AISAS 的五个阶段，接触点的工作一开始就是要引起消费者的注意，注意了以后还要引起消费者关心,让其了解这是怎样一个产品或品牌,然后吸引消费者到购买的场合。消费者购买以后还会在网上发表他使用后的感受并会告诉他的朋友,消费者现在非常积极地参与到了传播过程中。

单元三 绿色消费与消费者心理

整个 20 世纪,工业化浪潮以前所未有的速度和效率为社会创造了巨大财富,为广大消费者提供了丰富多样的物质生活,也给企业带来了巨额商业利润。但与此同时,人类赖以生存的自然环境也在遭受严重破坏。资源被大量浪费,环境被严重污染,生态面临失衡的威胁,人类开始感受到前所未有的生存危机。面对这一"有增长、无发展"的困境,人类不得不重新审视自己的发展历程,寻觅一条新的可持续发展道路,绿色生产、绿色消费便应运而生了。

一、绿色消费中消费心理的变化趋势和特征

1. 绿色消费的含义

绿色消费的含义是一种以"绿色、自然、和谐、健康"为宗旨的,有益于人类健康和社会环境的新型消费方式。消费者意识到环境恶化已经影响其生活质量及生活方式,要求企业生产并销售有利于环保的绿色产品或提供绿色服务,以减少对环境的伤害。在国际上,绿色消费已经变成了一个"广义"的概念,即节约资源,减少污染,绿色生活,环保选购,重复使用,多次利用,分类回收,循环再生,保护自然,万物共存。中国消费者协会在公布 2001 年消费主题——"绿色消费"的同时,也提出了"绿色消费"的概念,包括三层含义:一是倡导消费者在消费时选择未被污染或有助于公共健康的绿色产品;二是在消费过程中注重对垃圾的处理,不造成环境污染;三是引导消费者转变消费观念,崇尚自然、追求健康,在追求生活舒适的同时,注重环保、节约资源和能源,实现可持续消费。

绿色消费的 5R 原则为以下内容。

(1)节约资源,减少污染(Reduce)。地球的资源及其污染容量是有限的,必须把消费方式限制在生态环境可以承受的范围内。因此,必须节制消费,以降低消耗,减少废料的排放以减少污染。其中,最为紧要的是节约用水。地球表面的 70%是被水覆盖着的,约有 14 000 亿立方米的水量,但是,其中有 96.5%是海水。剩下的虽是淡水,但其中一半以上是冰,江河湖泊等可直接利用的水资源仅占整个水量的极少部分。水是珍贵的资源,不能浪费。其次,还要减少废水排放。应加强废水管理,工业废水、城市污水都应及时处理,防止直接排入自然水体。除了水,空气污染也应重视,要减少废气排放。大气所受的污染

主要来源于燃烧煤所产生的烟尘,以及汽车、机动车尾气等,应采取治理措施,不得制造、销售或者进口污染物排放超过国家规定的排放标准的汽车。

(2)绿色消费,环保选购(Re-evaluate)。每一个消费者都要带着环保的眼光去评价和选购商品,审视该产品在生产过程中会不会给环境造成污染。消费者用自己手中的货币作为选票,哪种产品符合环保要求就选购哪种产品,哪种产品不符合环保要求就不买它,同时也动员别人不买它,这样该产品就会逐渐被淘汰,或被迫转产为符合环保要求的绿色产品。引导生产者和销售者正确的走向可持续发展之路。

(3)重复使用,多次利用(Reuse)。为了节约资源和减少污染,应当多使用耐用品,提倡对物品进行多次利用。20世纪80年代以来,一次性用品风靡一时,"一次性筷子"、"一次性包装袋"、"一次性牙刷"、"一次性餐具"等成为消费主流。一次性用品给人们带来了短暂的便利,却给生态环境带来了高昂的代价。在发达国家,曾风靡一时的"一次性使用"风潮正在成为历史。许多人出门自备可重复使用的购物袋,以拒绝滥用不可降解的塑料制品;许多大旅店已不再提供一次性牙刷,以鼓励客人自备牙刷用以减少"一次性使用"给环境所造成的灾难。我国应当学习发达国家的先进经验,发扬中华民族艰苦朴素的优良传统,珍惜资源。

(4)垃圾分类,循环回收(Recycle)。垃圾是人类生产与生活的必然产物。人类每天都在制造垃圾,垃圾中混杂着各种有害物质。随着城市规模的扩大,垃圾产生的规模也越来越大,垃圾处理的任务也越来越重。现有的办法是将垃圾填埋,但这种方法侵占土地、污染环境,不是长久之策。而将垃圾分类,循环回收,则可以变废为宝,既减少环境污染,又增加了经济资源。

(5)救助物种,保护自然(Rescue)。在地球上,生态是一个大系统,各种动物、植物互相依存,形成无形的生物链。任何一个物种的灭绝,都会影响到整个生物链的平衡。人是地球最高等的动物,但实质上也不过是生物链中的一环,人类的生存要依赖于其他生物的生存。因此,保护生物的多样性,就是保护人类自己。人类应当爱护树木,爱护野生动物,要将被破坏了的生态环境重新建立起来。

资料库 中国绿色消费的观念和行动纲领

在2003年4月22日世界地球日之际,中华环保基金会向全国发出了"绿色志愿者行动"倡议书,提出了中国绿色消费的观念和行动纲领。

(1)节约资源,减少污染。例如,节水、节纸、节能、节电、多用节能灯,外出时尽量骑自行车或乘公共汽车,减少尾气排放等。

(2)绿色消费,环保选购。选择那些低污染、低消耗的绿色产品,如无磷洗衣粉、生态洗涤剂、环保电池、绿色食品,以扶植绿色市场,支持发展绿色技术。

(3)重复使用,多次利用。尽量自备购物包,自备餐具,尽量少用一次性制品。

(4)垃圾分类,循环回收。在生活中,垃圾应尽量地分类回收,如废纸、废塑料、废电池等,使它们重新变成资源。

（5）救助物种，保护自然，拒绝食用野生动物和使用野生动物制品，并且制止偷猎和买卖野生动物的行为。

2．绿色消费的心理变化

在经济飞速发展的今天，"绿色消费"越来越引起人们的关注，"绿色概念"已经成为一个国家、一个民族综合素质、文明程度的体现。绿色消费者也称为环保主义者，他们的观念体现出较高的环保意识，他们的行为也具有较高的理性特质。

（1）绿色消费就是无污染消费。绿色消费者绝不会到菜场上去挑几根有虫眼的青菜，或是吃几副中药，就认为是绿色消费。他们对绿色消费有正确的认识，如选择绿色产品，即选择无公害、无污染的安全、健康、优质、科学的产品。同时注意环境建设，在绿色消费过程中不污染环境。

（2）绿色消费就是健康消费。随着人们生活水平的提高，人们越来越关注自己的健康，因此对安全、无污染、高品质绿色产品需求日益强烈。绿色消费者认为，健康的需要不仅包括物质需要和精神文化需要，同时更应包括生态需要在内。因此，绿色消费不仅是个人的健康需要，更是整个人类的健康需要，表明人们的消费质量的不断提高。绿色消费也就是要关注生产发展、生活提高、生态保护等问题。

（3）绿色消费就是科学消费。绿色消费者是崇尚科学的。他们认为只有当绿色消费是科学消费的时候，才能从科学意义上提升健康消费的水平和档次。因此，绿色产品只有不断加大科技含量，才可能从根本上增强市场竞争力。绿色消费也是一样，是一个系统的消费过程，而不是靠几句口号就能解决。绿色消费者非常关注绿色产品的动态和新闻，并在选购产品时尽可能选择绿色产品。

（4）绿色消费要关注消费环境。人们的消费总是在一定的环境中进行的。任何消费活动都必须具备三个基本要素，即消费主体（消费者）、消费客体（消费品和劳务）和消费环境。这就是说，消费的自然环境好，天蓝水清地绿，生态环境优美，消费质量就高；消费的社会环境好，人文生态上乘，社会治安良好，消费结构得到优化，人人都争当具有高度文明的人，消费质量就高；消费的文化环境好，文化质量就高。因此，绿色消费者也是环保主义者，在绿色消费的同时，更注重周围的环境。

3．绿色消费的心理特征

（1）绿色消费者的行为更趋于理性化。在实际生活中，消费者的行为往往是感情重于理智，心理因素在消费者行为中起到极为重要的作用。很多消费者对某种产品感兴趣，对某个品牌偏爱，实际上并不能真正对其性能、质量和服务上的长处加以区别，更多的是受广告和相关人员的诱导或潮流的带动。绿色消费更强调理性，不能只考虑个人感受，还要考虑社会后果和生态后果；与传统经济学的经济人消费行为相比，则从个人的价值取向转为个人与社会价值取向并重。绿色消费认识比例随消费者学历层次的提高而提高，反映出部分消费者的消费理念日趋理性化、成熟化。

（2）注重产品的"绿色"价值。当已经不再为基本的需求而奔波的时候，人们开始追求生存质量和生活质量。生存质量的追求表现在更加注重生态环保，生活质量的追求表现在倾向于消费无公害产品、绿色产品。由于这些产品本身所包含的特性和特点，使人们在消费过程中得到品质的满足和品位的提升；人们在购买汽车时已经在考虑排放标准，无氟冰箱已经进入千家万户，人们开始关注服装对人体的健康等方面的安全保护，这些都显示出消费者对"绿色"产品价值的重视。

（3）绿色消费行为呈现出个性化的色彩。消费者能以个人心理愿望为基础挑选和购买商品或服务。他们不仅能做出选择，而且渴望选择，消费者所选择的已不单纯是商品的使用价值，而且还包括其他"延伸物"。北京物资学院在北京16个区县近40家大中型商场开展了一次主题为"发展绿色流通、倡导绿色消费"的专题宣传和调研活动。结果表明，89.2%的被访者实际购买过绿色产品，消费者购买的绿色商品的类别依次是食品、日用品、保健品、家电、建材等。购买绿色商品的原因包括：出于个人保健所需而购买的消费者占48.3%；出于社会责任感、支持环保而购买绿色商品的占28.0%；符合个人消费品位和层次的占13.2%；其余则是无意识购买，为送礼而购买，顺应时尚而购买。

（4）消费主流性增强。在社会分工日益细分和专业化的趋势下，一方面消费者不再被动地接受厂商单方面提供的信息，他们会主动地了解有关绿色产品、绿色消费方面的信息，当得到足够的商品知识时，对绿色产品和服务进行鉴别和评估；另一方面，对环境保护也不再是被动的与无能为力，消费者对真正能够带来环保的产品也持积极主动的态度，在众多同类产品中，往往会选择对环境危害最小的产品，根据这一特点，厂商应适应消费者主动性增强的趋势，提供消费者需要的多种信息，供消费者选择比较。

（5）产品的期望值更高、挑选更挑剔。西方发达国家对于绿色产品的需求非常广泛，而发展中国家由于资金和消费导向上和消费质量等原因，还无法真正实现对所有消费需求的绿化。以我国为例，目前只能对部分食品、家电产品、通信产品等进行部分绿化；而发达国家已经通过各种途径和手段，包括立法等，来推行和实现全部产品的绿色消费。以绿色食品为例，英国、德国绿色食品的需求完全不能自给，英国每年要进口该类食品消费总量的80%，德国则高达98%，绿色食品的标准也更加苛刻。

（6）价格仍是消费者选择的重要因素。绿色产品具有较高附加值，拥有优良的品质，无论从健康、安全、环保等诸多方面都具有普通产品无法比拟的优势。因此，绿色产品的定价策略往往采取撇脂定价，价格较高。在欧美发达国家，即使普通的消费者也都倾向于绿色消费，但在发展中国家，绿色产品对于普通消费者来说还是奢侈品，消费量还很小，因此价格仍是限制绿色消费的瓶颈。

（7）性别差异及儿童影响。一项调查表明46%的女性和31%的男性在购物时会主动寻找绿色替代品，父母一般比没有子女的成年人更关注环保。有孩子的家庭通常是倾向于绿色消费的群体。由于教育和传媒为儿童提供大量的环保绿色信息，引起儿童对绿色问题和认识和重视，使孩子成为家庭中绿色产品购买的提议者和影响者，这无疑是绿色购买行为的重要模式。

相关链接　　　　　耐克（Nike）公司风波

1999年底，耐克（Nike）公司在欧洲销售的运动装中检测出含有一种叫TBT的磷酸三丁酯的化合物。TBT 用于运动服装的染整工艺中，主要作为一种防菌剂，以起到消毒杀菌的作用。这种物质溶于水经洗涤后剧毒便会分离出来。如果遇到人体汗液，还会发出怪异味。TBT 毒性可以伤害肝脏和神经系统，从而导致死亡，同时还会导致不育症。

当欧洲调查结果一公布，全球骤然掀起惧怕耐克运动装的风潮，当时耐克（中国）公司也不得不宣布，对在中国内地销售的同批可能含有 TBT 的 251 件耐克运动装无条件无期限回收，此次风波给世界名牌耐克运动服带来了严重的负面影响。

二、绿色消费行为的影响因素

由于外在因素的影响和消费者自身的因素，每个消费者的绿色意识程度和消费行为模式之间会有很大的差异，年龄、收入、教育水平、生活方式、观念和爱好等诸多方面都会大大影响绿色消费行为的发生。其中，对绿色消费行为影响最大的有以下几个方面。

1. 社会文化因素

一个社会及其文化的绿色程度，会直接影响着该文化群体的环境意识和绿色思想，进而影响绿色消费行为的模式，绿色消费也可以说是一种社会性的消费文化和消费习惯，绿色消费行为一般容易形成社会性的潮流趋势，其具体的消耗模式会被绿色社会文化所带动，或者说被绿色时尚所带动。一个社会的绿色文化和环境意识强烈，该社会群体的绿色消费行为一般就会越成熟。

例如，绿色食品的安全健康和生态环保的观念不是每个人都能主动学习和接受的，即使接受也是有不同的看法和态度。据中央电视台调查，有 20.8%的居民自己知道绿色食品的标志但不知道它的含义，另有 79.2%居民表示对此不了解。改变传统观念为现代观念是一项艰巨的任务，尤其在经济发展不平衡，受教育程度不一，生活习惯和消费习惯各异的中国，更需要进行长期的有力度的宣传教育。

2. 绿色教育

绿色教育是指对公众进行的生态环境意识普及和教育，也包括通过公共关系、广告、产品说明等方式对消费者进行环保观念的灌输。

绿色产品大多采用较为高新的技术和材料做成，成本、生产工艺及市场开拓费用相对高昂，具有较高的附加值，所以价位也较高。对一般消费者来说，初次接触时可能感到难以接受，因此必须通过一定的教育手段，使他们了解绿色产品的实质，即为什么是绿色，有什么优点、优势，有哪些好处等。就社会层面而言，绿色教育有利于提高人们的环境意识，促进社会自然环境的改善；从企业层面看，绿色教育则积极引导了绿色消费，为绿色营销创造更好地环境。绿色教育重在一种观念的灌输，而人的行为是受观念指导的，所以可以说绿色教育是绿色消费和绿色营销的先导。

政府、相关环保机构和行业协会等组织要承担起消费者教育、生产经营者教育、经销商教育等对人们进行绿色教育的责任，生产销售企业也应积极参与其中成为中坚力量。可以利用各种宣传工具和宣传方式如公益广告、专题活动等，积极传播环境保护和绿色消费知识，提高人民的绿色意识，推动绿色消费运动的发展，形成绿色消费的良好气氛和环境，促进绿色消费需求的增长，进而促进绿色消费市场的快速发展。

3. 绿色产品的质量

在发展绿色消费市场遇到的问题中，最棘手的问题是假冒产品的横行，消费者对假冒产品无法验证，往往在上当受骗后对绿色产品失去信任，从消费者本能的回避风险和简化购买决策过程的消费心理出发，必然会对绿色产品敬而远之甚至全盘否定。

绿色产品的检验鉴定难度大，认证过程复杂，一些不法企业为追求高额利润不按照绿色标准生产，甚至把假冒伪劣产品当作绿色产品销售，形成了所谓"劣币驱逐良币"的"柠檬市场"现象。造成市场上到处都是"绿色"产品，真正的绿色产品可能得不到消费者的青睐，达不到应有的价格，"真李逵打不过假李鬼"。例如，鞍山市嘉禾绿色食品开发有限责任公司私自仿印绿色食品标志，并将标志贴在各大蔬菜批发市场购进的普通蔬菜上，然后送往沈阳市各大超市，以绿色蔬菜的名义进行销售，严重地影响了绿色消费的开展。

4. 消费者自身因素

绿色消费者的购买决策最主要还是受个人特征的影响，包括年龄、家庭、生活周期、职业、经济环境、生活方式、个性及自我概念等。其中，收入水平、消费成本、生活方式和受教育程度的影响尤为突出。

（1）收入水平。收入水平在一定程度上代表了消费者的购买实力。一般来讲，绿色产品中消费品的比重较大，同时绿色产品的成本和价格相对较高。因此，绿色产品的消费需求严重受到居民收入水平的影响。中国居民由于收入水平的限制，绿色消费意识普遍较低。收入在消费方面的分配对于其绿色消费而言是一种制约，"实用主义"对大多数理性消费者来说是第一位的，尤其在居民整体收入水平还不算高的情况下，价格和效用仍是消费者购买产品的主要考虑因素。一项覆盖7个省20个地区的调查表明："积极的绿色消费者"在大城市占40%；中小城市占29%；农村占8%。按人口数比重加权计算，"积极的绿色消费者"人口比重平均只有13.3%。

（2）消费成本。价格偏高是绿色产品得不到普及的重要原因，也是绿色产品企业面临的主要难题。消费者在购买绿色产品时不仅是付出了货币成本，还付出了时间成本、精力成本和体力成本。这些成本对于不同的消费者意义是不一样的。调低价格只是减少了在绿色食品购买时付出的货币成本。现实生活中，搜寻和咨询绿色食品信息，对绿色食品的寻找、比较、鉴别和购买所耗去的时间和精力体力比一般产品多得多，即使有心购买绿色产品，也不知道什么产品是绿色的，哪里有卖。因此，减少消费者的购买成本是应着重解决的问题之一。

（3）生活方式。根据阿诺德·米切尔的VALS划分法，可以划分为九种生活方式群体：求生者、维持者、归属者、竞争者、有成就者、我行我素者、经验主义者、有社会意识者和综合者。在各种方式的人群中，求生者和维持者处于需求驱使阶段，他们缺乏经济资源，他们温饱问题尚未解决，所以不可能有实力关注环保实施绿色消费。归属者、竞争者和有成就者处于符合客观外界标准的阶段，受客观外界影响颇大，因此其绿色消费行为与所处环境的绿色化程度有关。我行我素者、经验主义者、有社会意识者和综合者已进入有自我看法的阶段，有其明确的价值取向，假如是环保者一般来说必是积极的绿色消费者。

（4）受教育程度。通过全社会的绿色教育，对绿色消费会有很大帮助。因为从消费者自身而言，一个人的观念、行为等大多是后天因素作用的结果，而教育则是其中非常重要的一个方面。受过良好教育的人，一方面对各方面知识有深入了解和正确认识（包括环境和地球生态），另一方面有较高的素质，往往会采取明智的行为。因此，教育从很大程度上影响个人绿色消费观念和行为。

三、绿色消费的心理策略

1. 提倡绿色消费意识

20 世纪之初，我国已全面启动"开辟绿色通道，培育绿色市场，倡导绿色消费"的"三绿工程"。目前，我国消费者使用的绿色产品主要包括以下五类。

（1）绿色食品。绿色食品是指无公害、无污染、安全，经过有关部门认定，许可使用绿色食品标志的无污染的优质营养类食品。由于对绿色食品认识的误区，有的消费者把"绿颜色的食品"当作绿色食品，误把"天然食品"和绿色食品等同，我国每年因误食野生蘑菇中毒的事件屡有发生。

（2）绿色服装。绿色服装又称为生态服装，环保服装。它是以保护人类身体健康，使其免受伤害，并具有无毒、完全的优点。在使用和穿着时，给人舒适、松弛、回归自然、消除疲劳、心情舒畅的感觉。

（3）绿色家电。绿色家电是指在质量合格前提下，高效节能，且在使用过程中不对人体和周围环境造成伤害，在报废后可回收利用的家电产品。例如，环保型微波炉、水处理机、防辐射手机、附带有视屏保的电脑等一系列家电产品，广泛地采用适合环保要求和保障人类健康的新技术，必将成为消费者争抢的宠儿。

（4）绿色家居。绿色家居所用的装饰材料要选择经过放射性试验的石材，不含甲醛的环保型涂料及复合型环保型地板等新型装饰材料，而且要求在居室设计中，色彩要有纯天然的绿色创意和一种大自然的美感。绿色家居要追求健康、宜人、自然、亲和的目标。

（5）绿色包装。绿色包装是在绿色浪潮冲击下对包装行业实施的一种革命性的变革，它不仅要求对现有包装的不乱丢、乱弃，而且要求对现有包装不符合环保要求的要进行回收和处理，更要求按照绿色环保要求采用新包装和新技术。白色污染已经成为世界公害，应大力提倡使用可重复利用和循环使用的包装物。

2. 加强政府监管

由于绿色产品能满足消费者追求健康、安全、环保，追求高品质生活的要求，同时由于绿色产品生产的高技术性要求和成本偏高的特点，使得其价格要比一般产品高，因而很容易成为制售假冒伪劣的目标。对于绿色产品市场鱼龙混杂的复杂局面，政府的严格监管非常重要，加强绿色标志的管理，严厉打击不法厂商的违法行为，切实维护好消费者的权益，加强消费者对绿色产品的信心。同时，政府要从可持续发展的战略角度出发，采取相关政策，鼓励企业进行绿色生产，满足消费者的绿色需求，促进绿色消费市场的健康发展。

3. 实行绿色营销

绿色营销是指企业以环境保护作为经营哲学思想，以绿色文化为价值观念，以消费者的绿色需求为出发点，力求满足消费者绿色需求的营销策略。绿色营销强调消费者、企业、社会和生态环境四者利益的统一，以可持续发展为目标，注重经济与生态的协同发展，注重可再生资源的开发利用，减少资源浪费，防止环境污染。

目前，绿色的浪潮席卷全球。绿色消费意识得到了各国消费者的认同。一项调查显示，有75%以上的美国人、67%的荷兰人、80%的德国人在购买商品时考虑环境问题，有40%的欧洲人愿意购买绿色食品。因此，企业在获取自身利益的同时，必须考虑环境的代价。不能以损坏或损害环境，来达到企业盈利的目的。

【资料库】

中国部分绿色标志

| 中国环保标志 | 绿色食品标志 | 中国节水标志 | 回收标志 | 质量安全标志 |

单元四 消费者权益保护

相关链接　　　　中央电视台 3.15 晚会

每年的 3 月 15 日是"国际消费者权益日"（International Day for Protecting Consumers' Rights）。

1991 年 3 月 15 日，中国消费者协会与中央电视台、中国消费者报社、中华工商时报社联合举办了国际消费者权益日"消费者之友专题晚会"。从此拉开了中央电视台"3.15 晚会"的序幕，至 2014 已经举办了 24 次。中央电视台"3.15 晚会"收视人数已经成为仅次于春节联欢晚会的大型综合性晚会。

"3.15 晚会"关注生命安全，关注消费环境，关注消费者权益，贴近消费者的需求，代表了消费者的心声。以真实的案例,以及发生在百姓身边的事情,提醒消费者警惕消费骗局,通过强大的媒体优势,揭露坑害消费者的不法行为,教育和引导消费者,维护消费者的合法权益。

一、消费者权益及责任

1. 消费者权益

消费者的权益,又称为消费者的权利,是指消费者在购买、使用商品或接受服务时依法享有的权利,以及该权利受到保护时给消费者带来的应得利益,其核心是消费者的权利。而消费者权利——消费者为进行生活消费应该安全,如公平地获得基本的食物、衣物、住宅、医疗和教育的权利等,实质是以生存权为主的基本人权。

消费者权益的特点:(1)消费者权利是消费者享有的权利;(2)是消费者实施行为的具体表现;(3)是法律基于消费者的弱者地位而特别赋予的法定权利;(4)是消费者特殊的地位而享有的特定权利。

在我国1994年1月1日实施的《中华人民共和国消费者权益保护法》第七至第十五条(以下简称《消法》)中规定了消费者的九项权利,具体包括安全权、知情权、选择权、公平交易权、求偿权、结社权、获知权、受尊重权和监督权。

安全权:全称是人身财产安全权,它是指消费者在购买、使用商品或接受服务时享有的,人身和财产安全不受损害的权利。安全权是消费者九大基本权利之首,是消费者最主要的权利。消费者在购买、使用商品和接受服务时,享有保持身体各器官及其机能的完整,以及生命不受危害的权利。至于财产安全权,并不仅是指消费者购买、使用的商品或接受的服务本身的安全,还包括除购买、使用的商品或接受的服务之外的其他财产的安全。

知情权:是指消费者有权利了解他所购买的商品或服务的种种真实性能。按照《消法》的规定,消费者有权根据商品或者服务的不同情况,要求经营者提供商品的价格、产地、生产者、用途、性能、规格、等级、主要成分、生产日期、有效期限、检验合格证明、使用方法说明书、售后服务,或者服务的内容、规格、费用等相关情况。经营者有义务向消费者介绍商品或服务的真实情况;如若造成损害,消费者有权要求经营者予以赔偿。

选择权:消费者享有自主选择商品或者服务的权利。消费者有权自主选择提供商品或服务的经营者;有权自主选择商品品种或服务方式;有权自主决定购买或不购买任何一种商品,接受或不接受任何一项服务;在选择商品或服务时,有权进行比较、鉴别和挑选。

公平交易权:消费者有权获得质量保障、价格合理、计量正确等公平交易条件。消费者有权拒绝经营者的强制交易行为。

求偿权:消费者因购买、使用商品或者接受服务而受到人身、财产损害,享有依法获得赔偿的权利。无论是生命健康还是精神方面的损害均可要求人身损害赔偿、财产损害的赔偿,包括直接损失和可得利益的损失。

结社权:消费者享有依法成立维护自身合法权益的社会团体的权利,简称为结社权。最具典型的例子就是中国消费者协会和地方各级消费者协会。

获知权：又称为求教获知权，指的是消费者所享有的获得有关消费和消费者权益保护方面的知识的权利。消费知识主要是指有关商品和服务的知识，消费者权益保护知识主要是指有关消费权益保护方面及权益受到损害时如何有效解决方面的法律知识。

受尊重权：是消费者在购买、使用商品和接受服务时所享有的其人格尊严、民族风俗习惯得到尊重的权利。

监督权：是指消费者享有对商品和服务，以及保护消费者权益工作进行监督的权利。此外，消费者有权检举、控告侵犯消费者权益的行为和国家机关及其工作人员在保护消费者权益工作中的违法失职行为，有权对保护消费者权益工作提出批评、建议。

这九项权利是消费者进行消费活动必不可少的，前五项权利是基础，是前提，与消费者的关系最为密切，后四项权利则是由此派生出来。消费者权益是关系到我们每个人生活工作的基本权益之一，对这一权益的有效保护，体现了公民权利的实现和市场经济的根本特点。保护消费者权益不仅要从人的身心健康和全面发展的高度来看，还要从扩大消费需求，从消费需求与经济增长之间良性循环的高度来看，要从社会主义市场经济的本质和客观要求的高度来看，这就说明保护消费者权益的必要性及重要意义。

【与相关课程的联系】

《消法》是经济法课程中的一部分。

2．消费者权益保护的必要性

消费者权益保护最早可追溯于消费者运动，它是消费者权益保护组织的先驱，产生于发达资本主义垄断阶段，而后波及世界各国成为全球性运动。1898 年美国成立了世界上第一个全国性的消费者组织——全国消费者同盟。1960 年国际消费者组织联盟（简称 IOW）成立，它是由世界各国、各地区消费者组织参加的国际消费者问题议事中心，其宗旨为在全世界范围内做好消费者权益的一系列保护工作，在国际机构代表消费者说话。无论国内还是国外，消费者权益受侵害的现象屡有发生。

（1）产品品质与安全漏洞。由于设计缺陷、生产制造水平等因素的制约，假冒伪劣产品的泛滥，导致产品品质与安全性能不合格，损害了消费者的权益。2001 年 2 月 9 日，国家出入境检验检疫局发布紧急公告指出，由于日本三菱公司生产的帕杰罗（PAJERO）V31、V33 越野车存在严重安全质量隐患，决定自即日起吊销其进口商品安全质量许可证书并禁止其进口。这是我国首次吊销存在质量问题的国外汽车进口许可证。

（2）知识的不对称。企业对消费者行为不了解或了解不够，如主观地认为消费者会按说明书上的要求使用和操作产品，但实际上一部分消费者可能是根据自己的经验来使用产品，甚至尝试将产品用于其他的用途，由此造成人身安全或财产方面的损害；也有可能是企业对消费者行为知识已有足够的了解，但有意识地运用它们来操纵和欺骗消费者，以牟取自身的利益。

（3）虚假广告的误导。虚假广告作为不正当竞争方式，往往和假冒伪劣商品结合在一起，不仅危害消费者的利益，也侵害着其他经营者的合法利益。虚假广告与次品相结合，往往会造成"劣胜优汰"的反竞争规律现象和状态，破坏正常的市场运作机制，危害整个社会。2007年中央电视台"3.15晚会"揭露了"藏秘排油百草减肥茶"虚假广告的真相，这个原本只需要6元就可以卖给经销商的普通减肥茶，经过虚假广告宣传身价倍增至29元。用"藏秘排油"这种偷梁换柱的模糊概念，让某些人坐收上亿黑色收入，严重地坑害了消费者。

（4）消费者的保护意识淡漠。消费者力量的薄弱，对法律、法规的缺乏了解，以及对与企业抗争的顾虑，高昂的维权成本，使其在利益受到损害的情况下往往采取了自认倒霉的做法。例如，吸烟，以及不按规定购买处方药等疏忽性消费行为，也是消费者权益受到损害的原因。

3. 消费者责任

由于消费者在与商家进行交易时处于弱势地位，通常人们对消费者权益保护的要求主要集中于商家，"只有错买的，没有错卖的"、"无商不奸"等，都是在讨论商家的不道德行为。但这只是事情的一面，不能因为消费者处于弱势地位就认为其不会发生不道德的行为，表12.1列举了消费者的不道德行为。权利和义务是共生的，消费者在维护自身权益的同时，也要担负起应尽的责任和义务。

表12.1　消费者的不道德行为

商店扒窃	从存储衣服处偷盗腰带
转换价格标签	从存储货物处割下纽扣
退回已经穿过的衣服	退回部分使用过的商品要求信誉赔偿
滥用商品并把其作为损坏商品退回	滥用担保或无条件地进行特免担保
把降价买回来的产品退回并要全价退款	在商店损坏商品然后要求降价购买
	盗版

资料来源：L·G·希夫曼、L·L·卡纽克著. 俞文钊、肖余春等译. 消费者行为学（第7版）. 华东师范大学出版社，2002.

消费者既要知道其应享有的权利，也要知道其应该承担的义务。《消法》只明确提出了消费者应享有的权利，却没有提及其应承担的义务，如受到损害后进行举报和投诉就应该是一项义务，因为只有这样才能避免更多的消费者遭受类似的损害。现在很多时候，消费者为了省钱或者其他目的，到一些搞非法活动的场所去消费或者搞其他活动，甚至这些人在没有出现问题的时候阻碍执法部门的工作，袒护非法行为，一旦出现问题，反过来才来举报这种非法行为，甚至责怪监管部门。另外，对于一次性木筷、塑料袋的使用等，我国消费者目前都没有义务方面的限制。国家应该建立起一套制约消费者消费行为的法律法规，保障消费行为的健康和可持续发展。

二、消费者心理保护

随着商品经济的不断发展和市场的不断繁荣，新的问题也不断出现。商品种类繁多，但良莠不齐；厂家推陈出新，却也鱼目混珠；商家为争市场，利用"促销"等活动诱发消费者产生冲动心理，盲目购买；不法商人则利用消费者的心理弱点，设置"陷阱"，欺骗消费者。消费者在遭到假冒伪劣商品或者不良服务后，首先表现为愤怒、委屈、懊恼，然后，一些人可能会自认倒霉，产生自责后悔情绪；另外一些人则会与商家产生纠纷，极易情绪失控而造成心理伤害。无论是哪一种情况，消费者在遭受物质损害时还会遭受到二次伤害——心理影响。

1．消费者权益受损后的心理

由于消费者权益受损的程度不同，其心理变化的幅度也高低不一。消费者权益受损后的心理变化状态主要有如下几种情况。

（1）焦虑——压抑。当消费者权益受到轻微的损害时，如受到售货员的冷遇等，他意识到了但能忍下来，这时在其意识层中就留下了一定的印记，如果接着再受一次损害，如所购商品有不中意的地方又不给退换，在其意识层中就会再加上一个"不满"的印记。随着印记加深，消费者开始感到焦虑；如果这种量的积累达到一定程度即会有压抑之感。压抑是对此欲望有关情感的抑制，它可能起到暂时减轻焦虑的作用。但是，如果这种缓解失败，又遭到欺骗，其受压抑的情感可能会从潜意识层迸发出来。研究发现，消费者心理的压抑达到一定强度便形成一种攻击性内驱力，而这种攻击性内驱力可能导致攻击性行为的发生，且攻击性内驱力的强度与攻击性行为发生的可能性是成正比的。

（2）挫折——逆反。挫折是指个人从事有目的的活动时，在环境中遇到障碍或干扰致使其动机不能获得满足时的情绪状态。个人挫折的容忍力是有限的，由于人的适应能力的差异，其容忍力也有所不同。一般来说，消费者权益在遭受接二连三的损害之后，即超越了其容忍力的阈限，则会导致心理失常。这种失常情形复杂多样，消费生活中一个突出的心理状态就是逆反，即有意识地脱离习惯的思维轨道，向相反的思维方向探索。例如，消费者在某商店购买了以次充好的商品，发现后又不给退换，以后即使那个商店销售货真价实的俏货，他也不会去理睬，这就是逆反心理所致。

（3）失控——病变。上述两种心态进一步受到强刺激，即消费者心理受到异常紧张的刺激后即会导致心理失控，这种失控通常是消费者权益受到来自多方面的损害后，其情绪状态的毫无目标的发作。例如，本来对某种消费品抱有疑虑，购买后给家庭经济或安全等带来威胁，要求修理或退换又遭冷言恶语，他可能会失去理智而"迸发满腔怒火"，以致对消费品设计者、制造者、商店服务等多方面进行攻击，甚至还会产生报复性心理。

2．消费者权益心理保护措施

资料库　　　　　　　　　　消费者维权途径

《消法》第三十四条规定消费者和经营者发生消费者权益争议的，可以通过下列途径解决：

（一）与经营者协商和解；

（二）请求消费者协会调解；

（三）向有关行政部门申诉；

（四）根据与经营者达成的仲裁协议提请仲裁机构仲裁；

（五）向人民法院提起诉讼。

企业要正确认识自己承担的社会责任，政府及消费者团体应加强监管，消费者应提高自己的消费知识和维权意识，以保护自己的的心理免受伤害。

（1）加强沟通，了解消费者的实际感受。企业邀请来自不同领域的消费者举行座谈会，让他们面对面地与企业交换意见和看法。通过这种方式，一方面可以了解消费者对企业、对企业的产品和经营活动的评价；另一方面可以就未来的一些具体政策、设想征求消费者的意见，更好地满足消费者的需求。

（2）及时处理投诉和进行补救。现在，很多公司都有专门的人员或机构接受和处理消费者的投诉，一些公司还把消费者的抱怨和投诉作为一种资源来开发。为了获得消费者的反馈信息，一些公司在产品或产品包装上附上了投诉电话。通过对消费者的投诉和抱怨的分析，可以发现企业产品和营销策略中存在的问题，从而改进企业的工作。另一方面，对消费者的不满及时补救，不仅可以消除他们的怨气，在很多情况下，还可以使他们成为企业的忠诚客户。维护消费者的利益，实际就是维护企业自身的利益，要对待卖产品就如同嫁女儿一样，就不会伤害消费者了。

（3）提供消费教育。企业可以通过发展消费教育项目帮助个体成为合格的或更加明智的消费者。此类项目的着眼点并不是为了促销公司的产品，而是侧重提供有关消费方面的知识。例如，可口可乐公司曾经专门印制了一本如何向一家公司投诉的小册子，分发给消费者。由于该小册子提供了大量消费者如何向各种公司投诉的消费知识，所以对消费者非常有用。拿到这一小册子的消费者对可口可乐公司好感倍增，据说其中一半的人由此对可口可乐公司更有信心，并有15%的人表示要更多地购买可口可乐产品。

（4）完善法律法规。《消法》作为一部与普通百姓日常生活最密切联系的法律，该法自颁布实施以来，在完善社会维权机制、解决消费权益纠纷、打击侵害消费者权益违法行为、提高消费者依法维权意识及促进消费维权运动蓬勃发展等方面发挥了很大的作用。但是，随着时间的推移，一些问题也逐渐显现出来。例如，消费者在购买了假冒伪劣商品时，要自己举证，个人出钱进行质量鉴定，在赔偿方面，最多可能是"假一赔十"，没有国外的那种高额的损害赔偿，在违法成本过低和维权成本过高的情况下，消费者采取了默认态度，降低了消费和维权的信心。

模块小结

随着基于Internet的电子商务活动的广泛开展，消费者心理正在向追求文化品位、个性化、自主独立、表现自我、方便快捷、躲避干扰、物美价廉和时尚的目标转移。消费者心理表现出自主选择权、柔性化消费、品牌忠诚度下降、先试后买、注重功能而非形式等特点。除了技术等因素外，受到传统购物观念束缚、价格预期心理得不到满足、个人隐私权受到威胁、对网上支付机制缺乏信任感、对虚拟的购物环境缺乏安全感、对低效的物流配送体系缺乏保障感严重制约了电子商务的发展。企业在营销策略、方式、手段上要有所突破，建立一套适合电子商务的运作机制。

绿色消费的含义是一种以"绿色、自然、和谐、健康"为宗旨的，有益于人类健康和社会环境的新型消费方式，遵循 5R 原则。绿色消费追求无污染、健康、科学、环保理念，消费行为更趋于理性化。收入、教育水平、生活方式、观念和爱好等诸多方面都对绿色消费行为产生影响，在衣食住行用等方面提倡绿色消费意识，企业要实现绿色营销，政府加强监管，促进绿色消费市场的健康发展。

消费者的权利，是指消费者在购买、使用商品或接受服务时依法享有的权利，以及该权利受到保护时给消费者带来的应得利益，其核心是消费者的权利。《消法》规定了消费者享有的安全权、知情权、选择权、公平交易权、求偿权、结社权、获知权、受尊重权和监督权九项权利。消费者在维护自身权益的同时，也要担负起应尽的责任和义务。消费者、企业和政府都要维护消费者的合法权益不受侵害。

主要名词

电子商务　绿色消费　绿色营销　消费者权益

自测试题

一、单项选择题

1．人们对电子商务消费的最大担心是（　　）。
　　A．不会上网　　　B．看不到商品　　　C．支付不安全　　　D．交易速度慢
2．电子商务消费的心理策略要注重（　　）。
　　A．注重女性群体　B．多开网上店铺　　C．增加广告　　　　D．提高网速
3．绿色消费就是（　　）。
　　A．消费绿颜色的商品　　　　　　　　B．节约资源的消费
　　C．不重复利用　　　　　　　　　　　D．吃野生动物
4．绿色消费的心理变化体现在（　　）。
　　A．科学消费　　　B．追求时髦　　　　C．从众心理　　　　D．怕上当受骗
5．消费者的不道德行为有（　　）。
　　A．投诉　　　　　B．购买盗版图书　　C．索赔　　　　　　D．反欺诈

二、多项选择题

1．电子商务具有（　　）的特性。

A. 全球性　　　　B. 开放性　　　　C. 即时性　　　　D. 全天候
2. 电子商务消费心理的变化包括（　　）。
 A. 追求文化品位　　　　　　　B. 追求独立自主
 C. 追求时尚　　　　　　　　　D. 追求物美价廉
3. 影响绿色消费的主要因素包括（　　）。
 A. 绿色产品质量　　　　　　　B. 收入
 C. 教育水平　　　　　　　　　D. 便利性
4. 消费者权益保护的措施包括（　　）。
 A. 及时处理投诉　　　　　　　B. 加强消费教育
 C. 完善法规　　　　　　　　　D. 多一事不如少一事

三、简答题

1. 消费心理的变化主要体现在哪些方面？
2. 什么是电子商务？电子商务消费心理发生了哪些变化？有哪些特点？
3. 制约电子商务发展的心理因素主要表现在哪几个方面？
4. 简述电子商务中的消费心理策略。
5. 什么是绿色消费？应遵循哪些原则？
6. 影响绿色消费的因素是什么？如何解决？
7. 什么是消费者权益？具体包括哪些权利？
8. 如何保护消费者权益？

四、论述题

试论述消费者应该履行哪些义务。

案例分析

"大哥大"手机

消费流行具有循环特点。曾在 20 世纪 80 年代末、90 年代初风行的"砖头"式"大哥大"手机，现在又开始流行起来。刘先生是一家私营企业的老板，出于怀旧原因，为彰显个性也加入了购买行列。刘先生在某一手机卖场用 800 元购得 LT818 式样的一部"大哥大"，使用中却发现里面存有前两年的旧短信，而且电池的待机时间、通话质量都没有达到商家承诺的效果。不到 3 个月，手机就不能使用了。

刘先生认为钱不多，和手机卖场的老板也认识，营业员的服务态度也不错，以后不再买就是了。但妻子却坚持让刘先生到商场要求赔偿。在妻子的强烈坚持下，刘先生和妻子找到商场，要求退还购机款，营业员以打折优惠商品为由，拒绝退款，双方未能达成一致意见，还与营业员发生了口角。争议很快就引来了一群围观者，影响了商场的正常经营。

在协商未果的情况下，妻子到质量技术监督部门对"大哥大"手机进行了质量鉴定。经质监人员审核发现，刘先生"大哥大"手机底板上的手机串号（IMEI）和进网许可编号是假的，实际上是用其他品牌的二手手机翻新而成，机器的安全性及售后服务质量均没有保障。

在接到刘先生的妻子的举报后，质监部门查封扣留了该商场全部假冒"大哥大"的手机，对假冒产品处以没收及等值以下罚款的处理。

经营者以旧机冒充新机出售，属于欺诈行为，依法应该加倍赔偿。刘先生的妻子在掌握充足证据的情况下，将该商场投诉到消协，消协组织双方进行调解并达成协议：由经营者退还购机款并加倍赔偿1 600元。商场是"赔了夫人又折兵"。

此次事件之后，刘先生和手机卖场的老板的关系一落千丈，刘先生抱怨妻子不应该举报和要求双倍赔偿。

案例讨论

1. 刘先生心理发生了什么变化？为什么？
2. 商场为什么出售假手机还不给刘先生退款？
3. 你对刘先生和这家手机商场都有哪些建议？
4. 你是如何看待刘先生的妻子的做法的？

实训练习

1. 比较一下网上购物与传统消费心理的异同点。
2. 调查同学的消费行为有哪些是绿色消费？还存在哪些误区？有没有形成"绿色浪费"？请谈谈如何解决"绿色消费矛盾"。
3. 你在消费中受到过损害吗？采取了什么措施？讨论和分析同学们维权过程中好的做法。
4. 上网查询中国消费者协会"年主题"的内容。

参 考 文 献

[1] 臧良运. 消费心理学[M]. 北京：电子工业出版社，2007.
[2] 臧良运. 消费心理学[M]. 北京：北京大学出版社，2009.
[3] 朱惠文. 现代消费心理学（第3版）[M]. 杭州：浙江大学出版社，2014.
[4] 杨海莹. 消费心理学[M]. 北京：高等教育出版社，2006.
[5] 焦利军、邱萍. 消费心理学（第2版）[M]. 北京：北京大学出版社，2013.
[6] 荣晓华. 消费者行为学（第4版）[M]. 大连：东北财经大学出版社，2013.
[7] 王富祥. 消费心理与行为[M]. 成都：西南交通大学出版社，2013.
[8] 柯洪霞. 消费心理学[M]. 北京：对外经济贸易大学出版社，2006.
[9] 江林. 消费者行为学（第4版）[M]. 北京：首都经济贸易大学出版社，2012.
[10] 李晓霞、刘剑. 消费心理学（第2版）[M]. 北京：清华大学出版社，2010.
[11] 周斌. 消费者行为学[M]. 北京：清华大学出版社，2013.
[12] 王曼. 消费者行为学（第2版）[M]. 北京：机械工业出版社，2011.
[13] 季辉、王冰. 服务营销[M]. 北京：高等教育出版社，2005.
[14] 单大明. 消费心理学（第2版）[M]. 北京：机械工业出版社，2012.
[15] 杨大蓉、陈福明. 消费心理理论与实务（第2版）[M]. 北京：北京大学出版社，2013.
[16] 冯丽华. 营销心理学[M]. 北京：电子工业出版社，2006.
[17] 肖涧松. 消费心理学（第2版）[M]. 北京：电子工业出版社，2013.
[18] 唐赤华、戴克商. 消费者心理与行为[M]. 北京：北京交通大学出版社，2011.
[19] 陆剑清. 现代消费行为学[M]. 北京：北京大学出版社，2013.
[20] 韩冀东. 服务营销[M]. 北京：中国人民大学出版社，2012.
[21] 刘金章. 服务营销[M]. 北京：水利电力出版社，2011.
[22] 王水清、扬扬. 消费心理与行为分析[M]. 北京：北京大学出版社，2012.
[23] 刘国防. 营销心理学[M]. 北京：首都经济贸易大学出版社，2011.
[24] 刘树、马英. 营销心理学[M]. 北京：电子工业出版社，2011.
[25] 王官诚、汤晖、万宏. 消费心理学（第2版）[M]. 北京：电子工业出版社，2013.
[26] （美）霍金斯、马瑟斯博. 符国群等译. 消费者行为学（第11版）[M]. 北京：机械工业出版社，2011.
[27] （美）菲利普·科特勒. 王永贵等译. 营销管理（第14版）[M]. 北京：中国人民大学出版社，2012.